経済工学シリーズ・第2期

情報経済のマクロ分析

時永祥三・呂　建軍 著

九州大学出版会

まえがき

　情報関連産業の進展が経済社会における国や企業の活動に,どのような影響を与えるかを分析する課題については,すでに1970年代に米国で開始されており,それほど新しい研究テーマではない。しかしながら,現在においても,2000年代における電子商取引の進展が経済に与える影響を分析する場合,基本的には情報関連産業の特性を抽出することから開始されている。このような意味で,今後も情報化が経済社会に及ぼす影響について,マクロ経済的な分析,いわゆる情報経済のマクロ分析は必要とされるであろう。

　本書は情報経済のマクロ分析を進める場合に,IO(産業連関表), AGE(応用一般均衡)および時系列解析ソフトウェアであるTSP(Time Series Processor)を用いたアプローチを提案する。これまでの情報経済の研究では,主に国の経済マクロデータを用いた分析が主流であり,しかも多変量的なアプローチはあまり多いとは言えない。このような点を踏まえ本書では,可能な限り多様なデータを用いて分析を進めることを目標とし,またその内容に関しても,大学の学部レベルの授業でも提供可能なように,プログラムの整備を時系列解析パッケージの説明と並行して実施している。

　本書では6つの章を構成する中で,次のようなテーマについて情報経済のマクロ分析を展開している。まず第1章「産業連関表と経済構造分析」では最初に情報関連産業を情報セクター(sector:部門)としてまとめると同時に,それ以外の産業を非情報セクターとして分類することを述べる。近年ではアジア各国においても整備される傾向にあり本書でもアジア経済研究所からほぼ5年ごとに提供されている「アジア国際産業連関表」を用いている。次に産業連関表分析の代表的手法である影響力係数と感応度係数による解析を述べる。また誘発効果の分析方法を,情報セクターについて適用してみる。

　第2章「産業連関表三角化によるハイアラーキー性分析」では産業間の相互関連性を見やすくする方法であるいわゆる産業連関表の三角化を適用し,原初的な部門から最終的な部門にいたるまでの産業部門間の階層性,すなわちハイアラーキー性(hierarchical property)を見出す方法を述べる。産業連関表の三角化とは投入係数表を対角線から下方にできるだけ大きな要素が集まるように部門の順序を並び替える方法であり主要なブロックが形成されることにより,(1)取引関係を単純化でき,その構造を相対的に簡単化することができる,(2)産業の上位部門と下位部門が区分でき,最終需要に与える影響を産業ごとに上位部門と下位部門とに区別することができる利点がある。本章ではアジア国際産業連関表を用いてそれぞれの国の経済のハイアラーキー性分析と相互比較を行うと同時に日米韓など3つの国の間のハイアラーキー性分析も行う。

　第3章「応用一般均衡による情報セクター分析」では応用一般均衡分析(Applied General Equilibrium:AGE)を用いて情報経済のマクロ分析の1つの手法を示す。AGEは米国パデュー(Purdue)大学のハーテル(Hertel)教授によってパッケージソフトウェアGTAP(Global Trade Analysis Project)が広く提供されるようになってからは,一般的な政策評価ツールとなっている。本章ではAGEの理論的基礎について説明するとともに不動点定理を用いて具体的に解を

求めるスカーフ・アルゴリズムおよびメリル・アルゴリズムについて説明する。これらの方法を適用する代表事例を示しプログラムの解説を加えている。次に日本における政府による情報政策の実施の有効性を分析する例題をとりあげ，労働と資本の2要素からなる，いわゆる N 財2要素 M 人の経済について政策シミュレーションを行う。

本書の第4, 5, 6章では分析ソフトウェア TSP(Time Series Processor) を用いて，経済分野における時系列解析，質的データ解析，および回帰分析と構造方程式の解析を行う。まず第4章「時系列解析手法の応用」においては TSP を用いた (1) ARMA(Auto-Regressive Moving Average) モデル解析, (2) VAR モデルおよびグランジャーの因果, (3) チョウ (Chow) テストによる構造変化の検出,(4) 単位根検定, (5) 共和分検定,(6) ARCH モデル,(7) カルマンフィルタといったやや多様な時系列解析手法を示す。またこれらの解析においては，可能なかぎり現実のデータであること，しかしながら，収集が困難なデータを応用例に用いることは，あまり便利とは言えないことを考慮し，比較的入手が容易である米国の経済マクロデータを用いている。

第5章「質的データの解析」では一般にはマクロモデル解析というよりは，ミクロモデル解析に属する方法論を適用することにより情報経済の解析を行う。具体的には質的データの解析と呼ばれる分野であり，アンケートの結果分析や調査データの整理に便利な機能である。本章では,(1) ロジットモデルとプロビットモデル, (2) トービットモデル,(3) サンプル・セレクションモデルを用いて被説明変数を直接推定するのではなく被説明変数が1になる確率を推定する方法や調査において，例えば消費者が購入しないケースも含めて分析する方法による精度向上およびこれを回帰モデルに組み込む方法を述べている。適用事例として，基本的にわれわれが収集したデータを用いており，企業の財務データをはじめ，日本企業における製品開発活動とインターネットや知識マネジメントとの関係の調査研究，国内製造業へのアンケート調査によるモジュール化の進展と企業間における情報共有との関係分析をとりあげる。

第6章「回帰モデルと方程式シミュレーション」では経済マクロモデルにおいて最もよく用いられるテーマについて TSP による解析について述べる。本章では, (1) 回帰分析と系列相関・不均一分散, (2) 分布ラグモデルの推定,(3) 経済マクロモデルと構造方程式について述べている。これらの解析手法を適用することにより回帰分析の一般論に加えて，解析手法の妥当性を検証することが可能となる。また経済マクロモデルの解析により，国の経済の相互関係式を方程式の形で表して，現在までの経済の動きから方程式を推定すると同時に，将来の動向を予測するシミュレーションを行うことができる。応用例として簡単な世界6地域経済モデルの推定とシミュレーションを行ってみる。

本書は情報経済のマクロ分析のための，本格的な研究書をめざしたものではなく，これまでの研究成果を，より身近に利用するための方法論を提供することが目的にある。そのため，計量分析などを専門とされる研究者にとっては，不満の残る成書であるとも言え，この課題については今後の改善事項としていきたい。より多くの学生や研究者に，情報経済のマクロ分析のツールを提供できることを念じている次第である。

目次

まえがき

第1章 産業連関表と経済構造分析　1
- 1.1 産業連関表による経済分析の基本 　1
  - 1.1.1 産業連関表の構成 　1
  - 1.1.2 生産誘発係数の定義 　3
  - 1.1.3 影響力係数と感応度係数 　4
  - 1.1.4 その他の指標 　5
- 1.2 情報セクターとその特性 　6
  - 1.2.1 産業連関表と産業分類 　6
  - 1.2.2 アジア国際産業連関表における解析事例 　9
  - 1.2.3 情報セクターの特徴 　11
- 1.3 産業連関表再編成による情報セクターと経済構造分析 　12
  - 1.3.1 情報セクターと非情報セクター 　12
  - 1.3.2 第2次情報セクターの分類と分析 　13
- 1.4 日米とアジアにおける情報セクターの誘発分析 　15
  - 1.4.1 情報セクターの誘発効果分析 　15
  - 1.4.2 アジア各国における情報セクターの大きさ 　15
  - 1.4.3 各国の情報セクターと非情報セクターの比較分析 　18
  - 1.4.4 投入係数表から見た情報セクター分析 　20
  - 1.4.5 米国最終需要の増加による誘発分析 　21
  - 1.4.6 日本における情報セクターに属する部門の分析 　22

第2章 産業連関表三角化によるハイアラーキー性分析 　25
- 2.1 産業連関表による経済モデル分析 　25
  - 2.1.1 産業間のハイアラーキー性 　25
  - 2.1.2 産業連関表における三角化分析の研究 　26
  - 2.1.3 産業連関表の三角化 　28
  - 2.1.4 三角化の手法 　28
  - 2.1.5 三角化のFortranプログラム 　29
- 2.2 産業連関表の三角化と分析方法 　34
  - 2.2.1 三角化により得られる表の分析 　34
  - 2.2.2 アジア経済研究所によるアジア国際産業連関分析 　36
- 2.3 アジア国際産業連関表の三角化分析 　37

　　　　2.3.1　アジア国際産業連関表の 52 部門表の三角化と順位相関 37
　　　　2.3.2　順位相関による分析 37
　　　　2.3.3　各国の 52 部門表の三角化分析 41
　2.4　複数の国の産業連関表を統合した表の三角化 43
　　　　2.4.1　3 カ国の間でのハイアラーキー性分析 43

第 3 章　応用一般均衡による情報セクター分析　51
　3.1　応用一般均衡分析 51
　　　　3.1.1　一般均衡モデルの構成 51
　　　　3.1.2　応用一般均衡分析の概要 52
　　　　3.1.3　生産をともなう一般均衡モデル 53
　　　　3.1.4　応用事例 54
　3.2　一般均衡の存在証明 55
　　　　3.2.1　一般均衡と不動点定理 55
　　　　3.2.2　内国税・関税・貿易のある場合の均衡点存在証明 57
　3.3　応用一般均衡分析のアルゴリズム 57
　　　　3.3.1　不動点探索アルゴリズムの基礎 57
　　　　3.3.2　解法の概要 61
　3.4　メリル・アルゴリズムによる累積的改善 68
　　　　3.4.1　メリル・アルゴリズム 68
　　　　3.4.2　2 財 2 要素 2 人モデルへの適用 72
　3.5　政府による税収を含んだモデル 76
　　　　3.5.1　2 財 2 要素 2 人モデルと税の導入 76
　　　　3.5.2　税を含む情報・非情報セクター分析の解法 77
　　　　3.5.3　仮想的な 2 財 2 要素と税のあるケースの分析 80
　　　　3.5.4　解析プログラムの概要 81
　　　　3.5.5　シミュレーションの結果 84
　　　　3.5.6　パラメータ変更による均衡解の変分 84
　3.6　日本モデルへの適用 85
　　　　3.6.1　各種データの収集について 85
　　　　3.6.2　効用関数と生産関数のパラメータ推定 90

第 4 章　時系列解析手法の応用　103
　4.1　分析ソフトウェア TSP について 103
　　　　4.1.1　TSP による時系列解析 103
　　　　4.1.2　本章で用いるデータ 104
　4.2　ARMA モデル 105
　　　　4.2.1　ARMA モデルとは 105
　　　　4.2.2　自己相関関数と偏自己相関関数 107
　　　　4.2.3　階差をとることによる定常化 108

目次

	4.2.4	季節調整	109
	4.2.5	時系列の予測	110
	4.2.6	AMIMA モデル分析のコマンド	110
	4.2.7	株価分析への応用	112
	4.2.8	季節性をもつデータの分析	115
4.3	ベクトル自己回帰 (VAR) モデル		117
	4.3.1	VAR モデルの基本	117
	4.3.2	応用事例	117
	4.3.3	VAR モデルとイノベーションの計算	118
	4.3.4	VAR モデルの解析コマンド	119
	4.3.5	各国経済と輸出の応用例	120
4.4	グランジャーの因果性		124
	4.4.1	グランジャーの因果性の原理	124
	4.4.2	応用事例	125
	4.4.3	各国経済と輸出の応用例に見るグランジャーの因果	126
4.5	チョウテスト (構造変化の検証)		126
	4.5.1	チョウテストの原理	126
4.6	回帰モデルの逐次推定を用いた構造変化検出		128
	4.6.1	応用事例	130
	4.6.2	応用例	131
4.7	単位根検定 (unit root test)		133
	4.7.1	単位根検定の原理	133
	4.7.2	応用事例	135
	4.7.3	情報財支出とエネルギー需要時系列への応用例	135
4.8	共和分検定		137
	4.8.1	共和分検定と時系列の階差	137
	4.8.2	応用事例	138
	4.8.3	情報財支出とエネルギー需要時系列への応用例	139
4.9	ARCH モデル		141
	4.9.1	ARCH モデルと時系列の定常性	141
	4.9.2	ARCH モデルの定式化	142
	4.9.3	応用事例	142
	4.9.4	ARCH 分析のコマンド	143
	4.9.5	個別銘柄に対する ARCH モデル当てはめ	143
4.10	カルマンフィルタによる状態推定		144
	4.10.1	時系列生成モデルの状態方程式表示	144
	4.10.2	カルマンフィルタによる状態推定	146
	4.10.3	スムージングによる状態推定の改善	147
	4.10.4	カルマンフィルタによる解析コマンド	148

4.10.5　カルマンフィルタによる人工衛星軌道推定 149
　　　4.10.6　情報セクターの出荷額の予測 152

第5章　質的データの解析　　　　　　　　　　　　　　　　　　　　　　　　155
5.1　TSPと質的データの解析 155
　　　5.1.1　TSPにおける質的データの解析 155
　　　5.1.2　本章で用いているデータ 156
5.2　ロジットモデルによる分析 157
　　　5.2.1　二値選択モデルと多値選択モデル 157
　　　5.2.2　ロジットモデル適用の原理 157
　　　5.2.3　プロビットモデルの適用 159
　　　5.2.4　ロジット・プロビット分析のコマンド 160
　　　5.2.5　倒産確率の推定問題 160
5.3　多値選択モデル 163
　　　5.3.1　多値選択モデルの概要 163
　　　5.3.2　3つの種類のロジットモデル 164
　　　5.3.3　多値ロジットモデルのコマンドの一般型 165
　　　5.3.4　応用事例 165
　　　5.3.5　債券格付問題への適用-多値(順序)ロジットモデル 166
5.4　切断分布をともなう解析 169
　　　5.4.1　切断分布について 169
　　　5.4.2　トービットモデルの適用 170
　　　5.4.3　応用事例 171
　　　5.4.4　トービットモデルのコマンド 171
　　　5.4.5　知識マネジメントへの企業の取り組み分析 172
　　　5.4.6　トービットモデルによる分析 175
5.5　サンプル・セレクションモデル 178
　　　5.5.1　サンプル・セレクションモデルの基本 178
　　　5.5.2　応用事例 180
　　　5.5.3　サンプル・セレクションモデルのコマンド 180
　　　5.5.4　モジュール生産方式導入と企業の情報化投資 180
　　　5.5.5　サンプル・セレクションモデルによる解析 184

第6章　回帰モデルと方程式シミュレーション　　　　　　　　　　　　　　　189
6.1　TSPと回帰分析・構造方程式 189
　　　6.1.1　TSPによる分析の対象 189
　　　6.1.2　TSP解析で用いるデータ 190
6.2　回帰分析 190
　　　6.2.1　回帰分析の基礎 190
　　　6.2.2　回帰分析における統計量 192

	6.2.3 最小2乗推定以外のさまざまな回帰分析手法	194
	6.2.4 操作変数を導入した推定:2sls	195
	6.2.5 非線形回帰モデルの推定方法	197
6.3	系列相関と不均一分散	197
	6.3.1 回帰分析と系列相関	197
	6.3.2 系列相関テストのための統計量	198
6.4	不均一分散モデルの推定法	199
	6.4.1 残差と不均一分散モデル	199
	6.4.2 オプション regopt による統計量の検定実施	201
	6.4.3 米国情報セクター出荷額の回帰分析への応用例	201
6.5	分布ラグモデルの推定	203
	6.5.1 回帰分析と分布ラグモデル	203
	6.5.2 分布ラグ係数推定のコマンド	204
	6.5.3 応用例	205
6.6	経済マクロモデルの考え方	207
	6.6.1 構造方程式	207
	6.6.2 シミュレーションの考え方	209
	6.6.3 クラインモデルの構造方程式推定	211
	6.6.4 クラインモデルにおけるシミュレーション	212
	6.6.5 簡単な世界6地域経済モデルの推定とシミュレーション	215
参考文献		221
索引		227

第1章 産業連関表と経済構造分析

1.1 産業連関表による経済分析の基本

1.1.1 産業連関表の構成

　国の経済構造を解明するには,さまざまな経済主体の関連性を分析することが基礎になるが,特に企業などによる生産活動の分析は基礎的なデータを与える [Leo-1][Leo-2][Che-1][Che-2][Miy]。それぞれの産業においては,企業は生産設備を整備し,生産に必要な財やサービスを他の産業分野から中間財として調達すると同時に,労働市場から商品へと加工する労力を導入する。古い時代の国民経済計算においては,最終的な財についての議論が多かったが,現在では中間財の分析が重視されている。

　産業連関表は,このような目的で作成されるデータの1つで,日米や欧州の各国では5年ごとに整備されている統計データであり,近年ではアジア各国においても整備される傾向にある。統計データの収集には産業の定義をはじめとして,どのようなデータを収集するかが問題となる。この概要については後で述べることにするが,国連において,世界の各国が共通して取り組みが進められるような枠組みが形成されている。

　産業連関表の構成を理解するには,最低限の知識として次のようなことが必要である。産業連関表は経済における産業の間の取引や関係を1つの表にまとめたものである。表1.1には農業と工業の2つの産業に簡素化した場合の産業連関表の概念図を示している。この表の項目を構成しているもの(欄の名称)は,産業の名前(あるいは番号)と最終需要と付加価値とがある。それぞれの産業が生み出す製品総額を集計したものを,産出高(あるいは産出額)とよぶ。産業の間にある行列の要素は産業の間の取引関係を示し,付加価値は生産に必要な労働力の投入や税金などを合計したものである。付加価値は,俗に生産による価値の上昇額として理解されているが,正確には企業が製品生産を行うための社会的要素であり,労働力に対応する賃金や企業の内部留保だけではなく,税金なども含まれる。最終需要とは,産業で生産された商品の最終的な消費のことを意味しており,民間企業をはじめ政府あるいは個人である消費者における需要あるいは海外への輸出がある。この表では,消費と投資と輸出の3つが存在すると仮定している。

　表の縦方向と横方向には異なる意味がある。表を横方向に見ていくと,この産業が生産した製品が,どのように他の産業へ販売されたり最終的に需要として送り出されるかを示している。したがって,このように産業連関表の横方向は産出された財の行き先を示すものであり,産出構造と呼ばれる。一方,この表を縦方向に見ていくと,産業が製品を製造するために他産業から製品(中間財とよばれる)を,いくら必要としているかを表している。

表 1.1　産業連関表の概念

		中間需要		最終需要			産出額
		農業	工業	消費	投資	輸出	
中間投入	農業	X_{11}	X_{12}	C_1	I_1	EX_1	X_1
	工業	X_{21}	X_{22}	C_2	I_2	EX_2	X_2
粗付加価値		V_1	V_2				
産出額		X_1	X_2				

前にも述べた付加価値も，このような製品製造に必要な要素をなしている．このように，産業連関表を縦方向に見た場合には，総産出を製造するのに必要な要素を見ることができるので，このような利用による分析を，投入構造の分析とよぶ．産業が製造した製品の需要先と，これを製造するための中間財と付加価値の合計は，それぞれ総産出高として計算され，縦方向の合計と横方向の合計は一致する．

次に，このような産業連関表を数式により表現してみる．いま，この表を横方向に見ていき，産業 i が産業 j へと供給する中間財を X_{ij} とし，産業から最終需要として消費，投資，輸出にまわされるものをそれぞれ，C_i, I_i, EX_i としておく．また，この産業の総産出高を X_i としておく．産出のバランスより，次の式で関係を記述することができる．

$$\sum_{j=1}^{N} X_{ij} + C_i + I_i + EX_i = X_i \tag{1.1}$$

このように全部の産業についてバランス式が成立することを用いて，次に，投入構造を分析する．

いま，産業 j の生産物 1 単位当りの産業 i の中間財を中間投入とよび，この数値を産業の総産出高 X_j で割った数値を投入係数 (a_{ij} と表す) と呼ぶ．投入係数表とは，中間財取引構造をもとにして産出高のどのような割合が中間財として，それぞれ他の産業に組み入れられたか (これを投入と呼ぶ) を表している．すなわち，次のような計算式を用いる．

$$a_{ij} = X_{ij}/X_j, i,j = 1,2,...,N \tag{1.2}$$

投入係数を用いて，産業連関表のデータの相互関係を完結に表現すると，次のようになる．

$$\begin{pmatrix} a_{11} & ... & a_{1N} \\ a_{21} & ... & a_{2N} \\ ... & ... & ... \\ a_{N1} & ... & a_{NN} \end{pmatrix} \begin{pmatrix} X_1 \\ X_2 \\ ... \\ X_N \end{pmatrix} + \begin{pmatrix} C_1 + I_1 + EX_1 \\ C_2 + I_2 + EX_2 \\ ... \\ C_N + I_N + EX_N \end{pmatrix} = \begin{pmatrix} X_1 \\ X_2 \\ ... \\ X_N \end{pmatrix} \tag{1.3}$$

あるいは，行列 $A = [a_{ij}]$ による行列表現を用いて次のような形になる．

$$AX + F = X, X = (X_1, X_2, ..., X_N)^T, F = (F_1, F_2, ..., F_N)^T, F_i = C_i + I_i + EX_i \tag{1.4}$$

ここで肩符 T は横ベクトルの転置，あるいは行列の転置を意味する．更に，この章の後半で議論する誘発分析の目的のために，最終需要と総産出高の関係を投入係数行列の逆行列を用いて，次のように表現しておく．

$$X = [I - A]^{-1} F \tag{1.5}$$

1.1.2　生産誘発係数の定義

産業連関表を産業の間の連係関係と考えると,ある産業部門に新たに需要が生じた場合には,他の各産業部門から中間財を購入していくことによって需要をまかなっていくことになる。最終需要をまかなうために直接・間接に必要となる国内生産額を,生産誘発額という。最終需要の増加に対して中間財を供給するために,他の各産業でも新たな生産の需要産出高の増加が生じることになり,このような連鎖が継続される。

誘発分析とは,最終需要においてある額の増加が見られた場合に,それぞれの産業における産出高がどれだけ増加するかを推定する方法である。最初は,話を簡単にするために輸入と輸出は無視して考察する。すなわち各産業部門の国内生産額が,どの最終需要項目によってどれだけ誘発されたものであるのか,その内訳を示すものである。

まず最初に,生産誘発係数について定義をしておく。それは,いまある最終需要部門で1単位の最終需要があった場合,ある産業の国内生産額がどれくらい増えるかを示すものであり,次に示す式で定義される。

　　　生産誘発係数＝最終需要項目別生産誘発額÷項目別最終需要額合計

いま,産業連関表を行列形式で表現すると,前にも述べたように産業 i について次のようになる。

$$\sum_{i=j}^{n} X_{ij}] + C_i + I_i + EX_i = X_i \tag{1.6}$$

ここで,最終需要 F_i は,消費 C_i,投資 I_i,輸出 EX_i の3つの項目に分類されていると仮定する。産業連関表の投入係数を用いて,上の表現を書き換えると次のようになる。

$$X = [I-A]^{-1}F, F = (F_1, F_2, F_3, ..., F_n)^T, F_i = C_i + I_i + EX_i \tag{1.7}$$

次に,輸入と輸出を考慮し,これらを分離した定式化を仮定する。すなわち現実の世界では国内の需要の一部は輸入によってまかなわれており,生産誘発の波及効果も国内産業に対しては,この輸入分だけは割り引いて考える必要がある。産業連関表において輸入をどのように取り扱うかについては,競争輸入方式と非競争輸入方式とがあるが,ここでは一般によく用いられる競争輸入方式を考える。この場合産業連関表の概要は表1.2のようになり,この行列表現は,次のようになる。

$$AX - \hat{M} + F = X \tag{1.8}$$

これらの輸入を考慮しない表と競争輸入を考慮する表との2つに違いを直感的に説明すると,次のようになる。$[I-A]^{-1}$ 型は,商品生産に必要な中間財はすべて国内でまかなわれると考えた閉鎖型のモデルである。しかし,実際には中間財が国内ですべてまかなわれることはないので,各部門に国内における自給率を考慮して,波及の範囲を国内に限定したモデル(開放型モデル)を用いることになる。この場合の行列が $[I-(I-M)A]^{-1}$ 逆行列表である。$[I-(I-M)A]^{-1}$ 型によれば,特定の産業に新たな需要が生じた場合に,国内産業への波及効果が明らかになる。$[I-A]^{-1}$ 型と $[I-(I-M)A]^{-1}$ 型の逆行列を比べてみると,後者の方が前者よりも数値が小さくなっている。この差が国外へ流出する部分であることを意味している。これらの2つの比を求めると,各産業で発生した産出需要が,どれだけ国内にとどまるかが示される。

表 1.2 競争輸入型産業連関表

		中間需要		最終需要			輸入	産出額
		農業	工業	消費	投資	輸出		
中間投入	農業	X_{11}	X_{12}	C_1	I_1	EX_1	$-M_1$	X_1
	工業	X_{21}	X_{22}	C_2	I_2	EX_2	$-M_2$	X_2
粗付加価値		V_1	V_2					
産出額		X_1	X_2					

1.1.3 影響力係数と感応度係数

影響力係数と感応度係数とは,産業連関表から計算された投入係数から計算される逆行列表を用いて定義された指標である。この指標により,どの列部門に最終需要が発生した場合に産業全体への生産波及の影響が強いか,またどの行部門が影響を受けやすいかということを表すことができる。

影響力係数

影響力係数はどの産業の生産が国内全産業の生産にどれくらいの影響を与えるかを示すものである。影響力係数は次に示す式で定義される。

影響力係数=逆行列係数の列和の平均値/逆行列係数の列和

この影響力係数が 1.0 を超えて大きいほど,産業全体の生産を引き起こす力が大きいといえる。これまでの研究で影響力係数の大きい産業としては,銑鉄・粗鋼,鉄鋼 1 次製品,事務用品,肉・酪農,基礎化学製品,化学繊維・紡績などがあることが知られている。一方,影響力係数の小さい産業としては,教育,不動産,研究,通信,金融・保険,商業などがあり,これらの多くは情報セクターに属している。

感応度係数

感応度係数はどの産業の生産が,国内全産業の動きによって影響を受けやすいかを示すものである。感応度係数は次の式で定義される。

感応度係数=逆行列係数の行和の平均値/逆行列係数の行和

感応度係数が 1.0 を超えて大きいほど,産業全体の動きによって受ける影響が大きいといえる。感応度係数が大きい産業としては,商業,パルプ・紙,原油・天然ガス,基礎化学製品,金融・保険があり,この係数が小さい産業としては,医療,研究,教育,土木,公務などがあることが知られている。

このような 2 つの指標を,それぞれの産業ごとに推定し,影響力係数を横軸にとり,感応度係数を縦軸にとって,これらを図 1.1 に示すように 2 次元平面に配置すると,それぞれの産業の特性が比較できる。平面を 2 つの指標の大小により 4 つの象限に分解すると,それぞれの象限に入る産業は次のような特性をもっている。

$R-1$:第 1 象限のグループ (影響力,感応度係数ともに高い)

このグループは他産業に与える影響および他産業から受ける影響ともに大きい部門であり,運輸などの産業部門が属している。

$R-2$:第 2 象限のグループ (影響力係数が低く,感応度係数が高い)

$R-2$ 第2象限の産業グループ 影響力係数が低く感応度係数が高い	$R-1$ 第1象限の産業グループ 影響力係数と感応度係数ともに高い
$R-3$ 第3象限の産業グループ 影響力係数と感応度係数ともに低い	$R-4$ 第4象限の産業グループ 影響力係数が高く感応度係数が低い

図1.1　影響力係数と感応度係数を用いた産業の区分

このグループは他産業に対する影響力は弱いが,他産業からは影響を受けやすいもので,対事業所サービス,商業,金融・保険などサービス提供部門が属している。

$R-3$:第3象限のグループ(影響力,感応度係数ともに低い)

このグループは他産業に与える影響および他産業から受ける影響ともに小さい部門で,漁業,輸送機械,非鉄金属,医療・保健・社会保障などが属している。

$R-4$:第4象限のグループ(影響力係数が高く,感応度係数が低い)

このグループは他産業に与える影響は大きいが,他産業門から受ける影響は小さい部門で,製造業の多くが属している。

1.1.4　その他の指標

これまで述べた生産誘発額と影響力係数,感応度係数により,産業の特性を比較分析することができるが,更に詳細な分析のために以下に示すような指標係数が定義されている。これらの定義と意味するところを示す。

生産誘発依存度

各産業の生産額が,どの最終需要項目によってどれだけ誘発されたものであるか,そのウェイトを示すものである。次に示す式で定義される。

生産誘発依存度=各産業の最終需要項目別生産誘発額/各産業の国内生産額合計

粗付加価値誘発額

ある最終需要部門で1単位の最終需要があった場合に,どの産業の粗付加価値額がどれくらい増えるかを示すものである。すなわち,最終需要は生産を誘発すると同時に,雇用者所得や営業余剰等の粗付加価値も生み出していることを計測する指標である。各最終需要によって誘発された粗付加価値額を示したものが,粗付加価値誘発額である。

この誘発額に対する係数として,各項目別の最終需要1単位がどれだけの粗付加価値を誘発したかを示したのが,粗付加価値誘発係数である。この係数は最終需要項目別合計に対する,ある産業部門の粗付加価値誘発額の比率であり,当該最終需要の何倍の粗付加価値額が誘発され

たかを示している．この係数は定義から1を超えることはない．この誘発係数は，次の定義式により与えられる．

　　　　粗付加価値誘発係数＝最終需要項目別粗付加価値誘発額／項目別最終需要額合計

粗付加価値誘発依存度

各産業の粗付加価値額が，どの最終需要項目によってどれだけ誘発されたものであるかについて，そのウェイトを示すものである．これは粗付加価値誘発額の最終需要項目別構成比であり，各産業部門の粗付加価値が，最終需要項目に誘発された割合を示している．なお，付加価値は生産額に比例するものとしているので，粗付加価値誘発依存度は生産誘発依存度に一致する．次に示す式で定義される．

　　　　粗付加価値誘発依存度＝
　　　　　　　各産業の最終需要項目別粗付加価値誘発額／各産業の粗付加価値額合計

輸入誘発額

ある最終需要部門で1単位の最終需要があった場合，どの産業の移輸入額がどれくらい増えるかを示すものである．これを係数として求めたものが，輸入誘発係数である．各項目別最終需要額計に対する，ある産業部門（あるいは産業計）における当該最終需要項目による移輸入誘発額の比率であり，当該最終需要に対してどの程度の移輸入が誘発されるかを示す．産業計においては，移輸入誘発係数と粗付加価値誘発係数の和は1となる．次の式で定義される．

　　　　移輸入誘発係数＝最終需要項目別移輸入誘発額／項目別最終需要額合計

輸入誘発依存度

各産業の輸入額が，どの最終需要項目によってどれだけ誘発されたものであるか，そのウェイトを示すものである．次の式で定義される．

　　　　輸入誘発依存度＝各産業の最終需要項目別輸入誘発額／各産業の輸入額合計

総合付加価値係数

ある部門に1単位の最終需要が生じた場合に，直接間接に全部門でどれだけの付加価値を誘発するかを示すものである．

1.2　情報セクターとその特性

1.2.1　産業連関表と産業分類

最近の社会的な高度情報化の進展が，それぞれの産業分野にどのような影響を及ぼすかという問題は，国や自治体，企業レベルでの政策を決定する基本となっている．情報関連技術を提供する情報産業の産出物が，他産業へどのように影響するかの分析については，すでに1977年以降に米国やOECDなどを中心として行われ，マハルップ (Machlup) やポラト (Porat) らのモデルや業績が知られている [Mac][Por]．これらの解析結果として，新規の産業分野の形成，雇用拡大，貿易の増大などに良好な波及効果をもつことが分析されている．初期の研究は，主として米国においてマハルップにより行われ，一連の論文と著作として集約がなされている．マハルップによる成果はやがてポラトにより引き継がれ，米国政府の援助のもとで更に研究が進められてきた．

その成果はポラトによる 9 巻の著作としてまとめられ，その一部が日本でも翻訳されている [Por]。マハルップやポラトの手法は基本的には産業連関表の組み替えであり，情報産業など情報に直接関連した産業を抽出し，これを情報セクター (sector:部門) としてまとめると同時に，それ以外の産業を非情報セクターとして分類するものである。情報セクターの抽出にあたっては，あらかじめ産業が情報セクターに属するか否かを与え，産業ごとに分類コードをもとにして集約する方法をとっている。

またエンゲルブレヒ (Engelbrech) は，日米や韓国における最近の社会における情報化が，産業の発展にどのように寄与してきたかを比較分析しており，基本的な手法を現代に適用する事例となっている [Engb-1][Engb-2][Engb-3]。また，このような手法による研究が，オーストラリアや日本でも継続されている [Tok-2][Kar]。

本書で分析に用いている産業連関表は，アジア経済研究所からほぼ 5 年ごとに提供されている「アジア国際産業連関表」を用いている。この国際産業連関表のほかにも，経済産業省の提供する産業連関表もあるが，アジア各国を網羅したものではないので比較分析には適していない。また本書では，本格的な研究を目的としたものではなく，産業の相互関係とアジア各国の違いを見出すことが目的であるので，アジア経済研究所が提供する産業連関表を用いている。

表 1.3 には，本書で分析に用いるアジア経済研究所が発行しているアジア国際産業連関表における産業の分類番号であるコード (52 部門分類のコード) を示している。表の中で欄の C は部門コードを意味する。また欄の I はあとでの利用を考えて，この部門が情報セクターに属するか (I=1) あるいは属さないか (I=0) を区別している記号である。なお，本書で用いる 1995 年と 2000 年のアジア国際産業連関表では，産業分類において，最も詳細な分類の単位においては，部門数は 78(2000 年の産業連関表では 76) に分類されており，相互にやや異なっていることに注意する必要がある。なお，これらの違いがあることも含めて，本書ではコンピュータによる処理の都合を考慮して，これらの部門のいくつかをまとめることにより，52 分類としている。

このようなセクター分類を最も詳細な分類区分として，これらを更に，おおまかな産業に集約した 24 分類と，これを更に集約した 7 分類がある。表 1.5 には，52 部門と 24 部門との相互関係も示している。表 1.4 においては，それぞれの統合された 24 部門に属する 52 部門で分類された部門の産業コードが，どれであるかが判別できる表としている。

表1.3 アジア国際産業連関表における52部門分類コード

		1995年表			2000年表
I	C	部門名	I	C	部門名
0	1	Paddy	0	1	Paddy
0	2	Crude petroleum and natural gas production	0	2	Iron ore
0	3	Copper ore	0	3	Milled grain and flour
0	4	Oil and fats	0	4	Textile, leather, and the products thereof
0	5	Spinning	0	5	Timber
0	6	Weaving and dyeing	0	6	Wooden furniture
0	7	Knitting	0	7	Other wooden products
0	8	Wearing apparel	1	8	Pulp and paper
0	9	Other made-up textile products	1	9	Printing and publishing
0	10	Leather and leather products	0	10	Synthetic resins and fiber
0	11	Timber	0	11	Basic industrial chemicals
0	12	Wooden furniture	0	12	Chemical fertilizers and pesticides
0	13	Other wooden products	0	13	Drugs and medicine
1	14	Pulp and paper	0	14	Other chemical products
1	15	Printing and publishing	0	15	Refined petroleum and its products
0	16	Synthetic resins and fiber	0	16	Plastic products
0	17	Other basic industrial chemicals	0	17	Tires and tubes
0	18	Chemical fertilizers and pesticides	0	18	Cement and cement products
0	19	Drugs and medicine	0	19	Glass and glass products
0	20	Other chemical products	0	20	Other non-metallic mineral products
0	21	Refined petroleum and its products	0	21	Iron and steel
0	22	Natural rubber	0	22	Non-ferrous metal
0	23	Cement and cement products	0	23	Metal products
0	24	Glass and glass products	1	24	Boilers, Engines and turbines
0	25	Other non-metallic mineral products	0	25	General machinery
0	26	Iron and steel	1	26	Metal working machinery
0	27	Non-ferrous metal	1	27	Specialaized machinery
0	28	Metal products	1	28	Heavy Electrical equipment
0	29	Agricultural machinery and equipment	1	29	Television sets,communication equip.
1	30	Specialized industrial machinery	1	30	Electronic computing equipment
0	31	Ordinary industrial machinery	1	31	Semiconductors and integrated circuits
1	32	Heavy electric machinery	1	32	Other electronics and electronic products
1	33	Engines and turbines	1	33	Household electrical equipment
1	34	Electronics and electronic products	1	34	Lighting fixtures, batteries,others
1	35	Other electric machinery and appliance	0	35	Motor vehicles
0	36	Motor vehicles	0	36	Motor cycles
0	37	Motor vehicles and bicycles	0	37	Shipbuilding
0	38	Aircraft	0	38	Other transport equipment
0	39	Shipbuilding	1	39	Precision machines
0	40	Other transport equipment	0	40	Electricity and gas
1	41	Precision machines	0	41	Water supply
0	42	Electricity, gas and water supply	0	42	Building construction
0	43	Building construction	0	43	Wholesale and retail trade
0	44	Other construction	0	44	Transportation
0	45	Wholesale and retail trade	1	45	Telephone and telecommunication
0	46	Transportation	1	46	Finance and insurance
1	47	Telephone and telecommunication	1	47	Real estate
1	48	Finance and insurance	1	48	Education and research
1	49	Education and research	0	49	Medical and health service
1	50	Other services	1	50	Restraunts
0	51	Unclassified	1	51	Hotel
0	52	Public administration	0	52	Public administration

表1.4 アジア国際産業連関表における24セクター分類

コード	部門名	属する1995年表52部門産業コード	属する2000年表52部門産業コード
1	Paddy	1	1
2	Other agricultural products	2	2
3	Livestock and poultry	3	3
4	Forestry	4	4
5	Fishery	5	5
6	Crude petroleum and natural gas	6	6
7	Other mining	7	7
8	Food,beverage and tobacco	8	8
9	Textile, leather and prodcuts	9,10	9
10	Timber and wooden products	11,12,13	10
11	Pulp,paper and printing	14,15	11
12	Chemical products	16,17,18,19,20	10,11,12,13,14
13	Petroleum and petro products	21	15,16
14	Rubber prodcuts	22	17
15	Non-metallic mineral products	23,24,25	18,19,20
16	Metal products	26,27,28	21,22,23
17	Machinery	29,30,31,32,33,34,35	24,25,26,27,28,29,30,31,32,33,34
18	Transport equipment	36,37,38,39,40	35,36,37,38
19	Other manufacturing products	41	39,40
20	Electricity, gas and water supply	42	41
21	Construction	43,44	42
22	Trade and transport	45,46	43,44
23	Services	47,48,49,50,51	45,46,47,48,49,50,51
24	Public administration	52	52

1.2.2 アジア国際産業連関表における解析事例

以下では情報セクターに注目しながら,影響力係数と感応度係数を計算し,日米およびアジア各国の産業の相互関係と構造を分析する [Lu-2]。影響力係数と感応度係数からそれぞれの産業を見た場合には,前にも述べた一般的な相互関係が存在することが予想されるが,アジア各国は日米とは異なる構造をもっている可能性もある。このような違いを見出すことも,以下の分析の1つの目的である。

なお,影響力係数と感応度係数を計算するにあたり,最も分類の細かい75部門表をそのまま用いることも可能であるが,結果を図示する場合にやや煩雑となるので,以下の解析では,次のようにいくつかの部門を1つに集約して,若干の簡素化をはかり54部門としている。

1995年および2000年の産業連関表について縦軸に影響力係数を,横軸に感応度係数をとった場合の2次元平面を仮定し,この平面にそれぞれの産業部門を配置した場合に,どの位置にくるかを分析する。なお図についてはスペースの関係で省略する。

産業部門の特徴から見た分析

最初に,それぞれの国に共通する産業部門の特徴を調べてみる。これらは以下のようにまとめられる。これら4つの象限に入る部門について国による類似性が観測されることは興味深い。すなわちアジアやこれにかかわっている工業国である日米と韓国および中国について4つの象限に配置される部門の中で4つの国で共通するものは次のように整理できる。なおバブルの発生など経済状況が1995年と2000年では異なっているので年度により象限に配置される部門はやや違っている。以下ではこの4つの国に共通する部門の象限上の配置を「部門配置の共通パターン」と呼んでおく。

(1) 1995年において共通する部門

第1象限:縫製,出版印刷,化学肥料,鉄鋼,金属製品,一般機械,輸送機械

第2象限:鉱石, 天然ゴム, 非鉄金属, 電気ガス, 卸小売, 運輸, その他サービス
第3象限:農業, 原油, 油脂, 紡績, 染色, 木材家具, その他化学製品, ガラス製品
　　　　通信, 教育研究, 公務
第4象限:アパレル, 繊維製品, 皮革, パルプ木材, 医薬品, 土石, その他非鉄金属, 農業機械
　　　　特殊産業機械, 重機械, 重電機, エンジン, その他電気機械, バイク, 造船
　　　　その他輸送機械, 精密機械, その他建設業

(2) 2000年において共通する部門
第1象限:基礎化学製品, プラスチック, 鉄鋼, 金属製品, 一般機械, 自動車
第2象限:精油製品, 電気ガス, 卸小売, 通信, 金融保険
第3象限:農業, 木材, 医薬品, タイヤ, その他非鉄金属, 水道, 教育研究, レストラン, 公務
第4象限:家具, 木材製品化学肥料, その他化学製品, 土石, エンジン, 一般機械, 金属加工機械
　　　　特殊機械, 重電機装置, 電子製品, 家電製品, 照明器具, バイク, 造船
　　　　その他輸送機械, ビル建設

このように日米と韓国および中国において, 4つの象限において類似した部門の配置が見られることは, 経済構造が類似したものになっていることを反映している。特に2000年においてはこの差異は極めて小さいものとなっている。中国の経済発展が顕在化したことを反映しているが, バブル崩壊以降の経済回復の基調が形成されたとも言えるであろう。しかしながら, 国により特徴とも言えるものが観測されており, 製造業や情報関連の部門についての主な相違点は, 以下のように整理される。

中国では1995年において第1象限に配置されていて, 他の国と共通しない部門としては, その他非鉄金属, 非鉄金属, 特殊機械, 電気製品, 電気ガス, ビル建設などがあり, 経済発展の影響による需給関係の変化の影響を受けていると考えられる。また第2象限においては, その他基礎化学製品や教育研究が配置されており, これも経済発展の影響を受けているものと思われる。しかし, 2000年においては, これらの部門の配置も他の国とほぼ同じとなっており, 安定した発展段階に入ったことをうかがわせる。

日本においては部門の配置は「部門配置の共通パターン」に非常に似ており, いわゆる平均的な産業構造が構成されていることが分かる。やや異なる点としては, 2000年において, テレビ, 半導体が第4象限に配置されており, 半導体製造の巻き返しの効果と, 液晶など高度化したテレビ製品などの影響が観測される。

韓国においても部門の配置は「部門配置の共通パターン」に非常に似ており, 日本と同様に平均的な産業構造が構成されていることが分かる。やや異なる点としては, テレビ半導体が第3象限に配置されており, いわば安定的あるいは基幹的な部門として定着していることが観測される。

米国の部門配置は「部門配置の共通パターン」に近いパターンになっている。しかしながら, 1995年においては第1象限と第2象限に配置される部門が異なっており, 特に第2象限に配置される部門の数が極端に少なくなっている (平均8個に対して4個)。このことは, 相対的に他部門の影響を受ける産業が極めて少なくなり, 全体的に景気変動が少ない時期に入っていることを反映している。

各国の特徴から見た分析

次に，各国に共通する産業部門の性質では記述できない各国における特徴を調べて見る。これらの特徴は，以下のようにまとめられる。日米と韓国，中国の4つの国以外の国においては，類似性が確認できるケースもあるが，相違点の方が多く観測される。タイやシンガポールなどでは，経済発展にともない工業国なみの部門配置が見られる一方で，国による特徴が見出せる。これについては，部門配置の共通パターンからのずれを検証することにより，確認をすることができる。まとめると，以下のように整理できる。

残りの6つの国の中で，部門配置の共通パターンに近いパターンを有している国・地域は台湾とシンガポールである。例えば，台湾については，部門配置の共通パターンと異なる点は，第3象限に1995年において電子製品精密機械があり，感応度が低く影響が大きくなっていることは，台湾における電子分野における供給を反映している。同じく2000年においては，第3象限に化学基礎製品化学肥料が入っており，やや基本的な製品として定着する傾向を示している。

シンガポールの1995年のデータからはアジアでの電子製品の供給の様子がよく分かり，第3象限には電子製品，精密機械，化学繊維，医薬品などが配置され，安定的な産業であることが分かる。また，卸小売や運輸が，理論どおりに第1象限に配置されており，その意味では工業国としての典型的な産業連関をなしていると言える。しかし一方で，一般機械，自動車，石油，縫製などが第4象限に配置されており，輸入財に依存する傾向の強いこれら部門が，同時に他産業に影響力を持つ構造をなしている。また，2000年においては，第4象限に非鉄金属，鉄鋼，非金属製品などが加わり，他の産業への影響が大きくなる傾向になっている。同時に，半導体，電子製品が第2象限に現れており，世界的な需給に左右される課題を反映している。

これ以外のフィリピン，マレーシア，タイ，インドネシアについては，部門配置の共通パターンからのずれは大きいが，そのずれにそれほどの規則性が見出せない。すなわち，共通パターンに当てはまるような強度の工業国としての特性はないが，同時に，国の産業の特性が明確に見出せるにはいたっていない。いくつかの特徴をあげるとすれば，タイにおいて，1995年に第3象限に化学肥料，化学繊維や電子電気製品，非鉄製品，金属製品が配置されており，安定的な産業部門を構成していることがある。しかしながら，このパターンは2000年のデータでは明確ではなく非鉄製品，金属製品は第3象限に残ってはいるが，化学肥料，化学繊維，電子電気製品はこの象限にはなくなっている。これは，これらの産業が中国へと流出したことを反映している。

インドネシアは資源を利用した産業が形成されているが，他産業への影響については，明確なパターンは見られない。すなわち，部門配置の共通パターンや一般的に言われている分析結果では，多くの多様な製造業が第4象限に配置されるが，インドネシアにおいては，このような集中的な配置は見られないで，第2象限および第3象限にも同じように配置されている。このことは，工業国として影響や感応の系列を構成できるまでの産業構造の連関を形成できていないことを反映している。

1.2.3 情報セクターの特徴

これまで述べたように，日米およびアジア各国の産業部門の特徴を影響力係数および感応度係数の相互関係から見出すことができる。これらの結果をまとめる意味で，以下では情報セク

ターの位置や役割について分析してみる。この場合，アジアへの日米企業の進出や，最近のアジア各国における経済発展を考慮する必要がある。すなわち，日米とアジア各国における情報セクターの位置は，1995年以前と比較して違いは縮小していることが予想される。

情報セクターが4つの象限に配置されている様子を観察すると，1つの象限に限定されないで，いくつかの象限に分布していることが特徴となっている。1995年と2000年について，これらの情報セクターに属する部門の配置は，日米と韓国，中国に共通する部門配置の共通パターンにおいては，次のようになっている。

(1) 1995年
　　第1象限:電子製品, 出版印刷
　　第2象限:卸小売
　　第3象限:通信, 教育研究
　　第4象限:その他の電気機器, 精密機械
(2) 2000年
　　第1象限:その他の電気機器
　　第2象限:卸小売, 通信, 金融, 保険, 不動産
　　第3象限:精密機械, 教育研究
　　第4象限:テレビ製造, 電子機器装置

特に第3象限，第4象限において，電子機器関連，通信，教育研究の部門が配置されており，いわば基盤的な産業を形成していることが観測される。

1.3　産業連関表再編成による情報セクターと経済構造分析

1.3.1　情報セクターと非情報セクター

すでに述べたように，情報セクターが国の経済構造に及ぼす影響については米国をはじめ多くの国において，1970年代から研究が行われている。以下では，主として情報セクターの影響を誘発効果の面から分析を進めていく。

情報セクターが経済に及ぼす影響については，情報セクターの抽出，産業連関表の再編成，誘発係数などの計算という手順で行われる。以下では，この手順の概略を示す。手順を簡単に説明すれば，情報セクターという特別な部門セクターをもうけ，細分化されたセクターについて作成されたもとの産業連関表を集計する場合に，このセクターについても集計を行うことである。これは農業，製造業などの単位で集計をすすめることと同じ手順である。

まず最初に，表1.3に示したように，それぞれの産業部門が情報セクター，非情報セクターのどちらに属するかを決定し，産業分類コードにより区分化する。具体的には，米国のコードのような産業分類の詳細コードそれぞれについて，情報セクターであるかどうかが示される。

産業コードはもちろん国により異なり，情報セクターが都合よく抽出されるかどうかは，この分類に依存する面もある。ただし，産業セクターの詳細な生産財についての情報が不足しているので，ここでは情報セクターに属する産業をやや広く解釈していることを断っておく。情報セクターとは，情報の創造と供給を行う産業セクターであり，電子産業，通信事業などのエレク

トロニクスやコンピュータ関連産業ばかりではなく、保険や金融などの産業も含んでいる。正確には、この情報の創造物は市場で商品として流通されるものを指しており、市場には出て行かない企業の内部での情報処理などは、第2次情報セクター (Secondary Information Sector:SIS) として分類されている。これに対して本来の定義にしたがう情報財を供給する産業を第1次情報セクター (Primary Information Sector:PRIS) とよぶ。

米国流の定義と、例えば日本の旧郵政省などの定義とではかなり異なっており、同じ名称の要素についても、例えば産出額などの数値などは1.5倍程度の開きが存在していることもある。このように情報、あるいは情報財などの定義や意味については、いまだに定まったものはないのが現状である。ここではOECDの見解にしたがって情報セクターを定義し、その影響分析を行っていく。

1.3.2 第2次情報セクターの分類と分析

第2次情報セクターの定義については前にも述べたように、非情報セクターに属する産業において、情報財として外部へ出て行くことはなく内部での生産活動に使用される情報財にかかわるセクターを指している。第2次情報セクターは、経済構造の見えない部分に浸透している情報化の実態を把握する意味で重視されている。第2次情報セクターを特徴づける方法としては、基本的には非情報セクターに属する産業を産業連関表においてコピーし、第2次情報セクターに属する部分を分離することにより、3つのセクターの構成が得られる。

しかしながら、この作業は簡単ではないことと、分離する作業においては、単なる情報・非情報セクターの分離のような作業では完成しない問題がある。したがって、第2次情報セクターの重要性は認められるが、本書ではこの分離の作業だけを述べるにとどめておく。

第2次情報セクターは意味からすれば組織内情報部門と言える。第2次情報セクターを分離する基本は次のような手順である。第1次情報セクターが非情報セクターへ情報財を供給する場合には、この対応する組織内情報部門である第2次情報セクターへの供給となる。また、同一産業の中で取引される特許権使用料・著作権料など知的財産に関係する財の供給は、同一産業内部での中間財取引として計上する。非情報セクターにおいても、情報関連の労働者の賃金や情報機器、建物は組織内情報活動の付加価値部分に振り当てる。すなわち、特許権使用料、著作権料、知的財産権の使用料は中間投入として計上される。情報関連の労働者に支払われる賃金は、付加価値投入とみなされる。情報機械と情報生産に必要な建物の引き当ては、付加価値会計に計上される。中間産出は研究開発機関が他の産業に販売する特許権・著作権などに加えて、販売される情報サービスである。このようなことから、中間投入の対角要素は内部でのロイヤリティ取引を、これ以外は企業のから所属企業へ販売される情報サービスを表現するように計上を行えばよい。このようにして、中間投入を細分する。

次に、第2次情報セクターの構成部分を付加価値、最終需要について分離する。このための産業連関表の再編成については、非情報セクターにおける雇用者のうち、情報労働と非情報労働にたずさわる者とを分離すれば得られる。非情報セクターにおける付加価値は非情報労働部分となる。具体的には雇用者剰余に関しては、情報強度を適用して分離する。すなわち、労働者のなかで情報労働と非情報労働にたずさわる数を、情報強度に応じて産業部門ごとに計算

し,最終的にこれらを集計して第2次情報セクターと非情報セクターの要素であるとする。家計外支出に関しても,同様に情報労働と非情報労働に比例すると考え,情報強度に応じて産業部門ごとに計算し,最終的にこれらを集計して第2次情報セクター,非情報セクターへ比例配分する。その他の部分については,付加価値と家計外支出の場合と同様である。非情報セクターの情報分野における最終需要は,ロイヤリティ輸出と,政府の研究開発産出物の購入 (合計を B とする) である。非情報セクターの最終需要は,当初与えられた非情報セクターの最終需要 A から,上の手順で求めた情報分野に相当する最終需要 B を引いたものである。

表1.5, 1.6 には,情報セクターと非情報セクターの相互関係を示す事例について,ポラトらによる情報セクター分析およびエンゲルブレヒによる情報セクター分析を,文献に示されたデータをもとに説明している。これらの研究の中でも,やや近年の分析に属するエンゲルブレヒの分析結果では,日本と米国を比較した結果を見ても,情報セクターの大きさでは,日本は米国より10年遅れたペースで進行していることが分かるが,製造業などへの影響を考える場合には情報セクターの大きさだけでは決まらない要因もあることが指摘されている。

米国の場合には,情報セクターが相対的に大きく,やや古いデータであるが1967年時点ですでに日本における1980年代の水準に達している。図より分かるように,第2次情報セクターは産出額や最終需要においては小さな部分しか占めていないが,一方では,中間需要および付加価値では他のセクターと比較しても,同じような大きさである。このことは,最近の米国の商務省のレポートでも明らかにされている事実とも一致しており,金額ベースでは小さな存在でも,産業全体の生産性向上や経済の成長性に大きく寄与している。また,非情報セクターへの中間投入が大きいことも特徴である。非情報セクターにおける生産についても,情報セクターからの産出物が多く提供されていること,それが生産の全般にわたってコンピュータなどの情報機器が不可欠となっていること,あるいは類似的な事務作業を必要としていることを示している。

表 1.5 ポラトらによる情報セクター分析
(米国 1967 年, 単位 100 万 US ドル, 文献 [Por] より作成)

	PRIS	SIS	NIS	最終需要	対 GNP 比
PRIS	69754	78917	0	174585	21.9%
SIS	0	616	227778	27440	3.4%
NIS	59538	0	571503	593363	74.6%
付加価値	199642	167826	427920	795388	
対 GNP 比	25.1%	21.1%	53.8%		

表 1.6 エンゲルブレヒによる情報セクター分析
(日本 1980 年, 単位 10 億円, 文献 [Engb-1] より作成)

	PRIS	SIS	NIS	家計	最終需要	その他最終需要	輸出
PRSI	16372	34589	0	15418	22086	6067	94533
SIS	0	0	89838	0	19	139	89996
NIS	23849	0	229854	1235235	91196	28337	498473
家計形成	32790	46872	58788				
その他付加価値	20178	8342	79778				
輸入	1705	191	36474				
合計	94896	89996	494734				

1.4 日米とアジアにおける情報セクターの誘発分析

1.4.1 情報セクターの誘発効果分析

次に、産業連関表分析でよく利用される誘発効果の分析方法を、情報セクターについて適用してみる。誘発効果については、通常最終需要項目を入力した場合の出力の変化を誘発効果、あるいは誘発係数として定義することが多いが、更に労働力との関連を入れることにより雇用創出などの効果を分析することもできる。これらの誘発効果については、定義方法が若干異なる場合もあるが、ほぼ同様に行えるので、以下では代表的な誘発係数についてのみ議論する。

産業連関表に対して情報セクターの概念を適用して、すでに情報セクターと非情報セクターに分離され、情報セクターと非情報セクターの順序に整列されている産業連関表を仮定する。この表現を、情報セクターと非情報セクターとに分離した場合の表現は、次のようになる。

$$\begin{pmatrix} X_I \\ X_N \end{pmatrix} = \begin{pmatrix} A_{II} & A_{IN} \\ A_{NN} & A_{NI} \end{pmatrix} \begin{pmatrix} X_I \\ X_N \end{pmatrix} \begin{pmatrix} F_I \\ F_N \end{pmatrix} \tag{1.9}$$

ここで、添え字は I, N であり、それぞれ情報セクターと非情報セクターに対応する。逆行列を用いて誘発効果として表現すると、次の式となる。

$$\begin{pmatrix} X_I \\ X_N \end{pmatrix} = \begin{pmatrix} I - A_{II} & A_{IN} \\ A_{NN} & I - A_{NI} \end{pmatrix}^{-1} \begin{pmatrix} F_I \\ F_N \end{pmatrix} = \begin{pmatrix} Z_{II} & Z_{IN} \\ Z_{NN} & Z_{NI} \end{pmatrix} \begin{pmatrix} F_I \\ F_N \end{pmatrix} \tag{1.10}$$

1.4.2 アジア各国における情報セクターの大きさ

次に、日米とアジア各国の情報セクターと非情報セクターを1つの表にまとめた場合の誘発効果の分析を行ってみる。ただし、この場合、それぞれの国のセクターを54にしたままでは解析が極めて困難になることと結果があまりはっきりしないおそれがあるので、簡素化をはかる。すなわち、それぞれの国の情報セクターの産業は1つにまとめ、同様に非情報セクターについても1つの国について、1つのセクターにまとめられていると仮定する。この結果、国の数だけ情報セクターと非情報セクターが並んだ統合された産業連関表ができあがる。この統合化にともない最終需要についても情報セクターと非情報セクターとにまとめる。ただし、最終需要は国ごとに区分しておき、1つにまとめることはしない。

アジア国際産業連関表の最も詳細な産業分類においては、2000年表では76部門 (1995年表では78部門) の定義がなされているが、すでに述べたように本書ではコンピュータによる計算を考慮して、いくつかの類似するセクターをまとめて、52部門にまで数を減らして解析を行う。

表1.7、1.8には2000年表についてそれぞれの国の情報セクターと非情報セクターを交互に並べた取引額表と、これに基づいて計算された投入係数表を示している。このようにアジアにおける国際的な情報セクターの連関は、それほど密ではないことが分かる。

表 1.7(a) アジア国際産業連関表における情報と非情報セクター (取引額表)

	AI-I	AI-N	AM-I	AM-N	AP-I	AP-N	AS-I	AS-N	AT-I	AT-N
AI-I	8717170	14299782	516789	118963	50247	25359	724984	198225	246057	15188
AI-N	17248830	83684892	298379	598742	74464	353115	115205	291656	221361	664946
AM-I	73582	24378	12679797	9575950	343249	37801	4085223	486701	1263087	88720
AM-N	144055	824364	14881566	39432362	102109	444780	797592	2182466	264647	946042
AP-I	8028	3240	1106517	27379	5509972	8528537	96163	9449	216768	22897
AP-N	7459	33029	198238	74608	6909501	27518088	41903	81376	74865	135978
AS-I	84828	21127	5850774	429363	842989	44931	34556125	18987834	1238690	68066
AS-N	172053	504350	1250087	2328750	207692	650539	12643009	23448122	280128	705442
AT-I	49783	13509	2004729	90653	365454	25193	911614	306373	11758988	21056975
AT-N	132248	338590	270735	701791	62245	187350	205265	593144	18730621	64199297
AC-I	119454	40153	1051282	131112	145573	30051	1250246	146237	1083269	91458
AC-N	123973	944537	333508	767900	67875	344703	504101	970063	346294	1013394
AN-I	118167	43547	2403955	210601	566963	62273	1119665	77837	765561	116780
AN-N	124695	479172	388079	771296	135295	524513	212782	356488	294615	853811
AK-I	105136	42871	1692407	144556	984712	50671	1245194	97221	940729	50078
AK-N	278987	970186	342728	716302	167782	652648	196341	560607	193151	672286
AJ-I	609153	193254	5998318	1078437	3163912	227777	7062486	759811	3621243	707099
AJ-N	466051	1869991	1476260	2892117	430852	859940	1464299	1971710	1507588	4194565
AU-I	487990	109373	6218479	654299	2340344	151618	4033622	633382	2291253	180292
AU-N	257274	1317767	1341951	1083739	481923	558557	1410626	1565892	723442	1443860
X	71870545	248856598	113849701	126965899	55525659	97009061	135840296	117033398	93725751	207196105

	AC-I	AC-N	AN-I	AN-N	AK-I	AK-N	AJ-I	AJ-N	AU-I	AU-N
AI-I	678280	70449	282395	32011	222136	24810	767522	148609	451627	248261
AI-N	314677	1847682	350810	1643881	160030	4004535	805408	10976877	784535	2684791
AM-I	2090572	48982	2536979	78915	1858525	53767	2875949	301843	7022468	2372278
AM-N	328531	1128438	293277	913249	136936	1615334	674906	5340414	1178638	2120172
AP-I	615990	10111	1541193	10562	736293	13265	1581610	77013	3432999	1616292
AP-N	162842	149859	323341	106370	163067	151450	443078	1028668	1023431	1221842
AS-I	1682140	115710	2080431	62008	1315385	85054	1388462	48746	6780726	1694791
AS-N	503471	890396	272226	960457	187235	603590	236299	595011	489227	570220
AT-I	1283577	528880	1054440	37616	537571	35267	1337814	239931	2851901	1106043
AT-N	255002	740416	169440	540505	101477	473952	1042363	2747113	1569195	2044834
AC-I	234549776	254614371	1073362	202947	1235874	178284	2947538	676655	6531507	6049412
AC-N	254541575	1040452442	872242	1749116	917390	5272000	3619400	9707890	4763264	8999861
AN-I	6056477	770151	64592886	43986870	2340608	91387	6701464	558862	10529571	4051286
AN-N	3501285	7792052	11030074	92390346	244323	707809	1058723	2144925	2086281	5009788
AK-I	5162369	597160	4004759	108731	130865219	90013318	4739606	344444	10428721	4133365
AK-N	2973851	8484924	7551159	1873953	78593686	216894660	1509895	5907429	1436656	4090918
AJ-I	6991386	2510818	11340515	1391215	8929629	1559494	1069217045	705645524	21727612	102274288
AJ-N	4537688	10488739	4283702	6544036	2637246	7977058	619342632	1320791294	7198958	20503283
AU-I	4743758	1140509	5745705	708156	8780497	1137175	10435091	972516	265363308	156491364
AU-N	2319172	4271242	2072033	5070167	2690725	6957984	8262309	19090566	904002381	2299726449
X	899619174	2211522871	323826958	334113043	539236208	660856990	4263567838	4418700017	9695929802	8248715100

表 1.7(b) アジア国際産業連関表における情報と非情報セクター（取引額表：続き）

	FI-I	FI-N	FM-I	FM-N	FP-I	FP-N	FS-I	FS-N	FT-I	FT-N
AI-I	31977048	96898506	334553	355483	51875	81867	474897	200388	67732	185694
AI-N	165158	145905	21795595	31105106	286139	102909	1983397	701192	429723	173631
AM-I	11288	46873	182024	61797	15466813	46526840	43323	26762	73385	77436
AM-N	128715	115969	1354048	333792	440617	149065	21493022	31108758	397083	299027
AP-I	61376	306090	355291	338742	108889	126762	643200	203312	22782067	80274967
AP-N	162594	444347	540699	413390	95918	99352	715309	218555	500535	446778
AS-I	162310	277085	644430	288134	222671	222556	253558	75737	498996	219718
AS-N	257951	314329	450780	178376	308185	188286	353540	215772	292592	109250
AT-I	686035	1701654	2628596	1991373	1070681	825240	2601232	971030	2682496	1303615
AT-N	403017	638178	1888572	634421	749443	497403	1667904	899503	968027	999229
	FC-I	FC-N	FN-I	FN-N	FK-I	FK-N	FJ-I	FJ-N	FU-I	FU-N
AC-I	57306	161505	113455	345479	53985	192208	812272	1293953	1156439	3740824
AC-N	411907	273626	434514	370411	327295	133554	4185758	884920	8564839	1966839
AN-I	55341	71201	58728	90384	101286	88190	966571	1086719	1830630	3439796
AN-N	411143	164372	680184	208171	625900	112792	1995377	5234876	5234876	1200907
AK-I	219996	173112	205960	361974	149437	109252	2674287	421801	3534774	3782418
AK-N	295263333	752061554	815198	774163	888830	1476215	6775817	2081441	23046884	23153960
AJ-I	1987253	1477263	1122260060	1293462253	547319	162403	3985244	21160258	9328486	5104703
AJ-N	1341937	1063003	1008813	766756	226964009	253695556	3412725	1903937	8443651	9064374
AU-I	5184893	2278617	8449321	3420613	5112236	1783302	2223889827	3055464	32512407	42650695
AU-N	2623290	3045292	3822311	6653285	4301163	2056008	13198923	2209028553	5020482393	4547094634
								13854827		

表 1.8 アジア国際産業連関表における情報と非情報セクター (投入係数表)

	AI-I	AI-N	AM-I	AM-N	AP-I	AP-N	AS-I	AS-N	AT-I	AT-N
AI-I	0.121	0.057	0.005	0.001	0.001	0	0.005	0.002	0.003	0
AI-N	0.240	0.336	0.003	0.005	0.001	0.004	0.001	0.002	0.002	0.003
AM-I	0.001	0	0.111	0.075	0.006	0	0.030	0.004	0.013	0
AM-N	0.002	0.003	0.131	0.311	0.002	0.005	0.006	0.019	0.003	0.005
AP-I	0	0	0.010	0	0.099	0.088	0.001	0	0.002	0
AP-N	0	0	0.002	0.001	0.124	0.284	0	0.001	0.001	0.001
AS-I	0.001	0	0.051	0.003	0.015	0	0.254	0.162	0.013	0
AS-N	0.002	0.002	0.011	0.018	0.004	0.007	0.093	0.200	0.003	0.003
AT-I	0.001	0	0.018	0.001	0.007	0	0.007	0.003	0.125	0.102
AT-N	0.002	0.001	0.002	0.006	0.001	0.002	0.002	0.005	0.200	0.310
AC-I	0.002	0	0.009	0.001	0.003	0	0.009	0.001	0.012	0
AC-N	0.002	0.004	0.003	0.006	0.001	0.004	0.004	0.008	0.004	0.005
AN-I	0.002	0	0.021	0.002	0.010	0.001	0.008	0.001	0.008	0.001
AN-N	0.002	0.002	0.003	0.006	0.002	0.005	0.002	0.003	0.003	0.004
AK-I	0.001	0	0.015	0.001	0.018	0.001	0.009	0.001	0.010	0
AK-N	0.004	0.004	0.003	0.006	0.003	0.007	0.001	0.005	0.002	0.003
AJ-I	0.008	0.001	0.053	0.008	0.057	0.002	0.052	0.006	0.039	0.003
AJ-N	0.006	0.008	0.013	0.023	0.008	0.009	0.011	0.017	0.016	0.020
AU-I	0.007	0	0.055	0.005	0.042	0.002	0.030	0.005	0.024	0.001
AU-N	0.004	0.005	0.012	0.009	0.009	0.006	0.010	0.013	0.008	0.007

	AC-I	AC-N	AN-I	AN-N	AK-I	AK-N	AJ-I	AJ-N	AU-I	AU-N
AI-I	0.001	0	0.001	0	0	0	0	0	0	0
AI-N	0	0.001	0.001	0.005	0	0.006	0	0.002	0	0
AM-I	0.002	0	0.008	0	0.003	0	0.001	0	0.001	0
AM-N	0	0.001	0.001	0.003	0	0.002	0	0.001	0	0
AP-I	0.001	0	0.005	0	0.001	0	0	0	0	0
AP-N	0	0	0	0	0	0	0	0	0	0
AS-I	0.002	0	0.006	0	0.002	0	0	0	0.001	0
AS-N	0.001	0	0.001	0.003	0	0.001	0	0	0	0
AT-I	0.001	0	0.003	0	0.001	0	0	0	0	0
AT-N	0	0	0.001	0.002	0	0.001	0	0.001	0	0
AC-I	0.261	0.115	0.003	0.001	0.002	0	0.001	0	0.001	0.001
AC-N	0.283	0.470	0.003	0.005	0.002	0.008	0.001	0.002	0	0.001
AN-I	0.007	0	0.199	0.132	0.004	0	0.002	0	0.001	0
AN-N	0.004	0.004	0.127	0.277	0	0.001	0.000	0	0	0
AK-I	0.006	0	0.012	0	0.243	0.136	0.001	0	0.001	0.001
AK-N	0.003	0.004	0.002	0.006	0.146	0.328	0	0.001	0	0
AJ-I	0.008	0.001	0.035	0.004	0.017	0.002	0.251	0.160	0.002	0.001
AJ-N	0.005	0.005	0.013	0.020	0.005	0.012	0.145	0.299	0.001	0.002
AU-I	0.005	0.001	0.018	0.002	0.016	0.002	0.002	0	0.274	0.190
AU-N	0.003	0.002	0.006	0.015	0.005	0.011	0.002	0.004	0.093	0.279

1.4.3 各国の情報セクターと非情報セクターの比較分析

これまで求めた再編された取引額表のデータを用いて,各国の情報セクターと非情報セクターの比較分析を行う. 最初に, 次のような指標について計算し, 表1.9 としてまとめておく.

情報, 非情報セクターの中間産出合計 (情報, 非情報産出として表示)

情報, 非情報セクターの中間産出合計に占める自国の比率
  (情報, 非情報産出自国比として表示)

情報, 非情報セクターの中間産出合計比率 (情報非情報産出比として表示)

情報, 非情報セクターの最終需要合計 (情報, 非情報需要として表示)

情報, 非情報セクターの最終需要合計に占める自国の比率
  (情報, 非情報需要自国比として表示)

情報, 非情報セクターの最終需要合計の比率 (情報非情報需要比として表示)

なお, 情報セクターは (同様に非情報セクターについても) 情報, 非情報セクターに対して中間産出を行っているので, ある国の情報セクターの中間産出を求める場合には, 自国の情報セ

第1章 産業連関表と経済構造分析

表1.9 情報セクターと非情報セクターの中間産出と最終需要から得られる指標

項目	インドネシア	マレーシア	フィリッピン	シンガポール	タイ
情報産出	27838864	47898766	25164278	77376380	45120311
情報産出自国比	0.827	0.465	0.558	0.692	0.727
非情報産出	127124816	73749878	39852013	47498304	95105583
非情報産出自国比	0.794	0.736	0.864	0.760	0.872
情報非情報産出比	0.288	0.896	0.572	1.160	0.452
情報需要	35099562	38584325	18789389	32760965	30735277
情報需要自国比	0.911	0.565	0.823	0.656	0.741
非情報需要	103455907	35858093	51515998	34114654	87758070
非情報需要自国比	0.937	0.867	0.903	0.912	0.915
情報非情報需要比	0.339	1.076	0.365	0.960	0.350
項目	中国	台湾	韓国	日	米国
情報産出	512148561	145164911	255751267	1863009016	4269258712
情報産出自国比	0.955	0.748	0.864	0.953	0.988
非情報産出	1336311528	160106352	327272149	2021437999	3264648059
非情報産出自国比	0.969	0.833	0.903	0.960	0.981
情報非情報産出比	0.406	0.969	0.815	0.964	1.175
情報需要	328805117	129890302	242834183	2284817724	5050105043
情報需要自国比	0.898	0.864	0.935	0.973	0.994
非情報需要	800248572	139077789	268651166	2265954692	4576372780
非情報需要自国比	0.940	0.930	0.944	0.975	0.994
情報非情報需要比	0.411	0.934	0.904	1.008	1.104

クターと非情報セクターの2つの項目を集計したものを中間産出として計算している。非情報セクターの自国の中間産出も,同様に求めている。

　まず,情報セクターの中間産出については,多くの国で0.7以上の数値になっているが,マレーシアだけが0.465という低い数値になっている。これは,自国で製造される情報関連製品が,もっぱら海外に輸出されていることを意味している。また,中国,韓国,日本,米国ではこの数値が0.9,あるいはこれ以上となっており,自国の産業による中間需要が情報産業を支えている側面を反映している。

　次に,これと対照的な非情報セクターの中間産出の自国構成比に関しては,各国とも0.8,あるいはこれ以上の数値を示しており,大きな差異はない。特に,中国,韓国,日本,米国では,この数値が0.9あるいはこれ以上となっており,相対的に大きく,国内での中間産出,あるいはこの元となる中間需要が大きいことが分かる。

　また,情報セクターと非情報セクターの中間産出の大きさの比較においては,国による違いが明確になっている。米国,シンガポールでは,この数値が1以上となっており,情報セクターが相対的に大きいことが分かる。また,中国,日本,マレーシアでは0.9,あるいはこれ以上の数値となっており,情報セクターと非情報セクターの大きさが,ほぼ同じ規模であることが分かる。これに対して,インドネシア,フィリピン,タイにおいては,この数値が0.4前後,あるいは以下であり,相対的に非情報セクターが大きな国となっている。

　最終需要についても,中間産出と同じような傾向が見られる。情報セクターの自国内での最終需要の比率に関しては,日本,米国,韓国ではほぼ1に近い数値となっており,インドネシア,フィリピン,タイ,中国でも0.9に近い数値である。これらに対して,シンガポール,マレーシアは,自国内での最終需要の数値が,それぞれ,0.65および0.56であり,相対的に低い数値となっている。これは海外での需要,すなわち情報セクターの産出物の半分が輸出へと振り向けられていることを示している。このように,情報セクターの最終需要については国により大きな差異が見られるが,非情報セクターの最終需要についての自国での割合に関しては,各国とも0.9,あるいはこれ以上の数値を示しており大きな差異は見られない。

最終需要における情報セクターと非情報セクターとの比率についても，国による違いが明確になっている。日本，マレーシア，米国では，この数値が1以上であり，情報セクターの最終需要が活発であることを示している。中国，シンガポール，韓国，台湾も，数値が0.9以上であり，相対的に最終需要における情報セクターの大きさが，非情報セクターに近づいていることを示している。これに対して，インドネシア，フィリピンではこの数値が0.33と極端に低くなっており，タイでも0.4という低い数値である。したがって，これらの国においては，今後とも非情報セクターの最終需要が国の経済を推進することになると思われる。

1.4.4　投入係数表から見た情報セクター分析

投入係数表による分析を用いると，産業の産出物を得るための中間財を，どこから調達投入しているかが分かるため，これを用いて，国際的な産業の連関関係をしることができる。このような目的で，情報セクターと非情報セクターとに再編成された産業連関表について，投入係数行列を求める。これを示したのが，表1.10である。

まず，投入係数行列の対角線上の要素に注目すると，この要素が大きいほど，自国からの投入が大きく，他の国への依存が少ない，逆にいえば，国際的な連係が小さいことが分かる。また，この対角線上の要素が小さい場合は，1との差異を他の国からの投入によりおぎなっているので，国際的な連係や依存関係が強いことが分かる。以下では，これらの情報セクターの投入係数，すなわち対角要素の大きさをまとめている。表の中でI-I, I-NIは情報セクターから情報，非情報セクターへの投入を意味し，NI-NI, NI-Iは非情報セクターから非情報，情報セクターへの投入を意味している。

表1.10　投入係数から得られる自国の情報，非情報セクターの連関

項目	インドネシア	マレーシア	フィリピン	シンガポール	タイ	中国	台湾	韓国	日	米国
I-I	0.121	0.111	0.099	0.254	0.125	0.261	0.199	0.243	0.251	0.274
NI-I	0.240	0.131	0.124	0.093	0.200	0.283	0.127	0.146	0.145	0.093
NI-NI	0.336	0.311	0.284	0.200	0.310	0.470	0.277	0.328	0.299	0.279
I-NI	0.057	0.075	0.088	0.164	0.102	0.115	0.132	0.136	0.160	.190

まず，一般的な傾向として，非情報セクターから非情報セクターへの投入係数が相対的に大きいことが分かり，それぞれの国においても，ほぼ0.3を上回る数値となっている。このことは，非情報セクターの間の産業連係が，長い時間をかけて形成されていることを反映している。これに対して，情報セクターから情報セクターへの投入係数の大きさには，国によってばらつきがあり，中国，台湾，韓国，日本，米国，シンガポールにおいては，ほぼ2.0，あるいはこれ以上の大きさを有しているが，その一方で，インドネシア，マレーシア，フィリピン，タイなどの国では相対的に小さな値になっている。すなわち，情報セクターから情報セクターへの投入が大きな国においては，情報セクターの部門ごとの連係が進み，相互に経済発展に寄与する形となっているが，それ以外の国では，非情報セクターの活動を介して間接的に，情報セクターの部門どうしの連係がはかられていると考えられる。

また，情報セクターから非情報セクターへの投入係数は一般に大きくはないが，中国，台湾，韓国，日本，米国，シンガポールなどにおいて相対的に数値が大きくなっていることが分かり，情報セクターからの資材やノウハウの導入を反映している。

1.4.5 米国最終需要の増加による誘発分析

これまでの国際的な経済分析の結果,一般的な傾向として,日本からアジアへの輸出は,最終的にアジアから米国への輸出として完結することが論じられている。したがって,いわゆる米国の貿易赤字は,アジア各国に対して巨額に膨らんでいるが,実際にはこの背景には,日本からアジアへの輸出が存在し,これが米国の貿易赤字の遠因となっているとする議論がある。

しかし,近年アジア各国における情報関連産業の着実な成長により,アジアからの日本への電気産業の完成品や電子部品の輸入は増加する傾向にあり,従来のような日本からアジアへの一方的な製品の流れは観測されなくなっている。

いずれにしても,日本やアジアの産業に与える米国の需要は,大きなものがあることには大きな変化はない。したがって,以下では米国における最終需要が日本およびアジア各国の産業セクターの誘発を,どのように引き起こすかを分析する。すでに前の節で,アジア国際産業連関表を情報セクターと非情報セクターの区分に基づいて再編成している。更に,これに基づいて投入係数表を求めているので,計算は容易に実施できる。

表には,米国における情報セクターと非情報セクターの最終需要が5%増加した場合の,日本とアジア各国における産出高の増加を示している。これらの表では,それぞれの国における産出の増加を,情報セクターと非情報セクターの2つに分離して示している。これらを合計するとこの額は,当然,産出高の増加合計となる。

(1) 情報セクターの誘発効果

米国における情報セクターの最終需要が5%増加した場合に,アジア各国における産出高の増加において,その額が大きいものは次のようなものである。国名のあとの記号I, NIは,それぞれ,情報セクター非情報セクターを意味する。

1995年:タイ-NI, フィリピン-NI, 日本-NI, シンガポール-NI, インドネシア-NI

2000年:フィリピン-NI, インドネシア-NI, シンガポール-NI, 韓国-I, 中国-NI, 台湾-I

この結果から分かることは,米国の情報セクターの最終需要の増加による産出高の誘発にもかかわらず,アジア各国での誘発は,すべて非情報セクターに大きく発生していることである。この理由としては,アジア各国における産業に占める情報セクターの比率が,やや低いことがあげられるであろう。しかしこのほかに,米国での情報セクターの最終需要の増加は,自国の情報セクターや非情報セクターの産出増を生むだけではなく,広く海外にも大きな影響を与えているとの分析が可能であろう。2000年において韓国の情報セクターへの誘発効果が大きいのは,半導体製造などでの世界的な地位の向上が背景にあると思われる。

(2) 非情報セクターの誘発効果

米国における非情報セクターの最終需要が5%増加した場合に,アジア各国における産出高の増加において,その額が大きいものは次のようなものである。

1995年:タイ-I, シンガポール-NI, 中国-NI, フィリピン-NI, 韓国-I

2000年:シンガポール-NI, 韓国-I, 台湾-NI, インドネシア-I

これらのことから,米国の非情報セクターにおける最終需要の増加が,シンガポール-NI, 中国-NI, フィリピン-NIなどでの非情報セクターの産出増を誘発すると同時に,タイや韓国の情報セクターへの誘発効果も引き起こしているが,これは半導体製造などの韓国における集積を

反映してのものであろう。

(3) 全体の誘発効果

米国における情報セクターと非情報セクターの最終需要が，どちらも 5%増加した場合に，アジア各国における産出高の増加において，その額が大きいものは次のようなものである。

1995 年:韓国-I, シンガポール-I, フィリピン-I, マレーシア-I, 中国-NI

2000 年:中国-I, シンガポール-I, マレーシア-I, インドネシア-I

以上のことから，米国での最終需要の増加は，全般的にアジアに誘発効果をもたらしているが，特に韓国，シンガポール，フィリピン，マレーシアなど，相対的にアジアにおいて工業化が早期になされた国に集中していることが見出せる。しかし，一方では，2000 年において中国における誘発効果は最上位になっており，米国との経済関係の深化が見出せる現在では，典型的な事例であると言える。

表 1.11　情報セクターの誘発係数の比較 (1995 年, 2000 年表)

セクター	1995 全需要	1995 情報需要	1995 非情報需要	2000 全需要	2000 情報需要	2000 非情報需要
AI-I	88383	18379	26107	137879	34414	34366
AI-N	422132	63073	156054	618594	96567	206665
AM-I	969964	268605	201600	1126935	355045	213939
AM-N	540838	118104	152601	724772	164412	195610
AP-I	123604	30245	30746	589818	172823	123771
AP-N	436659	80389	142201	408928	97131	106403
AS-I	1124032	342345	194182	1249628	415753	217217
AS-N	282205	69225	69981	328490	90551	74105
AT-I	406609	111009	86529	550706	164805	112440
AT-N	420786	86379	125720	683691	158570	181367
AC-I	740405	160711	210146	2236838	514274	597483
AC-N	1496817	266226	499301	3766018	740915	1119323
AN-I	1180471	313099	262868	1999481	596987	409493
AN-N	883842	167587	281645	1342451	268475	395037
AK-I	1452102	401202	302975	2131133	633374	439106
AK-N	802859	160005	245974	1335424	274646	386094
AJ-I	5525523	1421840	1285904	5474814	1497918	1245302
AJ-N	4128614	768480	1333846	5143783	933567	1599973
AU-I	635268282	224990231	69755356	878273481	364482735	87070772
AU-N	594854417	35311584	287896371	790088926	47174676	333080667
total	1251148542	265148717	363260109	1698211789	418867637	427809133

1.4.6　日本における情報セクターに属する部門の分析

これまで述べたように，アジア国際産業連関表を用いて，日米とアジア各国の産業の間の連関を情報セクターと非情報セクターという視点から分析をすることが可能となる。しかし，一方では，情報セクターを構成するそれぞれの産業部門が果たす役割を，やや詳細に分析する必要性も存在する。そこで以下では，このような解析の典型的な事例として，日本の情報セクターに対する分析に適用してみる。解析の方法は，基本的に一般の誘発分析と同じであり，最終需要の増加により誘発される産出高の額を推定することにより行う。

方法論を以下に示す。いま，ある情報セクターに属する産業部門の需要が増加した場合に，これ以外の部門における産出高の増加を推定する。この産出高の増加は，すべての産業部門におよんでいるので，これをそのまま示すのは適切ではない。そこで，産出高の増加を集計して，表示することにする場合に，集計の範囲を情報セクターに属する産業部門と，非情報セクターに属する産業部門との 2 つに分けることにする。これらの合計は，当然，誘発される合計の産出高

第1章 産業連関表と経済構造分析

となる。集計する範囲を，情報セクターの産業部門と非情報セクターの産業部門とに分けることにより，情報セクターの産業の誘発効果を，やや詳細に分析することができる。表 1.12，1.13 はこの分析結果を示している。すなわち表 1.12(表 1.13) においては，情報セクター (非情報セクター) が，それぞれ情報セクターおよび非情報セクターに及ぼす誘発効果を別々に計算し，示している。

まず，情報セクターの誘発効果分析については，表 1.12 から分かるように，一般的に情報セクターから情報セクターへの誘発が大きく，非情報セクターへの誘発は小さい。この傾向は，1995 年および 2000 年を通じて共通している。情報セクターから情報セクターの部門への誘発効果が大きな部門としては，コードでは，1995 年表では，14，15，30，32，33，34，35，41，2000 年表では，8，9，24，29，30，31，32，33 などがある。一方，この数値が相対的に小さく 1 に近い部門としては，1995 年表では，47，49，50，2000 年表では，46，47，48，49，50，51 がある。これらの部門をまとめると，情報セクターへの誘発効果の大きな部門としては，出版印刷，各種の精密機械電子機器があり，やや小さな部門としては，通信，教育研究，金融，不動産，その他サービスがあることが分かる。

情報セクターは，一般に経済全般に誘発効果や波及効果を与えると考えられるが，その数値が小さいものは，経済の推進力としてやや問題がある部門と言えるであろう。情報セクターの中で，非情報セクターへの誘発係数が小さい部門としては，1995 年表においては，47，48，49，50，2000 年表においては，45，46，47，48，50，51 がある。これらをまとめると，通信，ファイナンス，不動産，教育研究，レストラン，ホテル，その他サービスである。これらの部門は，いわば間接的に経済活動に寄与する部門であり，直接的，あるいは短期的な誘発が見込めないことを反映している。

表 1.12 情報セクターの誘発効果の比較 (1995 年, 2000 年表)

\multicolumn{3}{c}{1995 年表}	\multicolumn{3}{c}{2000 年表}
I コード	対 I 誘発合計	対 NI 誘発合計	I コード	対 I 誘発合計	対 NI 誘発合計
14	1.40	0.56	8	1.49	0.46
15	1.60	0.46	9	1.45	0.31
30	1.46	0.62	24	1.42	0.60
32	1.43	0.54	26	1.37	0.52
33	1.56	0.77	27	1.42	0.53
34	1.62	0.41	28	1.35	0.51
35	1.50	0.55	29	1.52	0.44
41	1.45	0.43	30	1.60	0.36
47	1.27	0.15	31	1.43	0.35
48	1.33	0.15	32	1.49	0.42
49	1.10	0.16	33	1.45	0.58
50	1.24	0.23	34	1.32	0.51
			39	1.31	0.40
			45	1.32	0.12
			46	1.20	0.09
			47	1.08	0.09
			48	1.06	0.12
			49	1.14	0.38
			50	1.11	0.26
			51	1.17	0.27

表 1.13　非情報セクターの誘発係数の比較 (1995 年, 2000 年表)

1995 年表			2000 年表		
NI コード	対 I 誘発合計	対 NI 誘発合計	NI コード	対 I 誘発合計	対 NI 誘発合計
1	0.21	1.30	1	0.11	1.28
2	0.16	1.39	2	0.17	1.44
3	0.27	1.26	3	0.13	2.02
4	0.30	1.57	4	0.11	1.36
5	0.07	1.10	5	0.07	1.22
6	0.18	1.64	6	0.17	1.63
7	0.24	1.81	7	0.15	1.60
8	0.22	1.80	10	0.17	2.03
9	0.25	1.73	11	0.15	1.86
10	0.24	1.77	12	0.19	1.62
11	0.18	1.51	13	0.20	1.41
12	0.11	1.27	14	0.20	1.69
13	0.37	1.58	15	0.04	1.14
16	0.42	1.45	16	0.15	1.97
17	0.24	2.01	17	0.15	1.78
18	0.23	1.87	18	0.15	1.53
19	0.25	1.66	19	0.19	1.45
20	0.31	1.40	20	0.18	1.46
21	0.32	1.68	21	0.13	2.22
22	0.07	1.16	22	0.11	1.41
23	0.27	1.79	23	0.19	1.74
24	0.28	1.58	25	0.24	1.70
25	0.28	1.56	35	0.22	2.27
26	0.19	2.29	36	0.25	2.46
27	0.17	1.59	37	0.24	2.02
28	0.23	1.86	38	0.18	1.70
29	0.38	1.88	40	0.16	1.27
31	0.33	1.79	41	0.11	1.50
36	0.29	2.22	42	0.14	1.61
37	0.31	2.38	43	0.19	1.13
38	0.19	1.31	44	0.17	1.31
39	0.33	2.01	52	0.10	1.18
40	0.32	1.97			
42	0.24	1.39			
43	0.30	1.64			
44	0.27	1.63			
45	0.28	1.19			
46	0.26	1.34			
51	0.21	1.28			
52	0.38	1.34			

　非情報セクターの誘発係数については, 本書の主たるテーマではないが, 非情報セクターの中で情報セクターの部門に影響を与えるものが存在すれば, 間接的な情報産業支援として考えることができるであろう. まず, 非情報セクターの間での誘発は, 多くの部門で 1.4 以上となっており, 場合によっては 2 を超えている. このようなことから, 非情報セクターのそれぞれの部門の間での, 経済における連係が直接的に進んでいることが分かる. 非情報セクターの部門の中で, 情報セクターへの誘発係数は一般に小さなものとなっており, 通常は 0.15 以下の数値である. しかし, これらの数値が相対的に大きな部門としては, 1995 年表では, 4, 13, 16, 20, 21, 23, 24, 25, 29, 31, 36, 39, 40, 43, 52, 2000 年表では, 11, 12, 24, 25, 26, 27 がある. これらをまとめると, 油脂, 木材加工, 石油化学関連, 機械製造, 製鉄, 非鉄金属, 輸送機械, 建設, 公務などの部門となる. 確かに, これらの産業部門においては, 研究や製造においてコンピュータを多用しており, このような誘発効果が見られることは当然であるとも言える.

第2章　産業連関表三角化による
　　　　ハイアラーキー性分析

2.1　産業連関表による経済モデル分析

2.1.1　産業間のハイアラーキー性

　国の経済活動の全体的な枠組みを分析する場合に，その基本となる生産活動を把握することは重要である。生産活動の分析方法には，さまざまなものが可能であるが，ある時刻に限定して産業間のいわゆる水平的な連係を分析する方法が考えられる。しかし，これと同時にこれらの連係が時間的に伝播する垂直的な分析も重要である。すなわち，ハイエク (Hayek) らにより提案された迂回生産という概念であり，産業連関構造をやや単純化することにより，産業間の相互関連性を見やすくする方法である [Hay]。このような，原初的な部門から最終的な部門にいたるまでの産業部門間の階層性，すなわちハイアラーキー性 (hierarchical property) を見出すことが，産業連関表の三角化の目的である。

　いま，ある時点における最終的な消費財の生産に必要な財と労働が段階的に投入され，時間の経過とともに伝播する図式を考える。最初の段階で投入される初期財は原料などであり，これに労働が加えられて，次の段階における中間財が生産される。さらにこの中間財には，新しい労働が加えられて，次の段階における中間財が生産され，結果的に最終的な消費財に，これらの中間財と労働が投入されて，生産の連鎖は完結する。この図式を上のほうから下の方にいたる三角形の図とみなすと，この図式における底辺は，最終的に得られる今年度の消費財の最終的な産出高であり，縦軸方向は時間の経過を表している。この階段状の形状は，生産の前段階で消費財の生産のために必要な労働が継続的に投入されることを意味している。

　あとで説明する産業連関表は，ある産業が生産をするために必要な中間財 (これを投入構造とよぶ) の関係を示したものである。したがって，この産業連関表が，上に述べたような中間財と最終的な消費財との関係をより分かりやすく示しているならば，この国における産業の相互関係が理解しやすくなる。産業連関表をこのように見た場合には，中間よりも下だけ要素が集中している三角形は，連続的に生産を続けるための中間生産物を表しており，この前段階の中間生産物に対して労働を働きかけることにより，新しい中間生産物が完成され，さらにこのような関係が下方へと伝播されていく。この結果，最終的に底辺に存在する最終生産物が完成される。ハイエクによれば，この三角形の形は，最終的な消費財の産出高に対する消費財の生産に必要な中間生産物の量との比率であるので，いわゆる迂回生産の過程が長くなるにしたがって，この比率，すなわち三角形の面積が大きくなると規定している。

　産業連関表を並び替えて三角化を行う利点として，次のようなことがあげられている。

(1) 取引関係を単純化できる

　大規模な産業連関表を一度に分析することは難しいが，取引関係にだけ注目すると，その構造を相対的に簡単化することができる。この大きな理由となっているものが，産業連関表として提供される行列それ自体におけるスパース性 (Sparsity, 行列の要素にゼロが多いこと) である。確かに産業連関表は表示される場合には大きな行列ではあるが，実際に提供されるデータは，どの産業とどの産業に取引があるかを示すデータだけであり，これを行列上に配置しなおして，表示形式を得ている。したがって，もともとある産業と関連する産業は，全部の産業分類の中では，極めて少数であることが分かっており，この関係を直接利用することにより産業の間の関連性を単純化している。

(2) 産業の上位部門と下位部門が区分できる

　産業連関表を三角化することにより，最終需要に与える影響を産業ごとにその初期段階のもの，すなわち上位部門と，最終需要に近いもの，すなわち下位部門とに区別することができる。上位に存在する産業部門は，より基本的な産業であるとも言える。

2.1.2　産業連関表における三角化分析の研究

　産業連関表を並び替えることによりその国の経済を分析する方法は，古くから存在している。産業連関表の創始者であるレオンティエフ (Leontief) は，投入産出表を三角化することは産業間の取引の内部構造を解明するのに役立つと指摘し，実際に米国と欧州の 17 か国の産業連関表を同じ産業分類の順に並び替えた表を相互に比較して，連関構造が非常に類似していることを実証している [Leo-1][Leo-2]。

　チェネリー (Chenery) らは 1940 年代から 1950 年代の日米やイタリア，ノルウェーの 4 つの国における 29 部門取引額表に基づいて，産業構造の国際比較を実施している [Che-1][Che-2]。その結果，これらの 4 つの国においては，産業間の相互関連性に極めて明確な共通性が見られることを指摘している。また，ヘルムシュタッター (Helmstadter) の研究，およびシンプソン (Simpson) らの研究においては，先進国における取引額表あるいは投入係数表を分析して，産業構造に顕著な共通性が見出せることを述べている [Hel][Simp]。すなわち，先進国における産業連関表の三角化により見出されるハイアラーキー性は共通していること，工業国の取引構造には強いハイアラーキー性が存在することを指摘している。

　特にシンプソンらは，1960 年代の日米の 38 部門表を金属系，非金属系，エネルギー系関連のブロックの順序に並び替えると，投入係数表は行列でいうところの，いわゆる三角化が実現されることを示している [Simp]。この分析結果は，現在の三角化分析を実施する場合に重要な手がかりとなっている。更にこれらの 3 ブロックの概念の重要性の指摘と同時に，サービス関連を除く 3 ブロックが独立となることも示している。また，非金属最終生産物，金属最終生産物，金属基礎生産物，非金属最終生産物，エネルギー，サービスの産業分類と上位下位の配列の導入により，三角化が鮮明になることを示している [Simp]。

　同様に，茂木による分析結果として，1970 年代から 1980 年代までの取引額表を用いた分析では，日米間において経済構造の基盤である産業技術構造に，極めて大きな類似性があることを見出している [Sig]。また丸谷らは，1980 年当時の西ドイツの投入産出表の三角化の結果として，

第2章 産業連関表三角化によるハイアラーキー性分析

明確な三角化の構造を有していること，更に加工組立型産業と基礎資材産業の2つのグループの間に独立性が見出せることを示している [Mar]。

しかしながら，現実の多くの国においてこのようなハイアラーキー性を統計的に実証するには簡単ではなく，国によっては必ずしも仮説として成立しないこともある。このような研究としてはコルテ (Korte) らによる結果などが知られているが，詳細は省略する [Kor-1][Kor-2][Kor-3][Bek]。

図 2.1 には産業連関表の三角化の結果として得られることが期待される，産業部門のブロック形成の概要を示している。シンプソンらが述べているように，産業連関表の三角化の結果として，ハイアラーキーの最上位には公務ブロックが形成され，これに次いで下位の方向に向かって第 1 非金属，金属，第 2 非金属，エネルギーの各ブロックが形成され，最下位には民間サービスのブロックが配置される。図 2.1 においてハッチが入っている行列部分は，その要素の大部分がゼロではない部分を意味し，逆にハッチが入ってない部分は，その要素の多くがゼロになっていることを意味している。この図より分かるように，金属ブロックから第 1 非金属および第 2 非金属のブロックへの投入は存在しない。同様に，第 1 非金属第 2 非金属のブロックから金属ブロックへの投入も存在しない。すなわち，これらの産業部門は相互に投入関係がないまま，国内で生産をする構造および関係にあることが知られている。また公務は，ハイアラーキーの最上位に存在するので，他の産業部門への投入は特に存在しないまま，最終的な需要へと結びつく関係にある。

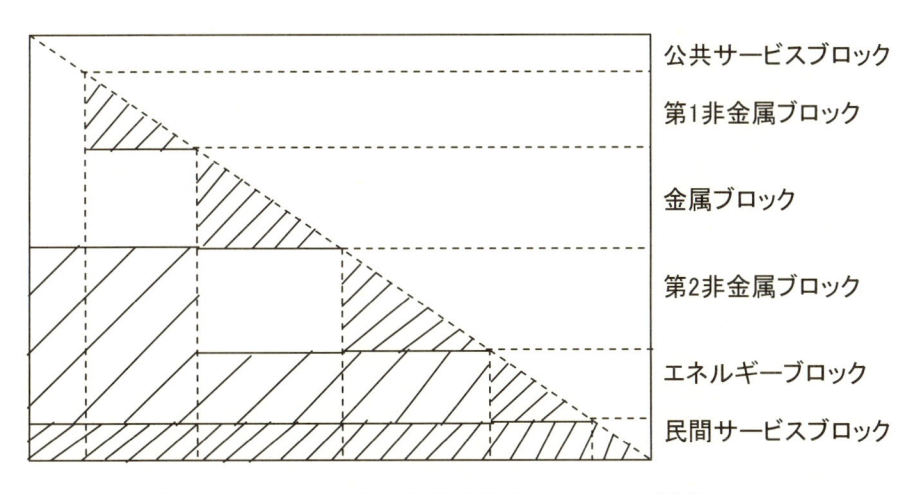

図 2.1　ハイアラーキーに見られるブロックの形成

2.1.3 産業連関表の三角化

公表されている産業連関表は，第1次産業から第3次産業に向かう順序に産業が並べられて，これらの間の取引データが記載されている。産業の並べ方には特に決まりはないので，このままでは産業間の関連性が分からない。産業連関表の三角化とは，産業連関表の行および列に対して適当な並び替えを行って，部門の配列を変更し主対角線上の左下の要素の和を最大にすることを意味する。しかし部門の数が多くなると，並び替えのための組み合わせの数が極めて膨大となるので，何らかの数理的な手段が必要となる。その方法の詳細は後述するが，この並び替えによりどの産業部門がより多くの他の産業部門に影響を及ぼすかを測定することができる。

すなわち，産業連関表の配列を最終財産業，中間財産業，基礎素材産業の順序に並び替えることにより，産業連関表の主対角線上の下に取引を集中させる方法である。産業連関表をを三角化することにより，産業間の取引構造を明らかにすることができると同時に，国際比較をすることにより類似性および独自性を見出すことができる。特に，国の経済がある発展段階に到達すると三角化された産業連関表は一定の形を持つことが指摘されている。

産業連関表は財の技術構造の相互依存性を観測するのが目的であるので，技術係数である投入産出表を用いることが多い。しかし，投入産出表を用いた三角化では取引そのものの大きさ，すなわち国の経済におけるそれぞれの産業の重要性を考慮していないことになる。そのため，多くの分析では投入産出表と同時に取引額表も三角化を行い，これらの2つを相互比較することにより考察を行っている。

2.1.4 三角化の手法

産業連関表の三角化の方法論は最初にチェネリーら (Chenery and Watanabe) により導入され，これ以降原初的な部門から最終的な部門にいたるまでの階層性，いわゆるハイアラーキー性を分析する手段として用いられている [Che-1][Che-2]。こののち，厳密な計算を回避した近似的な手法がコルテら (Korte and Oberhofer) により与えられている [Kor-1][Kor-2][Kor-3]。この方法の基本は，隣接する2つの部門を入れ換えることにより，産業連関表の下半分に取引の大部分が集中するように変換する手順を用いることである。

更に，このコルテらの手法を拡張したものとして福井により準最適な三角化の方法論がある [Fuk]。しかし以下では部門の数が限定されていることなどの理由で，オリジナルな手法であるコルテらの手法にしたがうことにする。

産業連関表における三角化の問題は，産業連関表の行および列に対して適当な並び替えを行って部門の配列を変更し，主対角線上の左下の要素の和を最大にすることを意味する。すなわち，産業連関表 X の i,j 要素を X_{ij} として表した場合に，もとの表に対して部門の入れ替えを実施したあとの表について，次のようになれば三角化が完成する。

$$R(X) = \sum_{i>j} X_{i,j} \to \max \tag{2.1}$$

部門の並び替えは，例えば部門 p と q とを入れ替える場合には，行 p,q と列 p,q を同時に入れ替えることにより完成する。部門の並び替えを行ったあとの産業連関表について，その主対角

線から下の要素の和を求めた場合に，この数値が最大となるケースが最適な解である．これを絶対的最適順列と呼ぶ．しかしながらこの最適解を求めることは，部門の数が増加するにしたがって，極めて多大な計算時間を要するため，実際には理論的に最適な解ではなく，現実的で実用的に十分に意味のある解を近似的に求めることがなされる．

自然数の 1 から n までを昇順に並べた順列を N とする．すなわち，$N = (1, 2, ..., n)$ である．この最初の順列にある並び替え (記号として $\pi()$ を用いる) を適用した結果の順列を $\pi = (\pi(1), \pi(2), ..., \pi(n))$ として表す．もとの大きさが $n \times n$ である産業連関表 X を，この順列 π にしたがって並び替えたものを $X(\pi)$ として表し，その (i, j) 要素を $X_{\pi(i), \pi(j)}$ により表す．

ここで重要なことは，産業コードの並びである順列は，必ずしも部門コードそのものでなくてもよいことであり，単に第 1 番目，第 2 番目の部門を意味するにすぎない．したがって，三角化を適用するアルゴリズムの毎回の繰り返しの最初において，順列は N，すなわち $(1, 2, ..., n)$ であると仮定して問題ない．

したがってコルテらの論文では，順列の i 番目の要素の初期値を $\pi(i)$ として一般化しているが，以下では話を簡単にするために，常に順列の初期値は N であると仮定する．

順列 N の隣り合う 2 つの部分順列を I と J としておく．すなわち，ある数値 $i, i \geq 1$ から $j-1$ までの部分順列 $I = (i, ..., j-1)$ と，j から $k, k \leq n$ までの部分順列 $J = (j, ..., k)$ とを定義する．この 2 つの部分順列 I, j をそのまま入れ替える操作を Γ_{IJ} として表す．ここで，コルテら (Korte and Oberhofer (1970)) が用いた呼び方にしたがい Γ_{IJ} を環シフト置換 (ringshift permutation) と呼んでおく．このとき，次の定理が成り立つ．

定理 1(Korte and Oberhofer(1970))

もとの産業連関表 X の順列に対して，もし I と J を入れ換えると次を得る．

$$R[X(\Gamma_{IJ})] - R[X] = \lambda_{IJ} \tag{2.2}$$

$$\lambda_{IJ} = \sum_{i \in I, j \in J} (X_{ij} - X_{ji}) \tag{2.3}$$

すなわち，I と J とを置換することによる左下三角行列の要素の総和の変化は，λ_{IJ} で与えられる．証明は文献 [Kor-1][Kor-2][Kor-3] に示されている (詳細は省略する)．

2.1.5 三角化の Fortran プログラム

以下では産業連関表の三角化の Fortran プログラムの例について示し，その概要を述べる．産業連関表の三角化の方法には，さまざまなアプローチが可能であるが，本書では教育用の使用を主な目的としているので，できるだけ簡単で，分かりやすい方法を用いている．具体的には，コルテら (Korte and Overhofer) の方法を用いている．なお，満足できる解が得られるまでの収束時間を短くするため，シンププソンと築井 (Simpson and Tsukui) によるブロック配置をあらかじめ仮定する提案を導入している．

例題には，アジア国際産業連関表の 24 部門表を用いている．図 2.3 にプログラムを示している．以下プログラムを部分ごとに，やや詳細に説明する．

(1) 入出力ファイル

このプログラムに用いているファイルは,以下のようになっている。

xtest:産業連関表のデータ

xblock:6つのブロックに含まれる部門コードの入力

rout:可能な順列とその順列を適用したときの左下三角要素の比率の結果出力

データセット xblock

```
    1    8    5    4    3    3
 24
    1    2    3    4    5    8    9   14
    7   15   16   17   18
   10   11   12   19
    6   13   20
   21   22   23
```

　これらのファイルの中で,2番目の6つのブロックに含まれる部門コードの入力ファイルでは,最初の6つのブロックに含まれる部門数を書き,その下に6行にわたって,それぞれのブロックに含まれる部門コードを書いている。部門数は1次元配列 ibnum へ,部門コードは2次元配列 iblock へ格納される。産業連関表は,2次元配列 xold に格納される。

(2) 部門コードの移動と管理

　なお,以下の説明では次に示す2つの種類の配列の意味の違いを理解しておく必要がある。

ishift:産業連関表を常に新しい表と見なした場合の I と J との入れ替えを指示

isold,isnew:産業の部門コードが最終的に得られる表の何番目に位置するかを指示

　すなわち,三角化のステップを逐次的に繰り返す場合,それぞれのステップでは,前回のステップで得られた結果の表を,あらためて新しい表と見なして置換を実施して。したがって,現段階の表の要素の並びは,1から24までの番号を与えておけば十分である。この番号の入れ替えを実施する2カ所である I, J を決定し,この置換を実施したあとの配列が ishift である。例えば,最初の番号の並びに対して,$I = (18, 19)$,$J = (20, 21, 22)$ であるとする。この置換を実施したあとの配列は,ishift=(1, 2, 3,..., 16, 17, 20, 21, 22, 18, 19, 24) となる。

　一方,このような順列の置換を実施するたびに,部門コードは最初に与えた産業連関表におけるコードの並びから移動を繰り返すので,この過程を記録しておかないと,最終的に,どの部門がどこに配置されたかが分からなくなる。そのため,配列 isold, isnew において,現在までの繰り返しのステップにおいて得られている置換を実施した産業連関表の部門コードについて,最初から第24番目までを記録している。なお配列 isold と isnew との違いは,部門コードを入れ換えるための作業領域の必要性から区別されている。

(3) ブロックを参考にした初期配置

　プログラムの流れはファイルからのデータ入力のあと,最初にサブルーチン prepro によりブロックを考慮した初期配置を求め,これに応じて産業連関表を行列として見た場合の置換を行う。次に,このような初期化が終わったあとに,考えられる可能な順列の入れ換えパターンを

生成し,前に定義したλを計算して,意味のある置換の候補を集積する.このあと,このステップの中で最も対角線左下要素の総和が大きくなる置換を採用し,次のステップに移る.

前処理のサブルーチン prepro においては,ブロックの順に部門コードを並べることが主要な作業であるが,ブロックの中では投入額の大きい部門が上位にくるので,このためのバブルソートを実施している.例えば,第2ブロックでは,コードの順序は 1, 2, 3, 4, 5, 8, 9, 14 となっているが,一方,これらの部門の投入額の合計は 161, 207, 778, 132, 321, 0, 303, 609 となっている.したがって投入額の順に並び替えをすると,序列は 3, 14, 5, 9, 2, 1, 4, 8 となる.以上のようなバブルソートを,ブロックごとに適用した結果として,産業連関表における望ましい部門コードの序列のパターンは次のようになる.

24 3 14 5 9 2 1 4 8 16 18 15 7 17 12 11 10 19 20 13 6 23 22 21

これを以下のステップで継続する.

(4) 初期配置に基づく産業連関表の再編成

上に述べたように部門コードの初期配置が求められるので,これにしたがって入力された産業連関表を再編成する,すなわち部門コードの望ましい配置にするように,行と列を入れ換える必要がある.この操作を行列操作と見ることもできるが,行列の要素から見た場合には,要素ごとに配置を変えることであると言える.例えば,部門コードの入れ替えを指示する配列 ishift の第3要素が ishift(3)=14 であるとすると,最初の産業連関表における第3番目には部門コード 14 がくるべきであることを指示しているので,表 X の要素 X(i,j) の行番号 i を, 14 から 3 へと移動すればよい.同様のことを,列番号 j についても行う.しかし,これを同じ表で実施するとデータが破壊されてしまうので,もとの表を2次元配列 xold とし,この移動を行った先の表として2次元配列 xnew を準備しておき,この表 xnew への移動を行う.プログラムでは,次のように書かれている.

```
xnew(i,j)=xold(ishift(i),ishift(j))
```

なお,それぞれのステップにおいては,あくまでも表 xold が対象となるので,このような移動を行ったあとには,再度表 xnew から表 xold へのデータの単純な移動を行っておく必要がある.

```
xnew(i,j)=xold(i,j)
```

このような置換の操作を行列の要素について行う操作は,プログラムの本体でも用いている.

(5) 集合 I, J の構成

産業連関表の三角化の方法は,すでに述べた部分序列の集合である I と J との最適な組み合わせを,総当り的にも求めることにある.プログラムでは,この操作を極めて単純化し,集合 I, J を生成するもとになる添え字 i, j, k を可能な範囲で動かして,置換となる可能性のあるケースを生成している.

iset:集合 I を格納する1次元配列
jset:集合 J を格納する1次元配列

このような置換の候補となるかどうかは,計算する λ_{IJ} が正であるかどうかで判断するこのために集合 IJ を用いて,産業連関表の要素を取り出す操作と,$X(i,j)$ と $X(j,i)$ との差を計算する処理を行っている.

```
sram=sram+xold(idx,jdx)-xold(jdx,idx)
```

もしこの数値が正であれば，置換の候補であるので，このときの λ_{IJ} の値を配列 ram に，望ましい序列を2次元配列 istring に格納する。これらの候補を数えあがるために，カウント ict を用いている。

なお，この段階で置換の候補に対応する序列を求める必要があるが，これには集合の前までは番号1から $i-1$ までを配列 istring に移動し，このあとに集合 J のデータを，次に集合 I のデータをもってくる。最後に，もしこの集合 J の後ろに，更に序列番号が残っていれば，この番号をそのまま配列 istring に移動する。この場合，添え字の加算と減算をして，式をやや簡単化できるが，ここでは分かりやすくするため，カウンタ iu を番号の移動に合わせて1つずつ進める方法を用いている。

(6) 最も大きな λ_{IJ} となる置換を採用する

以上の操作により，適用可能な置換のグループが得られるので，この中から λ_{IJ} の値が最高となる置換を選択する。具体的には，配列 ram の値の中で最高となる番号 ifind を決定し，この番号をもとに，2次元配列 istring から望ましい序列を ishift へと移動しておく。これにより，現在のステップで適用すべき序列の入れ替えが配列 ishift に入っているので，これにしたがって，前のステップまで引き継がれた産業連関表の再編成を行う。

このようなステップを，対角線左下要素の総和の数値が満足大きくなったと判断できるまで繰り返す。以下のプログラム出力において，三角化が達成され，産業連関表の対角要素から下の要素の割合が次第に大きくなっていく様子を示している。

```
iter=1 7318.00000 x %=76.7810287
string14 5 9 2 1 4 8 16 18 15 24 3 7 17 12 11 10 19 20 13 6 23 22 21
iter=2 7361.00000 x %=77.2321854
string9 14 5 2 1 4 8 16 18 15 24 3 7 17 12 11 10 19 20 13 6 23 22 21
iter=3 7474.00000 x %=78.4177933
string2 1 4 8 16 18 15 24 3 7 17 12 11 10 19 9 14 5 20 13 6 23 22 21
iter=4 7515.00000 x %=78.8479691
string8 2 1 4 16 18 15 24 3 7 17 12 11 10 19 9 14 5 20 13 6 23 22 21

    途中は省略する

iter=34 8707.00000 x %=91.3545227
string24 3 5 21 15 7 18 10 14 9 8 2 1 4 19 17 11 16 12 20 22 13 6 23
```

部門	1	2	3	4	5	6	7	8	9	10	11	12	13	14	15	16	17	18	19	20	21	22	23	24
1	9	5	26	6		1		159																
2		16	18	3	2		2	45	1	1	1	5		1	1	1	1	1	1	1	2	2	2	5
3	3	8	25					104	1															1
4	7	19	13	15	3	1	2	2		5														
5					25			19											1					1
6		2	1	1	1	2		2	1	1	1					1	1	1	2			2		
7						1		1				2	11		118	3				7	9			
8	1	2	506	3	29		12	102	11	6	8	12	2	6	6	4	4	4	6	3	4	11	12	26
9	1		1	1	22		2	1	212	9	2	1		63	2	1	1	6	17	1	1	1	3	5
10		2	3	1	25		7	1		141	1			1	3	3	1	7	3		23	1	1	1
11		4	2	1	4		2	18	12	22	282	14	2	11	16	3	8	2	17	1	4	10	19	13
12	30	70	15	37	8	1	14	8	98	42	31	224	9	122	18	11	12	11	194	16	8	1	16	8
13	5	5	17	4	33	1	27	5	9	6	7	41	38	7	26	23	3	4	7	75	12	39	6	14
14	1		2		4		5	1	5	9	1	1		54	3	1	5	16	3		1	7	1	1
15			1		1	1		6	1	8	3	8	2	1	154	10	17	5	7	1	104		1	1
16		1	7	2	3	1	5	16	4	21	3	10	7	25	18	389	86	70	24	6	140	1	2	5
17	4	4	14	4	23	1	19	3	8	6	7	6	6	20	14	14	179	72	47	10	53	5	9	40
18		1	10	2	9		30	1	1	2	3	2	1	2	9	1	2	237	2	1	1	14	2	39
19	4	11	13	3	13		3	23	15	10	10	15	3	26	4	6	21	28	74	3	19	4	6	7
20	1	2	6	4	2	1	33	8	13	10	17	26	8	13	35	25	7	7	14	134	2	9	13	15
21	1	1	1	1	2	1	3		1			1			1	1	1			47		1	28	38
22	4	7	40	8	41		25	39	41	70	44	41	14	42	57	31	39	29	37	17	40	48	16	34
23	90	49	58	37	72	2	112	47	72	66	81	69	30	63	64	49	53	58	79	44	130	161	161	70
24		1	2			1	1	1		1	1	1			1		1	2	1					2

図 2.2　三角化前の産業連関表

	24	3	5	21	15	7	18	10	14	9	8	2	1	4	19	17	11	16	12	20	22	13	6	23
24	2	2			1	1	2	1			1	1			1	1	1		1				1	
3	1	25									19				1									
5	1		25							1	104	8	3											
21	38	2	1		1	3				1		1	1	1		1		1	1	47	1		1	28
15	1	1	1	104	154		5	8	1	1	6				7	17	3	10	8	1		2	1	1
7				9	118						1							3	2	7		11	1	
18	39	9	10	1	9	30	237	2	2	1	1	1		2	2	2	3	1	2	1	14	1		2
10	1	25	3	23	3	7	7	141	1		1	2		1	3	1	1	3			1			1
14	1	4	2	1	3	5	16	9	54	5	1		1		3	5	1	1	1		7			1
9	5	22	1	1	2	2	6	9	63	212	1		1	1	17	1	2	1	1	1	1			3
8	26	29	506	4	6	12	4	6	6	11	102	2	1	3	6	4	8	4	12	3	11	2		12
2	5	2	18	2	1	2	1	1	1	1	45	16		3	1	1	1	1	5	1	2			2
1			26								159	5	9	6									1	
4		3	13			2		5			2	19	7	15									1	
19	7	13	13	19	4	3	28	10	26	15	23	11	4	3	74	21	10	6	15	3	4	3		6
17	40	23	14	53	14	19	72	6	20	8	3	4	4	4	47	179	7	14	6	10	5	6	1	9
11	13	4	2	4	16	2	2	22	11	12	18	4		1	17	8	282	3	14	1	10	2		19
16	5	3	7	140	18	5	70	21	25	4	16	1		2	24	86	3	389	10	6	1	7	1	2
12	8	8	15	8	18	14	11	42	122	98	8	70	30	37	194	12	31	11	224	16	1	9	1	16
20	15	2	6	2	35	33	7	10	13	13	8	2	1	4	14	7	17	25	26	134	9	8	1	13
22	34	41	40	40	57	25	29	70	42	41	39	7	4	8	37	39	44	31	41	17	48	14	1	16
13	14	33	17	12	26	27	4	6	7	9	5	5	5	4	7	3	7	23	41	75	39	38		6
6		1	1				1	1		1	2	2		1	2	1	1	1			2		2	
23	70	72	58	130	64	112	58	66	63	72	47	49	90	37	79	53	81	49	69	44	161	30	2	161

図 2.3　三角化後の産業連関表

2.2 産業連関表の三角化と分析方法

2.2.1 三角化により得られる表の分析

以下では，産業連関表について三角化を実施した結果として得られる新しい表を分析する方法について簡単に述べておく．なお，ここでは単なる事例として示しており，産業連関表の三角化から見た各国比較や国際的な関連性の分析はあとで行う．

その前に，産業連関表として投入係数表を使用するか取引額表を使用するかについて述べておく．産業連関表における三角化分析の対象には，投入係数表を用いる方法と取引額表を用いる方法の2つが可能である．それぞれの分析結果は，別の意味をもっていることが予想される．しかしながらこれらの表を別々に三角化すると，最適な解が得られるステップ数が異なる場合が多くなる問題がある．例えば2000年の日本の産業連関表について，投入係数と取引額との2つについて三角化を実施した例が知られている．この例においては，プログラムの性格上，主対角線から下の要素の比率が最大となる組み換えは複数個存在する．例えば，2000年表の投入産出表について主対角線より下に88.6%の取引が集まるように再編成した結果，その結果は1つではなく61通りが得られている．同様に取引額表を用いて三角化を行った場合においても，複数個の三角化の候補が得られ，主対角線より下に85.4%の取引が集まるように再編成した結果，その結果は1つではなく22通りが得られている．これは1つの国の産業連関表について三角化を行った場合の結果であるが，それぞれの国の産業連関表の三角化の過程は当然異なっているので，最適な解が得られるまでのステップ数も違っている．

このように最適化までのプロセスが異なっていることは，各国の産業連関表の三角化の比較分析をする場合には都合が悪い．そこでよく用いられる方法は，それぞれの国の産業連関表の三角化において，最初に得られた解により比較分析する方法がある．この手順は投入係数表と取引額表のどちらにも適用されるので，あいまいさが無くなる．このようなことを考慮して，本書では，それぞれの国の産業連関表を三角化する過程で，最初に得られる結果を用いることにする．

産業連関表を三角化した結果の表について，分析する事項としては，(1) ハイアラーキーの上位部門と下位部門，(2) ブロックの形成，(3) ブロック内のハイアラーキー性，(4) 異なる表の間のスピアマン (Spearman) の順位相関がある．以下，これらについて説明する．

(1) ハイアラーキーの上位部門と下位部門

産業表の三角化により，できるだけ係数の累計が対角線よりも下に集中するように変換されている．したがって，図2.4に示すように，この三角化された行列の中での序列の数値の大きな産業の財は，相対的に多くの産業における生産で中間投入として使用されていることが分かる．このような部門を，ハイアラーキーの下位部門と呼んでいる．これに対して序列の数値の小さい産業は，他の多くの産業からの財の投入を必要としてはいるが，自身は他の産業の投入にはあまり寄与していない産業である．このような部門を，ハイアラーキーの上位部門と呼んでいる．

(2) ブロックの形成

産業のハイアラーキーにおける上位から下位までの部門の並びが形成されるが，この中に類似した産業が見出される場合には，このグループを名称を付けて，ブロックと呼んでいる．この

ブロックが形成されるかどうかは, 産業分類の細かさに依存する側面もあるが, やや粗い産業分類を用いた場合には, このブロックの形成が明確になるケースが多いことが知られている. 具体的には, ハイアラーキーの上位から, 公共サービス, 第1非金属, 金属, 第2非金属, エネルギー, 民間サービスのそれぞれのブロックが形成される事例が多いことが知られている. ブロックを構成する部門は次のようになっている.

(a) 公共サービスブロック:
公務, 医療, 研究, 教育, 廃棄物処理, 下水道, 公共サービス
(b) 第1非金属ブロック:
煙草, 飲料, 身廻り品, 漁業, 家具, 織物, 窯業, 土石
(c) 金属ブロック: 輸送機械, 精密機械, 一般機械, 電気機械, 金属製品, 鉄鋼一次製品, 銑鉄粗鋼, 非鉄金属一次製品, 非鉄金属鉱石, 鉄鉱石
(d) 第2非金属ブロック:
化学繊維, 紡績, 化学薬品, 化学繊維原料, 基礎化学製品, 印刷出版, パルプ紙, 製材, 木製品
(e) エネルギーブロック:
石油製品, 都市ガス, 石炭, 電力, 石油製品, 原油, 天然ガス
(f) 民間サービスブロック:
商業, 通信, 運輸, 不動産, 金融保険, その他サービス

ブロックは, ハイアラーキー性におけるそれぞれの産業の役割や位置が類似していることも分析の1つの視点ではあるが, ブロック内部での相互の取引が多いかどうかを判断する基準にもなっている.

(3) ブロック内のハイアラーキー性

ブロックの部分の数値の大きさと, その配置の形状に注目した場合に見出されるものが, ブロック内のハイアラーキー性である. すなわち, ブロックが形成され, これを小規模の連関表と見なし, 明確な三角形が形成されている場合には, ブロック内のハイアラーキー性が強いと表現している. この小規模の三角形は, ブロック内部での中間財の取引において上流と下流, すなわち供給する側と需要する側とが明確であることを意味している. これを数値として示すための指標として, それぞれのブロックについて対角線から上の要素の和と, 対角線から下の要素の和を求めて比較する場合がある. この要素和は一般に上の要素和より下の要素和が大きくなるが, ブロックやグループの形成が顕著である場合ほどこの数値の開きが大きくなる. このような要素和の比率の開きの大きなケースを, 産業間に強いリンクが存在するとも表現している.

(4) スピアマン順位相関

2つの国の産業連関表を三角化した場合のその部門の上位から下位までの序列の類似性を検証することにより産業構造の類似性を見出すことができる. この目的に用いるものがスピアマンの順位相関である. この原理は以下のように説明できる. いま, 2つの表のセクターの序列を番号により変数 X と変数 Y に格納しておく. 同順位がある場合には平均順位をつける. 次に, 2つの変数に関する観測値順位の差をとり, d_i とする (当然この合計について $\sum_i d_i = 0$ となる). この数値の2乗合計 $\sum_i d_i^2$ は, 2変数の順序の一致性の指標であり, 2変数の順序が完全に一致するときには $\sum_i d_i^2 = 0$ である. また, 2変数の順序が逆順に完全に一致するとき

には $\sum_i d_i^2 = (n^3 - n)/3$ である．このようなことから，次式によりスピアマンの順位相関係数が定義できる．

$$r_s = 1 - \frac{6\sum_{i=1}^{n} d_i^2}{n^3 - n} \tag{2.4}$$

なお定義から，$-1 \leq r_s \leq 1$ となる．通常の数値変数に対するいわゆるピアソン相関と同じように，相関係数が正の場合には正の相関関係があるといい，相関係数が負の場合には負の相関関係があるという．相関係数が 0 に近いときは無相関であるという結論が得られる．この相関係数の絶対値が，どの程度大きいときに相関係数がゼロでないかを検証するための統計量と，その検定結果も出力される (相関係数がゼロであるとする帰無仮説の検定)．

2.2.2 アジア経済研究所によるアジア国際産業連関分析

アジア国際産業連関表を三角化しそれぞれの国の間の産業の関連性を分析したものとしてアジア経済研究所のスタッフによる結果がある．以下ではこの研究の概要についてまとめておく．

内田による研究では，1995 年の日本の産業連関表の三角化の分析，およびアジア国際産業連関表をとりまとめて日本，韓国およびタイの 3 つの国の産業連関表を作成したあとの表の三角化を行うことにより，これらの国における相互関係を分析している [Uch]．まず，1995 年の日本の産業連関表の三角化については，産業を 46 部門に分類した表について投入係数表と取引額表の両方について実施した結果をまとめている．まず最初に，これらの 2 つの表における結果は，ハイアラーキーの上位の部門と下位の部門に，共通するものが多数含まれていることを指摘している．すなわち，ハイアラーキーの上位 10 部門の中で，2 つの表で共通する部門は 9 部門となり，下位 10 部門の中で 6 部門が共通している．更に，これらの 2 つの表の間における序列の順位相関を求めると，この数値は 0.888 となり，極めて類似性が強いことが検証されている．

投入係数表の三角化から産業のブロックを抽出した結果として，公共サービス部門，機械部門，林業・印刷部門，金属部門，対個人サービス部門の順に観測されることが指摘されている．また，ブロックの間での取引構造を見てみると，林業・印刷部門から製材木製品・家具へのリンクがあり，これは更に，家具その他の製造業へとリンクを継続していることが示されている．また金属部門についても，非鉄金属から鉄鋼，さらにこれから金属製品にいたるリンクが確認される．しかしながら，これらの三角化の程度やリンクのパターンなどは，従来の研究よりは鮮明なものではない問題が指摘されている．すなわち，産業の部門を 46 に限定したことにより，産業の内部での取引，すなわち分類の細目の間での取引が明確化できない点があることが指摘されている．

更に，日本，韓国およびタイの 3 つの国の合同された産業連関表を三角化した結果については，ハイアラーキーの上位には，タイの建設業，日本の鉱業および電気・ガス・水道があり，公共サービスや建設業が，国際間の産業連関分析においても上位にくることが指摘されている．この理由としては，これらの産業はいずれも最終財しか産出していないため，輸出財として機能することが少ないためとされている．ただし，日本の鉱業がハイアラーキーの上位にあることは，例外的であり分析の必要性を述べている．

一方，ハイアラーキーの下位については，日本のサービス部門，商業・運輸・製造業などの基幹的な産業が配置されている．すなわち，日本の基幹産業は日本の国内だけではなく，広く韓国やタイに示されるアジアの国からも投入が行われていることが見出されている．同様に韓国の製造業も，広くアジアからの投入を受けていることが示される．

国際産業連関表の三角化分析では，一般的には現在のアジア各国の経済的な結びつきが描き出されることが期待されるが，ここに述べた分析結果では，このような相互関連性は国内の取引構造と比較して顕著ではないことが指摘されている．すなわち，アジア各国の間における国際的な取引は，国内の取引と比較するとその値は小さく，その重要性はさだかではない．あるいは視点を変えると，国際と国内が分離されるように産業の部門は明確に，パターン化されているものではなく，今後とも国内産業部門の相互関係の上に，国際的な取引があるという構造は保たれるであろうと指摘している．

具体的には，3つの国について再編成された産業連関表ではあるが，これを三角化してもそれぞれの国ごとにハイアラーキーのブロックが形成され，それぞれの国のブロック間の関係は顕著ではないことが見出されている．日本と韓国の製造業はタイの製造業からの投入を受けていること，日本の農業と韓国の農業の相互の取引が存在することが指摘されている．

2.3 アジア国際産業連関表の三角化分析

2.3.1 アジア国際産業連関表の 52 部門表の三角化と順位相関

まず最初に，アジアおよび日米のそれぞれの国における産業連関表(投入係数表および取引額表)を三角化した結果について議論する [Lu-1]．表 2.1, 2.2 には，それぞれの国における 52 部門の産業連関表の投入係数表および取引額表を三角化した結果を，ハイアラーキーの上位から順にコードを示している．

2.3.2 順位相関による分析

10 カ国における産業のハイアラーキー性の個別の分析を行う前に，国による類似性が存在するかを，順位相関分析の手法を用いて行う．すなわち，三角化の結果として，部門の序列が最初の第1番目から最後の第52番目までできあがるが，この序列には部門のコードが含まれている．これらの序列における部門のコードの並び方に関連性が見られる場合には，2つの国の間において三角化による産業のハイアラーキー性の類似性が見られることになる．同時に，このような類似性が見られる国を，グループ化することにより，分析が類型化できるメリットがある．

すでに 10 カ国における産業連関表の三角化後の部門の序列が得られているので，統計パッケージなどを用いてスピアマンの順位相関を求めることができる．この結果を，表 2.3, 2.4 にまとめている．なおスペースを節約するため，国名を次のような記号で表している．すなわち，C(中国), I(インドネシア), J(日本), K(韓国), M(マレーシア), P(フィリピン), S(シンガポール), W(台湾), T(タイ), U(米国) である．

表 2.1　各国 2000 年 52 部門投入係数表の三角化の結果 (部門コードの順位)

順位	中国	インドネシア	日本	韓国	マレーシア	フィリピン	シンガポール	台湾	タイ	米国
1	15	49	40	33	17	39	10	30	12	49
2	38	25	26	49	10	23	8	37	52	29
3	19	23	38	10	27	49	34	3	32	39
4	25	10	3	27	12	17	24	7	19	33
5	11	2	37	12	8	25	23	27	3	35
6	4	27	29	8	19	9	40	5	36	27
7	20	6	16	42	39	52	29	32	25	5
8	24	43	24	24	49	44	52	26	27	32
9	40	52	10	23	40	11	39	33	5	44
10	35	7	44	9	2	26	7	49	18	26
11	18	39	20	17	20	12	49	40	44	41
12	44	18	23	28	11	10	33	35	13	9
13	36	33	18	41	18	36	19	10	24	7
14	28	17	35	35	36	33	6	14	37	3
15	52	13	30	26	4	21	36	28	7	40
16	20	35	4	39	6	30	31	52	42	24
17	31	38	5	7	52	4	27	13	17	12
18	29	31	17	11	47	38	28	23	39	37
19	3	20	52	19	14	43	20	17	11	19
20	1	16	11	44	28	51	44	19	49	16
21	26	29	34	52	13	5	32	16	8	23
22	50	42	7	13	45	22	16	1	34	8
23	8	15	9	20	46	40	26	29	2	18
24	30	1	25	36	16	20	13	36	26	2
25	12	8	8	14	51	34	9	18	35	11
26	16	30	21	40	35	1	12	11	33	22
27	7	37	19	29	3	32	1	12	41	42
28	51	3	2	50	33	15	30	41	20	31
29	9	19	27	18	15	41	14	25	14	38
30	42	34	1	15	31	18	25	21	16	28
31	10	22	42	30	44	46	15	20	22	14
32	13	47	28	37	1	13	21	47	9	1
33	21	40	15	2	7	2	37	9	6	47
34	47	41	14	32	24	6	22	42	23	6
35	2	51	41	16	32	24	35	48	40	13
36	49	36	51	21	38	50	11	8	51	25
37	22	46	49	51	43	31	3	46	38	15
38	41	44	12	25	42	7	4	6	50	34
39	17	12	39	34	9	42	2	39	15	20
40	6	9	50	22	30	29	18	51	31	21
41	45	21	33	6	5	16	50	44	46	4
42	21	28	46	25	27	41	2	21	30	
43	33	5	32	47	41	48	17	38	1	48
44	37	50	22	5	26	3	42	22	47	50
45	5	26	13	48	22	37	51	50	10	46
46	27	24	47	1	48	35	46	31	30	36
47	14	32	48	43	23	47	45	34	28	45
48	32	45	6	38	21	45	43	15	48	10
49	34	4	31	4	37	8	48	24	29	52
50	39	48	36	45	34	19	5	43	45	43
51	43	11	45	3	29	28	47	4	43	51
52	48	14	43	31	50	14	38	45	4	17

　表 2.3, 2.4 において, それぞれの欄の上側の数値が相関係数であり, 下の数値がこの相関係数を検定するための有意確率である. 一般に, 国による三角化後の序列の違いが大きいため, 有意水準をかなり大きくとらないと相関が存在しないという結果しか得られない. このようなことを考慮して, 10%の有意水準をめどとして, 三角化後の部門コードの序列に順位相関のあるペアを求める. なお, 結果から分かるように, 投入係数表の三角化と取引額表の三角化を用いた分析によって得られる結論は, 必ずしも同傾向ではないことに注意する必要がある. すなわち, 投入係数表の三角化をもとにした分析では, 主として国の産業構造の類似性が見出せるが, 取引額表の三角化を用いた場合には, 産業構造よりは, むしろ部門の相対的な大きな産業構成比が主として検出できることが分かる.

第2章 産業連関表三角化によるハイアラーキー性分析

表 2.2 各国 2000 年 52 部門取引額表の三角化の結果 (部門コードの順位)

順位	中国	インドネシア	日本	韓国	マレーシア	フィリピン	シンガポール	台湾	タイ	米国
1	38	23	11	37	34	22	4	38	28	26
2	41	43	20	28	35	7	30	28	15	35
3	20	40	30	5	3	49	43	35	9	40
4	15	37	35	32	42	36	38	15	35	15
5	11	3	41	14	29	6	36	16	24	28
6	18	13	34	26	25	30	51	12	21	52
7	35	5	22	3	16	17	8	5	14	25
8	37	2	31	46	39	20	1	20	16	22
9	2	4	9	9	24	23	16	52	36	27
10	50	44	13	24	32	41	52	19	20	6
11	10	36	24	16	23	34	37	41	2	24
12	39	7	1	22	21	44	35	7	31	50
13	32	14	44	52	7	3	31	34	10	39
14	17	19	39	27	28	28	23	33	8	37
15	34	50	6	4	15	27	17	32	38	4
16	27	49	42	35	27	26	9	9	4	48
17	14	48	49	33	49	24	24	17	47	12
18	29	9	21	42	13	40	25	30	1	1
19	25	12	32	41	11	35	49	27	19	11
20	52	15	18	1	36	2	39	18	41	13
21	7	17	17	13	9	14	15	1	7	18
22	47	34	19	31	41	13	22	42	33	42
23	40	20	8	49	1	29	11	14	52	17
24	24	31	14	25	50	19	48	13	17	36
25	5	33	29	34	44	37	3	23	3	51
26	21	51	12	10	2	15	2	22	44	31
27	31	46	26	50	4	48	7	8	29	32
28	33	18	15	40	6	39	42	11	49	20
29	9	35	48	11	17	16	14	44	34	19
30	8	52	43	18	12	38	19	36	26	44
31	26	26	52	51	33	9	5	6	11	29
32	22	25	25	38	51	12	41	50	18	46
33	30	1	33	21	30	42	33	26	51	30
34	43	11	40	29	38	21	44	31	50	3
35	28	6	46	43	18	52	13	25	12	14
36	4	38	7	12	22	46	40	24	23	2
37	12	42	5	44	10	50	27	48	39	9
38	16	30	28	39	37	11	50	43	46	5
39	36	41	16	15	20	33	12	3	25	43
40	1	24	38	17	19	31	21	21	43	49
41	49	8	23	7	43	8	6	47	5	10
42	19	28	51	19	40	51	47	29	13	8
43	44	16	3	36	31	25	46	46	27	21
44	42	10	27	6	45	18	34	37	40	16
45	3	27	47	30	47	1	18	49	22	33
46	45	32	50	48	52	4	20	51	42	41
47	51	21	10	47	8	10	10	39	30	38
48	46	47	37	2	26	47	28	2	37	45
49	13	29	36	8	14	45	32	4	6	47
50	48	22	4	20	48	32	45	45	48	7
51	23	45	45	23	5	5	29	10	32	34
52	6	39	2	45	46	43	26	40	45	23

投入係数表を用いた場合の結果

投入係数表を三角化した場合の部門コードによる順位相関分析の結果は,次のようになる.カッコの中は両側検定のための確率を示す.

中国とフィリピンとの間に負の相関 (0.008),インドネシアとタイの間に正の相関 (0.045),韓国と台湾との間に正の相関 (0.052),日本とフィリピンとの間に正の相関 (0.06),韓国とシンガポールとの間に負の相関 (0.07),シンガポールと米国との間に正の相関 (0.075)

これらの結果から特徴として,以下のようなことが分かる.

(1) 産業の高度化による共通性と非共通性

韓国と台湾との間,およびシンガポールと米国との間に正の相関が存在するのは,産業の高

表2.3 2000年投入係数表による各国52部門三角化の結果と順位相関

	C	I	J	K	M	P	S	W	T	U
C		0.038	-0.148	-0.048	0.125	-0.361	0.0245	-0.031	0.079	0.0025
		0.787	0.294	0.733	0.375	0.008	0.863	0.824	0.573	0.985
I			-0.123	0.01784	0.073	-0.206	0.027	-0.063	0.278	0.071
			0.381	0.9001	0.607	0.142	0.847	0.656	0.045	0.613
J				-0.039	-0.068	0.261	-0.086	0.140	-0.007	0.105
				0.780	0.628	0.061	0.541	0.321	0.958	0.455
K					-0.090	0.206	-0.252	0.270	-0.060	-0.196
					0.521	0.141	0.071	0.052	0.672	0.162
M						0.143	0.033	-0.151	0.118	-0.045
						0.308	0.811	0.284	0.402	0.750
P							-0.095	-0.007	0.067	-0.031
							0.500	0.958	0.636	0.825
S								0.013	-0.028	0.248
								0.923	0.8428	0.075
W									-0.154	-0.097
									0.274	0.491
T										-0.063
										0.657
U										

表2.4 2000年取引額表による各国52部門三角化の結果と順位相関

	C	I	J	K	M	P	S	W	T	U
C		-0.177	-0.249	0.084	0.104	-0.188	0.024	-0.028	0.168	-0.117
		0.208	0.074	0.553	0.462	0.181	0.864	0.839	0.2328	0.407
I			0.024	-0.056	-0.079	0.16520	-0.073	-0.067	0.078	0.141
			0.861	0.692	0.573	0.2418	0.605	0.635	0.580	0.315
J				0.081	0.127	-0.16742	-0.062	-0.106	-0.218	0.209
				0.565	0.366	0.2355	0.657	0.451	0.119	0.136
K					0.046	-0.026	-0.11645	0.133	0.017	0.002
					0.741	0.852	0.4110	0.346	0.903	0.987
M						0.259	0.185	0.320	0.067	-0.060
						0.063	0.187	0.020	0.634	0.671
P							0.189	-0.204	-0.033	-0.082
							0.179	0.1454	0.815	0.560
S								0.086	0.134	-0.217
								0.543	0.340	0.121
W									0.130	-0.210
									0.357	0.133
T										-0.213
										0.128
U										

度化のレベルが類似していることを反映していると言える。一方では,韓国とシンガポールとの間に負の相関が存在している。シンガポールの産業構造は特化しており,米国に近いものとなっており,むしろ韓国のような幅広い産業分野が存在する国の産業ハイアラーキー性とは,逆の関係になっている。

(2) 発展途上の特徴

インドネシアとタイの間に正の相関が存在する一方で,中国とフィリピンとの間に負の相関が存在している。このことは,同じ発展途上の国でありながら,農業を主体とする国と,産業構造が大きく変化し工業化が成し遂げられた国との違いを表している。

(3) 国の規模を超えた類似性

一方,日本とフィリピンとの間に正の相関が存在する理由については直感的には明確ではない。しかし,国の産業規模を超えた産業構造の類似性が存在すると,みなすことができるであろう。

第 2 章 産業連関表三角化によるハイアラーキー性分析

取引額表を用いた場合の結果

次に，取引額表を三角化した場合の部門コードによる順位相関分析の結果は，次のようになる。マレーシアと台湾の間に正の相関 (0.02)，マレーシアとフィリピンの間に負の相関 (0.06)，中国と日本との間に負の相関 (0.074)，日本とタイとの間に負の相関 (0.11)，シンガポールと米国の間に負の相関 (0.12)，タイと米国の間に負の相関 (0.128)，台湾と米国の間に負の相関 (0.13)，日本と米国の間に正の相関 (0.136)

これらの結果から特徴として，以下のようなことが分かる。

(1) 国の規模と産業の特化

比較的国の規模が小さくて，ある産業に特化している国と，相対的に規模が大きくて広範囲の産業が存在している国とに分類できる可能性が見えてくる。シンガポールと米国の間，韓国とシンガポールとの間に負の相関が存在しており，特にシンガポールと米国の関係については，投入係数表の三角化の結果と反対のものとなっている。同時に，マレーシアと台湾の間に正の相関が存在しており，マレーシアが工業化されたとは言え，台湾のそれには及ばないことを考慮すると，国の規模が関連して産業のハイアラーキー性に類似性が見られているものを考えられる。

(2) 工業国とこれ以外

日本と米国の間に正の相関が存在し，タイと米国の間，および日本とタイとの間に負の相関が存在していることは，容易に理解できる。高度な工業国と工業化が進展してはいるが，まだ農業の比重の大きな国との間に産業構造の類似性と非類似性を見ることができる。しかしながら，一方では，中国と日本との間，マレーシアとフィリピンの間に負の相関があることは，あまり直感的には理解できないが，工業化が高度に達した国と，農業分野を広くかかえている国との違いを表していると考えられる。

(3) 工業国の非類似性

中国と日本との間に負の相関が存在し，台湾と米国の間に負の相関が存在することまた同時に弱い相関ではあるが日本と米国の間に正の相関が存在することは同じような工業国でありながら異なる産業構造を有していることを示唆している。特に農業や第 1 次産業の比率が小さく海外からの輸入に頼っている日本と中国との構造の違いが反映されている可能性がある。

以上述べたような順位相関により予備的な考察を実施することは，産業連関表を三角化して，それぞれの国の産業を分析する前処理として有効である。したがって次の節では，これらの国のグループ化をもとに議論を行っていく。

2.3.3 各国の 52 部門表の三角化分析

以上のような準備のもとで，以下ではそれぞれの国の 52 部門表の三角化分析を行う。なお，取引額表を用いても投入係数表を用いても，基本的には分析の方法は同じであるので，以下ではこれまでの議論で明らかなように，産業の間の連関をより表現することができる，投入係数表を用いて分析を行う。

更に，個別の国の表を詳細に分析することも可能であるが，産業部門が 52 に制約されているため分析には限界があることや，各国の比較分析に重点を置いているので，以下ではハイアラー

キー性におけるブロック形成だけに注目して結果を示す。すなわち,工業国である場合に理想的なケースとしてハイアラーキー性が見られ,これらの産業部門のブロックが形成されることが知られている。したがって,このような理想的なブロック形成にどれだけ近いか,逆に言えばどれだけ離れているかを測定する。

方法論として,ハイアラーキー性の中の5つのブロックを仮定し,それぞれの国の投入係数表を三角化した結果と,このブロックの表リストを照合し,産業部門が一致する場合の部門の数値を抽出していく。ただし以下では簡単化のため,エネルギーブロックと民間サービスブロックを1つに統一している。

表2.5には,2000年投入係数表の三角化を用いた部門のブロックへの分類可能性を示している。具体的には,それぞれの国における投入係数表の三角化のあとのデータに対して,機械的に上位から5分割を行い,これらに含まれる部門コードが,理想的なブロック形成における部門コードに等しい場合にのみ,そのコードを掲載している。ただし,ブロックの境界を厳密にとると,わずかの違いによる差異も広い誤差となるので,ブロックの境界での前後の3部門の範囲でのコードの上下移動は,許容すると仮定する。このコードの数が多いほど,理想的なブロック形成に近いことになる。

表2.5の結果から分かるように,理想的なブロック配置と一致する部門コードの数は,シンガポールにおいて最大24個,マレーシアで最小17個,平均して約20個である。これらの数値に

表2.5 2000年投入係数表の三角化を用いた部門のブロックへの分類可能性

	公共サービス	第1非金属	金属	第2非金属	エネルギー・民間サービス
理想的ケース	52 48 49	1 3 4 5 7 8 17 18 19	20 21 22 23 24 25 26 27 28 29 30 31 32 33 34 35 36 37 38 39	2 9 10 11 12 13 14 15 16	6 40 41 42 43 44 45 46 47 50 51
中国		19 4 18	35 36 28 20 31 29 26 30 21	9 10 13 2	41 6 45 43
インドネシア	49	7 18 17	39 33 35 38 31 20 29 30 37 34 22	12 9	44 50 45
日本		3 18	20 23 35 30 34 25 21 27 28	15 14 12	50 46 47 6 45 43
韓国	49	8 17	23 28 35 26 39 20 36 29 30 37 32	15 2 16	6 46 47 43 45
マレーシア		8 19 18 4	20 36 28 35 33 31 24 32	15 9	42 41 50
フィリピン	49	17	26 36 33 21 30 38 22 20 34 32 24	13 2 16	42 47 45
シンガポール		8 7 19	39 33 36 31 27 28 20 32 26 30 25 21 37 22 35	14 15 11 2	50 41 42 51 46 45 43 47
台湾		3 7 5	33 35 28 23 29 36 25 21 20	9 2	6 51 44 50 43 45
タイ	52	19 3 5 18 7	24 37 39 34 26 35 33 20 22 23	14 16 9 15	50 46 47 45 43
米国	49	5 7 3	26 24 37 23 22 31 38 28	14 13 15	50 46 45 43 51

は多少のばらつきはあるが,すべての国において約半数の部門コードが,理想的なブロック配置と一致している.このことは,先進従来の工業国におけるブロック配置と一致する国がほとんどであり,いまやアジア諸国は,程度の差はあれ工業化のプロセスを経てきていることが分かる.

2.4 複数の国の産業連関表を統合した表の三角化

2.4.1 3カ国の間でのハイアラーキー性分析

次に,アジア国際産業連関表の三角化を用いたハイアラーキー性分析の最後の分析として,アジア国際産業連関表の特性を生かして,国の内外を区別しない産業の部門のハイアラーキー性の分析を行う [Lu-1].これまでの議論においては,1つの国の産業の間のハイアラーキー性を分析し,ブロックの形成などの分析に重点をおいてきた.しかし,実際には,アジア各国の経済交流や産業の連係は進んでおり,これを分析するには,複数の国を1つの表にまとめた産業連関表を作成し,この求めた表について三角化をほどこす方法が有効である.

ただし,現実的な問題として,10カ国の産業連関表を1つにまとめることで極めて大きな表ができあがり,分析結果の見通しが悪くなる.すなわち,日米およびアジア各国をすべて含む大規模な国際産業連関表を,直接的に三角化しても,鮮明な分析結果は期待できないと思われること,また,表の大きさに比例して,三角化の計算時間と最適解の判断が難しくなる問題がある.このようなことを考慮して,以下の分析では,適当に選択した3つの国の産業連関表を1つにまとめること,および用いる部門数を24部門のレベルに制限している.これにより,分析の精度はやや粗くなる問題はあるが,国の間の産業連関構造は見やすくなる.

したがって,以下では任意に選んだ3つの国について,拡大された産業連関表(投入係数表)を作成し,これを国を区別することなく三角化する.具体的には,次のような組み合わせについて24部門表を統合し,三角化を実施している.それぞれの目的の概要についても述べておく.

日米と韓国:先進工業国の間での産業の位置
日米とタイ:先進工業国とこれらの国からの製造業の移転先の国との位置
日米と中国:先進工業国と急速に経済成長と生産拡大が進む国との関係

3つの国の間の投入係数表の三角化については,1995年表と2000年表について行っている.このように2つの表について分析を行っている.表2.6に分析の結果をまとめている.表には,これらの3つのケースについての統合された産業連関表を三角化したあとの各国の産業の間でのハイアラーキー性について,上位からの順位にしたがって部門コードを示している.1995年表と2000年表とによる分析の結果の相違から最近にいたるアジア国際産業連関の特徴を見出すことができると考えられるので,以下では最初に1995年表の分析,次に2000年表の分析を述べる.

表 2.6 1995 年, 2000 年 3 カ国間表の三角化による産業ハイアラーキー性分析

1995 年 日米韓	1995 年 日米タイ	1995 年 日米中	2000 年 日米韓	2000 年 日米タイ	2000 年 日米中
韓 24	タイ 21	日 5	米 1	日 2	米 8
韓 21	米 15	日 6	米 4	泰 3	米 18
韓 15	米 3	日 24	韓 4	米 8	日 24
韓 3	タイ 10	中 24	韓 3	日 12	中 14
韓 4	タイ 3	日 10	米 18	米 14	米 4
韓 5	タイ 5	日 4	韓 8	泰 14	日 5
韓 10	タイ 4	日 3	米 2	日 11	米 16
韓 14	タイ 14	日 15	米 20	日 8	中 8
韓 7	タイ 15	米 3	米 15	米 7	中 4
韓 8	日 3	日 7	韓 14	日 5	日 18
韓 9	米 10	日 8	韓 14	泰 9	中 24
韓 18	日 5	中 5	韓 12	日 3	日 22
韓 19	日 6	米 14	日 9	泰 18	米 24
韓 17	日 7	米 15	日 24	日 18	日 9
日 21	日 8	日 14	韓 1	日 16	日 4
韓 10	タイ 24	日 1	日 8	泰 10	米 7
米 24	タイ 19	米 5	韓 16	日 13	中 16
日 15	日 1	中 21	米 24	泰 17	日 15
韓 2	日 2	中 4	韓 11	泰 15	日 2
韓 16	タイ 7	中 14	日 13	米 16	米 12
米 10	タイ 8	中 13	米 11	米 18	米 17
韓 1	タイ 2	中 8	米 8	米 2	中 15
米 14	タイ 1	中 10	日 5	泰 19	中 9
韓 11	タイ 18	中 11	韓 15	日 19	米 15
韓 12	タイ 16	中 6	日 18	日 10	日 7
日 3	日 10	中 7	韓 9	泰 19	日 1
韓 22	米 24	日 11	米 12	米 11	中 14
韓 6	タイ 12	米 24	米 7	泰 4	米 19
韓 3	タイ 9	日 2	米 10	日 14	米 3
米 4	タイ 11	中 15	米 18	米 15	米 3
米 5	タイ 20	中 18	日 10	日 10	中 11
米 1	タイ 6	中 20	韓 17	泰 22	中 7
日 4	米 5	日 9	韓 16	泰 16	米 2
日 5	米 8	米 1	米 5	米 5	日 23
日 6	タイ 17	日 18	韓 5	米 3	中 12
日 7	米 18	中 3	日 17	米 6	日 12
日 8	タイ 22	米 10	日 2	日 20	米 1
韓 20	日 9	中 19	米 3	泰 24	米 1
日 1	日 17	米 4	日 1	日 17	日 11
日 2	米 17	中 1	日 12	米 17	中 19
韓 13	米 14	中 9	韓 20	日 15	米 6
日 24	米 1	米 7	米 13	泰 11	中 17
日 18	日 4	米 8	日 4	日 9	米 9
米 13	米 9	中 9	日 7	日 7	中 5
米 18	タイ 19	米 22	日 19	米 22	中 10
米 8	米 19	中 2	韓 16	泰 23	米 13
米 9	日 24	中 2	韓 13	泰 13	日 8
米 2	米 2	中 23	米 19	日 6	米 5
日 14	タイ 23	日 12	日 6	中 20	日 20
米 15	米 11	中 12	米 17	日 23	米 13
韓 23	日 18	米 13	韓 23	米 12	米 10
日 9	米 4	中 17	日 21	日 22	中 6
米 19	米 12	米 18	韓 7	米 9	日 17
米 19	米 20	日 20	日 15	中 20	中 23
日 17	米 7	米 19	日 14	米 24	中 3
米 16	米 13	米 11	日 20	米 13	米 20
米 11	日 19	日 21	韓 2	日 4	中 2
米 7	日 14	日 13	米 22	日 1	日 22
米 12	米 6	米 12	韓 19	日 24	日 20
米 20	米 16	中 16	韓 6	泰 5	日 6
米 6	米 21	米 17	日 22	泰 21	米 23
米 21	日 17	日 17	米 23	米 1	米 14
米 17	日 21	米 20	米 21	泰 7	中 18
日 16	日 15	米 6	日 3	泰 6	中 1
日 20	日 16	米 21	韓 22	泰 2	中 21
日 11	日 12	米 16	米 6	米 21	中 13

次ページに続く

第 2 章 産業連関表三角化によるハイアラーキー性分析　　　　　　　　　　　　　　45

	1995 年			2000 年	
日米韓	日米タイ	日米中	日米韓	日米タイ	日米中
日 12	日 20	米 16	日 11	泰 8	中 22
日 13	日 13	米 22	韓 21	泰 12	米 22
米 22	日 22	中 22	韓 10	米 4	日 19
日 22	米 22	日 22	韓 9	日 21	日 21
日 23	日 23	日 23	韓 24	泰 1	米 21
米 23	日 23	米 23	韓 23	泰 20	日 16

1995 年表の特徴

(1) ハイアラーキーの下位には日米の産業がある

　日米と韓国, 日米とタイ, 日米と中国といった, 現在のアジアにおける産業構造を分析する場合に組み合わせとして典型的とも言えるこれらの 3 つの組み合わせのすべてにおいて, ハイアラーキーの下位には日米の産業があることが, これらの表から分かる. またその構成比率も, 下位から 1/3 以上から半分程度を占めている.

　このように, ハイアラーキーの下位には, ほとんど日米の産業が入っており, 各国の産業の産出物の多くが, 初期的に日米から供給され財をもとに生産物生産として実現されていることが分かる. ただし, 産業コードの順序にはあまり規則性は見られないことも指摘でき, これ以上の分析には, 更に細かな産業コードの使用と表の拡大が必要であろう.

(2) ハイアラーキーの上位には韓国とタイの産業

　日米とタイの組み合わせのケースにおいては, ハイアラーキーの上位にはタイの産業が配置されている. この最上位からやや離れた位置にも, タイの産業が配置されている. 同様に, 日米と韓国の組み合わせにおいても, このように, ハイアラーキーの上位には韓国の産業があり, 日米とタイの組み合わせのケースより明確である. このように, 韓国やタイにおいては, 自国の財による供給を基本的なパターンとして, これを用いた最終的な財を生産する産業構造が見られることが指摘できるであろう.

(3) ハイアラーキーの中位には中国の産業

　日米と中国の組み合わせのケースにおいては, ハイアラーキーの中位には日米と中国の産業が同じような割合で配置されているが, ハイアラーキーの中位には, 中国の産業が配置され明確なパターンをなしている. すでに述べたように, この組み合わせにおいても, ハイアラーキーの下位には日米の産業があるので, ハイアラーキーの中位には中国の産業があることは, 中国の産業が日米の産業からより直接的に初期財の供給を受けながら, 最終的な財を生産する連係関係が見出せることを意味している.

2000 年表での変化

　1995 年表で見られた「ハイアラーキーの下位には日米の産業がある」といった特徴は, 2000 年では急速に小さくなっており下位部門にも日米以外の国の産業が現れている. 韓国, 中国, タイを含むすべての投入係数表において, 下位に韓国, 中国, タイの産業部門が現れている. 特にタイについては, この傾向が顕著である. このことは, これらの国において, 日米への中間財の供給という産業のパターンから, それぞれの国の独自の生産物への初期的な財の流れに移行していることを意味している.

　次に 2 番目の 1995 年表に見られた「ハイアラーキーの上位には韓国とタイの産業がくる」という特徴も, それほど顕著なものではなくなっている. ハイアラーキーの上位約 1/3 を見た場合に, 日米韓および日米タイの表においては, 3 つの国の部門はほぼ同数であり, 特定の国の

部門が配置されているようには見えない。また，日米中の表においても，上位約 1/3 を見た場合に，日米の部門が相対的に大きいが，1995 年表ほどの明確な日米と中国との部門数の違いは見られない。このことは，基本となる財の供給においても，従来の日米の財の支援を受けて生産が行われる構造から，それぞれの国における基本財をスタートとする産業の連関が形成されていることを示している。

第 3 番目の 1995 年表に見られる「ハイアラーキーの中位には中国の産業が見られる」という特徴も，2000 年表においては顕著なものではなくなっている。日米中の 2000 年表においては，中国の産業部門はむしろ中位から下位にかけて現れており，いわゆる初期財に近い形で中国で生産および中間財としての供給が行われるケースが増えていることを意味している。すなわち，1995 年表に見られたような，中間財を生産する中国産業の姿から，最終財へと結実するパターンを中国で形成する形態へと移行してきている。

以上のような 3 つの表に共通する特徴を分析したあとに，それぞれの表から見られる国の産業間に見られる連関を分析する。まず 1995 年表の特徴を整理しておく。

1995 年表の特徴

(1) 日米と韓国

日米と韓国の関係を産業のハイアラーキー性から見た場合には，中国とタイと日米との関係に極めて類似している点として，ハイアラーキーの下位にはほとんど日米の部門しか配置されていないことがある。ハイアラーキーの中間から最下位までの部門の中で，韓国の産業部門として配置されているのは，民間サービス，電気ガス，石油製品しかない。これを逆の関係としてみると，日米のほとんどの産業部門はハイアラーキの中位から下位に配置されているため，ハイアラーキーの上位には現れないことになる。この配置のパターンは，極めて特徴的である。すなわち，産業の中間投入あるいは産業の基盤となるものは日米から供給され，これのもとになる韓国の最終財としてハイアラーキーの上位における生産がなされている。

ハイアラーキーの上位にある韓国の産業部門には，公務と建設が最上位にあり，農業，林業，漁業などの第 1 次産業がついで配置されている。しかしこれらは最終財であるので，韓国だけで消費される財となっている。このあとに食品，繊維，家具および機械，輸送機械，その他製造業がある。これより下の中位には，金属製品，化学製品，紙パルプ，貿易などが配置され，中間財生産を代表するものとなっている。中位の範囲にカバーされるこれらの部門は，同時に，韓国の有力な輸出製品でもあり，海外の中間財を投入して，最終的な輸出財を生産する構造が観察される。これらの 3 つの国はいずれも先進工業国であり，その依存関係も定着化する傾向にあると思われる。

(2) 日米とタイ

日米とタイとの間の産業のハイアラーキー性については，その下位にはほとんど日米の産業だけが配置されている特徴がある。すなわち，日米の先進工業国とこれらの国からの製造業の移転先であるタイとの関係においては，初期財となる製品の多くを，日米の産業が供給していることが分かる。このような部門の主なものは，日米の民間サービス，貿易，建設，非金属製品，金属製品，日本の輸送機械である。

一方，ハイアラーキーの上位から中位にかけては，タイの産業部門の多くが配置されており，これらの主なものは農業，鉱石，食品，金属製品，輸送機械，化学製品である。このようにハイア

第 2 章 産業連関表三角化によるハイアラーキー性分析

ラーキーの上位から中位にかけて自国の産業が配置されている例として, 後で述べる日米と中国との間における中国の産業に見られる。このことは, これらの産業が他部門からの財の供給を受けながら, 更に上位の部門への供給を行っていること, 他の国を含めて製造業の大きな中間的な生産拠点になっていることを反映している。

最上位に位置する部門にもタイの産業部門があり, 建設業, 林業, 漁業, 皮革, 非金属製品などがある。これらは最終財であるので, タイだけで消費される財となっている。ハイアラーキーの相対的に上位にある日本の産業としては, 原油, 食品, 農業, 漁業などがあり, 食料を中心として最終的な消費財として輸入されていることを反映している。

(3) 日米と中国

これらの国においてはハイアラーキーの下位に, 日米の民間サービス, 貿易, 金属製品, 機械と並んで, 中国の貿易, 金属製品があり, 日米だけではなく, 中国の産業も初期財の供給産業としての部分を構成しはじめていることが分かる。一方ハイアラーキーの上位には, 日本の農林業, 漁業, 原油, 天然ガス, 食品および公務が大きな部分を占めている。これ以外は少数であり, 中国の公務, 米国の畜産, 皮革, 非金属製品などがある。すなわち, これらの産業の財は, 最終財として多くが日本に供給されていることが分かる。

このほかに, ハイアラーキーの上位から中位にかけては, 多くの中国の部門が配置されており, 食品, 石油精製, 鉱石, 繊維, 家具, 非金属製品, 木材パルプ, 輸送機械などの幅広い分野の部門が配置されている。このことは, これらの産業が他部門からの財の供給を受けながら, 更に上位の部門への供給を行っていること, 他の国を含めて製造業の大きな中間的な生産拠点になっていることを反映している。

2000 年表における変化

第 1 番目の 1995 年表における「日米と韓国」表で特徴的であったハイアラーキーの上位に韓国の産業部門が集中する傾向は, 2000 年表では小さくなっている。むしろ韓国の産業部門は, ハイアラーキー性のどの場所においても均等に出現しており, 中間財を生産する産業としての特徴が見られる。1995 年表との比較で言えば, 上位にあった農業, 林業, 漁業などの第 1 次産業の位置は変わらないが建設は最下位 (三角化の結果としては自然である) へ移行している。1995 年表においては中位にあった金属製品, 化学製品, 紙パルプなどは, 2000 年表においても中位に配置されており, 年代的な変化をあまり受けない中堅的な産業として存在することが分かる。

次に日米とタイの表については, 大きな変化が見られる。1995 年表においては日米とタイとの間の産業のハイアラーキー性については, その下位にはほとんど日米の産業だけが配置されている特徴があるが 2000 年表では逆に下位には多くのタイの産業部門が配置されている。しかしこれらの多くは第 1 次産業であり, 1995 年表で中位にあった食品, 金属製品, 輸送機械化学製品は同じような中位に位置するか, 下位へと移動しており, タイにおける中堅的な産業を形成していることが分かる。このように 1995 年表においては, 自国消費を前提とする最終財を供給するパターンが特徴的であったが, 2000 年表においては, 中間的な産業としてタイの産業が配置されてきていることが分かる。

第 3 番目の日米と中国との表については, 1995 年表においてはハイアラーキーの上位には日米の産業が多数存在している一方で, 中位に多くの中国産業が配置されていたが, 2000 年表

においても上位は日米の産業が多い傾向は同じであるが, 中国産業の多くが中位から下位にかけて多数存在するように, 変化が見られる. このことは, 中国の産業がより多くの最終財を直接生産する体制へと変化していることを意味している. 1995 年表でハイアラーキーの中位にあった, 鉱石, 繊維, 家具, 非金属製品, 木材パルプ, 輸送機械などの部門は 2000 年表においても同様に中位に配置されており, 中堅的な産業を形成していると言える.

ブロックの形成と日米

これまでは国の産業の違いに注目して分析を行ったが, ハイアラーキー性における産業のブロック形成の視点から分析してみる. すなわち, 3 つの国の産業が, 同じ部門に関しては密接に関連していると仮定すると, 同じ部門コードが集中するブロックが見出せるはずである. 話を簡単にするために, 以下では, 2000 年表について序列を上位, 中位, 下位の 3 区分した場合のみ分析する. この結果, 以下のようなことが分かる.

(1) 下位にはサービス, 建設, 貿易などが配置される

ハイアラーキーの下位には, それぞれの国の投入係数表の三角化の結果と同様に, 上に述べた 3 つの表の三角化においても, 下位にはサービス, 建設, 貿易, 電気ガスが配置されている. 下位のブロックに含まれない例外としては, 日米中表における日本のサービス (中位にある), 日米タイにおける米国貿易 (中位にある), 日本の電気ガス (中位にある), タイの貿易 (中位にある), 日米韓表における米国の電気ガス (上位にある) がある. しかし, これらの部門の海外における性格を考慮すると, ほぼ基礎的なブロックを形成しているとみなせるであろう.

(2) 上位には第 1 次産業製品などブロックは明確ではない

一般にハイアラーキーの上位には, 公務および非金属ブロックのなかの農業や漁業などの第 1 次産業の産出物が配置される. 3 つの表の上位における公務の配置を見ると, 日米中の表では, すべての国の公務が上位にあるが, 日米韓の表においては韓国の公務が下位ブロックに配置され, 日米タイでは中位および下位に配置されるなど理論どおりではない. これは, それらの国々では海外の国との間における公務の位置づけが明確ではないことを反映していると思われる. 一方, 農業や漁業などの第 1 次産業の産出物についても, これらは海外に移転されることなく, 一般には自国で消費されるため, ハイアラーキーの上位に配置されることが多い. また, 原料なども初期の消費財として投入されるので上位に配置される. しかし, 3 つの表においてもこれらのブロック形成は明確には確認できない. 食品, 織物についても各国ともに, 上位あるいは中位に配置されているが, ブロックを形成するほどの明確さではない. これらのことから, 自国で消費される産出物を, 3 カ国など多国間の投入係数表を三角化してブロックを見出すことは, あまり意味のないことであると言えるであろう.

(3) 金属ブロックの形成

第 1 次産業の産出物のブロック形成が明確でないのに対して, 上位から中位にかけて形成される金属ブロック (金属製品, 非鉄金属, 一般機械, 輸送機械, その他製造機械) は確認することができる. すなわち, 一部の国のこれらの部門が欠けている場合もあるが, 日米中, 日米タイ, 日米韓の 3 つの表のすべてにおいて, 金属ブロックが上位から中位にかけて形成されている. したがって, 国際的な企業の連関の中で, 金属ブロックがハイアラーキーの中核的な部分を形成し, 産業を支えていることが分かる.

第 2 章 産業連関表三角化によるハイアラーキー性分析

(4) 中位には製造業などが配置される

同様にハイアラーキーの中位において第 2 非金属ブロックに属する産業部門 (化学製品, パルプ, 印刷) が配置されていることも確認できる。しかしながら, もともとこれらの産業部門のコードは 3 つ程度であり, ブロックを明確に抽出するほどの塊にはなっていない。

(5) 製造業で上位に属する産業部門

製造業の中でもハイアラーキーの上位に属するものは, 海外の産業部門も含めて, 多くの産業の産出物を中間投入として最終的な財を生産するので, 国際的な連係の上になりたっていると考えられる。このような産業分野としては, 日米中表では, 日本の産業部門である輸送機械, 中国の産業部門である食品, 米国の産業部門である金属製品, 輸送機械がある。日米タイ表においては, 日本の産業部門であるパルプ・出版, 金属製品, 輸送機械, 米国の産業部門である食品, タイの産業部門である織物製品がある。日米韓表においては, 日本の産業部門である織物製品, 食品, 米国の産業部門である輸送機械, 非鉄金属製品, 韓国の産業部門である食品, 化学製品があげられる。

```fortran
      dimension xold(100,100),xnew(100,100),
     +iset(100),jset(100),ram(1000),
     +istring(1000,100),ix(100),ishift(100),
     +isold(100),isnew(100),ibnum(10),iblock(10,100)
      open(1,file='xtest')
      open(2,file='xblock')
      open(3,file='rout')
      open(7,file='mout')
      eps=0.0001
      n=24
      xsum=0.0
      do 10 i=1,n
      read(1,*) ii,(ix(j),j=1,n)
*     write(6,*) ii,(ix(j),j=1,n)
      do 12 j=1,n
      xold(i,j)=float(ix(j))
      xsum=xsum+xold(i,j)
 12   continue
 10   continue
      write(6,*) 'xsum=',xsum
      read(2,111) (ibnum(ib),ib=1,6)
*     write(6,*) (ibnum(ib),ib=1,6)
111   format(6i4)
      do 4 ib=1,6
      read(2,118) (iblock(ib,j),j=1,ibnum(ib))
118   format(10i3)
*     write(6,*) (iblock(ib,j),j=1,ibnum(ib))
 4    continue
      call prepro(n,xold,iblock,ibnum,ishift)
      write(6,*) 'start',(ishift(ii),ii=1,n)
      do 13 i=1,n
      isold(i)=ishift(i)
      do 14 j=1,n
      xnew(i,j)=xold(ishift(i),ishift(j))
 14   continue
 13   continue
      do 15 i=1,n
      do 16 j=1,n
      xold(i,j)=xnew(i,j)
 16   continue
 15   continue

* start
      do 1000 iter=1,10
      ict=0
      do 300 i=1,n-1
      do 400 j=i+1,n
      imemb=j-i
      do 500 k=j,n
      jmemb=k-j+1
* calculate lambda(I,J)
      do 90 kk=i,j-1
      iset(kk-i+1)=kk
 90   continue
      do 91 kk=j,k
      jset(kk-j+1)=kk
 91   continue
      sram=0.0
      do 94 ii=1,imemb
      idx=iset(ii)
      do 95 jj=1,jmemb
      jdx=jset(jj)
      sram=sram+(xold(idx,jdx)-xold(jdx,idx))
 95   continue
 94   continue
      if(sram.le.eps)   go to 500
* generate new string
      ict=ict+1
      ram(ict)=sram
      iu=0
      if(i.ge.2) then
      do 140 kk=1,i-1
      iu=iu+1
      istring(ict,iu)=iu
 140  continue
      endif
      do 142 kk=1,jmemb
      iu=iu+1
      istring(ict,iu)=jset(kk)
 142  continue
      do 143 kk=1,imemb
      iu=iu+1
      istring(ict,iu)=iset(kk)
```

```
 143    continue
        if(k.le.n-1) then
        do 144 kk=k,n
        iu=iu+1
        istring(ict,iu)=iu
 144    continue
        endif
 500    continue
 400    continue
 300    continue
*       write(6,*) (ram(ii),ii=1,ict)
        if(ict.eq.0)  go to 900
        ifind=0
        fmax=-1000.0
        do 150 kk=1,ict
        if(ram(ict).gt.fmax)   then
        ifind=kk
        fmax=ram(kk)
        endif
 150    continue
        write(6,*) ifind,ram(ifind)
        do 151 kk=1,n
        ishift(kk)=istring(ifind,kk)
 151    continue
        write(6,*) (ishift(ii),ii=1,n)
        do 160 ii=1,n
        do 161 kk=1,n
        xnew(ishift(ii),ishift(kk))=xold(ii,kk)
 161    continue
 160    continue
        do 163 kk=1,n
        isnew(ishift(kk))=isold(kk)
 163    continue
        do 164 kk=1,n
        isold(kk)=isnew(kk)
 164    continue
        if(ict.eq.0)  go to 900
        do 190 ii=1,n
        do 191 jj=1,n
        xold(ii,jj)=xnew(ii,jj)
 191    continue
 190    continue
        xlow=0.0
        do 200 ii=1,n
        do 201 jj=1,n
        if(ii.ge.jj) xlow=xlow+xnew(ii,jj)
 201    continue
 200    continue
        write(6,*) iter,xlow
        write(3,*) 'iter=',iter,xlow,'x %=',
       +xlow/xsum*100.0
        write(3,301) (isold(ii),ii=1,n)
 301    format(' string',20i3)
1000    continue
 900    write(6,*) 'end permutaion'
        write(6,*) 'final',(isold(ii),ii=1,n)
        do 560 ii=1,n
        do 563 jj=1,n
        ix(jj)=ifix(xnew(ii,jj))
 563    continue
        write(7,561) (ix(jj),jj=1,n)
 561    format(24i4)
 560    continue
        stop
        end
        subroutine prepro(n,xold,iblock,ibnum,ishift)
        dimension xold(100,100),w(100),idx(100),
       +iblock(10,100),ishift(100),ibnum(10)
        ict=0
        do 1000 ib=1,6
        if(ibnum(ib).eq.1)   then
        ict=ict+1
        ishift(ict)=iblock(1,1)
        go to 1000
        endif
        do 1 i=1,ibnum(ib)
        vsum=0.0
        do 2 ii=1,n
        vsum=vsum+xold(ii,i)
 2      continue
        w(i)=vsum
 1      continue
        write(6,*) (w(i),i=1,ibnum(ib))
        kk=0
        do 18 i=1,ibnum(ib)
        idx(i)=iblock(ib,i)
 18     continue
        do 10 it=1,1000
        kk=0
        do 11 i=1,ibnum(ib)-1
        s1=w(i)
        s2=w(i+1)
        if(s2.gt.s1) then
        ik=idx(i+1)
        w(i+1)=s1
        idx(i+1)=idx(i)
        w(i)=s2
        idx(i)=ik
        kk=kk+1
        endif
 11     continue
        if(kk.eq.0)  go to 500
 10     continue
 500    continue
        write(6,*) (idx(i),i=1,ibnum(ib))
        do 200 i=1,ibnum(ib)
        ict=ict+1
        ishift(ict)=idx(i)
 200    continue
1000    continue
        return
        end
```

図 2.4 三角化プログラム

第3章 応用一般均衡による情報セクター分析

3.1 応用一般均衡分析

3.1.1 一般均衡モデルの構成

ワルラス (Walras) により示された経済における一般均衡体系は,経済政策を議論する場合に有効な方法論を提供してくれる。しかし,一般均衡を実際の政策に適用する場合には,解の存在だけではなく,その数値を示す必要がある。すなわち,一般均衡の問題を実際に解く手順が必要となる。この章でとりあげる応用一般均衡分析 (Applied General Equilibrium:AGE) は,このような一般均衡分析の解を求める方法論を与えるものであり,近年,貿易政策,開発論,地域経済政策,エネルギー政策などの評価に適用されている。特に,米国パデュー (Purdue) 大学のハーテル (Hertel) 教授によって 1992 年から機関の設立と開発が開始されたパッケージソフトウェア GTAP(Global Trade Analysis Project) が広く提供されるようになってからは,一般的な政策評価ツールとなっている [Gta]。

一般均衡分析は 1950 年代から,アロー (Arrow),ドブルー (Debreu) らにより創始され,1960 年代にマエダ (Meade),ジョンソン (Johnson),ハーベルガー (Harberger) らにより発展させられ伝統的な 2 部門モデルに基づいている [Arr][Deb][Joh][Har]。一般均衡分析により機能的帰着の問題と同時に,内国税,関税などの政策における効率性や配分の歪みを解析する手段を適用している。応用一般均衡分析は,従来の一般均衡モデルと同じ 2 部門モデルの枠組みをとっているが,コンピュータによる強力な計算機能を利用して,極めて詳細な分析が実施できることが大きな違いとなっている。例えば,1984 年から米国で議論された包括的税制改革案の評価においても,複雑に関連しあう各種の税を取り入れた議論が可能となっている。また,GATT(関税と貿易に関する一般協定) において実施された関税引き下げや非関税障壁の撤廃基準の作成など,30 以上の部門が関連しているケースなどにおいて,多数の利害が交錯する問題を実際に解くことは,応用一般均衡の方法論をもってしかできない事業であった。

米国での適用事例とその有用性については,租税の公平性の帰結と比較して効率性費用が重要であることが指摘できることがあげられる。更に,税制による歪みが無用な厚生費用の増大を招いていることを分析結果として示している。また,米国が貿易相手国に対して適用する間接税のあり方について,課税と非課税の選択を評価するデータを提供している。

このように応用一般均衡分析は,さまざまな政策を評価するツールとして有効性が確認されているが,課題も残されている。この課題は,主にモデルを構成する場合に用いる各種の定数パラメータやモデルを作成するための仮定,例えば完全雇用と完全競争を用いる仮定に関する

ことがらである.しかしながら,応用一般均衡分析はこのような課題はありながら,均衡解を求める手順が存在することを理解するだけでも,有意義な方法論であると言えよう.

なお,途中で本文が見づらくなるおそれがあるので,本章で用いるプログラムは章末にまとめて示している.

3.1.2 応用一般均衡分析の概要

経済学でも財政学などの分野においては,最近,一般均衡理論によるアプローチが注目されており,例えば間接税を引き上げた場合の効果や,影響を分析する手法として用いられている.これまで一般均衡理論は純粋に理論として語られることが多く,実際に数値計算として求めるのではなく,抽象的な議論として結論だけで満足するケースも少なくない.その理由の1つとしてあげられるのが,経済モデルにおいて出現する方程式の多くが非線形であり,容易には解くことができないとされている点にある.

これに対して,ここで述べる応用一般均衡分析は,実際に均衡解を求める方法であり,政策評価を行う上で欠かせないツールとなっている.応用一般均衡分析の展開は,1960年代に米国の数理経済学者スカーフ (Scarf) 教授により均衡価格を逐次的に計算する方法が開発されたことを,直接的なきっかけとしている [Sca-1][Sca-2] [Sca-3].その後1970年代に,ショーブンとウォーリー (Shoven and Whally) の2人の財政学者を中心として,更に研究が進められた [Sho-1][Sho-2][Wha-1][Wha-2][Wha-3].

最初に,一般均衡理論について最低限必要な知識を整理しておく.経済の一般均衡モデルにおいては N 種類の商品が市場に存在し,取引の最適化が行われた結果として均衡が成立すると仮定する.消費者は予算制約のもとで効用を最大化し,生産者は利潤を最大化する方向で行動を行う.これらの主体において,均衡条件を満足する状態で市場価格,すなわち均衡価格が形成される.均衡条件とは,すべての商品について需要と供給が同じであり,各産業については規模に関する収穫不変が成立する場合には,利潤はゼロとする仮定である.

一般均衡モデルにおいては,消費者の初期保有だけを仮定する純粋交換経済や,初期保有と需要および生産を分析に組み入れた生産を含む経済モデルが設定可能である.

純粋交換一般均衡モデルにおいては N 種類の商品があり,これらの価格はベクトル $p = (p_1, p_2, ..., p_N)$ で表現される.$W_i, (i = 1, 2, .., N)$ は消費者の私有する財 i に関する初期保有を合計した経済全体における所与の量であり,$\xi_i(p), i = 1, 2, ..., N$ は市場の需要関数である.この需要関数は価格ベクトル p に関して0次同次であり,すべての価格を2倍にすると所得も2倍になるので,物的需要量は不変であると仮定する.

需要関数は価格ベクトルに関して0次同時であるので,価格を正規化し合計が1とする.

$$\sum_{i=1}^{N} p_i = 1 \tag{3.1}$$

これにより,商品の価格ベクトルは基本単体の上の点で表される.

もう1つの仮定としてワルラスの法則,すなわち,あらゆる価格において市場需要の総額は

その経済の賦与量の価値額に等しいとする。式で示せば，次のようになる。

$$\sum_{i=1}^{N} p_i \xi_i(p) = \sum_{i=1}^{N} p_i W_i, i = 1, 2, ..., N \tag{3.2}$$

別の表現では，市場超過需要の総額はゼロになるとする，次の表現になる。

$$\sum_{i=1}^{N} p_i [\xi_i(p) - W_i] = 0, i = 1, 2, ..., N \tag{3.3}$$

このような仮定のもとで，純粋交換モデルの一般均衡は

$$\xi_i(p^*) - W_i \leq 0, i = 1, 2, ..., N \tag{3.4}$$

となるような価格の組み合わせ p_i^* が存在することとして与えられる。特に価格が正の場合には，等号が成立する。

3.1.3 生産をともなう一般均衡モデル

生産をともなう一般均衡モデルの記述に関しても，同様に行うことができるが，生産技術を特定する必要がある。生産の1つの表現方法として M 種類の生産方法を示すことがあり，これらの生産方法をアクティビティと呼んでいる。アクティビティ j は生産者が1単位の水準で操業するときに用いる財 i の使用量 $a_{ij}, i = 1, 2, ..., N, j = 1, 2, ..., M$ として表すことができる。この係数が負の場合には財の投入を意味し，正の場合には産出を意味する。通常はさまざまな生産方法が可能であるので，係数を集約した行列 $A = [a_{ij}]$ により表現しておく。

更に，この係数に関する制限として，産出物から投入物を生産できないことが仮定される。また，有限の投入量から無限の産出物が生産されることはないと仮定する。それぞれのアクティビティの操業水準のベクトルを，$X = (X_1, X_2, ..., X_M)$ とする。このときに制約条件は，次のように記述できる。

$$\sum_{j=1}^{M} a_{ij} X_j + W_i \geq 0, i = 1, 2, ..., N \tag{3.5}$$

したがって，生産をともなう一般均衡は，次の2つの式を満足する価格 p_i^* とアクティビティ X_j^* の組み合わせが存在することとして定義される。各財の需要と供給は等しいので，以下の式を得る。

$$\xi_i(p^*) = \sum_{j=1}^{M} a_{ij} X_j^* + W_i, i = 1, 2, ..., N \tag{3.6}$$

利用されているアクティビティは，収支がバランスしている。

$$\sum_{i=1}^{N} p_i^* a_{ij} \leq 0, j = 1, 2, ..., K \tag{3.7}$$

すなわち，利潤が正になるアクティビティは存在しない。ただし，$X_j^* > 0$ であれば，この式は等号で成立する。生産モデルにおいて超過供給になる商品があれば，処分アクティビティが作用して，廃棄される。

3.1.4 応用事例

一般均衡の手法を経済分析に用いるための，基本的および理論的な枠組みは大きな問題はないが，これを実際の問題に応用する場合には，どのような分野に応用するのか，その規模は「どの程度か，利用可能な生産・需要関数やデータは何か」に依存する側面がある。

これまで，さまざまな分野に応用一般均衡分析が適用されてきたが，ショーブンとウォーリーによる，これらの研究の要約が有用である。初期の研究はショーブンとウォーリーによりなされ，米国や英国における資本所得税，法人税，資産税，所得税などに関する導入や廃止などの影響を議論している [Sho-1][Sho-2]。更にウォーリーは，ピゴット (Piggott) との共同研究で，英国における内国税と補助金の制度変更の影響を示している [Wha-1][Wha-2][Wha-3]。

このほかに以下のような研究がなされていることが，ショーブンとウォーリーによりまとめられている。

(1) Ballentine and Thirsk 1979 年 [Balla]

カナダにおける地方財政支出，法人税，資産所得税，連邦所得税，住宅補助金に関する政策の変更の影響を分析している。

(2) Keller 1980 年 [Kel]

オランダにおける消費部門における限界税率の変更による影響を，内国税との関連で分析している。

(3) Piggott 1980 年 [Pig-1][Pig-2]

オーストラリアにおける内国税と補助金の廃止と，これを一般的な租税に置き換える影響を分析している。

(4) Slemrod 1983 年 [Sle]

米国における税制を完全に物価スライドにする影響を，特に所得階層ごとに与える影響から分析している。

(5) Serra-Puche 1984 年 [Ser]

メキシコにおける消費型付加価値税を導入することによる影響を，他の所得税，関税などとの関連で議論している。

これらの研究においては，一般的に関心のある分析対象について，やや精密なモデル化を行っている。すなわち，生産関数の形の違いや，生産物や家計所得階層の分割の精度 (個数) などの違いがある。生産関数については，コブ・ダグラス型の生産関数や CES 生産関数，2 段階 CES 生産関数などが使い分けられている。産業部門については，少ない分割数では 4 部門があり，一番多い場合には 19 部門まで採用され大きな幅がある。また所得階層についても，2 階層に簡単化する分析から，12 所得階層の導入までの幅が存在する。

次に同じくショーブンとウォーリーの先行研究のまとめをもとにして，貿易など国際的な応用一般均衡モデル分析の応用事例を整理する。これらのモデル分析は大きく分けて，複数の国の経済を組み入れた多国モデルと，1 つの国の輸出・輸入から分析した一国モデルとに分類されている。多国モデルと一国モデルとの違いは，貿易に関して参加するすべての国の生産と需要を区別するかどうかにある。多国モデルが国の間の政策の違いを分析することが目的であるのに対して，一国モデルでは当該国の貿易政策にだけ関心があるため，自国以外は 1 つの輸

入供給関数と輸出需要関数でモデル化している。そのため,多国にかかわる関税同盟や貿易自由化などの政策を分析するには,多国モデルが適している。

同様のことが生産と需要の関数の定義に表れており,特に多国モデルにおいては,それぞれの国に異なる生産・需要関数を設定する解析例も少なくない。更に,生産される商品についても,国により異なる生産物であると仮定する場合と,国による違いは存在しないとする仮定とが混在している。

多国モデルにおける分析の対象としては,関税の導入・廃止,各国の経済成長の影響,石油価格とエネルギー供給の影響,内国税の変更などの影響が分析されている。一国モデルにおいては,内国税と関税の導入・廃止の影響や,関税を輸入と輸出に区分して導入する影響などが議論されている。

多国モデルに関して

(1) Miller and Spencer 1977 年 [Mil]

英国と当時の EEC との間での関税の廃止の影響を分析している。

(2) Gunning, Carrin and Waelbroeck 1982 年 [Gun]

各国の経済成長や石油価格などが,低開発国に与える影響を分析している。

(3) Deardorff and Stern 1981 年 [Dea]

関税に関する東京ラウンドの提案内容を分析している。

(4) Manne and Preckel 1983 年 [Man]

石油価格の上昇が,工業先進国に与える影響を分析している。

(5) Whalley 1982, 1985 年 [Wha-2][Wha-3]

当時の EEC と日米との間での関税および内国税の変更の影響と,世界経済から見た場合の,世界における,いわゆる北の地域と,南の地域における関税の障壁問題と改定問題を議論している。

一国モデルに関して

(1) Boadway and Treddenick 1978 [Boa]

カナダにおける内国税の関税を同時に廃止する影響を分析している。

(2) Dervis, de Melo and Robinson 1982 [Der]

輸入関税の設定と輸出補助金の導入の影響を分析することから,トルコの通貨危機を解明している。

(3) Dixon, Parmenter, Sutton and Vincent 1982 [Dix]

オーストラリアにおける輸入関税の引き上げの影響を分析している。

3.2 一般均衡の存在証明

3.2.1 一般均衡と不動点定理

これまで述べた一般均衡の成立モデルにおいて,解が存在することを証明することが,一般均衡モデルを政策決定に使用する前に必要となる。この一般均衡の存在証明については,不動点定理が活用される。以下ではこの概要を示すが,数学的な証明について詳述するスペースは

ないので, 類書を参考にしていただきたい.

不動点定理は, 基本単体からそれ自身への連続写像が存在することを証明するものであり, 点から点への写像の存在証明 (不動点定理) と, 点から集合への写像の存在証明 (角谷不動点定理) の 2 種類が存在する.

Brouwer 不動点定理

$Y = F(X)$ を単体からそれ自身への連続写像とするとき, このとき写像の不動点, すなわち $X^* = F(X^*)$ を満足するベクトル X^* が必ず存在する.

角谷不動点定理

$X \to \phi(X)$ を, 単体からそれ自身への点から集合への上半連続写像とする. 更に, 各 X に対して $\phi(X)$ は非空閉集合で凸集合であると仮定する. このとき写像の不動点, すなわち $\hat{X} \in \phi(\hat{X})$ を満足するベクトル $\hat{X}$ が必ず存在する.

また, 一般均衡モデルと直接的に関連した写像の方法が, ゲール (Gale) と二階堂により与えられている [Gal-1][Gal-2].

これは純粋交換モデルにおいて, 超過需要関数を基本単体からそれ自身への写像により置き換えるものであり, これにより純粋交換モデルにおいて均衡点が必ず存在することが証明される.

超過需要関数を $g_i(p) = \xi_i(p) - W_i$ として定義すれば, Gale-二階堂の写像は次により与えられる.

$$y_i = \frac{p_i + \max[0, g_i(p)]}{1 + \sum_{i=1}^{N} \max[0, g_i(p)]}, i = 1, 2, ..., N \qquad (3.8)$$

ここで, $\sum_{i=1}^{N} y_i = 1, y_i \geq 0$ である. 写像は連続であるので, 次の式を満足する価格 p^* が不動点となる.

$$p_i = \frac{p_i^* + \max[0, g_i(p^*)]}{1 + \sum_{i=1}^{N} \max[0, g_i(p^*)]}, i = 1, 2, ..., N \qquad (3.9)$$

更に, この不動点が均衡点であること, すなわちワルラスの法則を満足する価格であることが証明されている.

次に生産活動を含むモデルにおける均衡点の存在の証明が必要となるが, この証明はそれほど簡単ではない. まず, 生産活動が規模に関して収穫逓減的であり, いろいろな価格ベクトルに対して, 各商品の利潤最大化水準が存在するような技術が存在すると仮定すれば, 二階堂写像を利用して均衡点の存在を示すことができる. しかし, 一般的な生産活動の場合には, この仮定が成立しない.

このような問題に対して, 角谷不動点定理を用いれば, 比較的容易に均衡点が存在することが証明できることが示される. その証明の詳細は省略するが, 生産をともなうモデルにおいて, 生産者が生産計画を選択し実行することを仮定する方法を用いている. すなわち, 生産計画として負の値の場合には投入を, 正の場合には産出を意味することにより, 生産計画を N 次元ユークリッド空間の 1 つの点として表現することがなされている. これにともない, 生産者が生産計画を実行できる生産可能集合を導入し, 均衡点の存在を証明している.

第3章 応用一般均衡による情報セクター分析

3.2.2 内国税・関税・貿易のある場合の均衡点存在証明

これまでの議論では、経済モデルにおいて政府により課税される税に代表される、いわゆる政策的な実施や干渉が仮定されていない。しかし、これまで述べたように、応用一般均衡分析の現代の主要な応用分野は、政府などにより実施される政策の評価であり内国税・関税・貿易のある場合への均衡点存在証明が必要となる。

政府により各種の税金が徴収され公共支出がなされるときに、経済主体 (生産者や消費者) は価格だけに基づいて行動するのではなく、政府の徴収する税金、あるいはその配分にも影響を受ける。公共支出が消費者への移転支出として使用される場合には、合理的な消費者は財や生産要素の価格だけでなく、移転支出を得るために政府が見積もる予定税率を加えた価格に基づいて行動する。

モデルは完全競争を前提とする一般均衡モデルに、税収という内生変数を加えたモデルである。財とは産業が生産する商品であり、要素としては労働と資本の2要素を前提とすることが多い。部門は生産者、消費者および政府である。

このような拡張を行った場合においても、一般均衡が成立する均衡点が存在することを、不動点定理を用いることにより証明がなされている。しかし、この場合に政府の役割などについて、一定の制約を設けることがなされている。これを以下に示す。

政府の役割は税を徴収しこれを配分することにあるが、通常はこの税収の一部を留保して、自分自身で消費すること、およびこれに関連する効用関数を仮定する必要がある。しかし、一般均衡分析では、政府は単純に税収を移転支出として、すべてを消費者に配分すると仮定する。これにより、消費者の支出関数には政府の税収が、説明変数として組み入れられる。また、消費者の個人所得は価格だけで決まるものではなくなり、他の消費者の需要や生産者の生産にも依存して決定されることになる。

政府の役割を、このように規定した場合の均衡点の存在に関する証明では、商品の価格ベクトル $p = (p_1, p_2, ..., p_N)$ に税収 R を追加して、拡大されたベクトルが属する $N+1$ 次元の基本単体を取り扱うことによりなされる。

次に、税を導入することにより商品の価格が変化するので、これをどの時点における価格であるかを明示する必要がある。これについては、均衡分析をする場合における処理方法として、課税される前の価格を用いることがなされている。すなわち、生産者についても商品価格は生産に投入する前の財の価格であり、商品を販売する場合においても、課税される前の価格であると仮定する。

3.3 応用一般均衡分析のアルゴリズム

3.3.1 不動点探索アルゴリズムの基礎

一般均衡分析における解は基本単体における不動点を見出すことと同じであるので、この解法を計算手順として示すことになる。基本単体をいくつかの小単体に分割し、これらの頂点にラベルとよばれる整数を割り当て、この整数が完全な 1 から N までの整列した順序になって

いる小単体を見つける問題に帰着させている。この探索の過程で頂点を付加したり削除したりしながら，隣接する小単体に移動する方法を繰りかえす。この探索の過程で一度調べられた小単体は2度と調べられることはないので，有限回の繰り返しにより均衡点が見出される。このようなアルゴリズムにより，対応する点から点への写像による均衡点が発見できる。更に，点から集合への写像においては，やや複雑なアルゴリズムが適用される。

最初に不動点探索の考え方(アルゴリズム)を，図を用いながら説明しておく。前にも述べたように，不動点探索の方法には，非線形方程式の解を逐次的に求めるニュートン法などを適用することも可能である。しかしニュートン法では，問題によっては解に収束しない場合がある。これに対して，スカーフらにより与えられているアルゴリズムは，不動点であることを用いているため，確実に有限回で解が得られることが大きな相違点である。

基本単体とは，簡単に表現すれば，変数の和が1になるような制限を置いた場合の，解が動きうる空間を表したものである。いま変数が2つの場合には，次のような式で関係を記述することができる。

$$w + r = 1 \tag{3.10}$$

ここでrおよびwは資本と労働の賃率であり，合計が1になるように正規化されている。この場合の解の存在範囲は，図3.1に示すように斜め方向の直線の上に存在する。なお，後での説明の都合上，この図には線分の分割，すなわち単体とよばれるものも示している。

同様に変数が3つの場合には，次のような関係で記述することができる。

$$p_1 + p_2 + p_3 = 1 \tag{3.11}$$

この式においてp_iは消費財(商品)iの価格であり，合計は1に正規化されている。この場合には，解は図3.2に示すような斜め方向に傾いた平面(斜面)の上に存在する。なお，後での説明の都合上，この図には基本単体を三角形でカバーした分割，すなわち小単体も示している。

このような解の存在範囲から不動点を見出すには，隣接する小単体を移動しながら，条件が満足されるまで繰り返す方法をとる。この場合，単体を構成している端の点(これを頂点とよぶ)に付ける符号が重要な役割を果たす。頂点は，二次元単体の場合には線分の両端であり，3次元単体の場合には三角形をなす小単体の3つの点(頂点)である。これらの頂点には，座標点として変数の値が割り振られている。

ラベル付けルール

小単体をなす頂点につける数値をラベルと呼んでいる。このラベル付けのルールはこの頂点に割り振られた変数の値を用いて，この点における超過需要を計算し，この超過需要の中で最も大きな値をとった超過需要関数の番号を，この頂点にラベルとして与えておく。

頂点にラベルを付けながら単体を移動していき，最終的に単体を構成する頂点のラベルがすべて異なる場合に，解が求まったことになる。一次元単体の場合には，線分の両方の頂点のラベルが，例えば1および2となっている場合であり，二次元単体の場合には，単体を構成する3つの頂点のラベルが，それぞれ，1, 2, 3となっている場合である。

この場合に解が求められていることは，直感的に理解できる。例えば，一次元単体の場合には，解の左に移動すれば第1番目の超過需要関数がプラス(したがって第2番目の超過需要関数の値はマイナス)となり，右に移動すれば逆の関係になる。したがって，ちょうどこの中間，

第3章 応用一般均衡による情報セクター分析

すなわち線分の上の2つの頂点の間に解があると言える。これはニュートン法あるいは2分法とよばれる逐次的な解の探索を用いて非線形方程式を解く場合に，解の両方で関数の符号が異なることを用いることと同様である。二次元単体の場合にも，解が存在する単体においては，どちらに移動しても超過需要関数のどれかが増加，あるいは減少するので，この単体が解を与えていることが理解できる。

以上のような知識のもとに，スカーフにより与えられた不動点探索の方法を説明する。この場合，すでに述べたように，単体の頂点のラベル付けの方法は与えているので，残るのは隣接する単体のどちらに移動するかを決める必要があるだけである。この場合，単体を行列で表示する方法が有効である。

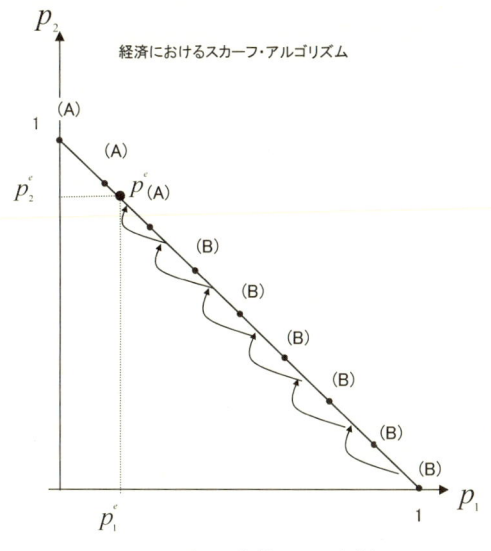

図3.1　一次元単体への分割

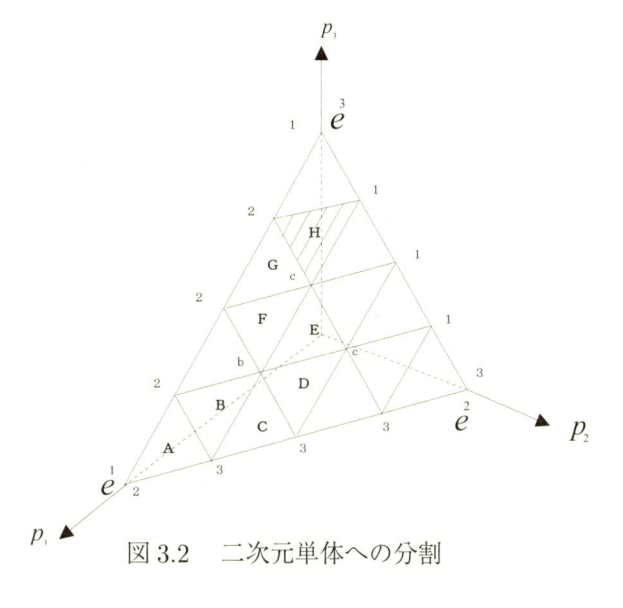

図3.2　二次元単体への分割

置換ルール

j 番目の頂点は n 次元のベクトル (列ベクトルであるとしておく) で表現できるので，以下ではこれを b_j^T として表現する．いま，新たに付けられたラベルと同一のラベルをもつベクトル頂点を b_j^T とすると，この頂点は次の回では取り除かれる．問題を分かりやすくするため，二次元単体の場合を仮定する．いま頂点 b_j^T が取り除かれると仮定する．現在直面している小単体の頂点で定義される 3 個のベクトルの組み合わせの中で，b_j^T と隣り合う 2 つのベクトルを足して，そこから b_j^T を引いたものに等しいベクトルが，b_j^T と置き換えられる．

$$b_{j+1}^T + b_{j-1}^T - b_j^T \tag{3.12}$$

他の $n = 2$ 個のベクトル頂点はそのまま残り，新しい 1 個を加えた $n + 1 = 3$ 個のベクトルの組み合わせができあがる．すなわち，その $n + 1 = 3$ 個のベクトルを頂点としてもつ小単体に移行する．

これを例示する場合に，n 次元小単体に対応する $n+1$ 個の頂点に対応する $n+1$ 個のベクトル b_j^T を $(n+1) \times (n+1)$ の大きさの行列 A の列として表現することが便利である．すなわち，第 j 番目の頂点のベクトルは，行列 A の第 j 列である．いま，基本単体を単体に分割する場合の格子間隔を D としておく．この D の値を $D = 5$ に選んだ場合に，ある単体の頂点が $b_1^T = (1/5, 2/5, 2/5)^T, b_2^T = (1/5, 3/5, 1/5)^T, b_3^T = (2/5, 2/5, 1/5)^T$ である場合に，これを行列列ベクトルとして行列に組み入れて表示する．すなわち，この単体に対する行列表記は，共通する分母を省略すると次のようになる．

$$\begin{bmatrix} 1 & 1 & 2 \\ 2 & 3 & 2 \\ 2 & 1 & 1 \end{bmatrix} \tag{3.13}$$

上に述べた規則に従って頂点を入れ換えると，新しい頂点は次の計算により求まり，$b_4^T = (2/5, 3/5, 0/5)^T$ となる．

$$\begin{bmatrix} 1 \\ 3 \\ 1 \end{bmatrix} + \begin{bmatrix} 2 \\ 2 \\ 1 \end{bmatrix} - \begin{bmatrix} 1 \\ 2 \\ 2 \end{bmatrix} = \begin{bmatrix} 2 \\ 3 \\ 0 \end{bmatrix} \tag{3.14}$$

これにより新しい頂点が計算される．

なお 1 次元小単体，すなわち線分の上で解を探索する場合には，頂点は 2 つしかないので，置き換えの対象となる頂点は 1 つであり，上の計算式 (3.12) に示すように異なる 2 つの頂点を選ぶことができない．このようなケースでは，1 つの頂点を重複して用いる．すなわち式 (3.12) において，$b_{j+1}^T = b_{j-1}^T$ である．例えば，ある段階での頂点が $\begin{bmatrix} 10 & 9 \\ 0 & 1 \end{bmatrix}$ であり，第 1 番目の頂点を置き換える場合には，$2 \times \begin{bmatrix} 9 \\ 1 \end{bmatrix} - \begin{bmatrix} 10 \\ 0 \end{bmatrix} = \begin{bmatrix} 8 \\ 2 \end{bmatrix}$ により新しい頂点の座標を計算する．これは図式的にも理解できる．置き換える頂点を A，他の頂点を B，置き換え後の頂点を X とすると，線分の上では B=(A+X)/2 の関係があるので，上に示す計算式が妥当であることが分かる．

3.3.2 解法の概要

以下では一次元単体および二次元単体における不動点探索の簡単な例を与えて,解を求めるプログラムを適用する。

例題1 2財2要素2消費者の例題 (一次元単体による解法)

分かりやすい2人純粋交換モデルの場合の例を示す。以下では資本と労働の2つの生産要素からなる,いわゆる2要素モデルの定式化を示しておく。この例は,もともとショーブンとウォーリーにより与えられたミニチュアモデルである。このモデルについて,スカーフ・アルゴリズムを適用した結果を示す。プログラムは章末の図3.3に示す。いま2人の消費者(富裕階層と貧困階層に相当)がいて,2種類の最終財(製造製品と非製造製品)がある。いまの場合,生産財と消費財は同じとしておく。また生産要素として,資本と労働の2つがある。この経済においてはすべての資本を富裕階層が資本を所有し,すべての労働は貧困階層が所有すると仮定する。消費者の行動が,選好と初期保有により決められると仮定する。2人の希望する取引において資本と労働の価格はバランスし,2つの財の市場超過需要はゼロになる。したがって,均衡点を見出すには,この超過需要がゼロになる価格を見出すことと同じとなる。

まず以下に示す式に含まれるパラメータを説明しておく。これらは,以下のようになっている。

α_{im}:消費者 m の消費財 i に対するシェアパラメータ

μ_m:消費財 m における代替の弾力性

LL_m, KK_m:家計 m の労働と資本の初期保有

Φ_j:生産財 j についての生産の規模パラメータ

δ_j:生産財 j における生産要素のウェイトパラメータ

σ_j:要素 j の代替の弾力性

消費者の初期保有は要素のみで財はないと仮定し,富裕層が全資本を所有し,貧困層が全労働を所有すると仮定する。それぞれの財はCES生産関数にしたがって生産され,消費者の需要はCES型効用関数に基づいて,予算制約のもとで最大化される。後での議論の都合があるので記号を一般化し,消費者の階層を $m, (m = R, P)$ とする。ここで添え字の R, P は,それぞれ家計における富裕層 (rich) と貧困層 (poor) を意味する。記号と番号を明確に区別するのは面倒なので,場合によっては $m = 1, 2$ として表示する。商品を $j, (j = 1, 2)$ とするとき,消費者 m からの商品 i への需要を X_{im} とする。この数量は,消費者 m の効用 U_m を最大化する1階の条件から導出される。

消費者 m の効用関数 $U_m(.)$ は,次の式により与えられると仮定する。

$$U_m = [\sum_{i=1}^{2} (\alpha_{im})^{1/\mu_m} (X_{im})^{\frac{\mu_m - 1}{\mu_m}}]^{\frac{\mu_m}{\mu_m - 1}}, m = R, P \tag{3.15}$$

関数をその変数を含めて表現することとし,第 $m, (m = R, P)$ 消費者の第 $i, (i = 1, 2)$ 商品に対する需要を $X_{im}(p_1, p_2, r, w)$ とし,効用関数 U_m を,次の制約条件のもとで最大化する。

$$\sum_{i=1}^{2} p_i X_{im} = wLL_m + rKK_m, m = R, P \tag{3.16}$$

p_i は商品 i の価格であり，r, w は資本と労働の賃率である．また，X_{im}, LL_m, KK_m は，第 m 消費者についての消費財 j への商品需要，および2つの生産要素 (労働と資本) の初期保有である．消費者 m の効用 U_m を最大化する 1 階の条件から，需要関数 $X_{im}(.)$ は，次に示す式で与えられる．

$$X_{im} = \frac{\alpha_{im}(wLL_m + rKK_m)}{p_i^{\mu_m}[\sum_{i=1}^{2} \alpha_{im} p_i^{(1-\mu_m)}]}, m = R, P \tag{3.17}$$

次に，企業の生産関数 $Q_j(.)$ は，次の式により与えられると仮定する．

$$Q_j = \Phi_j[\delta_j L_j^{-\rho_j} + (1-\delta_j)K_j^{-\rho_j}]^{-1/\rho_j}, j = 1, 2 \tag{3.18}$$

ただし $\rho_j = (1-\sigma_j)/\sigma_j$ である．生産においては，1次同次の生産関数 $Q_j = Q_j(L_j, K_j)$ を仮定している．企業の生産における費用最小化行動から要素需要関数 $L_j(.), K_j(.)$ は，次に示す式で与えられる．

$$L_j = \frac{1}{\Phi_j} Q_j[\delta_j + (1-\delta_j)(\frac{\delta_j r}{(1-\delta_j)w})^{(1-\sigma_j)}]^{1/\rho_j}, j = 1, 2 \tag{3.19}$$

$$K_j = \frac{1}{\Phi_j} Q_j[\delta_j(\frac{(1-\delta_j)w}{\delta_j r})^{(1-\sigma_j)} + (1-\delta_j)]^{1/\rho_j}, j = 1, 2 \tag{3.20}$$

すべての財および要素に対する超過需要は負またはゼロとなるように，均衡価格が形成される．すなわち

$$\sum_{m=1}^{2} X_{jm}(p_1, p_2, r, w) - Q_j \leq 0, j = 1, 2 \tag{3.21}$$

$$E_w = \sum_{j=1}^{2} L_j(r, w, Q_j) - \sum_{m=1}^{2} LL_m \leq 0 \tag{3.22}$$

$$E_r = \sum_{j=1}^{2} K_j(r, w, Q_j) - \sum_{m=1}^{2} KK_m \leq 0 \tag{3.23}$$

これらの関係式に加えて，第 j 産業の産出が正であるならば，利潤はゼロであるので，次の式が成立する．

$$p_j Q_j = wL_j(r, w, Q_j) + rK_j(r, w, Q_j), j = 1, 2 \tag{3.24}$$

これらをまとめると，次のような簡潔な式が得られる．

$$\sum_{j=1}^{2} p_j[Q_j - \sum_{m=1}^{2} X_{jm}] + wE_w + rE_r = 0 \tag{3.25}$$

計算のアルゴリズム

このモデルの均衡価格を計算する具体的手順は,以下のようになる。

(1) 初期値

解析は単体の両端からスタートすることが可能である。したがって,$r=1, w=0$ あるいは $r=0, w=1$ のいずれかの点での計算を行う。

(2) 費用最小需要の計算

最初に,財の産出を 1 単位と仮定しておく。

$$L_j/Q_j = l_j(r,w,1), K_j/Q_j = k_j(r,w,1) \tag{3.26}$$

により費用最小化需要を求める。

(3) 財の価格の計算

利潤ゼロの条件から,財の価格を r, w の関数として求める。

$$p_j(r,w) = wl_j(r,w,1) + rk_j(r,w,1) \tag{3.27}$$

この式により $p_j(r,w)$ を推定する。

(4) 個人消費需要の計算

個人消費需要を求める。

$$X_{jm} = X_{jm}(p_1(r,w), p_2(r,w), r, w), j=1,2, m=R,P \tag{3.28}$$

この式により X_{jm} を推定する。

(5) 財の産出数量の計算

個人需要から,需要を満たす財の産出数量を求める。

$$Q_j(r,w) = \sum_{m=1}^{2} X_{jm}(r,w), j=1,2 \tag{3.29}$$

この式によりを推定する。

(6) 要素の派生需要の計算

要素の派生需要を求める。

$$L_j(r,w,Q_j) = l_j(r,w) \times Q_j(r,w), K_j(r,w,Q_j) = k_j(r,w,1) \times Q_j(r,w), j=1,2 \tag{3.30}$$

この式により L_j, K_j を推定する。

(7) 超過需要の計算

生産要素の超過需要 E_w, E_r を求める。

$$E_w = \sum_{j=1}^{2} L_j - \sum_{k=1}^{2} LL_m, E_r = \sum_{j=1}^{2} K_j - \sum_{k=1}^{2} KK_m \tag{3.31}$$

この超過需要を用いて,頂点のラベルを計算し除去する頂点を決める。

章末の図 3.3 に示すプログラムでは，できるだけ均衡価格を求める式の説明に用いた変数の名前と，プログラムに用いている変数名とが，同じとなるようにしている．この対応関係を以下に示す．

　　labl(2):単体線分の頂点につけるラベル

　　phi(2), del(2), sig(2), alp(2,2), mu(2):パラメータ $\phi_j, \delta_j, \sigma_j, \alpha_{mj}, \mu_m$

　　e(2):2 つの頂点の超過需要

　　p(2), q(2), x(2,2):価格 p_j 産出量 Q_j，需要 X_{mj} を示す

　　sml(2), smk(2):生産 1 単位あたり要素需要 l_j, k_j を示す

　　k(2), l(2), km(2), lm(2):要素需要 K_j, L_j，初期保有 KK_j, LL_j を示す

　　ib(2,2), ibt(2):頂点のベクトルを列とする行列作業用の配列

なお途中経過を見やすくするため，頂点のベクトルは分母を除いて，分子だけを表示し操作する方法をとっている．div が単体の辺の分割数 D に対応する．プログラムにおいては，$b^T = (10, 0)$ から探索を開始しているが，第 1 回目では 2 つの頂点のラベルが未知であるので，2 つの頂点についてラベルを求める必要がある．そのための繰り返しの開始 j1 と終了 j2 を，j1=1, j2=2 により指示している．しかし 2 回目以降においては，同じラベルの頂点を置換した新しい頂点 iremove だけについてラベルを求めればよいので，この頂点に対応するラベルの推定だけを行っている．

```
r=float(ib(2,jnode))/div, w=float(ib(3,jnode))/div
```

この計算にちにより，頂点に対応する価格を求める．

　なお，最初に現段階での頂点を表現する行列と除去すべき頂点を表示するようにしているが，やや誤解しやすい点がある．ここに示す行列表示の頂点は，すでに除去対象の頂点の座標が計算されたあとの状態であり，この中で除去されて，新しく頂点の座標を与えられた頂点は変数 iremove に入っている．したがって，これ以降のプログラムでは，この頂点のラベルを推定することだけが課題となる．どの頂点を除去すべきかの決定は，この後段ですべての頂点のラベルが決定されたあとで行う．

```
      do 2000 it=1,5
      write(6,*)'-b martix for evaluation----'
      do 60 i=1,2
      write(6,160)(ib(i,j),j=1,2)
 160  format('b=',2i3)
 60   continue
      if(it.gt.1) write(6,*) 'currt node=',iremove
      j1=1
      j2=2
      if(it.gt.1) then
      j1=iremove
      j2=iremove
      endif
      do 1000 jnode=j1,j2
      r=float(ib(1,jnode))/div
      w=float(ib(2,jnode))/div
```

第3章 応用一般均衡による情報セクター分析

ラベル付けは超過需要を計算することにより行われるので，まず頂点ベクトルからこれに対応する要素価格 r, w を求め，これを要素需要の計算式に代入する．要素需要の計算式は複雑ではあるが，単なる代入文である．ここで注意が必要なこととして，要素需要 r, w がゼロとなる場合の計算において，そのまま計算をすると，要素需要の式の分母にゼロが含まれるのでエラーとなる．そこで初等的であるが，このように十分にゼロに近いと判断された場合には，要素需要 r, w を十分に小さな値に設定し，計算は回避するようにしている．以下のステートメントが，これに対応する．

```
if(ib(1,jnode).eq.0)   r=0.0001
if(ib(2,jnode).eq.0)   w=0.0001
```

同様に商品需要 X_{mj} の計算式においても，分母にゼロとなる変数，具体的には価格変数 p_j が含まれる場合がある．この計算式についても同様に，分母に含まれる価格変数 p(i) が十分にゼロに近い場合には，近似的に，小さな数値に置き換えて，計算を実施することを回避している．

```
if(p(i).le.0.00001) p(i)=0.00001
d1=alp(m,i)*(w*lm(m)+r*km(m))
d2=p(i)**mu(m)*sum
x(m,i)=d1/d2
```

以上のようなステップを，2つの頂点のラベルが異なる状態になるまで繰り返し，このような条件が成立した場合には，繰り返しを終了し結果をプリントする．やや初等的ではあるが，次のように書く．

```
if(labl(1).ne.labl(2)) go to 900
```

プログラムの開始時点 (it=1) では無条件に頂点1を置き換えの対象として，通常は行う置き換え対象の頂点を探す操作を省略する (go to 888)．プログラムが2回以上の繰り返し回数に入った場合には，新しく置換により生成された頂点を含めて，2つの頂点のラベルが求まるので，次に，この時点で置換すべき対象の頂点を推定する．すなわち j を 1 から 2 まで変化させながら labl(j) を調べていき，これが現在の置き換え処理を行った頂点番号である iremove と等しいかを見ていく．すなわち，前回のステップで置換された頂点は現在のステップでは置換の対象ではないので，これを含めて検査をするステートメントは，次のようになる．新しく置き換えの対象となる頂点は，変数 jnew に入れられる．次のステップではこれが置き換え対象の頂点となるので，iremove に代入しておく．

```
      if(it.eq.1) then
      iremove=1
      go to 888
      endif
      do 40 j=1,2
      if(j.eq.iremove)  go to 40
      if(labl(j).eq.labl(iremove)) jfind=j
  40  continue
      iremove=jfind
 888  continue
      write(6,*) 'node to be removed=',iremove
```

なおこの例題では，頂点はわずか 2 個であり，このような面倒なステートメントは本来は必要ないが，多次元への拡張を考慮して書いている．置換をすべき頂点番号が決まり iremove により与えられると，この頂点以外の頂点 A, B と，新しく生成される頂点 C とは中点に B が来るように決められる．したがって，2B=A+C の関係から次の平均の計算を逆にした形で計算される．

```
      do 50 i=1,2
      ibsum=0.0
      do 51 j=1,2
      if(j.ne.iremove) ibsum=ibsum+2*ib(i,j)
      if(j.eq.iremove) ibsum=ibsum-ib(i,j)
   51 continue
      ibt(i)=ibsum
   50 continue
```

例題 2　2 人 3 財交換モデル

次に，分かりやすい二次元単体を用いた不動点探索の例を考える．この事例は，市岡により与えられている [Ich]．プログラムは章末の図 3.4 に示す．いま 2 人 (2 階層) の消費者 $i, i = 1, 2$ がいて，それぞれ 3 つの種類 $j, j = 1, 2, 3$ の財を交換前に W_{ij} だけ次に示すように初期保有している．

$$W_{11} = 10, W_{12} = 20, W_{13} = 20 \tag{3.32}$$

$$W_{21} = 40, W_{22} = 10, W_{23} = 20 \tag{3.33}$$

これらの初期保有を，消費者が市場価格で評価したものが所得であると仮定し，それぞれの消費者が，自分の選好にあった組み合わせで市場から財を購入する．消費者が自身の効用を最大化する行動の結果として，市場の需要と供給がバランスして，超過需要がゼロとなる．このときのそれぞれの財の価格が，均衡価格である．

それぞれの消費者の効用関数を，次のように定義する (いわゆるコブ・ダグラス型の効用関数)．

$$U_1 = X_{11}^{1/3} X_{12}^{1/3} X_{13}^{1/3} \tag{3.34}$$

$$U_2 = X_{21}^{1/4} X_{22}^{1/2} X_{23}^{1/4} \tag{3.35}$$

ただし X_{ij} は消費者 i による財 j の消費量である．この仮定より，消費者 i の所得 I_i は財の市場価格を p_j とすると，$I_i = \sum_{j=1}^{3} p_j W_{ij}$ になる．また財の需要量は，$c_{ij} I_i / p_j$ となる．ここで c_{ij} は，消費者の効用関数の指数に同じ値である．財 j に関する消費者の需要合計 D_j は，次のようになる．

$$D_j = \sum_{i=1}^{2} c_{ij} (\sum_{k=1}^{3} p_k W_{ik}) / p_j, j = 1, 2, 3 \tag{3.36}$$

また財 j の市場供給 S_j は，それぞれの消費者の財の初期保有に等しいので，次の関係を得る．

$$S_j = \sum_{i=1}^{2} W_{ij}, j = 1, 2, 3 \tag{3.37}$$

第 3 章 応用一般均衡による情報セクター分析

これらの関係から，財 j の超過需要 E_j は次により与えられる。

$$E_j = \sum_{i=1}^{2} c_{ij} (\sum_{k=1}^{3} p_k W_{ik})/p_j - \sum_{i=1}^{2} W_{ij}, j=1,2,3 \tag{3.38}$$

章末の図 3.4 に示すプログラムでは，できるだけ均衡価格を求める式の説明に用いた変数の名前と，プログラムに用いている変数名とが，同じとなるようにしている。この対応関係を以下に示す。

labl(3):3 つの頂点のラベルを入れる配列

w(2,3), c(2,3):説明の式にある W_{ij} と c_{ij}

d(3), s(3), p(3):説明の式にある D_j と S_j，および価格 p_j

e(3):3 つの頂点に対応する超過需要

ib(3,3), ibt(3):頂点のベクトルを列とする行列作業用の配列

なお途中経過を見やすくするため，頂点のベクトルは分母を除いて，分子だけを表示し操作する方法をとっている。div が単体の辺の分割数 D に対応する。プログラムにおいては，$b^T = (10,0,0)$ から探索を開始しているが，第 1 回目では 3 つの頂点のラベルが未知であるので，3 つの頂点のすべてについてラベルを求める必要がある。そのための繰り返しの開始 j1 と終了 j3 を，j1=1, j3=3 により指示している。しかし 2 回目以降においては，同じラベルの頂点を置換した新しい頂点 jnew だけについてラベルを求めればよいので，この頂点に対応するラベルの推定だけを行っている。

ラベルは超過需要計算することにより行われるので，まず頂点ベクトルからこれに対応する価格 p(k) を求め，これを超過需要の計算式に代入する。生成された頂点のラベルは，次の計算により決められる。

```
        labnew=1
        if(e(2).gt.e(1).and.e(2).gt.e(3)) labnew=2
        if(e(3).gt.e(2).and.e(3).gt.e(1)) labnew=3
 10     continue
        labl(jnode)=labnew
```

新しく置換により生成された頂点を含めて，3 つの頂点のラベルが求まるので，まず，プログラムの終了条件である，すべての頂点のラベルが異なっていないかを調べる。やや冗長であるが，ある頂点から見て他の頂点のすべてのラベルと異なっている場合に限って，変数 iend は 6 になり，この場合には文番号へ移行しプログラムを終了する。

```
        iend=0
        do 330 j=1,3
        do 331 jj=1,3
        if(j.eq.jj)   go to 331
        if(labl(jj).ne.labl(j)) iend=iend+1
 331    continue
 330    continue
        write(6,*) 'iend=',iend
        if(iend.eq.6)   go to 900
```

次に, この時点で置換すべき対象の頂点を推定する。すなわちを 1 から 3 まで変化させながら labl(j) を調べていき, これが新しい頂点番号である labnew と等しいかを見ていく。この場合, 前回のステップで置換された頂点は現在のステップでは置換の対象ではないので, これを含めて検査をするステートメントは, 次のようになる。

```
        if(it.eq.1) then
        iremove=1
        go to 888
        endif
        do 40 j=1,3
        if(j.eq.iremove) go to 40
        if(labl(j).eq.labl(iremove)) jfind=j
 40     continue
        iremove=jfind
888     continue
```

置換をすべき頂点番号が決まり iremove により与えられると, この頂点のベクトルは減算し, この頂点以外の頂点は加算し, 新しく生成される頂点の座標を計算する。

```
        do 50 i=1,3
        ibsum=0.0
        do 51 j=1,3
        if(j.ne.iremove) ibsum=ibsum+ib(i,j)
        if(j.eq.iremove) ibsum=ibsum-ib(i,j)
 51     continue
        ibt(i)=ibsum
 50     continue
        do 55 i=1,3
        ib(i,iremove)=ibt(i)
 55     continue
```

3.4 メリル・アルゴリズムによる累積的改善

3.4.1 メリル・アルゴリズム

これまでスカーフ・アルゴリズムを適用して不動点, すなわち均衡解を求める方法を示した。しかしながら, このスカーフ・アルゴリズムにおいては, 1 つの大きな問題があり, 小単体の大きさを縮小して均衡分析の精度を高める場合には, この前の段階までに用いた探索の結果がまったく使用できず, 最初から計算をやり直す必要がある。このような問題を解決する方法として, メリル (Merrill) による改良がなされている [Mer]。メリルのアルゴリズムでは, おおまかな計算をやや粗い小単体ではじめておき, 徐々に精度を高めていくことができるので, いわゆる累積的な解の改善が可能となる。この場合, 大きさを縮小する前までに実施した単体分析における結果を, 次の段階で有効に利用することができる。またスカーフ・アルゴリズムとは異なり, どの小単体からでも計算を開始することができる。したがって次の 2 つの点に注意する必要がある。まず, 開始時点でメリル・アルゴリズムを適用する前のスカーフ・アルゴリズムの解が最適であると分かっている場合には, アルゴリズムの中では 1 つの頂点の超過需要の

計算だけに注目すればよいことである.すなわち,除去する頂点が容易に見出せ,これを用いて次の段階における他の2つの頂点が自動的に計算できることである.スカーフ・アルゴリズムのように3つの頂点の超過需要を計算する必要はない.次に第2点目として,メリル・アルゴリズムを適用するたびに,解の精度は確実に改善されることに注目する必要がある.すなわち,アルゴリズムを適用するたびに,解の改善は確実に行われる.スカーフ・アルゴリズムのように解を探索するという理解よりは,解の存在範囲の中で直接的に解の改善がはかられる.

なお,このようなスカーフ・アルゴリズムやメリル・アルゴリズムによらないで,超過需要の式を非線関数の体系とみなして,数値計算の手法により解を見出す現実的な方法も用いられている.これは非線形方程式の解を求める線形化手法であるニュートン法によるものであり,関数の偏微分,あるいはこの行列表現を用いて,逐次的に解を探索する.一般には,非線形方程式の解は局所的な解に誤って収束する問題があるが,一般均衡分析に限っては,このような問題もあまり発生しないことが,近似解法の使用を保証している.

メリル法の基本は,もとの単体に人工的次元を1つ加えて,その次元を高めた単体の一部を,ラベル付けルールと置換ルールにしたがって移動することにある.また,スカーフ・アルゴリズムとは異なり,もとの基本単体のどの場所からスタートしても構わない.メリル・アルゴリズムの基本的なポイントは以下のようなことである.

(1) 人工単体の導入

もとの単体(基本単体)より1つ次元が高い単体を人工単体として導入し,この単体上の頂点も用いて,逐次近似を行っている.途中のラベル付けは,スカーフ・アルゴリズムと同じである.

(2) 除去頂点の決定

基本単体の上の頂点と人工単体上の頂点により,隣接する頂点の集合が形成されるので,この上でラベル付けを行って除去するべき頂点を求めながら計算をすすめる.しかしラベル付けの規則や,頂点除去の方法は,スカーフ・アルゴリズムに類似している.

(3) 精度を高めるため格子間隔を狭くする.

基本単体と人工単体の頂点からなる集合において,基本単体の上にある頂点のラベルがすべて異なるときに,この段階での逐次近似を終了する.次に段階では格子の間隔を定数倍だけ小さくして,同様の計算を繰り返す.

メリル法をアルゴリズムとして整理する前に,一次元単体における探索問題に関して,簡単な例を図3.5により説明する.いま分割数に相当する格子数を,$D = 10$としておく.

人工単体の上の頂点生成

もとの一次元単体を下方の境界とする,2次元単体を作成する.簡単に言えば,二次元単体の底辺がもとの1次元単体になるように,正三角形を配置する.次に,この底辺の上方に二次元単体を配置する.これはスカーフ・アルゴリズムの場合と同様に,解の探索において必要となった場合に考慮すればよい.スカーフ・アルゴリズムの場合と同様に格子点を列ベクトルとして二次元単体を行列により表現しておく.

いま,もとの1次元単体の出発点すなわちr, wの初期値を$r = 0.2, w = 0.8$としておくと,これをもとに構成される2次元人工単体の頂点は,分母の$D = 10$をはずして,それぞれ,$b_1^T = (0, 2, 8)^T, b_2^T = (1, 1, 8)^T, b_3^T = (1, 2, 7)^T$となる.これを行列で表現すると次のように

なる。
$$\begin{bmatrix} 0 & 1 & 1 \\ 2 & 1 & 2 \\ 8 & 8 & 7 \end{bmatrix} \quad (3.39)$$

この例で分かるように，頂点の1つは底辺にあるので，この頂点に対応するベクトルの第1座標の値はゼロであり，他の2つの頂点は人工単体の上にあるので第1座標は1である。なお，スカーフ・アルゴリズムと同様のラベル付けルールと置換ルールが適用されるので，人工単体の頂点の第1座標はゼロか1に限定される。また，この第1座標は以下に述べるようにラベルの計算には使用されない。したがって基本単体の上の頂点に対しては，頂点の第2座標の値と第3座標の値を用いてラベル付けを行う。

人工単体上の頂点のラベル付け

ところが，これまでのスカーフ・アルゴリズムにより頂点のラベル付けは，人工単体上の残りの2つの頂点には適用されない。人工単体上の頂点に対するラベル付けの規則は，基本単体の上の頂点を $b^T = (0, a_1, a_2)^T$ とした場合に，このベクトルから人工単体の頂点に対応する座標の値を引いたときに，値が正となる最初の座標番号(添え字)が付けられる。分かりにくいので，例を示す。

いま，$D = 10$ として分子だけを表示すると仮定し，基本単体の初期頂点を $b = (0, 5, 5)^T$ とする。これに対応する人工単体は，$(1, 4, 5), (1, 5, 4)^T$ である。これを行列で示すと，次のようになる。
$$\begin{bmatrix} 0 & 1 & 1 \\ 5 & 4 & 5 \\ 5 & 5 & 4 \end{bmatrix} \quad (3.40)$$

第2番目の頂点に対して第2座標を引くと，$5 - 4 = 1$ であり，この頂点のラベルは1となる。第3番目の頂点に対しては，第2座標の値を引くで $5 - 5 = 0$ あり正にはならないが，第3座標の値を引くと，$5 - 4 = 1$ であり正になるので，第3頂点のラベルは2となる。

置き換え頂点の決定と置き換えの実行

これ以降はスカーフ・アルゴリズム，すなわちラベル付けルールと置換ルールにしたがって，新しい2次元単体の中を移動していく。この場合，それぞれのステップで置換の対象となる頂点は，人工単体の上の頂点に限定される。置き換えられた頂点の座標はスカーフ・アルゴリズムにおける場合と同様に行う。次に，この置き換えにより生成された頂点にラベルを付ける必要がある。もしこの頂点が，もとの基本単体の上にある，すなわち第1座標がゼロである場合には，通常の超過需要の計算と最大の超過需要に見あうラベルを付けることで，計算は終了する。しかし，生成された頂点が人工単体の上にある場合には，超過需要による推定方法は用いることができない。ここで，すでに述べた「人工単体の上における頂点のラベル付けの規則」を適用する。ただしこの場合，参照すべき基本単体上の頂点は，このメリル・アルゴリズムを開始したときの基本単体の上の頂点，すなわち「初期頂点」であることに注意する必要がある。この手順を繰り返して，基本単体上の頂点のラベルがすべて異なる小単体に到達したらこの段階での逐次近似を終了する。図に示した例では，このときの単体の頂点の中でもとの1次元単体，

第3章 応用一般均衡による情報セクター分析

すなわち底辺にある頂点を $b_1 = (0,6,4)^T$ であるとする。これは $r = 0.6, w = 0.4$ に対応する。

基本単体上の置き換え頂点

通常は置き換え頂点は人工単体の上に生成されるので，これが置き換え対象となる。しかし例外的なケースもある。すなわち，基本単体上の頂点のラベルがすべて同じであり，人工単体の上に同じラベルをもつ頂点が存在しないケースも発生する。この場合には，直前の置き換えにより生成された基本単体上の頂点とは異なる頂点が，次の回の置き換え対象となる。したがって，基本単体の上の頂点を調べて，直前の置き換え頂点と同じラベルで，以前の置き換え時刻からの経過時間が最も長い頂点を，新しい置き換え対象として選択する。

段階の終了と精度向上

しかしこの場合の要素超過需要は，ゼロに極めて近いと判定できないと考え，更に格子の分割数を増加させる。分割数を $D = 30$ にして計算を続行する。$D = 30$ であるので，もとの1次元単体，すなわち底辺におけるスタート地点である1つの頂点は $r = 0.4, w = 0.6$ であるので，第2座標と第3座標の分子を3倍して $b_1^T = (0, 18, 12)^T$ である。ただし，分母の表現をはずしている。したがって，他の2つの頂点は，$b_2 = (1, 17, 12)^T, b_3^T = (1, 18, 11)^T$ のように与えられる。これらをまとめると，スタート時点での小単体は，次の行列で表現できる。

$$\begin{bmatrix} 0 & 1 & 1 \\ 18 & 17 & 18 \\ 12 & 12 & 11 \end{bmatrix} \tag{3.41}$$

ここで底辺にはない2つの頂点の第2座標と第3座標の数値の与え方は，簡単であるが，この例が参考になる。

以上のような格子分割を行い，更にスカーフ・アルゴリズムにしたがって単体の中を移動し，基本単体の上の2つの頂点のラベルがすべて異なる単体に到達した時点で，この段階での探索は終了する。しかし，この結果においても，要素の超過需要が十分にゼロではないと判断される場合には，更に格子分割を細かくして探索を再開する。例えば，$D = 90$ とする。最終的に，次のような単体において要素の超過需要の値が十分にゼロに近いと判断されたと仮定する。

$$\begin{bmatrix} 0 & 1 & 1 \\ 51 & 50 & 51 \\ 39 & 39 & 38 \end{bmatrix} \tag{3.42}$$

このときの解は，$r = 51/90 = 0.5787, w = 1 - r$ である。

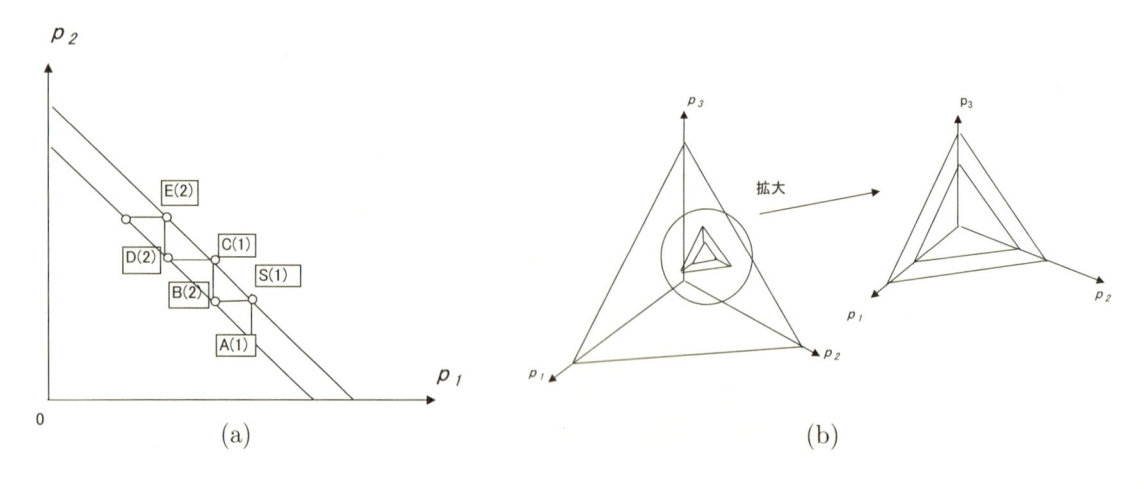

図 3.5(a)　メリル・アルゴリズムの概要 (2 次元基本単体)
図 3.5(b)　メリル・アルゴリズムの概要 (3 次元基本単体)

再度図 3.5 を見ながら，メリル・アルゴリズムを振り返ってみる。図 3.5(a) に示している例が，要素が 2 つの場合の事例であり，図の左は最初の $D = 10$ における，スカーフ・アルゴリズムにより見つけられた 2 つの頂点を示している (カッコの中はラベルを意味する)。右の図は基本単体にそって作成された人工単体である。$\beta = 3$ としているので，人工単体の上の単体 (三角形) の数は 6 である。初期頂点は S(1) である。最初の頂点 A(1) の置き換えにより頂点 C(1) が生成される。この時点で，人工単体の上に基本単体の上の頂点 C(1) と同じラベルの頂点は存在しないので，基本単体の上の頂点 S(1) が置き換え対象となり，新しく人工単体の上の頂点 D(2) が生成される。頂点 D は図において初期頂点より頂点の側にあるすなわち第 3 座標が初期頂点の第 3 座標より小さいので，ラベルが 2 となっている。このあと頂点 B(2) が置き換えられ，基本単体の上の頂点 E(2) が生成される。この時点で基本単体の上の 2 つの頂点 C, E のラベルは異なるので探索は終了する。なお人工単体の上の頂点の個数は 10 個以内であるので，探索は 10 回未満で必ず終了する。

図 3.5(b) における図は，要素が 3 つの場合の例を示している。この図においてメリル・アルゴリズムの詳細を説明するのは難しいので，概要のみ述べる。図の左がスカーフ・アルゴリズムにより求められたスタート時点の基本単体である。この右の図が，基本単体にそって生成された人工単体を示している。同様に $D = 10, \beta = 3$ としている。この図を横から見た立体を，更に右端の図として示している。ちょうど基本単体から $D/3$ の大きさだけ飛び出した平面があり，この平面の上に人工単体に属する頂点が配置されることになる。なお人工単体の上の頂点の個数は 100 個以内であるので，探索は 100 回未満で必ず終了する。

3.4.2　2 財 2 要素 2 人モデルへの適用

前の節においてスカーフ・アルゴリズムを用いて解いた 2 財 2 要素 2 人モデルを，ここに示すメリル・アルゴリズムにより解いてみる。例題のパラメータなどの条件は，前の例と同じで

ある。なお前にも指摘したよう，開始時点でメリル・アルゴリズムを適用する前のスカーフ・アルゴリズムの解が分かっていることと，メリル・アルゴリズムを適用するたびに，解の精度は確実に改善されることに注目する必要がある。ここで示す例題では，スカーフ・アルゴリズムで最適な解は $r = 0.5$ であると分かっている時点から開始することと，1 つの頂点だけに注目しその超過需要の計算だけを実施すればよいことに注目する。

例題 3 例題 1 の 2 財 2 要素 2 人モデルのメリル・アルゴリズムによる解法

例題 1 の 2 財 2 要素 2 人モデルを，メリル・アルゴリズムにより解く。プログラムは章末の図 3.6 に示している。プログラムの主要なポイントを，以下に説明する。

最初の最適な単体は $b_1^T = [0, 5, 5]$ であるとしているので，次のように頂点を与える。以下のプログラムでは，この頂点は必ず第 1 頂点とするようにしている。最初の第 1 ステップの場合には，基本頂点 ib(i,1) を初期頂点 ibinit(i) として保存する。すなわち，基本単体の上の座標を初期頂点の座標に代入する。

```
      do 1000 ik=1,4
      do 2000 it=1,5
      if(it.eq.1)   then
      do 77 i=1,3
      ibinit(i)=ib(i,1)
   77 continue
      endif
```

また，その他の頂点 (第 2, 3 頂点) は，この第 1 頂点の第 2 座標，第 3 座標を用いて，自動的に計算される。

```
      if(it.eq.1)   then
      do 500 j=jadd1,jadd2
      ib(1,j)=1
      do 501 i=2,3
      ib(i,j)=ib(i,1)
  501 continue
      ib(j,j)=ib(j,1)-1
  500 continue
```

次に，人工単体の上の頂点にラベルを付けるが，この規則は基本単体のそれぞれの座標 (第 2, 3 座標) との大小関係を調べて，正ならこの添え字をラベルに用いる規則である。次に示すステートメントにより，人工単体の上の頂点にラベル付けをする。

```
      do 515 jnode=2,3
      do 516 i=2,3
      if(ib(i,jnode).lt.ib(i,1)) iu=i-1
  516 continue
      labl(jnode)=iu
  515 continue
      endif
```

これまでが段階を開始するための初期設定である。次に除去すべき頂点を決定する。第 1 回目のループでは，無条件に基本単体の上の頂点と同じラベルをもつ人工単体の上の頂点を選ぶ。選んだら直ちに置き換えの処理をする文番号 666 へとジャンプする。

```
      if(it.eq.1)   then
      if(ib(1,2).gt.0.and.labl(2).eq.labl(1)) iremove=2
      if(ib(1,3).gt.0.and.labl(3).eq.labl(1)) iremove=3
      write(6,*) 'currt node=',iremove
      go to 666
      endif
```

2回目以降のループでは置き換え頂点が人工単体の上か基本単体の上かにより処理が異なる。人工単体の上の頂点なら，比較の対象とする基本単体の上の初期頂点の第2座標～第3座標と比較して，ラベルを決定する。ラベルが決定されたなら後半の文番号888へと移行して，次に置き換えるべき頂点を決定する処理に行く。

```
      if(ib(1,iremove).gt.0)   then
      do 519 i=2,3
      if(ib(i,iremove).lt.ibinit(i)) then
      iu=i-1
      go to 529
      endif
  519 continue
  529 continue
      labl(iremove)=iu
      go to 888
      endif
```

置き換える頂点が基本単体の上の頂点ならば，この頂点は，第1座標の値がゼロで，第2，第3座標の値を用いて超過需要の計算をする。計算のプログラムは，スカーフ・アルゴリズムと同じ超過需要の計算である。

```
      r=float(ib(2,iremove))/div
      w=float(ib(3,iremove))/div
      if(ib(2,iremove).eq.0)   r=0.0001
      if(ib(3,iremove).eq.0)   w=0.0001
      write(6,*) 'r,w=',r,w
      do 10 j=1,2
```

次に，置き換えがなされるべき頂点が決定される。2次元単体の場合から拡張することを考慮して，頂点の選択において複数の頂点が置き換え可能である場合には，最も過去に置き換えがなされた頂点を選択する。iselには置き換え対象の頂点と同じラベルをもつ頂点の記録をとっていく。これを調べるためカウンタictでこのような頂点の数を求め，次にこの時点で置換すべき対象の頂点を推定する。すなわちjを1から3まで変化させながらlabl(j)を調べていき，これが現在の置き換え対象であった頂点の番号であるiremoveにおけるラベルlabl(iremove)と等しいかを見ていく。この場合，前回のステップで置換された頂点は現在のステップでは置換の対象ではないので，これを含めて検査をするステートメントは，次のようになる。

```
  888 continue
      ict=0
      do 69 j=1,3
      if(j.eq.iremove) go to 69
```

第3章 応用一般均衡による情報セクター分析

```
      if(ib(1,j).gt.0.and.labl(j).eq.labl(iremove)) then
      ict=ict+1
      isel(ict)=j
      endif
 69   continue
```

　もし基本単体上の頂点のラベルがすべて同じであり，人工単体の上に同じラベルをもつ頂点が存在しないケースも発生する．この場合には，直前の置き換えにより生成された基本単体上の頂点とは異なる頂点が，次の回の置き換え対象となる．したがって，以下に示すように，基本単体の上の頂点を調べて，直前の置き換え頂点と同じラベルで，以前の置き換え時刻からの経過時間が最も長い頂点を，新しい置き換え対象として選択する．この処理が終わったら文番号666へ移行し，頂点の座標を計算する．

```
      write(6,*) 'ict',ict,iart
* same labels on basic simplex
      if(ict.eq.0)  then
      ihmax=-10000
      do 350 j=1,3
      if(j.eq.iremove)   go to 350
      if(ib(1,j).ne.0)   go to 350
      if(ihist(j).le.ihmax)  go to 350
      if(labl(j).eq.labl(iremove)) then
      irep=j
      ihmax=ihist(j)
      endif
 350  continue
      write(6,*) 'irep=',irep
      iremove=irep
      go to 666
      endif
```

　複数の頂点が置き換え対象となる場合には置き換え適用時刻が最も遅い頂点から選択する．このために配列の ihist を導入している．この配列の数値は，それぞれの頂点について，置き換えがなされてからの時刻を記録している．まず複数の置き換え可能頂点を配列 isel に格納し，次にこれらの置き換え候補の中から，ihist の大きさが最大となるものを選択している．

```
      ihmax=-1000
      do 61 i=1,ict
      if(ihist(isel(i)).ge.ihmax)   then
      jfind=isel(i)
      ihmax=ihist(isel(i))
      endif
 61   continue
      iremove=jfind
      write(6,*) 'node to be removed = ',iremove
```

　次に，置換される頂点 (人工単体の上の頂点に限定される) の座標を，スカーフ・アルゴリズムの場合と同様に計算する．この座標は次のステップの第 1 頂点になることに注意しておく．

```
* remove
 666  continue
      do 50 i=1,3
      ibsum=0.0
      do 51 j=1,3
      if(j.ne.iremove) ibsum=ibsum+ib(i,j)
      if(j.eq.iremove) ibsum=ibsum-ib(i,j)
  51  continue
      ibt(i)=ibsum
  50  continue
      write(6,*) 'ibt=[',(ibt(i),i=1,3),']'
      do 55 i=1,3
      ib(i,iremove)=ibt(i)
  55  continue
      ihist(iremove)=ihist(iremove)-1
 2000 continue
```

最後に第1頂点のラベルを確定する。更にこの頂点の座標をibeta倍だけして，精度が改善された状態で次のループの計算に移行する。同時に，座標の値を決める分母の値は，プログラムのループの開始時点でibeta倍される。

```
* labeling
      labnew=1
      if(e(2).gt.e(1)) labnew=2
      write(6,*) 'it=',it,'label=',(labl(j),j=1,3)
      labl(1)=labnew
      ib(1,1)=0
      ib(2,1)=ibeta*ibt(2)
      ib(3,1)=ibeta*ibt(3)
 2000 continue
```

3.5 政府による税収を含んだモデル

3.5.1 2財2要素2人モデルと税の導入

　本章の後半において情報セクター (Information Sector:IS) あるいは非情報セクター (Non-Information Sector:NIS) のいずれかに属する $N = 24$ の産業を仮定し，税率などを変化させたときに情報セクターの産出がどの程度増加するかを見積もり，その政策すなわち情報政策に実効性があるかどうかを判断する。ある政策の実施はAGEにおけるパラメータの変更として表現できるのでパラメータ変更により産出額などの数値変化が大きいと，その政策は有効であることが期待できる。

　このような実際的な解析を行う前に，最初に簡単な仮想的なケースを用いてアルゴリズムの検証を行う。数値例は簡単化されているが，解法の導出とプログラム化は，現実のケースを分析する場合と同じである。

　以下では数式による説明を行う前に，税収を入れた場合の均衡解分析の概要を説明しておく。政府により各種の税金が徴収され公共支出がなされるとき，競争社会において価格享受者 (price taker) である経済主体 (生産者や消費者) は, 価格だけをパラメータとして行動するのではなく, 政府の徴収する税金, あるいはその処分に影響を受ける。公共支出は消費者への移転所得として使用され, その配分が固定されていると仮定すると, 合理的な消費者は, 財や生産要素の価格だけではなく, 移転支出を得るために政府が見積もる予定税収を加えた, いわゆる拡張された価格に基づいて行動するであろう。

財・生産要素の税抜き価格 $p_1, p_2, ..., p_N, w, r$ と予定税収 T がある値に決まっていると仮定する。政府は, 予定税収に従って移転支出を行う。消費者は, 生産者価格だけでなく, これらの移転支出を加算した税引き後所得と税込みの財価格をもとに, 自分の効用を最大化する行動をとる。これにより, 財の需要と同時に, 供給を決定する。このような経済主体の個々の行動の結果として, 政府の税収 T^+ が決まり超過税収 $E_T = T^+ - T$ が発生する。すべての経済主体の財・生産要素の, 需要別と供給別に集計をとったものから, それぞれの超過需要が決定される。それぞれの価格に対して超過税収を含む拡張された財の超過需要および要素の超過需要が求まるので, これらの合計がゼロとなる要素価格が均衡価格である。

消費者の公的移転所得 (政府からの移転支出) は予定税収と等しいので, 経済全体で観察すると, 次の式が成り立つ。

要素所得の総額+予定税収=消費者の負担総額+財の需要総額

財の供給総額=生産者の負担総額+要素支払いの総額

これらをまとめて, 差額という視点から整理すると

超過需要総額+要素の超過需要総額+超過税収=0

ここで, 財の超過需要総額, 要素の超過需要総額, 超過税収は, 次により定義される。

財の超過需要総額=財の需要総額-財の供給総額

要素の超過需要総額=需要総額-要素の供給総額

超過税収=徴収税収-予定税額

3.5.2 税を含む情報・非情報セクター分析の解法

生産過程において, 2つの生産要素, すなわち, 資本 K および労働 L しか投入とする。市場のメカニズムによって, 生産者と消費者は, それぞれ, 利潤最大化および消費の効用最大化を求める。このなかで, その2要素の要素価格をそれぞれ, w(労働価格), および r(資本価格) とする。

財の生産と税の導入

生産財 $j(j=1,2,...,N)$ の CES 型生産関数を仮定する。

$$Q_j = \Phi_j[\delta_j L_j^{-\rho_j} + (1-\delta_j)K_j^{-\rho_j}]^{-1/\rho_j} \tag{3.43}$$

ただし, $\rho_j = (1-\sigma_j)/\sigma_j$ として定義している。この式で用いている Φ_j, δ_j および σ_j はそれぞれ, 生産の規模, 分配 (シェア), および代替の弾性である。企業は規模に対して収穫一定の技術条件のもとで, 需要に見合うだけの生産を行う。

第 j 産業における労働税率と資本税率を τ_{Lj}, τ_{Kj} とする。これに対して1単位の産出あたりの費用 (最小化要素需要) を求めることによって Q_j(商品 j の生産量) で, K_j と L_j(投入され

た資本および労働) の関係式を得る。すなわち, この産業の付加価値 1 単位当りの粗要素費用である $w(1+\tau_{Lj})L_j + r(1+\tau_{Kj})K_j$ を最小にする労働と資本の派生需要は, 次のようになる。

$$D_{Lj} = \frac{L_j}{Q_j} = \frac{1}{\Phi_j}[\delta_j + (1-\delta_j)[\frac{\delta_j r(1+\tau_{Kj})}{(1-\delta_j)w(1+\tau_{Lj})}]^{(1-\sigma_j)}]^{1/\rho_j} \tag{3.44}$$

$$D_{Kj} = \frac{K_j}{Q_j} = \frac{1}{\Phi_j}[\delta_j[\frac{(1-\delta_j)w(1+\tau_{Lj})}{\delta_j r(1+\tau_{Kj})}]^{(1-\sigma_j)} + (1-\delta_j)]^{1/\rho_j} \tag{3.45}$$

この式は, 前の節においてショーブンらにより与えられた事例 (ミニチュアモデル) において, 労働と資本に税率をかけた変数を代入したものである。

第 j 産業で生産される第 j 財の需要を Q_j とすると, 生産技術の 1 次同次性を仮定した場合には, 財 j の価格 p_j は, 1 単位の産出量を生産するための費用に等しい。税を入れた場合には, 労働と資本の税込価格 (利用者価格) は, それぞれ, $w(1+\tau_{Lj}), r(1+\tau_{Kj})$ となる。したがって労働とその税, 資本とその税および, 中間消費を考慮した場合の関係式から, 次が得られる。

$$p_j Q_j = w(1+\tau_{Lj})L_j + r(1+\tau_{Kj})K_j + TR_j + \sum_{i=1}^{N} a_{ij} p_i \tag{3.46}$$

ただし, $A = a_{ij}$ は, 産業連関表における投入係数行列, TR_j は産業 j に対する政府からの純生産物税, すなわち生産物税から補助金を引いた額である。この式を変形すると, 次の式を得る。

$$p_j = [w(1+\tau_{Lj})D_{Lj} + r(1+\tau_{Kj})D_{Kj}](1+\tau_{Tj}) +]\sum_{i=1}^{N} p_i a_{ij}]Q_j \tag{3.47}$$

ただし, τ_{Tj} は純生産物税率である。これを投入係数行列 A を用いて簡潔に表現すると, 次のようになる。

$$(p_1, p_2, ..., p_N)^T = (d_1, d_2, ..., d_N)^T [I-A]^{-1} \tag{3.48}$$

$$d_j = (VA_j/Q_j)[w(1+\tau_{Lj})D_{Lj} + r(1+\tau_{Kj})D_{Kj}](1+tr_j) \tag{3.49}$$

なお, 一般に生産財の商品分類と消費財の生産分類とは異なっているので, 変換行列 $C = [c_{ij}]$ を用いて, 生産財の価格から消費財の価格へと変換する。

$$(q_1, q_2, ..., q_J) = (p_1, p_2, ..., p_N)C \tag{3.50}$$

ここで $q_i, i = 1, 2, ..., J$ は税金を含まない消費財 i の消費者価格である。行列 C の第 j 列は, 第 j 消費財を 1 単位供給するに必要な第 1 から第 N までの生産財の数量に対応する。

更に, 消費財に消費税 τ_S がかけられる場合には, 消費財の価格は q_i から $q_i(1+\tau_S)$ へと増加する。

移転をともなう家計の行動

また, 消費者 (第 m 家計) の所得税額 Z_m は次のようになる。

$$Z_m = \tau_{Ym}(wLL_m + rKK_m - F) \tag{3.51}$$

第3章 応用一般均衡による情報セクター分析

τ_{Ym} と F はそれぞれ, 限界税率と課税最低水準である。いま, m なる家計を仮定し, 分かりやすくするために線形税関数に限定する。LL_m と KK_m は消費者 m が保有する労働と資本の量である。

また, 消費者の効用関数を, 次のような形であると仮定する (ショーブンとウォーリーにより示されたミニュチュモデルにおける形と同じ)。

$$U_m = [\sum_{i=1}^{M}(\alpha_{im})^{1/\mu_m}(X_{im})^{(\mu_m-1)/\mu_m}]^{\frac{\mu_m}{(\mu_m-1)}}, m = 1, 2, ..., M \tag{3.52}$$

ただし X_{im} は, 消費者 m による商品 i への需要である。制約条件

$$\sum_{i=1}^{J} q_i X_{im} = wLL_m + rKK_m - Z_m + T_m \tag{3.53}$$

$$T_m = \gamma_m T, \sum_{m=1}^{M} \gamma_m = 1, \sum_{m=1}^{M} T_m = T \tag{3.54}$$

の下で消費者は効用 U_m を最大化にする。ただし, T_m, γ_m は, それぞれ消費者への政府からの移転所得と, その全体に占める率である。これにより, 消費者の需要関数が計算される。

$$X_{jm} = \frac{\alpha_{im}(wLL_m + rKK_m - Z_m + T_m)}{[(1+\tau_S)q_i]^{\mu_m}(\sum_{j=1}^{M}\alpha_{jm}[(1+\tau_S)q_j]^{1-\mu_m})} \tag{3.55}$$

第 m 所得階級 (第 m 家計) の世帯数を d_m とすると, 消費財の国全体における消費需要は, 次により与えられる。

$$X_j = \sum_{m=1}^{M} d_m X_{jm}, j = 1, 2, ..., J \tag{3.56}$$

この数値は消費財の表示であるので, これを生産財表示に変換する。

$$X_i^* = \sum_{j=1}^{N} c_{ij} X_j, i = 1, 2, ..., N \tag{3.57}$$

更に, この消費需要に政府と対家計民間非営利団体の最終消費支出 F_{Gi}, F_{Pi} を加えて, 更に輸出需要 EX_j を加えて, 輸入 MP_i を引いて最終需要が求められる。

$$F_i = X_i^* + F_{Gi} + F_{Pi} + EX_i - MP_i \tag{3.58}$$

生産財に対する最終需要がこのように決まるので, それぞれの産業 i において生産すべき産出量 Q_i は, 次に示す式で与えられる。

$$(Q_1, Q_2, ..., Q_N)^T = [I - A]^{-1}(F_1, F_2, ..., F_N)^T \tag{3.59}$$

生産財の産出量が決まるので, 付加価値1単位あたりの最適需要要素 D_{Lj}, D_{Kj} が求まり, これからこの産業 j における要素需要 L_j, K_j が次のように決まる。

$$L_j = l_j[r(1+\tau_{Lj}), w(1+\tau_{Kj})]Q_j, K_j = k_j[r(1+\tau_{Lj}), w(1+\tau_{Kj})]Q_j \tag{3.60}$$

また，これらの要素需要を合計したものが，経済全体の労働と資本の総需要 L_D, K_D である。

政府の税収とその移転

一方，政府側の租税の総税収を Z_g とすると，次の関係が得られる。

$$Z_G = \sum_{j=1}^{N}\sum_{m=1}^{M} \tau_{Tj} p_j X_{jm} + \sum_{j=1}^{N} \tau_{Lj} w L_j + \sum_{j=1}^{N} \tau_{Kj} r K_j + \sum_{m=1}^{M} \tau_{Ym}(wLL_m + rKK_m - F) \quad (3.61)$$

ここで，X_{jm} は，前に関係式を導出した第 m 消費者の第 j 商品を購入する量である。パラメータ τ_{Tj} は生産財にかかる消費税であり，簡単のため消費財と同じ税率で，一定値としておく。さらに消費者への移転支出を想定し，消費者 m が受け取る移転額を T_m（移転比率を γ_m とする）とすると，超過税収 λ_G は以下のように計算される。

$$\lambda_G = Z_G - \sum_{m=1}^{M} T_m \quad (3.62)$$

要素超過需要の集計

また，生産と家計における要素超過需要関数を，それぞれ，λ_L, λ_K とすると，以下のようになる。

$$\lambda_L = \sum_{j=1}^{N} L_j - \sum_{m=1}^{M} LL_m \quad (3.63)$$

$$\lambda_K = \sum_{j=1}^{N} K_j - \sum_{m=1}^{M} KK_m \quad (3.64)$$

ワルラス均衡条件から，次が満足される必要がある。

$$\lambda_G + w\lambda_L + r\lambda_L = 0 \quad (3.65)$$

さらに計算時において，均衡価格を $w + r + T = 1$ のように正規化しておく。このようなモデル化のもとで，すべての超過需要関数がゼロになるような w, r, および T を求めることになる。

3.5.3 仮想的な2財2要素と税のあるケースの分析

以下ではショーブンとウォーリーにより与えられた例題 (仮想的な2財2要素と税のあるケース) について，実際にプログラムを示しながら記述を行っていく。

例題4 例題1の2財2要素2人モデルにおいて税を導入するモデル

例題1の2財2要素2人モデルにおいて税を導入した場合の解法を示す。プログラムは章末の図 3.7 に示す。仮想的な事例であるのでモデルの記述に必要なパラメータは先験的に与えられる。表 3.1 にはこれらのパラメータを示している。すなわち消費者の効用関数，需要関数のパラメータであるシェア・パラメータ α_i^m，消費における代替の弾力性 μ^m，家計の初期保有 $\bar{L}^m, \bar{K}^m$ である。表の後半では各種の税についての設定を示している。

なお次のような点は，問題を簡単にするために簡略化されている。これらは本章の最後の日本モデルを解析する場合には用いられるが，ここで示す例題では簡略化している。

(1) 生産関数の形状の仮定

生産関数はCES型の生産関数の形状を仮定している。しかしながら産業は2つしか存在せずこれらは生産者であると同時に消費者であると仮定しているので本節で示したような他の産業からの需要を考慮し,産業連関表を用いて最終需要や輸入,輸出から推計をすることは行っていない。

(2) 消費財と生産財の変換行列

消費財から生産財への需要を変換するには,変換行列 C を用いる必要がある。しかし例題を簡略化するために,消費財のみを変数として導入している。あるいは生産財と消費財は,同じであると解釈する。

(3) 課税最低水準と所得階層の世帯数

所得税における課税最低水準 F はゼロと仮定されている。また2つの所得階層,すなわち消費者において,世帯数は1と仮定している。

表 3.1　基本パラメータの設定

パラメータ	設定基準値
α_1^R, α_2^R	0.5, 0.5
α_1^P, α_2^P	0.3, 0.7
μ_1^R, μ_2^P	1.5, 0.75
K^{mR}, K^{mP}	25, 0
L^{mR}, L^{mP}	0, 60
A_1, A_2	1.5, 2.0
δ_1, δ_2	0.6, 0.7
σ_1, σ_2	2.0, 0.5
資本所得税	$\tau_{k1} = 0.5$
商品税	$\tau_1 = \tau_2 = 0.1$
税金の移転率	$\gamma^R = 0.4, \gamma^P = 0.6$

3.5.4 解析プログラムの概要

章末の図3.7には応用例を解析するためのプログラムを示している。このプログラムには,すでに引用したプログラムと重複する部分も存在するが,全体を示す意味で省略をしていない。なお計算では,スカーフ・アルゴリズムにより大体の解を求め,メリル・アルゴリズムを用いて精度を高めているが,ここではスカーフ・アルゴリズムを用いた部分だけを示している。

プログラムの基本的な部分は,これまでの例題の解析で述べたものと大きな違いはないので,追加をしたところだけを中心に説明する。プログラムの途中まで,具体的には2要素の超過需要を計算する部分までは,例題1でとりあげた2財2要素2消費者のケースを解くためのプログラムと同じである。ただし税についてパラメータとして指定する必要があるので以下のような変数を導入している。

taul(j):産業 j の労働税率 τ_{Lj}

tauk(j):産業 j の資本税率 τ_{Kj}

taup(j):商品 j の生産物税 τ_{Tj}

gamma(m):政府から家計(消費者) m への移転所得の比率 γ_m

このように税が導入されているので、次のような部分では、価格などに税がかかった形になっている。しかしながら、全部の個所をこのような税がかかった形に書くのは無駄であるので、計算式において修正が必要な個所では、このような税込みの価格に置き換えている。なお本来は、労働と資本の価格は産業に依存しないが、産業ごとに税率が異なると仮定しているので、これらの価格は配列として定義しておく。

また要素が3つになったことにより、例外的なケースが発生することも考慮する必要がある。具体的には、これまでの例題では要素 r,w の数値がゼロの場合に、この数値を小さな数値に置き換えて、プログラムがエラーとなることを回避してきた。しかし要素が3つの場合には、この処理がうまく作用せずに、$r=0$、あるいは $w=0$ であるのに、すべての頂点のラベルが異なってプログラムがストップしてしまうことがある。このような問題の回避策として、置き換え対象の頂点において $r=0$、あるいは $w=0$ となるものが存在する、すなわち、終了条件である iend=6 が満足されていても、現在の置き換え頂点とな異なる頂点で ib(2,j)=0 あるいは ib(3,j)=0 となる頂点を、あらたに置き換え対象として、計算を継続するように変更する。プログラムは以下のようになる。

```
*
      if(ict.eq.0) then
      jnew=0
      do 27 j=1,3
      if(j.eq.iremove)  go to 27
      if(ib(2,j).eq.0.or.ib(3,j).eq.0) jnew=j
 27   continue
      if(ict.eq.0.and.iend.eq.6.and.jnew.eq.0)  go to 900
      iremove=jnew
      go to 777
      endif
      ihmax=-100
      do 3 j=1,ict
      if(ihist(isel(j)).ge.ihmax)   then
      ihmax=ihist(isel(j))
      jnew=isel(j)
      endif
  3   continue
777   continue
      iremove=jnew
```

2財2要素モデルと基本的に異なっているのは政府の税収に関連する部分であり、具体的には超過税収を計算する必要がある。超過需要については政府の超過税収を計算する必要があるので、プログラムの後半でこの計算を行っている。計算そのものは単純な加算と減算である。

```
      do 80 j=1,2
      do 81 m=1,2
      gsum=gsum+taup(j)*p(j)*x(m,j)
 81   continue
 80   continue
      do 82 j=1,2
      gsum=gsum+taul*w*l(j)
 82   continue
```

```
      do 83 j=1,2
      gsum=gsum+tauk(j)*r*k(j)
 83   continue
      do 84 m=1,2
      gsum=gsum+tauy*(w*lm(m)+r*km(m)-f)
 84   continue
      do 85 m=1,2
      gsum=gsum-tm(m)
 85   continue
      e(3)=gsum
```

なおこの例では，均衡解は r, w, t の3つの変数で与えられるので，スカーフ・アルゴリズムにおける頂点の座標は3次元となる。

次にこの問題を，メリル・アルゴリズムにより，更に精密な解を求めるプログラムについて説明しておく。プログラムは章末の図3.8に示す。すでにスカーフ・アルゴリズムを用いて，精度はやや粗いが均衡解が求まっているので，これを単体の1つの頂点とする局所的な拡張された単体を構成して，この上で1つのステップごとに格子の間隔を倍数で短縮する方法を用いる。

以下の説明は，すでに例題3として与えている2財2要素2人モデルにおける1次元単体を2次元人工単体へと拡張する場合と基本的に同じであるが，同様の説明を加えておく。いま，もとの2次元単体の出発点すなわち r, w, t の初期値を $r = 0.2, w = 0.5, t = 0.3$ としておくと，これをもとに構成される2次元人工単体の頂点は，分母の $D = 10$ をはずして，それぞれ，$b_1^T = (0, 2, 5, 3)^T, b_2^T = (1, 1, 5, 3)^T, b_3^T = (1, 2, 4, 3)^T b_4^T = (1, 2, 5, 2)^T$ となる。これを行列で表現すると，次のようになる。

$$\begin{bmatrix} 0 & 1 & 1 & 1 \\ 2 & 1 & 2 & 1 \\ 5 & 5 & 4 & 5 \\ 3 & 3 & 3 & 2 \end{bmatrix} \tag{3.66}$$

次に，このように生成された人工単体上の頂点に対するラベル付けの規則を適用する。すなわち，基本単体の上の頂点を $b^T = (0, a_1, a_2, a_3)^T$ とした場合に，このベクトルから人工単体の頂点に対応する座標の値を引いたときに，値が正となる最初の座標番号 (添え字) が付けられる。これらの処理は，プログラムにおいてそれぞれの1行として書くこともできるが，長くなるので，まとめて以下のようにコンパクトに記述する。

```
      do 310 j=2,4
      ib(1,j)=1
      do 311 i=2,4
      ib(i,j)=ib(i,1)
 311  continue
      ib(j,j)=ib(j,1)-1
 310  continue
      write(6,*) '------'
      do 60 i=1,4
      write(6,160) (ib(i,j),j=1,4)
 160  format(' b=',4i10)
 60   continue
      do 515 jnode=2,4
```

```
      do 516 i=2,4
      if(ib(i,jnode).lt.ib(i,1)) iu=i-1
  516 continue
      labl(jnode)=iu
  515 continue
```

このような前処理の部分はやや拡張が必要であるが、これ以降の最適解を求めていく手順は、例題3の場合と同じであるので説明は省略する。メリル・アルゴリズムによる税を含む場合の解析プログラムは省略する。

3.5.5 シミュレーションの結果

この章の最後において、日本をモデルとして情報政策を実施することによる効果を分析する。そのため、ここでとりあげた仮想的な事例についてのシミュレーションにおいては、表4.4により与えられたパラメータのもとで、単に均衡解を求める手順だけを主として説明するが、節の後半においてパラメータを変更した場合の解の変分についても求めてみる。すなわち、初期条件 P_0 のもとでの初期的な解 x を求めることに相当する。もし情報政策を実施したことによる効果を分析したいなら、このような初期パラメータ P_0 をパラメータ P_1 へと変更したあとの均衡解 y と、初期パラメータのもとでの解 x とを比較することにより可能となる。したがって、いずれにしても、初期パラメータを与えた場合の解を求めておく手順が必要となる。

表3.2には初期パラメータのもとにおける均衡解を示している。

表3.2 初期パラメータのもとにおける均衡解

均衡解	
価格	$r = 1.126; w = 1.000;$ $p_1 = 1.466; p_2 = 1.005$
生産量	$Q_1 = 22.442; Q_2 = 57.236$
労働	$L_1 = 26.049; L_2 = 33.950$
資本	$K_1 = 4.057; K_2 = 20.943$
税移転額	$R^R = 4.531; R^P = 6.797$

3.5.6 パラメータ変更による均衡解の変分

次に、この例題4についてパラメータを変更した場合に、均衡解が表に示す結果から、どの程度変化するかを求めてみる。すなわち、パラメータを P_0 から P_1 へと変更した場合に、均衡解が x から y へと変化したとすると、この解の差異 $x-y$ はパラメータの変更、すなわち政策の変更による効果であると言える。

表3.3にはいくつかのパラメータの変更後の解の変分を、相対的な変化率として示している。この例題では仮想的な状況を仮定しているので、変分には具体的な意味は与えられない。

第3章 応用一般均衡による情報セクター分析

表3.3 ケース1との比較結果

	初期値	変更値	$Q_{1,2}$	$L_{1,2}$	$K_{1,2}$
γ^R	0.4	0.5	0.39%	0.31%	0.71%
γ^P	0.6	0.5	-0.19%	-0.23%	-0.13%
γ^R	0.4	0.3	-0.39%	-0.30%	-0.71%
γ^P	0.6	0.7	0.19%	0.23%	0.14%
τ_{k1}	0.5	0.4	3.6%	-0.16%	18.0%
τ_{k2}	0	0.1	-1.4%	0.13%	-3.6%
τ_{k1}	0.5	0.3	7.4%	-0.12%	39.1%
τ_{k2}	0	0.2	-3.2%	0.097%	-7.5%

3.6 日本モデルへの適用

3.6.1 各種データの収集について

以下では、これまで述べてきた応用一般均衡分析の手法を用いて、日本における政府による情報政策の実施の有効性を分析する例題をとりあげる。すなわち産業を情報部門と非情報部門のいずれかに属する $N = 24$ の産業を仮定し、所得階層に分かれた $M = 18$ の家計、労働と資本の2要素からなる、いわゆる N 財2要素 M 人の経済について政策シミュレーションを行う。モデルとしては、N 財2要素 M 人モデルを基本として、これに税の導入を行った場合の政策を評価する。すなわち、税率などを変化させたときにそれぞれのセクターの産出がどの程度増加するかを見積もり、その政策に実効性があるかどうかを判断する。このために、最初に現在の状況を与えておいて、この中でいくつかの項目 (以下では政策パラメータと呼んでおく) を変化させたあとの均衡状態を求める。政策パラメータの変更による産出額などの数値変化が大きいと、その政策は有効であることが期待できる。このような政策変更のパターンは、いくつかの政策パラメータを同時に動かすことが多いし、その背景となる主張点がある。

しかしながら、モデル分析を行うためには、そのモデルに使用される各種のパラメータを推定する必要があり、公表されている統計データなどを用いて、計算する作業をともなうことになる。実際には、応用一般均衡分析を経済政策の比較分析に応用する場合には、このような各種パラメータの推定作業に、多大な時間と労力を投入することが必要となる。その最も大きな理由が、国の経済や貿易に関する説得力のあるデータを示すには、その基本となるモデルが正しいことが前提となっていることにある。本章の最初の部分で述べたように、モデルのパラメータの推定値の正当性や、完全雇用などの仮定は、応用一般均衡分析を進める場合の基本となるものであり、この前提条件をできるだけ整備しておくことが求められる。このような作業の詳細については、市岡による著書 (文献 [Ich]) にも示されているので、本章ではこれを参考にしてデータを整理する。

しかしながら、本書は情報経済のマクロ分析のツールをできるだけ幅広く取り上げるのが目的であるので、モデルのパラメータの推定値の正当性を保証する作業を行う余裕はない。したがって、以下では、各種パラメータの推定方法を述べると同時に、やや簡便な方法で推定した値を述べるにとどめておく。具体的には次のような点において簡素化のための変更を加えている。用いるデータはすべて2005年のデータである。

表 3.4 産業部門の情報と非情報セクターへの所属 (数値は部門番号)

セクター	所属する産業部門
情報	(5) パルプ・紙, (12) 電気機械, (14) 精密機械, (19) 金融・保険業, (20) 不動産業, (21) 運輸・通信業, (22) サービス業, (24) 対家計民間非営利サービス
非情報	(1) 農林水産業, (2) 鉱業, (3) 食品・飲料・たばこ, (4) 繊維, (6) 化学, (7) 石油・石炭製品, (8) 窯業・土石製品, (9) 一次金属, (10) 金属製品, (11) 一般機械, (13) 輸送機械, (15) その他の製造業, (16) 建設業, (17) 電気・ガス・水道業, (18) 卸売り小売業, (23) 政府サービス
セクター	所属する消費財
情報	(13) 運輸, (14) 通信, (15) レクリエーション・文化サービス, (16) 教育, (17) 書籍・新聞
非情報	(1) 食品, (2) 非アルコール飲料, (3) アルコール飲料, (4) たばこ, (5) 衣服, (6) 履物, (7) 家賃, (8) 光熱費・水道料, (9) 家具, (10) 家庭器具, (11) 寝具類・家計雑貨, (12) 医療, (18) その他

(1) 24 ある産業部門を情報と非情報セクターの 2 つにまとめる

本章では, 最終的に情報産業への減税などの情報化の政策のシナリオ分析を行うことが目的であるので, 最初から 24 ある産業部門を, 情報と非情報セクターの 2 つにまとめることで簡素化をはかっている. これらは, 資本所得や労働所得などの分野だけではなく, 産業連関表の投入係数行列の作成などにも適用する.

(2) 消費者の階層を 18 階層から 2 つにまとめる

日本の経済統計では 18 の所得階層が用いられているが, これも例題で示したように, 比較的富裕である富裕階層 (17, 18 階層) と, そうではない階層 (非富裕階層) の 2 つに区分することにより簡素化している. なお, このような区分を行うための境界値には, さまざまな選択方法があるので, 本章ではそのような中の 1 つを選択する.

(3) 家計支出行列も情報と非情報セクターの 2 つにまとめる

家計の消費財への支出をもとに集計する家計支出行列についても, 財を情報財と非情報財の 2 つに集約することにより, 行列の構成を簡素化している. 表 3.4 には 24 の産業部門が, 情報と非情報のどちらのセクターに属するかを示している. またこの表には, 家計が購入する消費財が情報と非情報の, どちらのセクターに属するかも示している.

以上のことを前提として, 以下では作成したデータを示していく.

産業の資本所得と資本税

産業連関表においては産業間の取引を 1 つの表にまとめられており, この産業分類を, そのまま応用一般均衡分析に用いることが可能である. 例えば 24 部門に分類して, これらの産業ごとのデータを収集することになる. また産業は, 生産技術仮定の説明で述べたように, 本来は主要生産物と副次生産物との両方を生産しているが, 応用一般均衡分析においては, このような差異は意味がないので, 産業とその生産財は 1 対 1 に対応すると仮定しておき, 産業分類が 24 セクターの場合には, 生産財の分類も 24 種となる.

それぞれの産業部門の営業剰余などは, 基本的には「国民経済計算年報」の第 1 部付表「経済活動別国内総生産および要素所得」から得ることができる. これを情報と非情報の 2 セクターにまとめたものが, 表 3.5 である.

第3章 応用一般均衡による情報セクター分析

表3.5 営業剰余,雇用者所得などの推定 (単位:10億円)

セクター	営業剰余	雇用者所得	間接税と補助金	固定資本減耗	粗付加価値
情報	55470.6	80283.6	12547.8	28357.2	171702.2
非情報	141583.3	325721.5	52628.7	66695.0	568940.4

次に産業の支払う税については,次のようにまとめられる。資本税は企業に課税される税金であり,これには直接資本税と間接資本税とがある。このうち直接税資本税は法人税,法人住民税など企業の収益に直接関連しており,間接資本税は固定資産税や事業所税など産業活動について間接的に課税される。これらのデータは「国税庁統計年報」や「地方財政白書」などの,公表されている資料から入手することができる。しかしながら対象が公的企業である場合には収支差額を用いる必要があることや,個人企業の場合には,資本所得と労働所得を分離する必要があるため,「国民経済計算年報」を用いて調整することがなされる。これらをまとめたものが表3.6である。

表3.5に示している産業の営業剰余は粗資本所得とみなされ,この金額から表3.6に示す直接税を引いたものが産業の資本所得となる (表は省略する)。

表3.6 法人税,法人住民税などの推定 (単位:10億円)

セクター	法人税	法人住民税	源泉徴収税	合計
情報	4600.8	837.0	253.8	5691.6
非情報	22901.7	4959.2	1188.3	29049.1

しかしながら,公的な企業民間法人におけるこれらの計算は,個人企業 (いわゆる自営業) の場合にはやや面倒になる。個人企業の場合には営業剰余は,資本所得と労働所得に分割する必要がある。このための基礎データは「個人企業経済調査年報」における第1表「年度別営業状況」から推定できる。営業剰余を2つの部分に分割する方法としては,それぞれの産業部門において対応する民間法人の利益率を用いて,個人企業の利益率に充当することにより行われる。表3.7には推定された個人企業における資本所得と労働所得を示している。

表3.7 個人企業の資本所得,労働所得の推定 (単位:10億円)

セクター	資本所得	労働所得
情報	18394.2	15568.2
非情報	18716.0	48200.0

以上をまとめて,資本所得と資本税の形で示したものが表3.8である。

表3.8 企業の資本所得と資本税の推定 (単位:10億円)

セクター	資本所得	直接資本税	間接資本税
情報	32497.2	7401.6	5360.4
非情報	63703.4	29675.5	18730.0

産業の労働所得と労働税

次に,産業が支払う労働所得と労働税 (主に雇用者に対する社会保障負担) について集計する必要がある。企業が負担する社会保障費などは,それぞれの年度の「労働者福祉施設制度等調

査報告」に記載されている．自営業者の社会保障負担については，「国民経済計算年報」の付表10と「社会保障統計年報」に記載されている国民健康保険料などから推定する．粗労働所得から労働税を引いたものが，労働所得である．この結果をまとめたものが，表3.9である．

表3.9 労働税の推定 (単位:10億円)

セクター	雇主	雇用者	自営業者
情報	5432.4	3744.1	383.4
非情報	23582.8	16261.2	2218.6

粗労働所得は雇用者所得に等しいので，この数値から労働税を引くことにより，労働所得，すなわち労働使用が推定される．あるいは逆に粗労働費用は労働使用に労働税を加えたものである．粗資本所得は使用資本に資本税を加えたもの，すなわち粗資本費用である．つまり付加価値は要素税込みの生産要素の合計 (粗要素費用の合計) として表される．以上の結果を用いて，最終的に，応用一般均衡分析に必要なデータとしてまとめる．すなわち，資本使用，資本要素と労働使用，労働要素の形で表3.10の形で集計する．この場合，資本使用は粗資本費用から資本税を引いたもの，労働使用は粗労働費用から労働税を引いたものとして計算される．

表3.10 付加価値と粗労働費用と粗資本費用の推定 (単位:10億円)

セクター	付加価値 (粗要素費用)	粗労働費用	粗資本費用
情報	141120.1	95851.8	45268.2
非情報	486082.8	373935.9	112125.2

家計別の所得

家計の粗所得は雇用者所得 (ただし社会保障雇主負担を控除した額)，事業所得，農業所得，財産所得から構成される．これらのデータは，厚生労働省が公表する，それぞれの年度の「所得再配分調査」から得ることができる．表3.11に集計した結果を示している．

表3.11 家計別の所得の推定 (単位万円)

家計階層	雇用者所得	事業所得	農業所得	財産所得
非富裕	652.0	71.3	21.2	91.0
富裕	1449.1	391.5	24.3	1044.2

家計別の移転所得

家計の受け取る移転所得は拠出年金，福祉年金・恩給，医療給付，その他の公的給付の，4つの公的移転所得と，私的給付にあたる私的純移転所得からなる．これらのデータは，「社会保障統計年報」「国民経済計算年報」の第1部付表11「一般政府から家計への移転の明細表 (社会保障関係)」と，家計の項目の「所得支出勘定」から得られる．これをまとめた表を表3.12に示す．

表3.12 家計別の移転所得の推定 (単位:万円)

家計階層	世帯数	拠出年金	無拠出年金	医療給付	その他の公的給付	移転所得合計
非富裕	34586	40.6	14.8	51.0	29.4	136.0
富裕	1430	69.3	13.5	58.5	9.1	150.3

家計別の粗所得と所得税

これまでの処理により，家計別の粗所得が集計される。同時に厚生労働所の実施する「所得再分配調査」により家計が負担する税の総額が推定される。これを細分して示すには家計が負担する税は，所得税，住民税，固定資産税，軽自動車税の4つに区分する必要がある。これらのデータは，「地方財政白書」および「国民経済計算年報」の中の「期末貸借対照表勘定」，同第2部の付表1「国民資産・負債残高」から推定される。また軽自動車税については，「家計調査年報」から推定される。これらを細分することをしないで，そのまま所得税，自動車税だけをまとめたものが，表3.13である。

更に，家計の社会保障負担は，労働税の1つの項目として集計する必要がある。このデータは「国民経済計算」の中の「社会保障負担の明細表」より推計される。これを表3.14に示す。

表 3.13 家計別の所得税の推定 (単位:万円)

家計階層	所得税	自動車税
非富裕	67.3	4.5
富裕	524.8	5.4

表 3.14 家計別の社会保障負担の推定 (単位:万円)

家計階層	雇用者	自営業者	非雇用者
非富裕	34.5	3.7	8.0
富裕	60.2	8.5	10.9

なお，この個人所得税については，応用一般均衡分析において課税する対象が変数を含んで変動するので，関数の形で整理しておくことが望ましい。このため，線形関数を含めていくつかの提案がなされているが，本書では所得を S_i，税を TX_i とした場合に，次のような線形関数を仮定しておく。

$$TX_i = bS_i + T_c, i = 1, 2 \qquad (3.67)$$

この関数の他に，S_i についての2次関数を用いた市岡による研究があり，かなり当てはまりが改善されることが述べられている [Ich]。

家計の要素保有

最終的に家計の要素保有，すなわち労働と資本の初期要素保有を推定するために，まず家計の労働所得と，資本所得を推定する。こららの表を，以下においてまとめて示す。

表 3.15 家計の労働所得と資本所得 (単位:万円)

家計階層	雇用者所得以外	労働所得	事業所得	資本所得
非富裕	92.3	706.8	0.86	135.1
富裕	410.4	1792.8	5.1	1423.8

表 3.16 家計の要素保有・労働保有と資本保有 (単位:万円)

家計階層	労働保有	資本保有
非富裕	1513.8	135.1
富裕	3836.7	1423.8

家計の所得税・可処分所得など

最後に, 家計の所得税と可処分所得について整理する。家計の粗所得は, 要素所得と移転所得から構成される。また, 可処分所得は, 粗所得から家計に属する社会保障負担費を控除し, 更に家計の支払う個人所得税を控除することにより推定される。なお表 3.17 には, 家計の消費支出の推定値もあわせて示している。

表 3.17　家計別の可処分所得などの推定 (単位:万円)

家計階層	労働所得	資本所得	移転所得	個人所得税	直接税	可処分所得	消費支出
非富裕	706.8	135.1	133.2	66.6	12.3	896.1	634.3
富裕	1792.8	1423.8	96.3	523.8	18.1	2771.1	1617.3

家計支出行列

一方, 消費財については生産財から除外される商品も含まれるので, やや異なる分類がなされる。例えば, 食品, たばこ, 衣類, 家具など, 1つの産業から生産されるものがやや細分されたり, 医療, 教育など産業分類にはないものを定義している。この消費財が, 情報セクターと非情報セクターのどちらに属するかについては前にあげた表 3.4 に示している。このように定義された生産財と消費財について, その数量を推定する必要がある。これには「国民経済計算年報」や「家計調査年報」などの公表データが利用可能である。

表 3.18　家計支出行列の推定 (単位:万円)

消費財	非富裕階層	富裕階層
情報	128.9	377.2
非情報	563.4	1360.6

3.6.2　効用関数と生産関数のパラメータ推定

次にモデルを確定するには, 消費者の効用関数とこれにともなう需要関数のパラメータ, 産業における生産関数およびこれに付随する要素需要関数のパラメータ推定を行う必要がある。すなわち, 現実に観測されるデータからこれらの関数が適合するように, パラメータを推定する作業が必要となる。

パラメータの推定方法には2つの種類があり, 1つはカラブレーション (calibration) による方法であり, 観測される現在の状態を現実の経済の1つの均衡状態とみなしてパラメータを決定論的に推定する方法である。この方法においては, 関数の変換などを用いて分かりやすい形に変形するなどの手段が用いられる場合もあるが, 基本的には関数の形状を仮定して, これに現実の観測データの当てはめた場合に, 最も望ましい数値を推定することが基本となる。

効用関数と生産関数のパラメータ推定のもう1つの方法は, 直接的に観測データから数値を推定する方法であり, 外性的な弾力性の値の選択とも呼ばれている。すなわち, 産業ごとの賃金率と1人当りの産出量のデータが得られるので, 多数の国において生産関数の形が不変であると仮定し, 同一の時刻における計算のためのデータ横断的データを収集し, できるだけ関数の形に適合するようにパラメータを推定する方法である。この場合, 労働の限界生産力が賃金率に等しいとする産業の費用最小化問題の条件を用いている。しかしながら, この方法では, 生

産関数の形状や計算方法,あるいはデータの取り方により,推定値に大きな差異が発生するなどの問題が指摘されている。同様に家計の需要関数についても同様の推定方法が適用可能である。商品をいくつかのグループに分けてこれらのグループごとにパラメータの推定を行う。多くの推定事例では標本平均からの推定が行われるが,時系列データから計算して推定の精度を高めた事例もある。しかしながら,ショーブンとウォーリーの著作でも指摘されているように,このようなモデル設定を計量経済学的に証明することは容易ではなく,パラメータ選択のバリエーションがあることに注意する必要がある。

外生的な推定にともなうこのような面倒な議論を避けるため,以下では第1番目のカラブレーションによる方法を用いる。最初に,生産関数のパラメータ推定について述べる。

生産関数のパラメータ推定

生産関数に含まれるパラメータの推定は,生産財の付加価値を用いて行われる。生産財 j の付加価値 VA_j は次のように表現される。

$$VA_j = \gamma_j[\delta_j K_j^{-\rho_j} + (1-\delta_j)L_j^{-\rho_j}]^{-1/\rho_j}, \rho_j = (1-\sigma_j)/\sigma_j, j=1,2,...,N \quad (3.68)$$

ここで $\gamma_j, \delta_j, \sigma_j$ は,それぞれ規模パラメータ,シェアパラメータ,生産における要素の代替の弾力性である。要素税抜きの労働価格と資本価格に対して,第 j 産業においてかけられる労働税率と資本税率を τ_{Lj}, τ_{Kj} とする。これにより,産業の直面する税込みの要素価格は,それぞれ,$w(1+\tau_{Lj}), r(1+\tau_{Kj})$ となる。

一定の大きさの付加価値を得るための粗要素費用の最小化の条件より,付加価値関数のシェアパラメータについて,次の関係が求まる。

$$\delta_j = \frac{(1+\tau_{Kj})rK_j^{1+\rho_j}}{(1+\tau_{Lj})wL_j^{1+\rho_j} + (1+\tau_{Kj})rK_j^{1+\rho_j}}, r=w=1 \quad (3.69)$$

更にパラメータ γ_j は,各産業における利潤ゼロの条件,すなわち付加価値額が粗要素費用に等しいことから,次のような関係式を用いて求められる。

$$\gamma_j = \frac{(1+\tau_{Lj})wL_j + (1+\tau_{Kj})rK_j}{[\delta_j rK_j^{-\rho_j} + (1-\delta_j)wL_j^{-\rho_j}]^{-1/\rho_j}}, r=w=1 \quad (3.70)$$

表3.19 付加価値関数のパラメータ推定 ($\rho_j = 0$ と仮定)

セクター	γ_j	α_j
情報セクター	2.185	0.325
非情報セクター	3.5409375	0.026

効用関数,需要関数のパラメータ

消費者の効用関数,需要関数のパラメータには,商品 i と家計 m についてシェアパラメータ α_{im},消費における代替の弾力性 μ_m,家計の初期保有 LL_m, KK_m があるが,これらについてもカラブレーションを用いて観測データから推定される。まずCES型消費関数の第2階層では,2つの商品 i と j への家計 m の支出の比率は,式 (3.17) を用いて次式でで与えられる。

$$(p_i)^{\mu_m} X_{im}/(p_i)^{\mu_m} X_{jm} = (\alpha_{im})^{1/\alpha_{im}}/(\alpha_{jm})^{1/\alpha_{jm}} \quad (3.71)$$

需要関数のパラメータについては，予算制約のもとで，それぞれの商品 i について需要関数が導出される。

$$X_{im} = \alpha_{im} I / (p_i^{\mu_m} \sum_{j=1} \alpha_{jm} p_j^{(1-\mu_m)}) \tag{3.72}$$

ただし I は家計の所得である。更に需要関数を微分すると，次のような関係式が得られる。

$$(\partial X_{im}/\partial p_i)(p_i/X_i^m) = -\mu^m - [\alpha_{im}(1-\mu^m)]/[p_i^{(\mu_m-1)} \sum_{j=1} \alpha_{jm} p_j^{(1-\mu^m)}] \tag{3.73}$$

$$(\partial X_{im}/\partial p_k)(p_k/X_i^m) = [\alpha_{km}(1-\mu^m)]/[p_k^{(\mu^m-1)} \sum_{j=1} \alpha_{jm} p_j^{(1-\mu_m)}] \tag{3.74}$$

更にすべての価格は 1 に等しいと仮定されまた財へのシェアパラメータの合計は 1 であり $\sum_i \alpha_{im} = 1$ と仮定すると，次のように簡単化できる。

$$(\partial X_{im}/\partial p_i)(p_i/X_{im}) = -\mu_m - \alpha_{im}(1-\mu_m) \tag{3.75}$$

$$(\partial X_{im}/\partial p_k)(p_k/X_{im}) = -\alpha_{km}(1-\mu_m) \tag{3.76}$$

この式は同時にシェアパラメータが小さい場合には，次のように近似できる。

$$(\partial X_{im}/\partial p_i)(p_i/X_{im}) \simeq -\mu_m \tag{3.77}$$

$$(\partial X_{im}/\partial p_k)(p_k/X_{im}) \simeq 0 \tag{3.78}$$

これらの式から，パラメータ α_{im}, μ_m は推定される。推定の例を表 3.20 に示す。

表 3.20 効用関数と関数のパラメータ推定 (α の添え字 I, NI は情報と非情報を示す)

家計階層	μ_m	α_{Im}	α_{NIm}
非富裕階層 ($m=P$)	1.109	0.864	0.136
富裕階層 ($m=R$)	1.281	0.625	0.375

均衡解

同様の問題を例題 4 として示しているので，ここでは均衡解だけについて示しておく。

$$r = 0.1235, w = 0.0263, t = 0.8502 \tag{3.79}$$

第3章 応用一般均衡による情報セクター分析

```
*   例題1の解析プログラム age2.f
       dimension labl(2),phi(2),del(2),
      +sig(2),alp(2,2),e(2),
      +ib(2,2),ibt(2),p(2),q(2),sml(2),
      +smk(2),x(2,2)
       real k(2),l(2),km(2),lm(2),mu(2)
       data alp/0.5,0.3,0.5,0.7/mu/1.5,0.75/
       data km/25.0,0.0/lm/0.0,60.0/
       data del/0.6,0.7/sig/2.0,0.5/
       data ib/10,0,9,1/
       data phi/1.5,2.0/
       write(6,*) (ib(i,1),i=1,2)
       write(6,*) (ib(i,2),i=1,2)
       write(6,*) alp(1,1),alp(1,2)
       div=10.0
       do 2000 it=1,5
       write(6,*)'-b martix for evaluation----'
       do 60 i=1,2
       write(6,160)(ib(i,j),j=1,2)
 160   format('b=',2i3)
 60    continue
       if(it.gt.1) write(6,*)'currt node',iremove
       j1=1
       j2=2
       if(it.gt.1) then
       j1=iremove
       j2=iremove
       endif
       do 1000 jnode=j1,j2
       r=float(ib(1,jnode))/div
       w=float(ib(2,jnode))/div
       if(ib(1,jnode).eq.0)  r=0.0001
       if(ib(2,jnode).eq.0)  w=0.0001
       do 10 j=1,2
       cf1=del(j)+(1.0-del(j))*(r*del(j)/
      +((1.0-del(j))*w))**(1.0-sig(j))
       cf1=cf1**(sig(j)/(1.0-sig(j)))
       sml(j)=cf1/phi(j)
       cf2=1.0-del(j)+del(j)*((1.0-del(j))
      +*w/(del(j)*r))**(1.0-sig(j))
       cf2=cf2**(sig(j)/(1.0-sig(j)))
       smk(j)=cf2/phi(j)
 10    continue
       do 11 j=1,2
       p(j)=w*sml(j)+r*smk(j)
 11    continue
       do 20 m=1,2
       do 21 i=1,2
       sum=0.0
       do 22 j=1,2
       sum=sum+alp(m,j)*p(j)**(1.0-mu(m))
 22    continue
       if(p(i).le.0.0001)  p(i)=0.0001
       d1=alp(m,i)*(w*lm(m)+r*km(m))
       d2=p(i)**mu(m)*sum
       x(m,i)=d1/d2
 21    continue
 20    continue
       do 30 j=1,2
       sum=0.0
       do 31 m=1,2
       sum=sum+x(m,j)
 31    continue
       q(j)=sum
       l(j)=sml(j)*q(j)
       k(j)=smk(j)*q(j)
       write(6,*) l(j),k(j),sml(j),smk(j),q(j)
 30    continue
       e(1)=k(1)+k(2)-km(1)-km(2)
       e(2)=l(1)+l(2)-lm(1)-lm(2)
* labeling
       write(6,*) 'e=',(e(j),j=1,2)
       labnew=1
       if(e(2).gt.e(1)) labnew=2
       labl(jnode)=labnew
 1000  continue
       write(6,*) 'it=',it,'label=',(labl(j),j=1,2)
       if(labl(1).ne.labl(2)) go to 900
* remove
       if(it.eq.1) then
       iremove=1
       go to 888
       endif
       do 40 j=1,2
       if(j.eq.iremove)  go to 40
       if(labl(j).eq.labl(iremove)) jfind=j
 40    continue
       iremove=jfind
 888   continue
       write(6,*) 'node to be removed=',iremove
       do 50 i=1,2
       ibsum=0.0
       do 51 j=1,2
       if(j.ne.iremove) ibsum=ibsum+2*ib(i,j)
       if(j.eq.iremove) ibsum=ibsum-ib(i,j)
 51    continue
       ibt(i)=ibsum
 50    continue
       do 55 i=1,2
       ib(i,iremove)=ibt(i)
 55    continue
 2000  continue
 900   write(6,*) 'r,w=',r,w,'p=',(p(j),j=1,2)
       stop
       end
```

```
----------プログラムの出力-------------
 10  0
  9  1
 0.500000000 0.500000000
 -b martix for evaluation----
b= 10  9
b=  0  1
 241631.328 1.07391644e-03 1.85168731 8.22971646e-09 130492.516
 126.651291 0.829127371 23.2628784 0.152291298 5.44435167
e=-24.1697979 241697.984
 137.526245 0.754602075 1.68166065 9.22721811e-03 81.7800217
 47.4642982 10.3575592 1.03738630 0.226376265 45.7537346
e=-13.8878384 124.990540
it=1 label=2 2
node to be removed=1
 -b martix for evaluation----
b=  8  9
b=  2  1
 currt node=1
 62.1544647 1.72651267 1.49999988 4.16666567e-02 41.4363136
 39.3795433 12.8899813 0.808257580 0.264564395 48.7215271
e=-10.3835058 41.5340118
```

```
 it=2 label=2 2
 node to be removed=2
 -b martix for evaluation----
b=   8  7
b=   2  3
 currt node=2
39.2550621 3.20449495 1.30666661 0.106666662 30.0421410
35.8005562 15.3430967 0.699999988 0.300000012 51.1436539
e=-6.45240784 15.0556183
 it=3 label=2 2
 node to be removed=1
 -b martix for evaluation----
b=   6  7
b=   4  3
```

```
 currt node=1
28.0856476 5.54778194 1.10204077 0.217687055 25.4851265
33.9067802 18.1239357 0.630624294 0.337082863 53.7670059
e=-1.32828140 1.99242783
 it=4 label=2 2
 node to be removed=2
 -b martix for evaluation----
b=   6  5
b=   4  5
 currt node=2
21.1306210 9.39138603 0.887573957 0.394477278 23.8071671
32.9241104 21.5538883 0.579128802 0.379128784 56.8511009
e=5.94527435 -5.94526672
 it=5 label=2 1
r,w=0.500000000 0.500000000 p=0.641025603 0.479128778
```

図 3.3　例題 1 のプログラム

```
*    例題 2 の解析プログラム age.f
         dimension labl(3),w(2,3),c(2,3),d(3),
        +p(3),e(3),s(3),
        +ib(3,3),ibt(3)
         data c/0.3333333,0.25,0.33333333,0.5,
        +0.33333333,0.25/
         data w/10.0,40.0,20.0,10.0,20.0,20.0/
         data ib/10,0,0,9,1,0,9,0,1/
         write(6,*) (ib(i,2),i=1,3)
         write(6,*) (c(2,j),j=1,3)
         write(6,*) (w(2,j),j=1,3)
         div=10.0
         do 2000 it=1,20
         write(6,*)'-b martix for evaluation----'
         do 60 i=1,3
         write(6,160) (ib(i,j),j=1,3)
160      format(' b=',3i3)
60       continue
         if(it.gt.1) write(6,*)'currt node=',iremove
         j1=1
         j3=3
         if(it.gt.1) then
         j1=iremove
         j3=iremove
         endif
         do 1000 jnode=j1,j3
         do 150 k=1,3
         p(k)=float(ib(k,jnode))/div
150      continue
         do 500 j=1,3
         if(p(j).le.0.00001) p(j)=0.00001
         vsum=0.0
         sum=0.0
         do 21 i=1,2
         do 22 k=1,3
         sum=sum+p(k)*w(i,k)
22       continue
         vsum=vsum+c(i,j)*sum/p(j)
21       continue
         d(j)=vsum
         sum=0.0
         do 31 i=1,2
         sum=sum+w(i,j)
31       continue
         s(j)=sum
         e(j)=d(j)-s(j)
500      continue
* labeling
```

```
*        write(6,*) 'ei=',(e(k),k=1,3)
         labnew=1
         if(e(2).gt.e(1).and.e(2).gt.e(3)) labnew=2
         if(e(3).gt.e(2).and.e(3).gt.e(1)) labnew=3
10       continue
         labl(jnode)=labnew
1000     continue
         write(6,*) 'it=',it,'label=',(labl(j),j=1,3)
         iend=0
         do 330 j=1,3
         do 331 jj=1,3
         if(j.eq.jj) go to 331
         if(labl(jj).ne.labl(j)) iend=iend+1
331      continue
330      continue
         write(6,*) 'iend=',iend
         if(iend.eq.6) go to 900
* remove
         if(it.eq.1) then
         iremove=1
         go to 888
         endif
         do 40 j=1,3
         if(j.eq.iremove) go to 40
         if(labl(j).eq.labl(iremove)) jfind=j
40       continue
         iremove=jfind
888      continue
         write(6,*) 'node to be removed=',iremove
         do 50 i=1,3
         ibsum=0.0
         do 51 j=1,3
         if(j.ne.iremove) ibsum=ibsum+ib(i,j)
         if(j.eq.iremove) ibsum=ibsum-ib(i,j)
51       continue
         ibt(i)=ibsum
         continue
         do 55 i=1,3
         ib(i,iremove)=ibt(i)
         continue
         continue
         write(6,*) (p(j),j=1,3)
         stop
         end

         ----プログラムの出力----------
0.250000000 0.500000000 0.250000000
40.0000000 10.0000000 20.0000000
```

第3章 応用一般均衡による情報セクター分析

```
-b martix for evaluation----          b= 6 5 6
b= 10 9 9                             b= 2 3 3
b= 0 1 0                              b= 2 2 1
b= 0 0 1                              currt node=2
it=1 label=2 3 2                      it=8 label=2 2 3
iend=4                                iend=4
node to be removed=1                  node to be removed=1
-b martix for evaluation----          -b martix for evaluation----
b= 8 9 9                              b= 5 5 6
b= 1 1 0                              b= 4 3 3
b= 1 0 1                              b= 1 2 1
currt node=1                          currt node=1
it=2 label=2 3 2                      it=9 label=3 2 3
iend=4                                iend=4
node to be removed=3                  node to be removed=3
-b martix for evaluation----          -b martix for evaluation----
b= 8 9 8                              b= 5 5 4
b= 1 1 2                              b= 4 3 4
b= 1 0 0                              b= 1 2 2
currt node=3                          currt node=3
it=3 label=2 3 3                      it=10 label=3 2 3
iend=4                                iend=4
node to be removed=2                  node to be removed=1
-b martix for evaluation----          -b martix for evaluation----
b= 8 7 8                              b= 4 5 4
b= 1 2 2                              b= 3 3 4
b= 1 1 0                              b= 3 2 2
currt node=2                          iend=4
it=4 label=2 3 3                      node to be removed=2
iend=4                                -b martix for evaluation----
node to be removed=3                  b= 4 3 4
-b martix for evaluation----          b= 3 4 4
b= 8 7 7                              b= 3 3 2
b= 1 2 1                              currt node=2
b= 1 1 2                              it=12 label=2 2 3
currt node=3                          iend=4
it=5 label=2 3 2                      node to be removed=1
iend=4                                -b martix for evaluation----
node to be removed=1                  b= 3 3 4
-b martix for evaluation----          b= 5 4 4
b= 6 7 7                              b= 2 3 2
b= 2 2 1                              currt node=1
b= 2 1 2                              it=13 label=3 2 3
currt node=1                          iend=4
it=6 label=2 3 2                      node to be removed=3
iend=4                                -b martix for evaluation----
node to be removed=3                  b= 3 3 2
-b martix for evaluation----          b= 5 4 5
b= 6 7 6                              b= 2 3 3
b= 2 2 3                              currt node=3
b= 2 1 1                              it=14 label=3 2 1
currt node=3                          iend=6
it=7 label=2 3 3                      0.200000003 0.500000000 0.300000012
iend=4
node to be removed=2
-b martix for evaluation----
```

図 3.4 例題 2 のプログラム

```
*   メリル・アルゴリズムのプログラム agemm.f           jadd1=2
    dimension labl(3),phi(2),del(2),sig(2),          jadd2=3
   +alp(2,2),e(2),                                   iremove=1
   +ib(3,3),ibt(3),ibinit(3),p(2),q(2),      *
   +sml(2),smk(2),x(2,2),                            do 1000 ik=1,4
   +isel(3),ihist(3)                                 do 1 i=1,3
    real k(2),l(2),km(2),lm(2),mu(2)                 ihist(i)=0
    data alp/0.5,0.3,0.5,0.7/mu/1.5,0.75/    1       continue
    data km/25.0,0.0/lm/0.0,60.0/                    do 2000 it=1,5
    data del/0.6,0.7/sig/2.0,0.5/                    if(it.eq.1)  then
    data phi/1.5,2.0/                                do 77 i=1,3
    ib(1,1)=0                                        ibinit(i)=ib(i,1)
    ib(2,1)=5                                77      continue
    ib(3,1)=5                                        endif
    write(6,*) (ib(i,1),i=1,3)                       do 2 j=1,3
    div=10.0                                         ihist(j)=ihist(j)+1
    ibeta=3                                  2       continue
    labl(1)=1                                        if(it.eq.1)  then
                                                     do 500 j=jadd1,jadd2
```

```fortran
      ib(1,j)=1
      do 501 i=2,3
      ib(i,j)=ib(i,1)
501   continue
      ib(j,j)=ib(j,1)-1
500   continue
      do 515 jnode=2,3
      do 516 i=2,3
      if(ib(i,jnode).lt.ib(i,1)) iu=i-1
516   continue
      labl(jnode)=iu
515   continue
      endif
      write(6,*)'-b martix for evaluation'
      do 60 i=1,3
      write(6,160)(ib(i,j),j=1,3)
160   format('b=',4i3)
60    continue
      write(6,*) 'currt node=',iremove
      write(6,*) (labl(j),j=1,3)
      if(it.eq.1)   then
      if(ib(1,2).gt.0.and.labl(2).eq.labl(1))
     + iremove=2
      if(ib(1,3).gt.0.and.labl(3).eq.labl(1))
     + iremove=3
      go to 666
      endif
*
      if(ib(1,iremove).gt.0)   then
      do 519 i=2,3
      if(ib(i,iremove).lt.ibinit(i)) then
      iu=i-1
      go to 529
      endif
519   continue
529   continue
      labl(iremove)=iu
      go to 888
      endif
      r=float(ib(2,iremove))/div
      w=float(ib(3,iremove))/div
      if(ib(2,iremove).eq.0)   r=0.0001
      if(ib(3,iremove).eq.0)   w=0.0001
      write(6,*) 'r,w=',r,w
      do 10 j=1,2
      cf1=del(j)+(1.0-del(j))*(r*del(j)/
     +((1.0-del(j))*w))**(1.0-sig(j))
      cf1=cf1**(sig(j)/(1.0-sig(j)))
      sml(j)=cf1/phi(j)
      cf2=1.0-del(j)+del(j)*((1.0-del(j))
     +*w/(del(j)*r))**(1.0-sig(j))
      cf2=cf2**(sig(j)/(1.0-sig(j)))
      smk(j)=cf2/phi(j)
10    continue
      do 11 j=1,2
      p(j)=w*sml(j)+r*smk(j)
11    continue
      do 20 m=1,2
      do 21 i=1,2
      sum=0.0
      do 22 j=1,2
      sum=sum+alp(m,j)*p(j)**(1.0-mu(m))
22    continue
      if(p(i).le.0.0001)   p(i)=0.0001
      d1=alp(m,i)*(w*lm(m)+r*km(m))
      d2=p(i)**mu(m)*sum
      x(m,i)=d1/d2
21    continue
20    continue
      do 30 j=1,2
      sum=0.0
      do 31 m=1,2
      sum=sum+x(m,j)
31    continue
      q(j)=sum
      l(j)=sml(j)*q(j)
      k(j)=smk(j)*q(j)
*     write(6,*) l(j),k(j),sml(j),smk(j),q(j)
30    continue
      e(1)=k(1)+k(2)-km(1)-km(2)
      e(2)=l(1)+l(2)-lm(1)-lm(2)
      write(6,*) 'e(1),e(2)=',e(1),e(2)
* labeling
      labnew=1
      if(e(2).gt.e(1)) labnew=2
      labl(iremove)=labnew
      write(6,*) 'label=',(labl(j),j=1,3)
*
      iend=0
      iart=0
      do 330 j=1,3
      if(ib(1,j).ne.0) then
      iart=iart+1
      go to 330
      endif
      do 331 jj=1,3
      if(j.eq.jj)  go to 331
      if(labl(j).ne.labl(jj).and.ib(1,jj).eq.0)
     + iend=iend+1
331   continue
      if(iend.eq.2) go to 333
330   continue
333   continue
      write(6,*) 'iend=',iend
      kremove=iremove
      if(iend.eq.2)   go to 900
* selection
888   continue
      ict=0
      do 69 j=1,3
      if(j.eq.iremove) go to 69
      if(ib(1,j).gt.0.and.labl(j).eq.
     +labl(iremove)) then
      ict=ict+1
      isel(ict)=j
      endif
69    continue
      write(6,*) 'ict',ict,iart
* same labels on basic simplex
      if(ict.eq.0)   then
      ihmax=-10000
      do 350 j=1,3
```

第3章 応用一般均衡による情報セクター分析

```
            if(j.eq.iremove)   go to 350
            if(ib(1,j).ne.0)   go to 350
            if(ihist(j).le.ihmax)   go to 350
            if(labl(j).eq.labl(iremove)) then
            irep=j
            ihmax=ihist(j)
            endif
  350     continue
            write(6,*) 'irep=',irep
            iremove=irep
            go to 666
            endif
*
            ihmax=-1000
            do 61 i=1,ict
            if(ihist(isel(i)).ge.ihmax)   then
            jfind=isel(i)
            ihmax=ihist(isel(i))
            endif
   61     continue
            iremove=jfind
            write(6,*)'node to be removed',iremove
* remove
  666     continue
            do 50 i=1,3
            ibsum=0.0
            do 51 j=1,3
            if(j.ne.iremove) ibsum=ibsum+ib(i,j)
            if(j.eq.iremove) ibsum=ibsum-ib(i,j)
   51     continue
            ibt(i)=ibsum
   50     continue
            write(6,*) 'ibt=[',(ibt(i),i=1,3),']'
            do 55 i=1,3
            ib(i,iremove)=ibt(i)
   55     continue
            ihist(iremove)=0
 2000     continue
*
  900     continue
            write(6,*) '<<<',ik+1,'th stage>>>>'
            iremove=1
            ib(1,1)=0
            ib(2,1)=ibeta*ib(2,kremove)
            ib(3,1)=ibeta*ib(3,kremove)
            jadd1=2
            jadd2=3
            labl(1)=labl(kremove)
            div=div*float(ibeta)
            write(6,*) 'end',kremove,labl(1)
            write(6,*) 'r,w=',r,w
 1000     continue
            stop
            end

----------プログラムの出力------------
 0 5 5
 -b martix for evaluation----
b=  0   1   1
b=  5   4   5
b=  5   5   4
 currt node=1
 1 1 2
 ibt=[ 0  6  4 ]
 -b martix for evaluation----
b=  0   0   1
b=  5   6   5
b=  5   4   4
 currt node=2
 1 1 2
 r,w=0.600000024 0.400000006
 e(1),e(2)=-1.32828140 1.99242783
 label=1 2 2
 iend=2
 <<<2   th stage >>>>
 end2 2
 r,w=0.600000024 0.400000006
 -b martix for evaluation----
b=  0   1   1
b= 18  17  18
b= 12  12  11
 currt node=1
 2 1 2
 ibt=[ 0 17 13 ]
 -b martix for evaluation----
b=  0   1   0
b= 18  17  17
b= 12  12  13
 currt node=3
 2 1 2
 r,w=0.566666663 0.433333337
 e(1),e(2)=0.794479370 -1.03894043
 label=2 1 1
 iend=2
 <<<3   th stage >>>>
 end3 1
 r,w=0.566666663 0.433333337
 -b martix for evaluation----
b=  0   1   1
b= 51  50  51
b= 39  39  38
 currt node=1
 1 1 2
 ibt=[ 0 52 38 ]
 -b martix for evaluation----
b=  0   0   1
b= 51  52  51
b= 39  38  38
 currt node=2
 1 1 2
 r,w=0.577777803 0.422222227
 e(1),e(2)=5.82237244e-02 -7.96737671e-02
 label=1 1 2
 iend=0
 ict0 1
 irep=1
 ibt=[ 1 52 37 ]
 -b martix for evaluation----
b=  1   0   1
b= 52  52  51
b= 37  38  38
 currt node=1
 1 1 2
 ict1 1
 node to be removed = 3
 ibt=[ 0 53 37 ]
 -b martix for evaluation----
b=  1   0   0
b= 52  52  53
b= 37  38  37
 currt node=3
 2 1 2
 r,w=0.588888884 0.411111116
 e(1),e(2)=-0.648765564 0.929313660
 label=2 1 2
 iend=2
 <<<4   th stage >>>>
 end3 2
 r,w=0.588888884 0.411111116
 -b martix for evaluation----
b=  0   1   1
b=159 158 159
b=111 111 110
 currt node=1
 2 1 2
 ibt=[ 0 158 112 ]
 -b martix for evaluation----
```

```
 b=  0  1  0
b=159158158
b=111111112
 currt node=3
  2 1 2
 r,w=0.585185170 0.414814800
 e(1),e(2)=-0.416242599 0.587196350
 label=2 1 2
 iend=0
 ict0 1
 irep=1
 ibt=[ 1 157 112 ]
 -b martix for evaluation----
b=   1  1  0
b=157158158
b=112111112
 currt node=1
  2 1 2
 ict1 1
 node to be removed = 2
 ibt=[ 0 157 113 ]
 -b martix for evaluation----
b=   1  0  0
b=157157158
```

```
b=112113112
 currt node=2
  1 1 2
 r,w=0.581481457 0.418518513
 e(1),e(2)=-0.180599213 0.250926971
 label=1 2 2
 iend=0
 ict0 1
 irep=3
 ibt=[ 1 156 113 ]
 -b martix for evaluation----
b=   1  0  1
b=157157156
b=112113113
 currt node=3
  1 2 2
 ict1 1
 node to be removed = 1
 ibt=[ 0 156 114 ]
 <<<5   th stage >>>>
 end2 2
 r,w=0.581481457 0.418518513
```

図 3.6　例題 3 の解析プログラム

```
*       税を含む場合のスカーフ・アルゴリズム age3.f
        dimension labl(3),phi(2),del(2),sig(2),
       +alp(2,2),e(3),
       +ib(3,3),ibt(3),p(2),q(2),sml(2),smk(2),
       +x(2,2),tauk(2),
       +taup(2),gamma(2),isel(3),ihist(3)
        real k(2),l(2),km(2),lm(2),mu(2)
        data alp/0.5,0.3,0.5,0.7/mu/1.5,0.75/
        data km/25.0,0.0/lm/0.0,60.0/
        data del/0.6,0.7/sig/2.0,0.5/
*       data ib/1,2,7,3,1,6,2,2,6/gamma/0.5,0.5/
        data ib/0,0,10,1,0,9,0,1,9/gamma/0.5,0.5/
        data phi/1.5,2.0/
        data tauk/0.5,0.5/taul/0.0/taup/0.1,0.1/tauy/0.0/
*       data tauk/0.0,0.0/taul/0.0/taup/0.0,0.0/tauy/0.0/
        write(6,*) (ib(i,1),i=1,3)
        write(6,*) (ib(i,2),i=1,3)
        write(6,*) (ib(i,3),i=1,3)
        f=0.0
        div=10.0
        do 1 j=1,3
        ihist(j)=0
1       continue
        do 2000 it=1,10
        write(6,*)'-b martix for evaluation----'
        do 60 i=1,3
        write(6,160) (ib(i,j),j=1,3)
160     format(' b=',3i3)
60      continue
        if(it.gt.1) write(6,*) 'currt node=',iremove
        j1=1
        j3=3
        if(it.gt.1) then
        j1=iremove
        j3=iremove
        endif
        do 1000 jnode=j1,j3
        r=float(ib(1,jnode))/div
        w=float(ib(2,jnode))/div
        t=float(ib(3,jnode))/div
        if(ib(1,jnode).eq.0) r=0.001
        if(ib(2,jnode).eq.0) w=0.001
        if(ib(3,jnode).eq.0) t=0.001
        ww=w*(1.0+taul)
        do 10 j=1,2
        s=r*(1.0+tauk(j))
        cf1=del(j)+(1.0-del(j))*(s*del(j)/
       +(((1.0-del(j))*ww))**(1.0-sig(j))
```

```
        cf1=cf1**(sig(j)/(1.0-sig(j)))
        sml(j)=cf1/phi(j)
        cf2=1.0-del(j)+del(j)*((1.0-del(j))*
       +ww/(del(j)*s))**(1.0-sig(j))
        cf2=cf2**(sig(j)/(1.0-sig(j)))
        smk(j)=cf2/phi(j)
10      continue
        write(6,*) it,smk(1),smk(2)
        do 11 j=1,2
        p(j)=ww*sml(j)+r*(1.0+tauk(j))*smk(j)
11      continue
        do 20 m=1,2
        do 21 i=1,2
        sum=0.0
        do 22 j=1,2
        sum=sum+alp(m,j)*(p(j)*(1.0+taup(j)))
       +**(1.0-mu(m))
22      continue
        if(p(i).le.0.00001)  p(i)=0.00001
        d1=alp(m,i)*(w*lm(m)+r*km(m)+t*gamma(m))
        d2=(p(i)*(1.0+taup(i)))**mu(m)*sum
        x(m,i)=d1/d2
21      continue
20      continue
        do 30 j=1,2
        sum=0.0
        do 31 m=1,2
        sum=sum+x(m,j)
31      continue
        q(j)=sum
        l(j)=sml(j)*q(j)
        k(j)=smk(j)*q(j)
        write(6,*) l(j),k(j),sml(j),smk(j),q(j),
       +km(j),lm(j)
30      continue
        e(1)=k(1)+k(2)-km(1)-km(2)
        e(2)=l(1)+l(2)-lm(1)-lm(2)
        gsum=0.0
        do 80 j=1,2
        do 81 m=1,2
        gsum=gsum+taup(j)*p(j)*x(m,j)
81      continue
80      continue
        do 82 j=1,2
        gsum=gsum+taul*w*l(j)
82      continue
        do 83 j=1,2
        gsum=gsum+tauk(j)*r*k(j)
83      continue
        do 84 m=1,2
        gsum=gsum+tauy*(w*lm(m)+r*km(m)-f)
84      continue
        do 85 m=1,2
        gsum=gsum-t*gamma(m)
85      continue
        e(3)=gsum
*       labeling
        write(6,*) 'e=',(e(j),j=1,3)
        labnew=1
        if(e(2).gt.e(1).and.e(2).gt.e(3)) labnew=2
        if(e(3).gt.e(2).and.e(3).gt.e(1)) labnew=3
        labl(jnode)=labnew
1000    continue
        if(it.eq.1) then
        ihist(1)=ihist(1)-1
        iremove=1
        labl(2)=1
```

```
          labl(3)=1
          go to 999
          endif
          write(6,*) 'ih',(ihist(j),j=1,3)
          iend=0
          do 330 j=1,3
          do 331 jj=1,3
          if(j.eq.jj)  go to 331
          if(labl(jj).ne.labl(j)) iend=iend+1
331       continue
330       continue
          write(6,*) 'iend=',iend
*
          ict=0
          do 91 j=1,3
          if(j.ne.iremove.and.labl(j).eq.labl(iremove))then
          ict=ict+1
          isel(ict)=j
          endif
91        continue
          write(6,*) 'ict=',ict,'label=',(labl(j),j=1,3)
*
          if(ict.eq.0) then
          jnew=0
          do 27 j=1,3
          if(j.eq.iremove)  go to 27
          if(ib(2,j).eq.0.or.ib(3,j).eq.0) jnew=j
27        continue
          if(ict.eq.0.and.iend.eq.6.and.jnew.eq.0)

     +    go to 900
          iremove=jnew
          go to 777
          endif
          ihmax=-100
          do 3 j=1,ict
          if(ihist(isel(j)).ge.ihmax)   then
          ihmax=ihist(isel(j))
          jnew=isel(j)
          endif
3         continue
777       continue
          iremove=jnew
          ihist(iremove)=ihist(iremove)-1
999       continue
          do 50 i=1,3
          ibsum=0.0
          do 51 j=1,3
          if(j.ne.iremove) ibsum=ibsum+ib(i,j)
          if(j.eq.iremove) ibsum=ibsum-ib(i,j)
51        continue
          ibt(i)=ibsum
50        continue
          do 55 i=1,3
          ib(i,iremove)=ibt(i)
55        continue
2000      continue
900       write(6,*) 'ib=',(ib(i,3),i=1,3)
          write(6,*) 'r,w,t=',r,w,t,'p=',(p(j),j=1,2)
          stop
          end
```

図 3.7   例題 4 の解析プログラム

```
*   税込み 2 要素メリル・アルゴリズムのプログラム age3m.f
          dimension labl(4),phi(2),del(2),sig(2),alp(2,2),e(3),
         +ib(4,4),ibt(4),ibinit(4),p(2),q(2),sml(2),
         +smk(2),x(2,2),tauk(2),
         +taup(2),gamma(2),isel(4),ihist(4),ix(3),z(2)
          real k(2),l(2),km(2),lm(2),mu(2)
          data alp/0.5,0.3,0.5,0.7/mu/1.5,0.75/
          data km/25.0,0.0/lm/0.0,60.0/
          data del/0.6,0.7/sig/2.0,0.5/
          data gamma/0.5,0.5/
          data phi/1.5,2.0/
          data tauk/0.5,0.5/taul/0.0/taup/0.1,0.1/tauy/0.0/
*    data tauk/0.0,0.0/taul/0.0/taup/0.0,0.0/tauy/0.0/
          f=0.0
          ib(1,1)=0
          ib(2,1)=2
          ib(3,1)=2
          ib(4,1)=6
          div=10.0
          ibeta=3
          labl(1)=3
          jadd1=2
          jadd2=4
          iremove=1
*
          do 1000 ik=1,4
          do 1 i=1,4
          ihist(i)=0
1         continue
          iremove=1
          do 2000 it=1,100
          if(it.eq.1) then
          do 77 i=1,4
          ibinit(i)=ib(i,1)
77        continue
          endif
          do 2 j=1,4
          ihist(j)=ihist(j)+1
2         continue
          if(it.eq.1) then
          do 500 j=jadd1,jadd2
          ib(1,j)=1
          do 501 i=2,4
          ib(i,j)=ib(i,1)
501       continue
          ib(j,j)=ib(j,1)-1
500       continue
          do 515 jnode=2,4
          do 516 i=2,4
          if(ib(i,jnode).lt.ibinit(i)) iu=i-1
516       continue
          labl(jnode)=iu
515       continue

          endif
          write(6,*)'-b martix for evaluation----'
          do 60 i=1,4
          write(6,160)(ib(i,j),j=1,4)
160       format('b=',4i3)
60        continue
          write(6,*) 'current node=',iremove
          write(6,*) (labl(j),j=1,4)
          write(6,*) 'ihist=',(ihist(j),j=1,4)
          if(it.eq.1)  then
          do 16 j=2,4
          if(ib(1,j).gt.0.and.labl(j).eq.labl(1))
         +iremove=j
16        continue
          write(6,*) 'currt node=',iremove
          go to 666
          endif
          if(ib(1,iremove).gt.0)  then
          do 519 i=2,3
          if(ib(i,iremove).lt.ibinit(i)) then
          iu=i-1
          go to 529
          endif
519       continue
529       continue
          labl(iremove)=iu
          write(6,*) 'ii',it,iremove,iu
          go to 888
          endif
*
          r=float(ib(2,iremove))/div
          w=float(ib(3,iremove))/div
          t=float(ib(4,iremove))/div
          write(6,*) r,w,t
          if(ib(2,iremove).eq.0)   r=0.0001
          if(ib(3,iremove).eq.0)   w=0.0001
          if(ib(4,iremove).eq.0)   t=0.0001
          ww=w*(1.0+taul)
          do 10 j=1,2
          s=r*(1.0+tauk(j))
          cf1=del(j)+(1.0-del(j))*(s*del(j)/((1.0-del(j))*ww))
         +**(1.0-sig(j))
          cf1=cf1**(sig(j)/(1.0-sig(j)))
          sml(j)=cf1/phi(j)
          cf2=1.0-del(j)+del(j)*((1.0-del(j))
         +ww/(del(j)*s))**(1.0-sig(j))
          cf2=cf2**(sig(j)/(1.0-sig(j)))
```

```
              smk(j)=cf2/phi(j)
      10   continue
              write(6,*) it,smk(1),smk(2)
              do 11 j=1,2
              p(j)=w*(1.0+taul)*sml(j)+r*(1.0+tauk(j))*smk(j)
      11   continue
              do 20 m=1,2
              z(m)=tauy*(w*lm(m)+r*km(m)-f)
              do 21 i=1,2
              sum=0.0
              do 22 j=1,2
              sum=sum+alp(m,j)*(p(j)*(1.0+taup(j)))**(1.0-mu(m))
      22   continue
              if(p(i).le.0.00001)  p(i)=0.00001
              d1=alp(m,i)*(w*lm(m)+r*km(m)-z(m)+t*gamma(m))
              d2=(p(i)*(1.0+taup(i)))**mu(m)*sum
              x(m,i)=d1/d2
      21   continue
      20   continue
              do 30 j=1,2
              sum=0.0
              do 31 m=1,2
              sum=sum+x(m,j)
      31   continue
              q(j)=sum
              l(j)=sml(j)*q(j)
              k(j)=smk(j)*q(j)
              write(6,*) l(j),k(j),sml(j),smk(j),q(j),km(j),lm(j)
      30   continue
              e(1)=k(1)+k(2)-km(1)-km(2)
              e(2)=l(1)+l(2)-lm(1)-lm(2)
              gsum=0.0
              do 80 j=1,2
              do 81 m=1,2
              gsum=gsum+taup(j)*p(j)*x(m,j)
      81   continue
      80   continue
              do 82 j=1,2
              gsum=gsum+taul*w*l(j)
      82   continue
              do 83 j=1,2
              gsum=gsum+tauk(j)*r*k(j)
      83   continue
              do 84 m=1,2
              gsum=gsum+tauy*(w*lm(m)+r*km(m)-f)
      84   continue
              do 85 m=1,2
              gsum=gsum-t*gamma(m)
      85   continue
              e(3)=gsum
*  labeling
              write(6,*) 'e=',(e(j),j=1,3)
*  labeling
              labnew=1
              if(e(2).gt.e(1).and.e(2).gt.e(3)) labnew=2
              if(e(3).gt.e(2).and.e(3).gt.e(1)) labnew=3
              labl(iremove)=labnew
              write(6,*) 'it=',it,'label=',(labl(j),j=1,4)
*
              iend=0
              iart=0
              do 330 j=1,4
              if(ib(1,j).ne.0) then
              iart=iart+1
              go to 330
              endif
              do 331 jj=1,4
              if(j.eq.jj)  go to 331
              if(labl(j).ne.labl(jj).and.ib(1,jj).eq.0)
             +iend=iend+1
      331  continue
              if(iend.eq.6) go to 333
      330  continue
      333  continue
              write(6,*) 'iend=',iend
              kremove=iremove
              if(iend.eq.6) go to 900
*  selection
      888  continue
              ict=0
              do 69 j=1,4
              if(j.eq.iremove) go to 69
              if(ib(1,j).gt.0.and.labl(j).eq.
             +labl(iremove)) then
              ict=ict+1
              isel(ict)=j
              endif
      69   continue
              write(6,*) 'ict',ict,iart
*  same labels on basic simplex
              if(ict.eq.0)  then
              ihmax=-10000
              do 350 j=1,4
              if(j.eq.iremove) go to 350
              if(ib(1,j).ne.0) go to 350
              if(ihist(j).le.ihmax) go to 350
              if(labl(j).eq.labl(iremove)) then
              irep=j
              ihmax=ihist(j)
              endif
      350  continue
              write(6,*) 'irep=',irep,iremove,labl(irep),labl(iremove)
              iremove=irep
              go to 666
              endif
*
              ihmax=-1000
              do 61 i=1,ict
              if(ihist(isel(i)).ge.ihmax)  then
              jfind=isel(i)
              ihmax=ihist(isel(i))
              endif
      61   continue
              iremove=jfind
              write(6,*) 'node to be removed = ',iremove
*  remove
      666  continue
              ix(1)=iremove-1
              if(ix(1).le.0)  ix(1)=4
              ix(2)=iremove+1
              if(ix(2).gt.4)  ix(2)=1
              write(6,*) ix(1),ix(2),iremove
              do 50 i=1,4
              ibsum=-ib(i,iremove)
              do 51 jj=1,2
              j=ix(jj)
              ibsum=ibsum+ib(i,j)
      51   continue
              ibt(i)=ibsum
      50   continue
              write(6,*) 'ibt=[',(ibt(i),i=1,4),']'
              do 55 i=1,4
              ib(i,iremove)=ibt(i)
      55   continue
              ihist(iremove)=0
      2000 continue
*
      900  continue
              write(6,*) '<<<<',ik+1, 'th stage >>>>'
              iremove=1
              ib(1,1)=0
              ib(2,1)=ibeta*ib(2,kremove)
              ib(3,1)=ibeta*ib(3,kremove)
              ib(4,1)=ibeta*ib(4,kremove)
              jadd1=2
              jadd2=4
              labl(1)=labl(kremove)
              div=div*float(ibeta)
              write(6,*) 'r,w,t=',r,w,t
      1000 continue
              stop
              end
----------プログラムの出力----------
 -b martix for evaluation----
 b=  0  1  1  1
 b=  2  1  2  2
 b=  2  2  1  2
 b=  6  6  6  5
 current node=1
 3 1 2 3
 ihist=1 1 1 1
 currt node=4
 3 1 4
 ibt=[ 0 2 1 7 ]
 -b martix for evaluation----
 b=  0  1  1  0
```

第3章 応用一般均衡による情報セクター分析

```
  b=  2  1  2  2
  b=  2  2  1  1
  b=  6  6  6  7
   current node=4
  3 1 2 3
  ihist=2 2 2 1
  0.200000003 0.100000001 0.699999988
  2 6.93721622e-02 0.282287568
  e=-11.7395267 6.58221436 1.68968379
  it=2 label=3 1 2 2
  iend=2
  ict1 2
  node to be removed = 3
  2 4 3
  ibt=[0 1 2 7 ]
   -b martix for evaluation----
  b=  0  1  0  0
  b=  2  1  1  2
  b=  2  2  2  1
  b=  6  6  7  7
   current node=3
  3 1 2 2
  ihist=3 3 1 2
  0.100000001 0.200000003 0.699999988
  3 0.576888382 0.414575130
  e=8.65615845 -16.1512108 2.36462641
  it=3 label=3 1 1 2
  iend=6
   <<<<2 th stage >>>>
   r,w,t=0.100000001 0.200000003 0.699999988
   -b martix for evaluation----
  b=  0  1  1  1
  b=  3  2  3  3
  b=  6  6  5  6
  b= 21 21 21 20
   current node=1
  1 1 2 3
  ihist=1 1 1 1
  currt node=2
  1 3 2
  ibt=[0 4 5 21 ]
   -b martix for evaluation----
  b=  0  0  1  1
  b=  3  4  3  3
  b=  6  5  5  6
  b= 21 21 21 20
   current node=2
  1 1 2 3
  ihist=2 1 2 2
  0.133333340 0.166666672 0.699999988
  2 0.304358304 0.359165013
  e=-1.68981934 -11.4267578 2.12977004
  it=2 label=1 3 2 3
  iend=2
  ict1 2
  node to be removed = 4
  3 1 4
  ibt=[0 3 5 22 ]
   -b martix for evaluation----
  b=  0  0  1  0
  b=  3  4  3  3
  b=  6  5  5  5
  b= 21 21 21 22
   current node=4
  1 3 2 3
  ihist=3 2 3 1
  0.100000001 0.166666672 0.733333349
  3 0.455342293 0.391522944
  e=4.26171494 -14.1537323 1.93278277
  it=3 label=1 3 2 1
  iend=4
  ict0 1
  irep=1 4 1 1
  4 2 1
  ibt=[0 4 4 22 ]
   -b martix for evaluation----
  b=  0  0  1  0
  b=  4  4  3  3
  b=  4  5  5  5
  b= 22 21 21 22
   current node=1
  1 3 2 1
  ihist=1 3 4 2
```

```
  0.133333340 0.133333340 0.733333349
  4 0.217687055 0.337082863
  e=-4.87783432 -7.91051483 1.70511401
  it=4 label=3 3 2 1
  iend=4
  ict0 1
  irep=2 1 3 3
  1 3 2
  ibt=[1 3 4 22 ]
   -b martix for evaluation----
  b=  0  1  1  0
  b=  4  3  3  3
  b=  4  4  5  5
  b= 22 22 21 22
   current node=2
  3 3 2 1
  ihist=2 1 5 3
  ii5 2 2
  ict1 1
  node to be removed = 3
  2 4 3
  ibt=[0 3 4 23 ]
   -b martix for evaluation----
  b=  0  1  0  0
  b=  4  3  3  3
  b=  4  4  4  5
  b= 22 22 23 22
   current node=3
  3 2 2 1
  ihist=3 2 1 4
  0.100000001 0.133333340 0.766666651
  6 0.334142566 0.366024703
  e=-7.19490051e-02 -11.2258720 1.50397825
  it=6 label=3 2 3 1
  iend=4
  ict0 1
  irep=1 3 3 3
  4 2 1
  ibt=[1 2 5 22 ]

           途中を省略する

   -b martix for evaluation----
  b=  1  0  0  1
  b=  5  5  5  4
  b=  4  4  5  5
  b= 80 81 80 80
   current node=4
  1 2 3 2
  ihist=3 2 5 1
  ii20 4 1
  ict1 1
  node to be removed = 1
  4 2 1
  ibt=[0 4 5 81 ]
   -b martix for evaluation----
  b=  0  0  0  1
  b=  4  5  5  4
  b=  5  4  5  5
  b= 81 81 80 80
   current node=1
  1 2 3 1
  ihist=1 3 6 2
  4.44444455e-02 5.55555560e-02 0.899999976
  21 0.304358304 0.359165013
  e=1.58392143 -4.44616699 0.176612496
  it=21 label=1 2 3 1
  iend=6
   <<<<4 th stage >>>>
   r,w,t=4.44444455e-02 5.55555560e-02 0.899999976
   -b martix for evaluation----
  b=  0  1  1  1
  b= 12 11 12 12
  b= 15 15 14 15
  b=243 243 243 242
   current node=1
  1 1 2 3
  ihist=1 1 1 1
  currt node=2
  1 3 2
  ibt=[0 13 14 243 ]
   -b martix for evaluation----
  b=  0  0  1  1
```

```
            b= 12 13 12 12                                      iend=4
            b= 15 14 14 15                                      ict0 1
            b=243243243242                                      irep=1 3 3 3
             current node=2                                     4 2 1
             1 1 2 3                                            ibt=[1 11 14 244 ]
             ihist=2 1 2 2                                       -b martix for evaluation----
             4.81481478e-02 5.18518500e-02 0.899999976          b=  1  1  0  0
             2 0.243816331 0.344145060                          b= 11 12 12 12
             e=-1.00630379 -1.99122620 0.151700139              b= 14 13 13 14
             it=2 label=1 3 2 3                                 b=244244245244
             iend=2                                              current node=1
             ict1 2                                              3 2 3 1
             node to be removed = 4                              ihist=1 3 2 5
             3 1 4                                               ii7 1 1
             ibt=[0 12 14 244 ]                                  ict0 1
              -b martix for evaluation----                       irep=4 1 1 1
            b=  0  0  1  0                                       3 1 4
            b= 12 13 12 12                                       ibt=[1 11 13 245 ]
            b= 15 14 14 14                                        -b martix for evaluation----
            b=243243243244                                      b=  1  1  0  1
             current node=4                                     b= 11 12 12 11
             1 3 2 3                                            b= 14 13 13 13
             ihist=3 2 3 1                                      b=244244245245
             4.44444455e-02 5.18518500e-02 0.903703690           current node=4
             3 0.274948686 0.352072597                           1 2 3 1
             e=0.515239716 -2.93517303 0.129294991               ihist=2 4 3 1
             it=3 label=1 3 2 1                                  ii8 4 1
             iend=4                                              ict1 1
             ict0 1                                              node to be removed = 1
             irep=1 4 1 1                                        4 2 1
             4 2 1                                               ibt=[1 12 12 245 ]
             ibt=[0 13 13 244 ]                                   -b martix for evaluation----
              -b martix for evaluation----                      b=  1  1  0  1
            b=  0  0  1  0                                      b= 12 12 12 11
            b= 13 13 12 12                                      b= 12 13 13 13
            b= 13 14 14 14                                      b=245244245245
            b=244243243244                                       current node=1
             current node=1                                     1 2 3 1
             1 3 2 1                                             ihist=1 5 4 2
             ihist=1 3 4 2                                       ii9 1 2
             4.81481478e-02 4.81481478e-02 0.903703690           ict1 1
             4 0.217687055 0.337082893                           node to be removed = 2
             e=-1.98109436 -0.192687988 0.104663968              1 3 2
             it=4 label=3 3 2 1                                  ibt=[0 12 12 246 ]
             iend=4                                               -b martix for evaluation----
             ict0 1                                             b=  1  0  0  1
             irep=2 1 3 3                                       b= 12 12 12 11
             1 3 2                                              b= 12 12 13 13
             ibt=[1 12 13 244 ]                                 b=245246245245
              -b martix for evaluation----                       current node=2
            b=  0  1  1  0                                       2 2 3 1
            b= 13 12 12 12                                       ihist=2 1 5 3
            b= 13 13 14 14                                       4.44444455e-02 4.44444455e-02 0.911111116
            b=244244243244                                       10 0.217687055 0.337082863
             current node=2                                      e=-1.60326004 0.813980103 3.50790620e-02
             3 3 2 1                                             it=10 label=2 2 3 1
             ihist=2 1 5 3                                       iend=2
             ii5 2 2                                             ict1 2
             ict1 1                                              node to be removed = 1
             node to be removed = 3                              4 2 1
             2 4 3                                               ibt=[0 11 13 246 ]
             ibt=[0 12 13 245 ]                                   -b martix for evaluation----
              -b martix for evaluation----                      b=  0  0  0  1
            b=  0  1  0  0                                      b= 11 12 12 11
            b= 13 12 12 12                                      b= 13 12 13 13
            b= 13 13 13 14                                      b=246246245245
            b=244244245244                                       current node=1
             current node=3                                      2 2 3 1
             3 2 2 1                                             ihist=1 2 6 4
             ihist=3 2 1 4                                       4.07407396e-02 4.81481478e-02 0.911111116
             4.44444455e-02 4.81481478e-02 0.907407403           11 0.280263543 0.353380531
             6 0.246018514 0.344722033                           e=1.15533257 -2.21813583 5.97298145e-02
             e=-0.547241211 -1.20032883 8.21151733e-02           it=11 label=1 2 3 1
             it=6 label=3 2 3 1                                  iend=6
                                                               <<<<5 th stage >>>>
                                                                r,w,t=4.07407396e-02 4.81481478e-02 0.911111116
```

図 3.8 例題 4 のメリル法解析プログラム

第4章 時系列解析手法の応用

4.1 分析ソフトウェアTSPについて

4.1.1 TSPによる時系列解析

　本書の第4, 5, 6章では分析ソフトウェアTSP(Time Series Processor)を用いて，経済分野における時系列解析，質的データ解析，および回帰分析と構造方程式の解析を行う。そこで以下では，簡単にTSPについて説明を行っておく[Tsp-1][Tsp-2][Wag]。TSPは1967年に米国のスタンフォード大学で開発され，これ以降すでに約40年間にわたり，計量経済学や関連分野の教育や研究において世界各国で用いられ，1つの標準的な解析方法となっている。TSPにはデータ管理機能や記述統計などの統計パッケージの基本的機能や，プログラミング言語としての機能を備えていることはもちろんであるが，経済分野の解析に必要とされる時系列解析，仮説検定および構造方程式に関連した解析手法が整備されている。また，いわゆる質的データ解析と呼ばれるデータ分類や特徴づけの方法も同時に整備されており，アンケートや調査データの整理に用いられている。

　このようにTSPには統計パッケージとしても魅力的であるが，特にこの章でとりあげる時系列解析についての機能は充実されており，経済分野でとりあげられる，以下のような多くの問題をカバーしている。

(1) ARMAモデル

　株価や景気変動などの経済時系列はプラス，マイナスに振れるようなデータ系列で表現されることが多い。このような時系列についても，式をあてはめると近似的に関係式で表現できることがある。この近似的な関係式の1つとしてARMA(Auto-Regressive Moving Average)モデルがある。TSPにおけるARMAモデル解析においては，最初に時系列を生成するプロセスを特定することを行い(同定の手順)，次にこのプロセスのパラメータを推定する(推定の手順)。最後に，この推定されたプロセスに基づいて，将来の値を予測する(予測の手順)。

(2) VARモデルおよびグランジャーの因果

　時系列解析や経済モデル分析において，説明変数と被説明変数をあらかじめ区別を設定できない場合も少なくない。このようなケースに適用されるものが，ベクトル自己回帰(VAR)モデルである。複数の方程式を同時にモデル化していることに加えて，内生変数ベクトルを表現する場合に，該当する方程式のラグ付き変数だけではなく，他の方程式のラグ付き変数も用いて表現した線形モデルである。このVARモデルに関連して議論されるものが，グランジャー(Granger)により提案され定式化されたグランジャーの因果性とよぶものである。これは1つの時系列の現在の時刻$t-1$の値$y_{2,t-1}$が，他の時系列の次の時刻の予測y_{1t}に利用できるか

どうかを検定する方法である。
(3) チョウ (Chow) テストによる構造変化の検出

時系列データに線形回帰モデルの分析手法を適用した場合に，時期により回帰係数が統計的に異なることが検出され，いわゆる構造変化が発生しているケースがある [Cho]。例えば，オイルショック以降では企業の生産活動が変化し，GDP や消費者の購買行動が変化することなどがある。構造変化の検証の代表的な手法としてチョウテストがあり，その原理は 2 組のデータセットがあるとき，同じ次数の回帰分析を実施した場合に，回帰係数の違いがこれらの 2 組で見られるかを検証する方法である。

(4) 単位根検定

単位根検定とは，確率過程が非定常であるかどうかを検証する方法である。もし時系列が非定常であることが確認されれば，この時系列データに対して，そのまま線形の回帰モデルを適用することはできないので，前処理が必要となる。例えば時系列のこの平均や分散が時間的に一定の傾向を持つことを，時系列にトレンド (trend) が含まれると呼び，これを除去する処理を適用する。

(5) 共和分検定

非定常時系列を組み合わせることにより非定常性が失われてしまい，x_t, y_t が非定常時系列であるにもかかわらず，$x_t - y_t$ が定常時系列になる場合があることが知られている。すなわち，合成された時系列に対する単位根検定の結果について帰無仮説が成立してしまうことが知られている。この場合，2 つの時系列 x_t と y_t とは共和分の関係にあると呼ばれる。同じような動きをする時系列 x_t, y_t の間での引き算であるので，x_t と y_t との間にあるショックが与えられても，時間が経過してしまうとキャンセルされて，もとの関係に戻ることを意味している。

(6) ARCH モデル

実際の為替レート変動や株価収益のデータにおいては，これらのパラメータは時間的に変動することが多い。このため，時系列の分散も時間的に変化するモデルの必要性が認識されてきた。ARCH(Autoregressive Conditional Heteroscedasticity) モデルでは，無条件分散は一定であるが，条件付分散は時間に対して一定ではないと仮定している。このモデルを更に一般化したものとして GARCH(Generalized ARCH) モデルが用いられ，有効性が確認されている。

(7) カルマンフィルタ

線形離散確率システムの状態変数表示の一般形を与えておいて，観測データから内部状態を推定する方法を与えるものがカルマンフィルタである。従来の方法では時系列は定常であることが必要な条件であったが，カルマンフィルタにおいては非定常時系列へも適用可能となっている。工学の世界では，ランダムな成分で乱された人工衛星からの信号を復元することや，軌道を推定するなどの応用がある。経済分野における応用としては，時系列生成のモデル化とその予測への応用がある。

4.1.2 本章で用いるデータ

本章では情報経済のモデル分析について，TSP による解析を示すが，特に時系列データの解析の応用例を示す。このために用いるデータについて，可能なかぎり現実のデータを収集するよ

うにつとめている。しかしながら、収集が困難なデータを応用例に用いることは、実際にTSPを応用して時系列解析を行う場合には、あまり便利とは言えない。したがって本書では、一般に公開されており、比較的容易に入手できるデータを用いている。具体的には、米国政府や関連機関が公表するデータであり、インターネットを通じてホームページから容易に入手することができる。しかしながら、データの種類も限定されていることから、厳密な解析に適切かどうかは不明である。このような制限を前提として、以下の節において、情報経済のモデル分析についてTSPを応用することを述べていく。

本章で用いるデータを入手した機関は、以下のようなものである(カッコ内はホームページのアドレス)。

(1) U.S. Bureau of Economic Analysis(http://www.bea.gov/)
(2) U.S. Department of Labor(http://stats.bls.gov/)
(3) U.S. Census Bureau(http://www.census.gov/)
(4) U.S. Department of Energy(http://www.energy.gov/)
(5) IMF:International Monetary Fund (http://www.imf.org/)

これらの機関から収集し整理したデータは、次のようなものである。カッコの中は、解析プログラムで用いている変数名である。

(1) 米国における研究開発投資 (randd)
(2) 米国における生産性 (prodtv)
(3) 米国における情報セクターの出荷額 (iprod)
(4) 米国における情報サービス労働者数 (swork)
(5) 米国におけるエネルギー需要 (energy)
(6) 米国における情報財への消費支出 (iexp)
(7) 各国のDGP(usagなど)
(8) 各国の輸出入額 (cheなど)

4.2 ARMAモデル

4.2.1 ARMAモデルとは

経済時系列は長期的な傾向を除去すると、ゼロを中心値としてプラス、マイナスに振れるようなデータ系列で表現されることが多い。株価や景気変動など広いクラスの経済時系列がこの方法で表現できることが知られている。ゼロを中心とする時系列では、一般に不規則な変化をしているようであるが、式をあてはめると近似的に関係式で表現できることがある。この近似的な関係式の1つとして、以下で述べるARMA(Auto-Regressive Moving Average)モデルとよばれるものがある。このモデルは創始者の名前をとって、ボックス・ジェンキンス(Box-Jenkins)法とも呼ばれている [Box-1]。ボックス・ジェンキンス法は3つのステップからなり、最初に時系列を生成するプロセスを特定することを行い (同定の手順)、次にこのプロセスのパラメータを推定する (推定の手順)。最後に、この推定されたプロセスに基づいて、将来の値を予測する (予測の手順)。TSPにおいても、これら3つの手順がコマンドとして準備されている。このよ

うなモデルを用いることにより, 現在までの時系列データをもとにして将来を予測することができる。

基本的な考えかたとしては, 今の時刻の値 x_t は過去の自分自身と関係しているということを仮定しており, $x_{t-1}, x_{t-2}, ...$ などに係数をかけて加えたもので表現される。これを自己回帰 (AR:Auto regressive) モデルという。

$$x_t = a_1 x_{t-1} + a_2 x_{t-2} + ... + a_p x_{t-p} + u_t \tag{4.1}$$

ここで, u_t は右辺のこの項まで $a_1 x_{t-1} + ... + a_p x_{t-p}$ の値と, 左辺の x_t との誤差を表す。更に, u_t 自身も時間とともに変化すると考え, これを乱雑に変化するホワイトノイズ v_t の時間変化 (過去の値) に係数をかけて加えたものとして近似する。白色雑音 (ホワイトノイズ) v_t とは平均ゼロ, 分散 σ^2 をもつ確率変数であり, 時刻が異なれば相互に無関係 (つまり異なる時刻 t と s の値 v_t と v_s は無相関という) である性質をもつ。この項を移動平均 (MA:Moving Average) という。ホワイトノイズ v_t の取り扱いについてはいくつかの方法があるが, データ解析をする場合には, 時刻における AR モデルの当てはめ誤差を用いることが多い。これらの 2 つを合わせて, ARMA モデルという。これを式で書くと以下のようになる。

$$x_t = a_1 x_{t-1} + a_2 x_{t-2} + ... + a_p x_{t-p} + b_1 v_{t-1} + b_2 v_{t-2} + ... + b_q v_{t-q} + v_t \tag{4.2}$$

最終的には式 (4.2) は一般的なモデルを表し, 係数の個数と合わせて ARMA(p, q) モデル, あるいは ARIMA(p, q) モデルと表現される。AR 部分のみ, あるいは MA 部分のみをもつ時系列モデルも取り扱うことができる。これらは AR(p) モデル, MA(q) モデルとよばれる。

与えられた時系列に対して適当な ARMA モデルを当てはめるための基礎理論が確立されており, 時系列データを与えて適当な方針を決めれば ARMA 係数を計算することができる。しかし, 実際に計算を進める場合には, 次の 2 つの点に注意しなければならない。1 つは AR, MA, ARMA のどのモデルを適用するかということであり, 2 つ目は次数 p, q をどのように選択するかである。これらの問題についての詳しい説明は省略するが, 結論的に言えば, モデルの当てはまり具合を表す指標が, 残差 $\varepsilon(t)$ と次数 $p+q$ とを用いた関係式で表現できるので, この値が最小となるモデルを選択すれば良い。

ARMA 係数を推定する方法についてはいくつかの方法があるが, 代表的な方法として共分散行列を用いたアルゴリズムが良く知られている。いま, $t = k$ として, 式 (4.1) の両辺に x_{t-j} をかけて, 期待値をとってやると, 次のような関係式が得られる。

$$E x_k x_{k-j} = \sum_{i=1}^{p} a_i E x_{k-j} x_{k-i} \tag{4.3}$$

ここで, 時系列 x_t の共分散列を

$$R(i-j) = E x_{k-i} x_{k-j} \tag{4.4}$$

として定義すると

$$\mathbf{Ra} = -\mathbf{b} \tag{4.5}$$

第 4 章 時系列解析手法の応用

$$\mathbf{a} = (a_1, a_2, ..., a_p)^T \tag{4.6}$$
$$\mathbf{b} = (R(1), R(2), ..., R(p))^T \tag{4.7}$$

となる。ここで, $\mathbf{R}$ は $R(1), R(2), ..., R(p)$ からなる行列である (正確な形は省略する)。これを正規方程式あるいはユール・ウォーカー (Yule-Walker) 式とよぶ。この方程式を解くことにより係数 a_i を求めることができる。また, 計算手法を高速化する方法, ARMA モデルへの適用などが工夫されている (詳細は省略する)。

4.2.2　自己相関関数と偏自己相関関数

　比較的簡単な線形モデルである ARMA モデルを, 時系列に当てはめることができるようにするための 2 つの条件がある。その 1 つはエルゴード性の仮定であり, 簡単に言えば, 観測されたデータは全体のデータの一部であるが, その長さを十分に大きくしていくと推定値は真の値に近づくとする仮定である。もう 1 つの仮定が定常性の仮定であり, どの時点における確率分布も, 任意の時刻離れた時点における確率分布と同じであるとする。これによって, 時系列の平均は一定であり, 分散は時刻の遅れだけに依存する一定の値であることが仮定されている。
　この具体的な指標となるものが, 次に定義される自己相関関数 (Auto Correlation Function:ACF) である。

$$\rho_k = Cov(x_t, x_{t-k})/\sigma = E[(x_t - \mu)(x_{t-k})]/\sigma \tag{4.8}$$

ここで分子は時系列の自己共分散であり, σ^2 は時系列の分散である。また, k は自己相関の継続時間に相当するラグとよばれる時間遅れである。これらの値は観測値から, 次により推定される ($\bar{x}$ は x_t の平均値)。

$$Cov(x_t, x_{t-k}) = \sum_{t=k+1}^{T}(x_t - \bar{x})(x_{t-k} - \bar{x}), \sigma^2 = \sum_{t=1}^{T}(x_t - \bar{x})^2 \tag{4.9}$$

ACF の著しい性質として, 時系列が定常であるならばラグ k に関して ACF が急速に小さくなることがある。ACF が急速に小さくなったときのラグが, この AR モデルにおける最適な次数 p を表している。また ARMA モデルに当てはまる時系列では, 特別な周期性などは含まれていないと仮定されるので, 自己相関関数はラグが大きくなるにしたがって通常は小さくなる。したがって ACF をグラフとして描いた場合に, ラグ k に関していつまでも小さい値にならない場合には, 時系列は非定常であると判断され, このままではモデルを当てはめて分析を続けることは適切ではない。
　自己相関関数による分析を更に正解にするために, 自己相関関数と同時に偏自己相関関数も用いられる。時系列解析に限らず一般に相関関数を計算する場合には, 対象となる 2 つの変数の影に隠れている第 3 番目の変数の影響を受けて, 見かけ上の相関が大きくなることが知られている。特に時系列の場合には y_t と y_{t-k} との間の相関の大部分は, これらの中間に位置するデータ $y_{t-1}, y_{t-2}, ..., y_{t-k+1}$ の影響を受けていると考えられる。したがった, これらの影響を除去した相関関数を計算する必要がある。このような影にある変数の影響を除去した自己相

関関数を, 偏自己相関関数と呼ぶ。偏自己相関関数においても, 関数の値が急速に小さくなるラグの場所が, 最適な AR の次数 p を与える。

ARMA モデルが時系列に対して正確に当てはまっているかどうかを検証するには, 誤差だけではなく次数も考慮される。この指標としてよく用いられるものとして次の指標があり, この 2 つの量は小さいほど, 当てはまりが良好である。

AIC:赤池情報量基準 Akaike's Information Criterion
SBC:シュワルツベイズ基準 Schwartz's Bayesian Criterion

4.2.3　階差をとることによる定常化

ARMA モデルを時系列に当てはめることができる 1 つの条件として, 定常性の条件がある。定常性の条件はすでに述べたように, 時系列の自己相関関数をグラフとして描き, その傾向を分析することにより検証することができる。

もし時系列が定常でない, すなわち非定常であるならば, 何らかの方法で変換して定常な時系列にする必要がある。その 1 つの方法が, 階差をとることにより, 定常な時系列に変換することである。階差をとったあとの時系列を, 定常時系列としてモデルを当てはめ解析し, 必要なら逆変換をすることにより, もとの時系列に戻して分析を続けることができる。

階差とは, ある隣接する時系列データの間での差 (差分) をとることであり, 数回の階差をとることにより, 変換された時系列が定常時系列になることも少なくない。平均値が大きく変動する (トレンドを含む) 非定常な時系列は, 階差 (差分) を取ることで定常時系列に変換できる場合が多くある。例えば次のように 1 階の階差をとり, 新しい時系列 y_t を生成する。

$$y_t = x_t - x_{t-1} \tag{4.10}$$

このような階差をとる操作を簡潔に表現する方法として, 時間遅れオペレータ z^{-1} が用いられ, $z^{-1}x_t = x_{t-1}$ となる関係を意味する。したがって上の 1 階の階差は, 次のような表示方法を用いる。

$$y_t = (1 - z^{-1})x_t \tag{4.11}$$

したがって d 階の階差をとる場合には, 次のような表現になる。

$$y_t = (1 - z^{-1})^d x_t \tag{4.12}$$

このように, もとの時系列に d 回の階差をとり生成した時系列に, あらためて, AR 部分の次数が p で MA 部分の次数が q である ARMA モデルを当てはめる場合のモデルを, ARMA(p, d, q) という記号で示している。なお, 通常は $d = 1, 2$ 程度で十分であるとされている。

このように階差をとったあとに得られた階差時系列が定常と見なせ, ARMA モデルによって表現できる場合には, 元の時系列は定常時系列を積分, すなわち階差 (差分) の逆操作をしたものと見なせることから, ARIMA(Auto Regressive Integrated Moving Average) モデルと呼ばれる。

4.2.4 季節調整

　季節調整とは,毎年のデータで月や季節ごとに同じように出現するパターンを検出して,これを是正する処理のことを指している.政府の発表する統計データなどでも,季節調整済みデータであるとの断りが記されていることがある.季節調整を行う理由としては,毎年繰り返して出現する現象を取り除くことにより,その年に固有の現象(月ごとの値や季節ごとの値)を見いだすことにある.

　経済時系列は ARIMA モデルで当てはめられるようなゼロ付近での変動だけではなく,時間とともに増大する成分や,季節ごとに現れるピークや底などが含まれる.前者をトレンドとよび,後者は季節値などとよばれる.これらは ARIMA モデルを適用する前に除去しておく必要がある.統計パッケージによってはこの季節性の検出と除去を行うコマンドが準備されているが,TSP においては階差を用いる方法で対応している.

　最初に検出する1つの方法として,移動平均をもとにしてトレンドを説明する.以下に示す方法は1つの方法であり,これ以外にも多数のトレンド検出の方法がある.移動平均 (moving average) は次のように定義され,すでに記録が完了しているデータを滑らかな曲線でなぞっていくことに対応する.

$$y(t) = w_{-p}x(t-p) + w_{-p+1}x(t-p+1) + ... + w_0 x(t) + w_1 x(t+1) + ... + w_p x(t+p) \quad (4.13)$$

ここで,w_i は重み係数であり合計値は1に設定する.この計算により,$y(t)$ はもとの時系列 $x(t)$ の中心部分を結ぶ滑らかな曲線となり,トレンドに相当するデータが得られる.最終的にトレンドを計算するには,更にこの $y(t)$ を操作する必要があるが,ここでは詳細は省略する.

　季節調整とは,毎年同じように現れるパターンを抽出して,もとの時系列に含まれるそれぞれの年の特徴だけを強調する方法である.これにもさまざまな方法があるので,以下では簡単に分かりやすい方法として季別平均法のみを紹介する.

　いま,5年間における月間データを考える.i を年,j を月としてデータを x_{ij} とする.単純な計算により,それぞれの月 j ごとの平均値は

$$s_j = \sum_{i=1}^{5} x_{ij}/5 \quad (4.14)$$

となる.季節値,すなわち,ここでは月ごとの特徴は s_j より求まることが予想できる.しかし,このままでは,全体が正規化されないので,更に s_j の平均値 s_0 で s_j を割った値を求める.

$$m_j = 100 \times s_j/s_0 \quad (4.15)$$

$$s_0 = \sum_{j=1}^{12} s_j/12 \quad (4.16)$$

となり,この m_j のことを季節指数とよんでいる.m_j でもとの時系列の x_{ij} を割った値が季節調整済みデータとなる.

$$y_{ij} = x_{ij}/m_j \quad (4.17)$$

なお, m_j で時系列を割る方法をとる場合を乗法モデルによる季節調整とよび, m_j に相当する量を引く場合を加法モデルによる季節調整とよぶ。

もとの時系列からトレンドを除去して, 更に季節調整を行い, 結果として得られる最終的な時系列は, 年度ごとの特徴を表している。これは一見したところ, 不規則に変動する様子を示しており, 不規則変動, あるいは不規則成分とよばれる。不規則成分には年度ごとの特徴が含まれているが, 一般には解析する方法がさまざまに存在する (例えば ARIMA モデルなど) ので, 特徴量を抽出するにはデータの特徴をよくとらえることが必要である。

上に述べたような時系列に周期の変動 (季節変動) が含まれる場合には, 階差をとった時系列の場合と同様に, 時間遅れ要素による表現が可能である。例えば, 月ごとに記録したデータのような場合には, 1 年ごとの周期 (p=12 の周期) が含まれるから, この周期の変動を予め除去しておく操作を行った。これは次のように表現できる。

$$y_t = (1 - z^{-p})x_t \tag{4.18}$$

すなわち, 周期 p の差分をとった時系列を生成したことになる。

4.2.5　時系列の予測

次に, 時系列に当てはめるモデルが推定されたと仮定した場合に, 時系列の将来の値を予測する原理を示す。なお, TSP にはこのような予測のコマンドが準備されているので, 個別に計算手法を適用する必要はない。話を簡単にするため AR(2) モデルの当てはめを仮定し, 時刻 T までの時系列の値が観測されていると仮定する。推定されたモデルを $y_t = \phi_1 y_{t-1} + \phi_2 y_{t-2} + u_t$ としておく。このとき, 現在から時刻 $1, 2, ..., K$ 先の予測値は, 変数のカッコの中に時刻を書いて次のように与えられる。

$$y_T(1) = \phi_1 y_T + \phi_2 y_{T-1} \tag{4.19}$$

$$y_T(2) = \phi_1 y_T(1) + \phi_2 y_T \tag{4.20}$$

……

$$y_T(K) = \phi_1 y_T(K-1) + \phi_2 y(K-2) \tag{4.21}$$

ここで, 予測においては過去のデータと同時に, 予測されたデータそれ自体も利用されていることに注意する必要がある。なおモデルに MA 部分が含まれる場合には, 多項式で表現される関数について逆数を取る操作を用いて, 過程を長さが十分に大きな AR 過程に変換するなどの方法で, 同様な予測手法を適用することができる。詳細は省略する。

4.2.6　AMIMA モデル分析のコマンド

以下では AMIMA モデル分析を行うためのコマンドについて説明する。すでに述べたように分析ではシステムの同定, パラメータの推定, および時系列の予測を 3 つの別々のコマンド

で行う。
システム同定のコマンド bjident
コマンドは,次のような形をしている。

`bjident(オプション) 時系列の変数名;`

またオプションには,次のようなものがある。
 iac:逆自己相関関数の計算を指示する
 ndiff:階差をとる場合の次数を指示する
 nlagp:計算する自己相関関数の次数ラグを指定する (省略時は 20 になる)
 nlag:計算する偏自己相関関数の次数ラグを指定する (省略時は 20 になる)
 nsdiff:季節階差をとる場合の次数を指示する
 nspan:季節サイクルの数を指示する (省略時には年次 nspan=1 になる)

キーワードの ndiff, nsdiff は省略するとデフォルト値である ndiff=0, nsdiff=0 になる。季節性のサイクルを指定するキーワード nspan では, 4 半期データなら nspan=4, 月次データなら nspan=12 とする。これにより,季節性を含むデータであることが認識される。例を次に示す。

`bjident (ndiff=1,nlag=12,nlagp=12) x;`

パラメータ推定のコマンド bjest
コマンドは,次のような形をしている。

`bjest(オプション) 時系列の変数名;`

またオプションには,次のようなものがある。パラメータ nspan の指定の方法は,コマンド bjident における場合と同じである。
 nar:AR 次数を指定する
 nma:MA 次数を指定する
 nsdiff:季節調整における階差をとる次数を指定する
 ndiff:非定常時系列に対する階差をとる次数を指定する
 nsar:季節調整をする場合の AR 次数を指定する
 nsma:季節調整をする場合の MA 次数を指定する
 nback:逆予測をする場合の残差の数を指定する
 cumplot:累積ペリオドグラムの図を表示する
 constant:ARMA モデルにおける時系列に定数項を含め平均値を求める

キーワード constant は,あらかじめ定数を引いた時系列に対して ARMA モデルを当てはめることを指示するものであり,一般に大きな正の数値をとる時系列を処理する場合には重要である。もともと ARMA モデルにおいては,時系列はゼロの付近で振動することを仮定しており,常に正の値をとる時系列に ARMA モデルを直接当てはめることはしない。したがって μ を定数として,時系列 x_t ではなく時系列 $x_t - \mu$ を ARMA モデルにより記述する。この場合には,回帰式は $x_t - \mu = a_0 + a_1(x_{t-1} - \mu) + ...$ のようになる。また,これらのキーワードの中でやや分かりにくいのが,季節調整に関する部分である。季節性として分離された時系列に対

して,あらためて ARMA モデルを当てはめて,近似を行っている。この場合に季節性の時系列に当てはめる ARMA モデルの AR, および MA 部分の次数が, nsar, nsma により指定される。例を次に示す。

   bjest (nback=5,nar=1,nsma=2,nsra=1) x;

予測のコマンド bjfrcst

コマンドは,次のような形をしている。

   bjfrcst(オプション) 時系列の変数名;

またオプションには,次のようなものがある。オプション nar, nsdiff, ndiff, nsar, nma, nsma, nback, nspan, cumplot, constant は bjest コマンドから引き続いて指定する。

conbound:予測の信頼区間を描く場合の確率を与える,指示しない場合には 95%になる
nhoriz:予測する期間を与える
orgbeg:予測を開始する最初の時期を与える
orgend:予測を開始する最後の時期を与える

ここで分かりにくいのがキーワード orgbeg, orgend であり,予測を開始する時期を複数指定できるようになっている。しかし単独の予測開始時期を選択する場合には,2 つのキーワードの指定は同じでよい。更に,モデルによる予測の性能を確認するためには,観測された時期の途中から予測を開始し,予測値と観測値との比較を行うことができる。例を次に示す。

   bjfrcst(nhhoriz=10,orgbeg=92,orgend=92) x:

4.2.7 株価分析への応用

不規則な変化をする経済現象として,ここでは株価の変動をとりあげる。株価は 1 つ前の時刻の値としか関係しないとする数理モデルにより,簡単化して解析する場合が多い。実際には,株価の前日との比率の対数値に対してモデルを当てはめることが多いが,操作が面倒なので,ここでは直接的に株価に ARIMA モデルを当てはめてみる。プログラムを図 4.1 に示している。すでに述べたように株価は正の大きな値をとっているので,オプションにおいてキーワードの constant を指定している。このプログラムではモデルの同定,パラメータ推定と時系列予測の 3 つのプログラムを,同時に示している。また解析結果について図 4.2 に示している。当てはめるモデルをいくつか取ってみて,AIC 基準値を比較することにより,どのモデルが最もよく当てはまるかを検出できる。ここでは,1 つのモデルについてのみ解析している。結果には,途中結果である自己相関係数,ARMA 係数のほか当てはまりの基準値が表示されている。

TSP プログラムの記述方法

プログラムによる解析結果を説明する前に,TSP においてプログラムを記述する最小限の必要事項を,図 4.1 のプログラムをもとにして述べておく。

第4章 時系列解析手法の応用

```
option crt;
freq n;
smpl 1 66;
load p;
7600 7620 7470 7540 7500 7510 7570 7690 7730 7730 7740 7720
7700 7660 7680 7550 7620 7800 7800 7830 7850 7840 7780 7830
7790 7660 7630 7680 7560 7460 7540 7560 7470 7510 7410 7380
7260 7270 7200 7100 7070 7080 7180 7250 7310 7270 7090 7070
7060 6850 6670 6190 6450 6580 6550 6680 6660 6700 6660 6530
6520 6760 6740 6740 6670 6630;
bjident p;
bjest(constant,nar=1,nma=1,nback=5) p;
bjfrcst(constant,nar=1,nma=1,orgbeg=50,orgend=50,nhoriz=10) p;
end;
```

図 4.1 株価へのモデル当てはめと予測のプログラム

(1) option crt;

プログラムの最初にある option crt; は, 標準的なパソコン画面の大きさのディスプレイに結果を出すことを指定している。これ以外の指定も可能であるが, 通常は用いない。なおプログラムの1行は, いずれにおいても, セミコロン (;) で終端しておく。

(2) freq n;

データサンプルの観測周期 (frequency) を表しており, この例, freq n では時系列データであり, 個数だけが問題となるデータであることを意味している。このほかに年次 (annual) では freq a, 月次 (monthly) では freq m, 4 半期 (qurately) では freq q, 週次 (weekly) では freq w として指定する。

(3) smpl 1 66;

データの開始時期と終了時期を示しており, この例ではサンプルの個数だけが対象であるので, 1 から 66 までとしている。年次データの場合には, 1985 年から 2000 年までのデータである場合には, smpl 1985 2000 と書く。

(4) load p;

データを入力するコマンドであり, load のあとに入力した変数を格納する変数のリストを並べておく。このコマンドに続いて, 入力すべきデータを並べる。例えば, x, y, z の 3 つの変数に対してデータを入力する場合には, load x y z; と書く。なお, データは 1 行に複数のサンプルを記述することができるので, プログラムをコンパクトに記述する場合に便利である。この例では 1 行に 12 個のサンプルを並べている。なお, このようにプログラムとデータを一体のものとしないで, 別に格納されているファイルから入力する方法もあるが, 本書では説明を省略する。

解析結果の見方

以上のようなプログラムの記述方法をもとに, 解析結果を見てみる。まず自己相関関数と偏自己相関関数の形状から, ラグ 2 において急速に小さくなっていることが分かり, 解析プログラムで指定した AR 次数が 1 であるとする仮定が, 妥当であったことが分かる。なお予測の結果は省略しているが, 株価の予測については, すでに観測された時間域のデータについてもあらためて予測を行っているので, 予測値と観測値を比較することにより, 予測の精度を見ることができる。予測された結果から見る限りは, 予測は妥当なものであることが分かる。しかしながら, 現在の時刻から, 更に先の時刻における予測を実施する場合には, 予測された値そのも

のを用いているので,やがて予測値は単調なデータに収束していく性質をもっている。これは,図4.2に示す結果からも分かる。

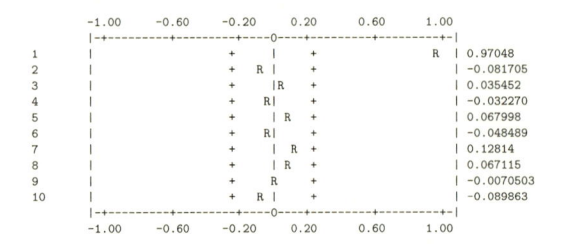

```
======================
Box-Jenkins procedures
Procedure    BJIDENT
======================

                         OPTIONS FOR THIS ROUTINE
                         ========================

        IAC     = FALSE       NDIFF   = 0         NLAG    = 20
        NLAGP   = 10          NSDIFF  = 0         NSPAN   = 0
        PACMETH = BURG        PLOT    = TRUE      PLOTAC  = TRUE
        PLTRAW  = FALSE       SILENT  = FALSE

                              Autocorrelations
                              ================

Series:  P
         Mean      =   7284.8485
         Std. Error =   451.00654

                 Lags
Autocorrelations         0.951     0.900     0.858     0.814     0.776
Standard Errors   1- 5   0.123     0.206     0.259     0.299     0.331
Q-statistics             62.5      119.      172.      220.      264.
Autocorrelations         0.726     0.681     0.646     0.612     0.572
Standard Errors   6-10   0.357     0.379     0.397     0.413     0.426
Q-statistics             303.      339.      371.      400.      427.
Autocorrelations         0.530     0.476     0.425     0.358     0.273
Standard Errors  11-15   0.438     0.447     0.455     0.461     0.465
Q-statistics             450.      468.      484.      495.      501.
Autocorrelations         0.216     0.169     0.125     0.857E-01 0.459E-01
Standard Errors  16-20   0.468     0.469     0.470     0.471     0.471
Q-statistics             505.      508.      510.      510.      510.

                         Partial Autocorrelations
                         ========================

Series:  P
         Standard Error of Autocorrelations =  0.12309149

                 Lags
Partial Autocorrs  1- 5   0.970      -0.817E-01 0.355E-01 -0.323E-01 0.680E-01
Partial Autocorrs  6-10  -0.485E-01  0.128      0.671E-01 -0.705E-02 -0.899E-01

Autocorrelation Function of:  P

            -1.00    -0.60    -0.20     0.20     0.60     1.00
           |-+---------+---------+----0----+---------+---------+-|
        1  |               +         |    +              R |  0.95109
        2  |          +              |        +          R |  0.89986
        3  |            +            |      +          R   |  0.85815
        4  |          +              |        +         R  |  0.81415
        5  |         +               |         +       R   |  0.77629
        6  |        +                |          R          |  0.72563
        7  |       +                 |           R  +      |  0.68110
        8  |       +                 |          R   +      |  0.64598
        9  |      +                  |         R      +    |  0.61178
       10  |     +                   |        R        +   |  0.57218
       11  |    +                    |       R          +  |  0.52957
       12  |    +                    |      R           +  |  0.47576
       13  |    +                    |     R            +  |  0.42506
       14  |   +                     |    R              + |  0.35822
       15  |   +                     |   R               + |  0.27270
       16  |   +                     |  R                + |  0.21562
       17  |   +                     |  R                + |  0.16857
       18  |   +                     | R                 + |  0.12543
       19  |   +                     | R                 + |  0.085741
       20  |   +                     |R                  + |  0.045943
           |-+---------+---------+----0----+---------+---------+-|
            -1.00    -0.60    -0.20     0.20     0.60     1.00

Partial Autocorrelation Function of:  P

            -1.00    -0.60    -0.20     0.20     0.60     1.00
           |-+---------+---------+----0----+---------+---------+-|
        1  |                         +        |        +       R |  0.97048
        2  |                         +  R     |        +         | -0.081705
        3  |                         +      |R +                 |  0.035452
        4  |                         +     R|  +                 | -0.032270
        5  |                         +      | R +                |  0.067998
        6  |                         +    R |   +                | -0.048489
        7  |                         +      | R  +               |  0.12814
        8  |                         +      |R   +               |  0.067115
        9  |                         +     R|    +               | -0.0070503
       10  |                         +   R  |    +               | -0.089863
           |-+---------+---------+----0----+---------+---------+-|
            -1.00    -0.60    -0.20     0.20     0.60     1.00
```

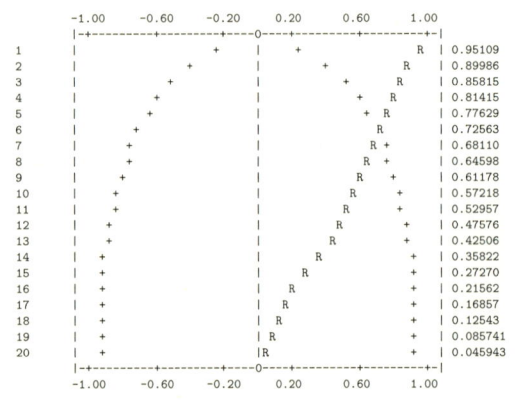

```
======================
Box-Jenkins procedures
Procedure   BJEST
======================

Working space used: 1161
                                STARTING VALUES

              PHI1        THETA1       CONSTANT
VALUE       0.94614     -0.052076      392.39237

F= 402.74085797  FNEW= 401.60877491  ISQZ=  0 STEP= 1.     CRIT= 2.1233
F= 401.60877491  FNEW= 401.60842976  ISQZ=  0 STEP= 1.     CRIT= .64769E-03
F= 401.60842976  FNEW= 401.60842910  ISQZ=  0 STEP= 1.     CRIT= .11512E-05
F= 401.60842910  FNEW= 401.60842909  ISQZ=  0 STEP= 1.     CRIT= .12232E-07

CONVERGENCE ACHIEVED AFTER   4 ITERATIONS

   56 FUNCTION EVALUATIONS.


                    Results of Box-Jenkins Estimation
                    =================================

Dependent variable: P
Current sample:  1 to 66
Number of observations:  66

        Mean of dep. var. = 7284.85   Adjusted R-squared = .941831
     Std. dev. of dep. var. = 451.007     LM het. test = 7.10063 [.008]
  Sum of squared residuals = 745440.     Durbin-Watson = 2.00517
      Variance of residuals = 11832.4    Schwarz B.I.C. = 407.893
   Std. error of regression = 108.777    Log likelihood = -401.608
              R-squared = .943620

                         Standard
Parameter   Estimate      Error      t-statistic    P-value
PHI1        .981304      .033020      29.7182       [.000]
THETA1     -.071212      .129221      -.551083      [.582]
CONSTANT   122.510      241.758       .506745       [.612]
```

図 4.2　モデル当てはめの結果

4.2.8　季節性をもつデータの分析

次に季節性をもつデータの分析の例として，米国における耐久消費財の販売実績の時系列を分析してみる．一般に耐久消費財は，年末などの特定の時期に販売額が集中する一方，夏季には減少するなどの季節性を帯びていることが知られている．また季節性をもっているので，時系列の予測をする場合においても，季節性を含めた予測が必要となる．しかし TSP には，あらかじめこのような季節性の分離をシステム推定の段階で行い，予測の段階ではこれを加えて予測を行う．したがって，季節性を含めた予測値が得られる．

図 4.3 にはプログラムを示している．データは月次データであるので，この開始時期は年 1997 のあとにコロン:を付けて月 1 を指定している．終了時期も同様に，年 2006 のあとに月 12 を付けている．時系列から分離される季節性は，やや複雑な形状をしていることを仮定し，nsar=2 として次数が相対的に大きなモデルを仮定している．また，このような季節性が分離された時系列は，反対に単調な時系列となることが予想されるので，次数は nar=1 としている．図 4.4 にはシステムの同定とパラメータ推定の結果を示している (予測の結果は省略する)．解析の結果において，自己相関係数と偏自己相関係数のパターンがラグ方向に大きく振動しているおり，明らかに季節性が含まれていることが分かる．時系列の予測においては，観測値と予測値を比較しているが，ほぼ同じようなデータとなっていることが分かる．

```
option crt;
freq m;
smpl 1997:1 2006:12;
load d;
145386 166600 180420 169669 168535 188698 148968 171321 191885 180593 173359 178213
153035 179638 196348 176268 176795 192569 148269 175480 196371 187208 181932 184259
160761 183805 202303 184016 187022 205668 158286 190416 204076 191935 186757 190658
171846 188337 210667 188127 195941 214723 161974 191334 210251 192703 183905 187324
162344 178715 199824 169886 184253 192883 148265 176788 175602 172322 164789 165041
150454 161887 179901 171391 178600 182277 149438 175819 180799 178015 165423 160857
153049 162348 182754 164659 171398 183094 149442 168384 186055 182777 167123 172274
153858 168423 199559 177311 177594 195085 156038 184427 194672 185661 179337 187460
168814 179050 204585 189047 192854 208653 163735 199349 209284 201064 193329 202951
180180 193184 225677 191544 211370 225291 174813 211334 211450 204661 194943 199477;
bjident(nspan=12) d;
bjest(constant,nar=1,nsar=2,nspan=12) d;
bjfrcst(constant,nar=1,nsar=2,orgbeg=2006:1,orgend=2006:1,nhoriz=12) d;
end;
```

図 4.3 季節性をもつデータの分析プログラム

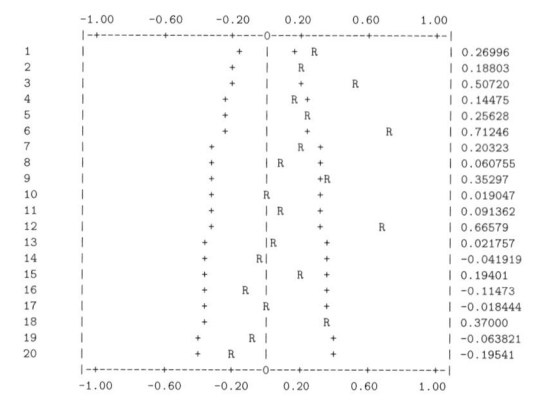

```
Autocorrelation Function of:  D

          -1.00    -0.60    -0.20     0.20     0.60     1.00
          |-+---------+---------+----O----+---------+---------+-|
   1      |                     +    |    + R                  |   0.26996
   2      |                     +    |  R                      |   0.18803
   3      |                     +    |    +         R          |   0.50720
   4      |                     +    |R   +                    |   0.14475
   5      |                     +    |    R                    |   0.25628
   6      |                     +    |    +              R     |   0.71246
   7      |                     +    |  R +                    |   0.20323
   8      |                     +    |R   +                    |   0.060755
   9      |                     +    |    +R                   |   0.35297
  10      |                     +  R |    +                    |   0.019047
  11      |                     +    |R   +                    |   0.091362
  12      |                     +    |    +         R          |   0.66579
  13      |                     +    |R   +                    |   0.021757
  14      |                     +   R|    +                    |  -0.041919
  15      |                     +    |  R +                    |   0.19401
  16      |                     +  R |    +                    |  -0.11473
  17      |                     +    R    +                    |  -0.018444
  18      |                     +    |    +    R               |   0.37000
  19      |                     +  R |    +                    |  -0.063821
  20      |                   + R    |    +                    |  -0.19541
          |-+---------+---------+----O----+---------+---------+-|
          -1.00    -0.60    -0.20     0.20     0.60     1.00

Partial Autocorrelation Function of:  D

          -1.00    -0.60    -0.20     0.20     0.60     1.00
          |-+---------+---------+----O----+---------+---------+-|
   1      |                     +    |    + R                  |   0.27629
   2      |                     +    | R+                      |   0.13068
   3      |                     +    |    +    R               |   0.48983
   4      |                     + R  |    +                    |  -0.089048
   5      |                     +    |  + R                    |   0.24868
   6      |                     +    |    +         R          |   0.63503
   7      |                     +    R    +                    |   0.0066974
   8      |              R      +    |    +                    |  -0.32333
   9      |                     + R  |    +                    |  -0.090508
  10      |                     +  R |    +                    |  -0.16270
          |-+---------+---------+----O----+---------+---------+-|
          -1.00    -0.60    -0.20     0.20     0.60     1.00
=====================
Box-Jenkins procedures
Procedure   BJEST
=====================

Working space used: 2373
                             STARTING VALUES

                PHI1       GAMMA1      GAMMA2     CONSTANT
VALUE         0.26996      0.00000     0.00000    132743.12917

F= 1336.1994159  FNEW= 1313.6384811  ISQZ=  0 STEP= 1.   CRIT= 80.208
F= 1313.6384811  FNEW= 1267.4862046  ISQZ=  0 STEP= 1.   CRIT= 92.506
F= 1267.4862046  FNEW= 1211.0613295  ISQZ=  0 STEP= 1.   CRIT= 70.283
F= 1211.0613295  FNEW= 1210.9037586  ISQZ=  0 STEP= 1.   CRIT= .26614
F= 1210.9037586  FNEW= 1210.8997607  ISQZ=  0 STEP= 1.   CRIT= .65653E-02
F= 1210.8997607  FNEW= 1210.8996354  ISQZ=  0 STEP= 1.   CRIT= .20554E-03
F= 1210.8996354  FNEW= 1210.8996314  ISQZ=  0 STEP= 1.   CRIT= .65375E-05
F= 1210.8996314  FNEW= 1210.8996313  ISQZ=  0 STEP= 1.   CRIT= .20836E-06
```

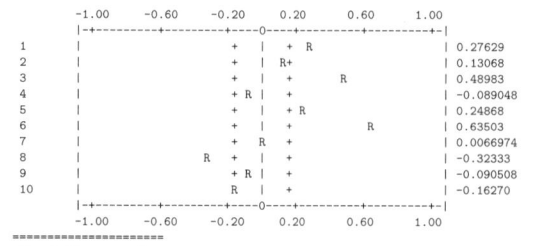

図 4.4 季節性をもつデータの分析結果

4.3 ベクトル自己回帰 (VAR) モデル

4.3.1 VAR モデルの基本

時系列解析や経済モデル分析における同時方程式のモデルにおいては,説明変数と被説明変数をあらかじめ区別できることが前提となっている。しかし実際には,このようなく区分をあらかじめ設定できない場合も少なくない。このようなケースに適用されるものが,シムズ (Simes) により導入されたベクトル自己回帰 (Vector AR:VAR) モデルであり,変数ベクトルをそのラグ付き変数で説明するモデルである [Sime]。

VAR モデルは線形の同時方程式の体系を指しているが,この場合,制約のない誘導型の形式をしている。すなわち,複数の方程式を同時にモデル化していることに加えて,内生変数ベクトルを表現する場合に,該当する方程式のラグ付き変数だけではなく,他の方程式のラグ付き変数も用いて表現した線形モデルである。また,更に拡張され,同時点におけるラグ付き外生変数もシステムに含めることができる。次のような 2 つの変数について誘導型の方程式体系を仮定する。

$$y_{1t} = \pi_{11} + \pi_{12}y_{1,t-1} + \pi_{13}y_{2,t-1} + v_{1t} \tag{4.22}$$

$$y_{2t} = \pi_{21} + \pi_{22}y_{1,t-1} + \pi_{23}y_{2,t-1} + v_{2t} \tag{4.23}$$

すなわち,現在の時刻の内生変数を,外生変数と先決変数およびラグ付きの内生変数により表現するものであり,このような形は構造方程式を変換することにより,間接的に得ることができる。また,自己回帰のモデルとして見た場合には 1 次の自己回帰モデルであり VAR(1) として記号で表すこともある。

更に,ラグの範囲を拡大して p 次まで許した場合には,次のような VAR(p) モデルになる。

$$y_t = \nu + \Theta_1 y_{t-1} + \Theta_2 y_{t-2} + ... + \Theta_p y_{t-p} + v_t \tag{4.24}$$

$$y_t = [y_{1t}, y_{2t}]^T, \nu = [\pi_{11}, \pi_{21}]^T, \Theta_i = [\pi_{1i}, \pi_{2i}]^T, i = 1, 2, ..., p \tag{4.25}$$

VAR モデルにおける係数の推定は,AR モデルにおける係数推定と同様な方法で行うことができる。すなわちモデルを予測式とみなして,これらから得られる予測誤差である最小 2 乗誤差を,最小にするような関係式を導出することを用いる。時系列の生成過程が,既知の確率過程に従っていると仮定すると,最適な予測は,現在までの時点で得られるすべての情報のもとで条件付期待値を最大化することになる。予測の不確実性を表すために,予測誤差の共分散行列を用いると,逐次的な計算により最適なモデルの係数を決定することができる。

4.3.2 応用事例

VAR モデルは最初にシムズにより,同時方程式による分析を拡張する意味で導入がなされている [Sime]。この手法の導入により,やや規模が小さいマクロモデルを分析することが可能となっている。シムズが提案したモデルでは,貨幣,実質失業率,賃金,価格水準,輸入価格の 6 変数を解析の対象としている。それぞれの変数について 4 つのラグを許すので,合計 24 個の

係数に対する推定となっている．シムズのこの解析結果として，次のようなことが明らかにされている．

シムズの論文では，景気変動など企業活動や価格変動などやビジネスサイクルの検証，および相互関連の分析を目的としている．特に，従来のマクロモデル解析においては大規模なモデルが前提とされ，経験的 (empirical) 問題には適用できないことを疑問視している．したがって，マクロモデルのように特定の経済理論的な前提をおいていないことと，大規模ではなく 6 変数による中規模のモデルが構成可能であることを強調している．その結果，金融政策におけるショックは，周期的な変動の多くの部分を説明できるとする仮説が検証され否定されている．また，賃金規定式におけるフィリップス曲線の仮説として，制約を加えている処理も，疑わしいとしている．

またこののち，リターマン (Litterman) による応用もなされ，事例としてランダムマルコフ過程がとりあげられている [Lit]．この分析では，本来の係数推定のほかにイノベーション解析，すなわちパルス状の入力や変化がどのような影響を与えるかを見積もっている [Lit]．

また日本における応用事例としては，北川らによるインフレ率の予測誤差の分析へと適用されている [Kit]．この論文ではただし，MULMAR と呼ばれる統計数理研究所で開発されたパッケージを使用している．消費者物価指数，実質国内総生産などの 15 個の変数についてモデルを構築し，その推定を行っている．分析の主要な対象はインフレ率の予測誤差であり，1981 年から 1989 年までの 4 半期データを用いて，これから先の 1990 年の 4 半期のデータを予測し，更にこれを外挿することにより 1999 年の 4 半期までの予測を行っている．この論文では，変数の選択方法やデータの前処理による誤差の性質を検証し，予測の精度を高める方法が提案されている．

この分野の研究は日本でも継続されており，マネーサプライ利子率，コールレート，実質 GDP，消費者物価，為替レートの間でのモデルの推定と解釈などが行われている [Ame]．

4.3.3 VAR モデルとイノベーションの計算

VAR モデルにおいて重視されている性質の 1 つに，イノベーションの計算がある．イノベーション計算とは，工学分野で用いられているインパルス応答関数と同じものであり，システムに大きさが 1 であるパルス状の信号を加えた場合に，これがその後の時系列データとしてどのようになるかを推定するものである．方法論としては，AR モデルを逐次近似の方法を用いて MA モデルに変換することにより，逆の関係として表現することに相当する．いま，(4.22)，(4.23) のような VAR モデルを考える．

ここで，残差の項 $v_t = (v_{1t}, v_{2t}, ..., v_{Mt})$ は，平均がゼロで相互に無相関であり，すべての時刻について同じ共分散行列 $\Sigma_v = E[v_t v_t^T]$ をもつと仮定する．このような残差を，ベクトルホワイトノイズと呼ぶことがある．このような自己回帰モデルに対して，次のような無限の項からなる MA モデルによる表現が可能であることが示されている．

$$y_t = \mu + v_t + M_1 v_{t-1} + ... \tag{4.26}$$

ここで, μ は Θ_i から計算することができる。

$$\mu = E[y_t] = (I - \Theta_1 - \Theta_2 - .... - \Theta_p)^{-1}\nu \tag{4.27}$$

M_i の kj 番目の要素は, 時刻が i 期間前の変数 j により発生された単位大きさのショックに対する k 番目の変数の応答を表している。これらのショックと応答の関係は相互に独立であり, 係数を通じて反映されている。VAR(p) 過程の共分散行列は正定符号行列であるので, $P\Sigma_v P^T = I$ となるような行列が存在する。この行列を用いて, 次のような表現を得る。

$$y_t = \mu + \sum_{i=0}^{\infty} \Phi_i w_{t-i} \tag{4.28}$$

$$\Phi_i = M_i P^{-1}, w_t = (w_{1t}, w_{2t}, ..., w_{Mt})^T = P v_t \tag{4.29}$$

このときベクトル w_t は, その要素が相互に無相関で分散が 1 であるという, 便利な性質をもっている。すなわち, 係数 Φ_i は大きさが 1, すなわち単位イノベーション w_t に対する y_t の応答であるとみなすことができる。

単位イノベーションに対する応答は, 具体的には, ある被説明変数に対する説明変数 (この場合, 説明変数には被説明変数自体も含まれる) の影響が, 将来にわたりどのように残存するかを見る場合に用いる。これは時期 h 先の予測誤差により説明されている。

式 (4.28) の関係式を用いると, 時期 h 先の予測誤差の共分散行列は, 次のように記述することができる。

$$\Sigma(h) = \Sigma_v + M_1 \Sigma_v M_1^T + ... + M_{h-1} \Sigma_v M_{h-1}^T \tag{4.30}$$

この式に, 行列分解 $P\Sigma_v P^T = I$ の関係式を適用し書き換えを行うと, 次のような式が導出できる。

$$\Sigma(h) = \Phi_0 \Phi_0^T + \Phi_1 \Phi_1^T + ... + \Phi_{h-1} \Phi_{h-1}^T \tag{4.31}$$

この式の中で, 第 m 番目の対角要素は第 m 番目の変数 y_m が予測誤差に与える影響として見積もることができ, これを予測誤差の説明変数への分散分解と呼んでいる。すでに述べたように, この分散分解は h 先の時期における予測誤差への説明変数の寄与の割合を示しているので, ある被説明変数に対して, この説明変数が保有する (残存する) 影響の度合いを表している。この分散の定義より, これらの割合の合計は 1 になる。

4.3.4 VAR モデルの解析コマンド

VAR モデルの解析コマンドは比較的簡単であるので, 例をもとに説明する。いま時系列データが格納された変数を m, y, u, w, p, g とし, これらの VAR モデルを推定するコマンドは, 次のようになる。

```
var(nlag=2,nhoriz=10) m,y,u,w,p,g|c t;
```

ここでコマンドのカッコの中のキーワードにおいて, nlag は式の右辺に含まれるラグ付き変数の最大のラグを指定するものであり, nhoriz は単位イノベーションに対する応答の持続を推定

するステップ数を指定している。コマンドをカッコで閉じたあとに解析対象の変数のリストを記述し，縦棒で区切ったあとに，外生変数，すなわち解析対象の変数のほかに特別な変数を説明変数として用いたい場合に，このリストを続ける。しかし一般には，特別な外生変数を用いることはなく，この例で示しているように，定数 c とタイムトレンド t が使用される。

なおキーワードに shock=unit を指定すると，大きさが 1 であるショックを与えることを意味している。このようなコマンドのオプションを用いてインパルス応答関数に対するショックを推定することができる。all オプションを指定するとすべての順序の分解を計算するので，結果が分解の順序に依存しないことを確認する場合に用いることができる。

4.3.5　各国経済と輸出の応用例

VAR モデルによる分析事例として，日米と EU の各国に対する中国や韓国などアジア各国の輸出の関係を示す。広く知られているように中国や韓国など主要なアジア各国は，米国に対する輸出が経済の大きな柱となっており，米国の GDP の動きに大きな影響を受けている。同様に日本もアジアとの経済的な関係を深めているが，もっぱらアジアへの輸出が大きな比重を占めている。このため，日本からアジアを経由して米国へと輸出が完結するパターンとなっており，対米輸出のあり方についての批判点ともなっている。

応用例では 1970 年から 2006 年までの日米と EU の GDP，およびいわゆる NIES と ASEAN の輸出を変数とする VAR モデル解析を実施している。ただし，公表されたデータからモデル分析の資料を作成していることと，EU としてのデータは最近のものしか存在しないので，以下のような制限を加えている。EU として分類されたデータは，現在の EU における主要 4 カ国 (英国，ドイツ，フランス，イタリア) を集計している。NIES については韓国，台湾，香港のデータを集計している。ASEAN についても，タイ，インドネシア，シンガポール，フィリピンの 4 カ国のデータを集計している。また GDP 総額のデータではなく，人口当たりの数値を用いている。

図 4.5 には解析のプログラムを示す。この中で変数 usg, japg, eug はそれぞれ日米と EU の GDP である。また変数 cexp nexp aexp は，中国，NIES，ASEAN における輸出総額である。また，次のコマンドにより，1, 2,... の順に値をとるトレンド変数 trend を定義している。

```
trend t;
```

プログラムでは変数のラグを 1 次までとしており，予測誤差およびこれに関連する誤差の分散分解の時期は，10 期先までとしている。図 4.6 に解析の結果を示している。スペースの関係で予測の結果は，米国の GDP だけについて示し，その他の変数については分散分解の結果だけを示している。

これらの結果から分かるように，米国の GDP を被説明変数として見た場合には，自身の影響が 10 期先まで相対的に大きな割合で残る。また日本と EU の GDP の分散も，米国の GDP と比較して相対的には小さくなっているが，10 期先まで影響は残存している。しかしながら，この GDP に対するこれ以外の変数の影響，例えば中国の輸出などの分散は，極めて小さくなっている。このことは，米国の GDP に対する中国などの輸出の影響は，この方向性においては，

小さいことが分かる。一方，中国の輸出を被説明変数として見た場合には，自身の分散は相対的に小さく，その代わりに米国の GDP の影響が 10 期先まで継続しており，日本の GDP の影響も相対的にはやや小さくなっているが，継続している。同様の解析結果が NIES, ASEAN の輸出データについても言える。このことは中国，NIES, ASEAN における輸出が，直接的に日米の GDP により影響を受けていることを示している。

```
option crt;
freq a;
smpl 1980 2006;
load usg japg eug cexp nexp aexp;
1981 53768 35630 48882  22007  65597  63556
1982 53160 36318 48984  22321  64934  60115
1983 54846 36353 49397  22226  71491  61973
1984 56490 37359 50994  26139  88006  67714
1985 57661 39046 51929  27350  91165  61326
1986 58350 39997 53049  30942 109908  55795
1987 58818 41351 54618  39437 149578  69456
1988 59945 43642 56304  47516 184362  86628
1989 60843 45284 57817  52538 201712  99634
1990 61263 46857 58079  62091 214255 115974
1991 61733 47462 57886  71910 246610 131259
1992 63456 47389 58760  84940 277506 147961
1993 64289 47327 59846  91744 302121 169095
1994 65426 47796 62157 121006 340288 209030
1995 66140 48666 64042 148780 410371 255101
1996 67655 49795 64134 151048 426195 273563
1997 69184 50228 65142 182792 445304 284907
1998 71053 49785 65432 183712 416833 262934
1999 73117 50408 65976 194931 439066 287120
2000 73944 52174 67039 249203 521905 341220
2001 74455 52669 66892 266098 462839 299781
2002 75845 53647 65993 325596 493020 314108
2003 76983 54583 65043 438228 561479 343887
2004 79127 55961 65537 593326 687014 434828
2005 80289 56806 65388 761953 771535 497394
2006 81454 57794 65477 969380 866288 583255;
trend t;
smpl 1982 2006;
var(nlags=1,nhoriz=10,shock=unit) usg japg eug cexp nexp aexp|c t;
regopt(pvprint) fbex,t;
var(nlag=1) usg japg eug cexp nexp aexp|c t;
end;
```

図 4.5　各国 GDP と輸出の VAR モデル解析プログラム

```
                    Vector AutoRegression
                    =====================

Dependent variables: USG JAPG EUG CEXP NEXP AEXP
Number of lags = 1
Exogenous variables: C T
Current sample: 1982 to 2006
Number of observations: 25

Schwarz B.I.C. = 1742.63  Log likelihood = -1622.37

          Estimated      Standard
Variable  Coefficient    Error        t-statistic    P-value
USG(-1)   -.179014       .251916      -.710612       [.487]
JAPG(-1)  -.843593       .172670      -4.88558       [.000]
EUG(-1)   -.513415       .229269      -2.23935       [.039]
CEXP(-1)  -.523289       .207728      -2.51911       [.022]
NEXP(-1)  -.803713       .183945      -4.36930       [.000]
AEXP(-1)  -.333347       .269460      -1.23709       [.233]
C          8081.67       26046.8       .310275       [.760]
T         29133.5        6655.56      4.37731        [.000]
USG(-1)    .916787       .114495      8.00726        [.000]
JAPG(-1)  -.158451       .078478      -2.01907       [.060]
EUG(-1)    .262552E-02   .104202       .025196       [.980]
CEXP(-1)  -.220586       .094411      -2.33644       [.032]
NEXP(-1)  -.028191       .083602      -.337208       [.740]
AEXP(-1)  -.192429       .122468      -1.57126       [.135]
C          3365.02       11838.1       .284253       [.780]
T          5109.55       3024.91      1.68916        [.109]
```

```
USG(-1)     -.043663        .097054       -.449887     [.658]
JAPG(-1)    1.04298         .066524      15.6784       [.000]
EUG(-1)      .093648        .088329       1.06021      [.304]
CEXP(-1)     .031797        .080030        .397309     [.696]
NEXP(-1)    -.063004        .070868       -.889043     [.386]
AEXP(-1)     .018115        .103814        .174492     [.864]
C           -749.576      10034.9          -.074697    [.941]
T            79.1334       2564.15          .030861    [.976]
USG(-1)     -.050594        .041335      -1.22402      [.238]
JAPG(-1)     .020513        .028332        .724019     [.479]
EUG(-1)     1.04378         .037619      27.7462       [.000]
CEXP(-1)     .010741        .034084        .315141     [.756]
NEXP(-1)    -.053180        .030182      -1.76196      [.096]
AEXP(-1)    -.018433        .044213       -.416912     [.682]
C            997.923       4273.79         .233499     [.818]
T            749.173       1092.05         .686023     [.502]
USG(-1)     -.035271        .058556       -.602340     [.555]
JAPG(-1)    -.469868E-02    .040136       -.117069     [.908]
EUG(-1)     -.827562E-03    .053292       -.015529     [.988]
CEXP(-1)     .994747        .048285      20.6016       [.000]
NEXP(-1)    -.032888        .042757       -.769196     [.452]
AEXP(-1)    -.015394        .062634       -.245778     [.809]
C           4191.64        6054.40         .692330     [.498]
T            657.238       1547.04         .424836     [.676]
USG(-1)     -.034974        .053716       -.651099     [.524]
JAPG(-1)     .030024        .036818        .815476     [.426]
EUG(-1)     -.017760        .048887       -.363295     [.721]
CEXP(-1)    -.019723        .044294       -.445274     [.662]
NEXP(-1)    1.02507         .039222      26.1347       [.000]
AEXP(-1)     .098938        .057457       1.72195      [.103]
C           3440.37        5553.93         .619448     [.544]
T           -274.451       1419.16        -.193390     [.849]

Dependent variable: USG

       Mean of dep. var. = 110246.            R-squared = .859343
    Std. dev. of dep. var. = 124297.     Adjusted R-squared = .801425
Sum of squared residuals = .521550E+11        LM het. test = .172094 [.678]
     Variance of residuals = .306794E+10     Durbin-Watson = 1.93039
  Std. error of regression = 55389.0      F (block exog.) = 14.3452 [.000]

            Impulse Response of USG     to Choleski factored shocks in

                  USG              JAPG             EUG            CEXP
     1     55389.02046         0.00000         0.00000         0.00000
     2      2792.91096    -23287.29690   -16132.15084     -4793.32498
     3    -31752.74088    -12495.79288   -11591.02901     -3530.60125
     4    -10072.71612     -5767.36714      1944.37261     3629.87038
     5     -3224.44799     -4083.71757    12059.19402      5401.42087
     6    -21344.40392     19217.17288    15873.63183      1734.74398
     7      9650.28964     34538.59981    10870.03105       558.03678
     8     53318.55252      6731.50827    -4602.82019     -1564.09308
     9     19965.77689    -25485.56650   -22031.28992     -6904.24147
    10    -28758.58278    -26907.96962   -21910.97180     -5822.67832

                 NEXP             AEXP
     1         0.00000          0.00000
     2     -9073.54881     -2953.74621
     3        82.87340      1787.62186
     4      8862.49574      2579.99001
     5      3293.84793       184.99412
     6      -646.90632       146.78409
     7      1608.59291       315.96001
     8     -4056.82518     -2647.95656
     9    -11144.99930     -3224.45671
    10     -2131.84435      1129.69422

                 Forecast error variance decomposition

             Std.Err.            USG            JAPG             EUG
     1     55389.02046      100.00000         0.00000         0.00000
     2     63184.79481       77.04155        13.58354         6.51868
     3     72847.23226       76.95867        13.16148         7.43582
     4     74455.34302       75.50042        13.19911         7.18629
     5     75869.32900       72.89305        13.00143         9.44733
     6     82682.88791       68.03844        16.34884        11.64016
     7     90794.59952       57.55392        28.02878        11.08649
     8    105730.51780       67.87240        21.07453         8.36500
     9    113555.02260       61.93260        23.30736        11.01609
    10    122334.18699       58.88888        24.92015        12.69966

                 CEXP            NEXP            AEXP
     1         0.00000         0.00000         0.00000
     2         0.57550         2.06219         0.21854
     3         0.66785         1.55155         0.22462
     4         0.87699         2.90209         0.33510
     5         1.35146         2.98341         0.32332
     6         1.18192         2.51809         0.27254
     7         0.98395         2.11963         0.22723
     8         0.74747         1.71030         0.23029
     9         1.01769         2.44599         0.28028
    10         1.10340         2.13789         0.25002
```

第4章 時系列解析手法の応用

Dependent variable: JAPG

Forecast error variance decomposition

	Std.Err.	USG	JAPG	EUG
1	25174.01055	1.21856	98.78144	0.00000
2	58702.97035	81.37274	18.38545	0.098552
3	67083.60491	62.43223	26.27135	8.28870
4	74382.78534	63.64008	25.07458	8.50211
5	77024.93971	63.77970	24.19455	7.92980
6	78921.20271	60.82957	23.19230	11.27193
7	87150.83293	57.76958	25.67697	12.62662
8	96594.07568	50.01831	34.77496	11.97072
9	110919.85787	61.04389	26.67557	9.46717
10	119340.56973	55.91626	28.26546	12.02824

	CEXP	NEXP	AEXP
1	0.00000	0.00000	0.00000
2	0.021780	0.037106	0.084368
3	0.57025	2.22653	0.21094
4	0.68644	1.85414	0.24266
5	0.91268	2.85387	0.32941
6	1.37199	3.01679	0.31742
7	1.18386	2.48251	0.26047
8	0.96722	2.05635	0.21245
9	0.77041	1.80598	0.23698
10	1.06915	2.44606	0.27483

Dependent variable: EUG

Forecast error variance decomposition

	Std.Err.	USG	JAPG	EUG
1	21339.41232	6.50723	37.64644	55.84633
2	35200.34295	4.95855	74.33136	20.68627
3	64815.74106	71.81855	21.96052	6.11943
4	73135.22802	56.76233	27.85384	12.64961
5	80547.58309	56.47386	28.24189	12.70337
6	84720.26442	58.27489	26.67159	11.53431
7	86803.33881	55.68184	25.58955	14.36630
8	94782.90288	53.65538	26.87794	15.70173
9	104672.84609	45.68273	36.17640	15.02240
10	119112.22174	56.54834	28.94334	11.80322

	CEXP	NEXP	AEXP
1	0.00000	0.00000	0.00000
2	0.00054032	0.021188	0.0020793
3	0.022706	0.016085	0.062705
4	0.49206	2.03638	0.20577
5	0.69168	1.67962	0.20958
6	0.79078	2.43377	0.29466
7	1.27523	2.79402	0.29307
8	1.17458	2.34441	0.24594
9	0.96925	1.94721	0.20202
10	0.77994	1.70469	0.22047

Dependent variable: CEXP

Forecast error variance decomposition

	Std.Err.	USG	JAPG	EUG
1	9088.29877	8.42320	5.41546	52.44847
2	25022.82393	11.79136	33.70402	49.99750
3	39406.70558	6.14783	71.60387	20.41906
4	70811.52319	70.75203	22.19586	6.38237
5	80087.74625	55.77687	28.47488	12.61764
6	88799.03511	56.26051	28.30567	12.56854
7	93153.47467	57.96246	26.72893	11.44430
8	95410.06726	55.39851	25.62980	14.29165
9	103994.24640	53.21240	27.04184	15.70634
10	114730.93976	45.36881	36.36343	14.92328

	CEXP	NEXP	AEXP
1	33.71287	0.00000	0.00000
2	4.44837	0.054485	0.0042607
3	1.79607	0.026710	0.0064593
4	0.57784	0.023637	0.068263
5	0.92762	1.99609	0.20690
6	1.03250	1.62409	0.20869
7	1.11312	2.45169	0.29950
8	1.59181	2.79197	0.29627
9	1.43778	2.35221	0.24943
10	1.18570	1.95356	0.20522

Dependent variable: NEXP

Forecast error variance decomposition

```
          Std.Err.       USG      JAPG       EUG
 1    12874.81086   19.52982   5.11712   14.89275
 2    15992.52295   19.88050   5.01767   25.40424
 3    28836.52678   14.21984  29.39841   41.07458
 4    41737.92656    7.38210  65.50381   19.80069
 5    72475.79952   69.08316  21.72429    6.64629
 6    81616.52287   54.69124  27.97611   12.77938
 7    90123.89215   55.50740  27.80379   12.65217
 8    94267.32477   57.03697  26.43928   11.57794
 9    96551.90149   54.57034  25.32912   14.44519
10   105369.97123   52.35205  27.04131   15.76387

          CEXP        NEXP       AEXP
 1     6.87129    53.58903   0.00000
 2    14.90259    34.78772   0.0072750
 3     4.58567    10.71884   0.0026623
 4     2.18986     5.11944   0.0041057
 5     0.75123     1.72380   0.071230
 6     1.07342     3.28106   0.19878
 7     1.13461     2.69479   0.20725
 8     1.22427     3.42748   0.29406
 9     1.67961     3.68568   0.29006
10     1.50295     3.09615   0.24367

Dependent variable: AEXP
          Std.Err.       USG      JAPG       EUG
 1    11810.54943   16.85070   7.72532    1.65979
 2    18713.80834   25.83670   5.23620    7.32422
 3    21288.65637   22.61255   5.36856   16.92123
 4    32334.52797   16.86200  22.37626   36.82283
 5    46223.15539    9.84398  59.78561   18.64478
 6    75924.71579   66.16456  22.44798    6.94928
 7    85739.67491   53.67837  27.78031   12.59331
 8    95178.49330   53.19641  28.56485   13.05786
 9   100498.39531   55.49173  26.94667   11.79192
10   102928.63215   53.24416  25.90356   14.26228

          CEXP        NEXP       AEXP
 1     2.98738    14.48905   56.28777
 2     4.02944    34.93428   22.63916
 3    10.42412    27.17958   17.49396
 4     4.53635    11.81638    7.58619
 5     2.22194     5.78811    3.71559
 6     0.84368     2.15886    1.43564
 7     1.11459     3.54893    1.28450
 8     1.22325     2.88980    1.06784
 9     1.22052     3.48006    1.06909
10     1.69933     3.85490    1.03578
```

図 4.6　各国 GDP と輸出の VAR モデル解析結果

4.4　グランジャーの因果性

4.4.1　グランジャーの因果性の原理

1つの時系列データが他の時系列データと因果関係にあるかを検証する問題は，グランジャーにより提案され定式化されている [Gra]．これを，グランジャーの因果性とよぶ．簡単に言えば1つの時系列の現在の時刻 $t-1$ の値 $y_{2,t-1}$ が，他の時系列の次の時刻の予測 y_{1t} に利用できる場合，すなわち $y_{1,t-1}$ だけを用いる場合より予測が改善されることが確認されるなら，グランジャーの意味で因果関係になっていると呼ぶ．例えば，VAR(1) モデルに基づく式 (4.22) の関係式において，$\pi_{13}=0$ であれば，変数 y_{2t} から変数 y_{1t} への因果関係は存在しない．

同様に，2変量について p 次のラグを含む，以下の式で記述される VAR(p) を考察する．

$$\begin{bmatrix} y_{1t} \\ y_{2t} \end{bmatrix} = \begin{bmatrix} v_1 \\ v_2 \end{bmatrix} + \begin{bmatrix} \pi_{11,1} & \pi_{12,1} \\ \pi_{21,1} & \pi_{22,1} \end{bmatrix} \begin{bmatrix} y_{1,t-1} \\ y_{2,t-1} \end{bmatrix} + ... + \begin{bmatrix} \pi_{11,p} & \pi_{12,p} \\ \pi_{21,p} & \pi_{22,p} \end{bmatrix} \begin{bmatrix} y_{1,t-p} \\ y_{2,t-p} \end{bmatrix} + \begin{bmatrix} v_{1t} \\ v_{2t} \end{bmatrix} \tag{4.32}$$

この場合には

$$\pi_{12,1} = \pi_{12,2} = ... = \pi_{12,p} = 0 \tag{4.33}$$

であれば, y_{2t} から y_{1t} への因果関係は存在しない。同様の因果性の検証を, 時系列 y_{1t} が時系列 y_{2t} へ与える影響を調べるために適用できる。すなわち

$$\pi_{21,1} = \pi_{21,2} = ... = \pi_{21,p} = 0 \tag{4.34}$$

の場合を検証する。したがって, 一般的なVAR(p)モデルを仮定し, 因果性の検証を行うことがなされる。

この仮説検定には, VAR(p)モデルにおける係数の帰無仮説の検定を用いて行う。次のF値を定義する。

$$\lambda = \frac{(R-U)/p}{U/(T-2p-1)} \tag{4.35}$$

ここで, R, U は, それぞれ, 式(4.32)の条件を仮定した場合と, これを仮定しない場合に方程式におけるOLS推定により得られる残差平方和であり, 帰無仮説が成立する場合には, この統計量 λ は自由度が $(p, T-2p-1)$ である F 分布にしたがうことが知られている。

以上のようにグランジャーの因果は個別の検定をされるケースよりは, VAR モデルの仮説検定の一部として実施されることが多い。

4.4.2 応用事例

グランジャーはその論文の中で, 従来のフィードバックおよびクロススペクトルという概念が, 時系列データの間に因果性として表現できることを説明している [Gra]。いわゆる, フーリエ解析に代表されるスペクトル解析において定式化される関係, および時系列の過去の値を現在の値に反映させるという関係から, 因果性を説明している。

経済分野における研究としては, 金融政策やエネルギー消費と経済の関係を分析したものがある。デックスターら (Dexter, Levi and Nault) は, 米国のインフレ率と金融規制政策との関連について検証し, 消費者物価指数の値が価格規制されている中ではインフレ率規制の政策は観測されること, マネーサプライはやや遅れて機能することを説明している [Dex]。またオーら (Oh and Lee) は, 韓国の1970年から1999年にいたるGDPと資本, 労働, エネルギー消費との関連を分析し, 長期的にはGDPとエネルギー消費との間に双方向の因果性があり, 短期的にはエネルギー消費からGDPへの因果性があることを証明している [Oh]。

日本における研究としては, 塚井による地域の社会資本整備と人口分布の因果性の存在を統計的に検証した研究などがある [Tsu]。すなわち, 社会資本整備と人口分布を時系列データとしてとらえ, 時間的な経過の中で人口分布に作用する, あるいは逆方向の因果性があるかを検証している。この研究の中でも指摘されているように, 因果性が見られるまでの年数が15年など長期のわたっており, 経済社会のモデルにおいて, 短期的な因果性を見出すのは, やや難しいことを説明している。

4.4.3 各国経済と輸出の応用例に見るグランジャーの因果

すでに述べた各国経済と輸出のVARモデル当てはめのプログラムにおいて,同時に出力される各国GDPと輸出の応用例に見るグランジャーの因果について述べておく。解析結果の一部を図4.7に示している。これらの結果から,各国経済と輸出の応用例においては,グランジャーの因果が存在することが分かる。これ以外の変数についても,同様な結果が得られている。このことは,各国の経済に対する影響が,極めて明確な形で存在していることを示している。

```
Dependent variable: USG

        Mean of dep. var. = 110246.             R-squared = .859343
  Std. dev. of dep. var. = 124297.     Adjusted R-squared = .801425
Sum of squared residuals = .521550E+11       LM het. test = .172094 [.678]
    Variance of residuals = .306794E+10       Durbin-Watson = 1.93039
Std. error of regression = 55389.0        F (block exog.) = 14.3452 [.000]

Dependent variable: JAPG

        Mean of dep. var. = 119506.             R-squared = .973710
  Std. dev. of dep. var. = 130669.     Adjusted R-squared = .962884
Sum of squared residuals = .107734E+11       LM het. test = 17.3980 [.000]
    Variance of residuals = .633731E+09       Durbin-Watson = 2.66797
Std. error of regression = 25174.0        F (block exog.) = 88.5145 [.000]

    途中の結果 ueg は省略

Dependent variable: CEXP

        Mean of dep. var. = 120153.             R-squared = .997133
  Std. dev. of dep. var. = 142842.     Adjusted R-squared = .995952
Sum of squared residuals = .140415E+10       LM het. test = 21.5515 [.000]
    Variance of residuals = .825972E+08       Durbin-Watson = 1.63027
Std. error of regression = 9088.30        F (block exog.) = 785.188 [.000]

    途中の結果 nexp, aexp は省略
```

図 4.7　各国経済と輸出のグランジャーの因果

4.5 チョウテスト(構造変化の検証)

4.5.1 チョウテストの原理

時系列データから経済などの構造変化を検出する問題は,従来より線形回帰モデルの分析手法を拡張することにより行われている。例えば,オイルショック以降では企業の生産活動が変化し,これがGDPなどに現れたり,景気の変動により消費者の購買行動が変化するなどがある。また,構造変化の有無だけではなく,その時期を知ることも重要である。

構造変化の検証の代表的な手法としてチョウテストがあり,その原理は2組のデータセットがあるとき,同じ次数の回帰分析を実施した場合に,回帰係数の違いがこれらの2組で見られるかを検証する方法である [Cho]。その概要は,「帰無仮説のもとでの残差平方和」およびデータセット1,2に対する「制約のないときの残差平方和」を計算した場合に,これらから計算された統計量がF分布をすることを用いている。「帰無仮説のもとでの残差平方和」とは2つのデータセットを合同して回帰分析を行った場合の残差平方和である。「制約のないときの残差

平方和」とは,2つのデータセットに対して別々に回帰分析を行った場合の残差平方和であり,いずれの計算においても回帰分析を適用して計算を行う。ただし,回帰分析における次数と比較して計算に必要なデータセットの個数が十分である場合と,そうではない場合には,やや異なる統計量に対して検定を行う必要がある。

このようにデータセットの個数と回帰分析の次数との関係から,チョウテストの方法も2種類に分けられている。この手法においてはすでに観測された時刻 T_1 までのデータがあり,これ以降に更に T_2 個のデータが追加され合計 $T = T_1 + T_2$ 個のデータが利用可能であると仮定する。次に示すように,被説明変数と説明変数との間には,時刻に応じて2種類のパラメータによる回帰モデルが成立すると仮定する。

$$y_t = x_t\beta_1 + u_t, u_t \sim N(0, \sigma_1), t < T_1 \tag{4.36}$$

$$y_t = x_t\beta_2 + u_t, u_t \sim N(0, \sigma_2), t \geq T_1 \tag{4.37}$$

ここで,x_t は変数ベクトル,β_1 と β_2 とは係数ベクトルであると仮定する。時系列から構造変化が観測されるということを検証するための帰無仮説は,$H_0 : \beta_1 = \beta_2$ および $\sigma_1 = \sigma_2$ である。このほかに,それぞれのパラメータごとに帰無仮説 $H_0^1 : \beta_1 = \beta_2$ および $H_0^2 : \sigma_1 = \sigma_2$ をたてることも可能であり,通常は同時にこれらの2組のパラメータの同一性あるいは変化の可能性を,別々に検証するような帰無仮説を用いる。

このような手法で構造変化を検証する場合に問題となるのが,利用可能なサンプル数である。具体的には,回帰モデルのパラメータ数回帰の次数との関係で,十分なサンプル数を確保できないケースも含めた解析方法が提案されている。

データセットのサンプル数が十分にある場合

まず,データセットのサンプル数が十分にある条件が満足される場合を考察する。この場合には,帰無仮説の検証は基本的には分散分析の手法に帰着することができる。それぞれのデータセットに当てはめる回帰モデルの説明変数の個数を,p とする。このとき構造変化がない,すなわち2組のデータセットにおける回帰係数には差異はないとする帰無仮説 ($H_0 : \beta_1 = \beta_2$ および $\sigma_1 = \sigma_2$) でのもとで,$T_1 > p, T_2 > p$ ならば,次に示す統計量は自由度が $(p, T_1 + T_2 - 2p)$ である F 分布にしたがうことが知られている。

$$C_1 = (\frac{SSR_T - (SSR_1 + SSR_2)}{SSR_T})(\frac{T - 2p}{p}) \tag{4.38}$$

この式において,記号 SSR_T は「帰無仮説のもとでの残差平方和」であり,2つのデータセットを合同して回帰分析を行った場合の残差平方和である。また,SSR_1, SSR_2 は,2つのデータセットに対して別々に回帰分析を行った場合の残差平方和「制約のないときの残差平方和」である。

また,パラメータ σ_1, σ_2 だけに限定した帰無仮説 $H_0^2 : \sigma_1 = \sigma_2$ は,次の統計量が自由度が $(T_2 - p, T_1 - p)$ である F 分布にしたがうことを用いて,検定を行うことができる。

$$C_0 = (\frac{SSR_2}{SSR_1})(\frac{T_1 - p}{T_2 - p}) \tag{4.39}$$

この 2 つのパラメータの組について，通常はまずパラメータの同一性 $H_0^2 : \sigma_1 = \sigma_2$ を検証し，次にこの場合の帰無仮説が成立する場合について，パラメータの同一性 ($H_0 : \beta_1 = \beta_2$ および $\sigma_1 = \sigma_2$) の検証を行う．H_0^2 が棄却されると，H_0 も棄却される可能性が高いが，逆に H_0^2 が棄却されるが $H_0^1 : \beta_1 = \beta_2$ が棄却されるかは不明であることが理由となっている．

データセットのサンプル数が十分にない場合

次に，2 つの期間のいずれかにおいてサンプル数が十分に大きくないケースを考察する．この場合，どちらの期間を対象にしても同様であるので，$T_2 < p$ のケースを取り上げる．データセットのサンプル数が十分である場合に定義した残差平方和により，次の統計量を計算する．

$$C_2 = \left(\frac{SSR_T - SSR_1}{SSR_1}\right)\left(\frac{T_1 - p}{T_2}\right) \tag{4.40}$$

この統計量は対立仮説 $\beta_1 \neq \beta_2$ と $\sigma_1 = \sigma_2$ に対して，帰無仮説 $\beta_1 = \beta_2$ のもとで，自由度が $(T_2, T_1 - p)$ である F 分布にしたがうことが示されている．ただし，この仮説検定は $\sigma_1 = \sigma_2$ を統計的に仮定したうえでの同時検定となっているので，次のような手順で必要なデータを準備する必要がある．第 2 番目のデータセットに対して，第 1 番目のデータセットによる予測を用いるのでヘンドリー (Hendry) の予測検定とも呼ばれる．

まず，最初の期間 T_1 の観測データを用いて，β_1 の推定値である $\hat{\beta}_1$ を計算する．第 2 番目の期間 T_2 に対する (y_t, x_t) の値を (y_{2t}, x_{2t}) とする．このデータに対して回帰係数の推定値 $\hat{\beta}_1$ を用いて，予測誤差 $\hat{u}_{2t} = y_{2t} - x_{2t}\hat{\beta}_1$ を計算する．この誤差から得られる統計量は

$$\sum^{T_2} \hat{u}_{2t}^2 / S_1^2 \tag{4.41}$$

帰無仮説 $\sigma_1 = \sigma_2$ のもとで，自由度が T_2 であるカイ 2 乗分布にしたがうことが知られている．ただし，S_1^2 は第 1 番目のデータセットに対する予測誤差の分散である ($S_1^2 = SSR_1/(T_1 - p)$)．

以上をまとめると，次のような検証の手順となる．まず最初に，予測テストを用いて $\sigma_1 = \sigma_2$ が棄却できるかどうかを検証する．次に，統計量 C_2 について F 検定を実施して，パラメータの同一性 $\beta_1 = \beta_2$ を検証する．

4.6 回帰モデルの逐次推定を用いた構造変化検出

次に，このようなチョウテストを拡張したとも言える構造変化の逐次的推定について述べる [Cho]．チョウテストにおいては構造変化が起こる時点は 1 つに限定されているため，もし複数回このような構造変化が発生していると考えられる場合には，繰り返し推定が必要となる．精密な構造変化の推定を実施する前に，おおまかに構造変化の発生や，回数についての情報を得ることができれば便利である．このような目的のため TSP では CUSUM テストと CUSUMSQ テストの 2 つが備えられている．これらのテストの結果はグラフとして表示されるので，これにより構造変化の発生の回数と時期について，おおまかな推定を行うことができる．

以下ではこれらのテストの原理について説明するが，TSP では前に説明したチョウテストも含めて，regopt というコマンドで簡潔に検証を実施することができる．

まず, CUSUM テストについて述べる。このために, 回帰分析における逐次推定という考え方を用いる。逐次推定とは同じ回帰分析のモデルについて観測データを 1 つずつ増やしながら, 繰り返しパラメータ推定を行う方法であり, これにより構造変化を検出する。回帰分析における最小 2 乗推定 (OLS 推定) において, 時刻 $t-1$ までの観測データを用いて得られる回帰係数の推定値を $\hat{\beta}_{t-1}$ とする。この係数は時間に依存するように表記されてはいるが, 本来は時間に依存しない定数である。この回帰係数 $\hat{\beta}_{t-1}$ を用いて 1 期先のデータに対して行う予測は, 次により与えられる。

$$\hat{y}_t = x_t \hat{\beta}_{t-1} \tag{4.42}$$

この値は, 時刻 $t-1$ までのデータを用いて行う y_t に対する予測になる。もし回帰モデルが安定して構造変化を生じていないなら, 係数ベクトルの推定値の変動は小さいであろう。これを間接的に測定する量として, 次のような逐次残差を定義する。

$$v_t = y_t - x_t \hat{\beta}_{t-1}, t = p+1, ..., T \tag{4.43}$$

更に, この逐次残差を次に示す係数 d_t で割ることにより標準化する。

$$w_t = v_t / d_t \tag{4.44}$$

この標準化された逐次残差を, 標準化逐次残差と呼ぶ。

$$d_t = [1 + x_t^T (X_{t-1}^T X_{t-1})^{-1} x_t)]^{-1} \tag{4.45}$$

回帰係数が一定で本来得られるであろう残差が平均ゼロ, 分散 σ^2 の正規分布にしたがうとする帰無仮説のもとでは, この標準化逐次残差は平均がゼロで分散である正規分布にしたがうことが示される。すなわち, 標準化逐次残差は OLS 残差と同じ分布 $w_t \sim N(0, \sigma)$ である。しかし, OLS 残差が和がゼロになるのに対して, 標準化逐次残差は, もしパラメータに時間的な変化が含まれていれば, これを加えたものはゼロから離れていく性質がある。したがってこの性質を用いて, 構造変化を検証することができる。

同時に, この標準化逐次残差に関連して, 次のような性質があることが分かる。

$$SSR_t = SSR_{t-1} + w_t^2 \tag{4.46}$$

すなわち, 時刻 1 から t までの OLS 推定の残差平方和は, 時刻 1 から時刻 $t-1$ までの OLS 推定の残差平方和と, 標準化逐次残平方和との和となる。この性質を用いて, 前に述べた CUSUM テストおよび CUSUMSQ テストを適用することができる。すなわち, 1 期先のテストの系列を作成しておき, その後に連続するそれぞれの期間において構造変化が起こったかどうかを, テストすることができる。

逐次残差の CUSUM は, 次のように定義される。

$$W_t = \sum_{s=p+1}^{t} w_s / \hat{\sigma}, t = p+1, ..., T \tag{4.47}$$

$$\hat{\sigma} = \sum_{s=p+1}^{T}(w_s - \bar{w})^2/(T-p-1), \bar{w} = \sum_{s=1}^{T}w_s/(T-p) \qquad (4.48)$$

CUSUM テストは残差の標準誤差で標準化した逐次残差であり, この残差が時間的に変化するパターンに注目する。もし残差が確率的, すなわちランダムなもので何らの傾向をもたない場合には, プラスあるいはマイナスに同じような確率で変動するであろう。しかし構造変化がある場合, すなわち単一の回帰モデルでは記述できない場合には, プラスとマイナスの変動の確率は同じではなくなり, その累計である CUSUMSQ において累計効果が見られるであろう。このように残差の変動が上下に引いた対称の線分から乖離するか否かを調べる。この線分は上下の一方あるいは両方と交わる確率が, ちょうど有意水準となるように引かれている。これを数値化するために, 次のような量を計算する。

$$W_t = \pm[a\sqrt{T-p} + 2a(t-p)/\sqrt{T-p}], t = p+1,...,T \qquad (4.49)$$

ここで, a は 5% 有意水準のときに 0.948 であり, 10% のときには 0.850 となる。

CUSUMSQ 統計量は次のように定義される。

$$WW_t = \pm\sum_{s=1}^{t}w_s^2 / \sum_{s=p+1}^{T}w_t^2, t = p+1,...,T \qquad (4.50)$$

この CUSUM 統計量は, 標準化の数値として全部の期間に対する残差平方和を用いているため, 最後の期間 T では 1 になる。もし回帰分析のモデルが期間を通じて変化せずに 1 つのモデルとして適用可能であるならば, WW_t の値は平均が $(t-p)/(T-p)$ である β(ベータ) 分布にしたがうことが示されている。したがって, この図示されたものにそれぞれの平均値と平行に, 次に示す 2 つの線分を書き加える。もしどちらかの線分と交差するならば, 単一の回帰モデルで記述できるという仮説は棄却される。

$$WW_t = \pm C_0 + (t-p)/(T-p) \qquad (4.51)$$

ただし C_0 は, CUSUM における有意水準のグラフと同様に決められる。

以上のように CUSUM および CUSUMSQ テストは, 逐次的に構造変化を検出する目的には適しているが, 問題点もあることに留意する必要がある。したがって, チョウテストによる正確な構造変化の検出の前処理として用いることが適切であるとされている。

4.6.1 応用事例

チョウは, 経済モデル分析で多用される回帰モデルの使用について疑問を投げかけ, 例えば第 2 次世界大戦の前と後とでは米国国民の消費行動は変化しているはずであり, 同じ時代に限っても, 鉄鋼業と化学工業とでは, 例えば株の配当政策は異なるであろうと指摘している [Cho]。この論文中では, いわゆるチョウテストの基本的な原理の説明を行うとともに, 具体的な応用例として, 1921 年から 1953 年までの米国における自動車需要の分析への適用を示し, 説明変

第 4 章 時系列解析手法の応用   131

数を自動車価格や可処分所得などにとった場合に，2 つの時期に回帰係数に違いがあることを証明している。

橘木らの研究では，1990 年に進展した金融自由化にともなう影響を，金融機関からの貸出の変化として分析している。金融自由化以前においては，企業は主として金融機関からの融資間接金融により資金を調達してきたが，自由化にともない社債発行やコマーシャルペーパーにより資本市場から調達する，いわゆる直接金融へと比重を移している [Tac-1]。これにともない，金利をどのように設定するかは金融機関にとり大きな問題となり，競争の激化にともなう採算ラインの緊縮化などが発生している。具体的には，貸出金利を被説明変数社債金利やコマーシャルペーパー金利などを説明変数とした回帰モデルに，構造変化が見られることを検証している。

4.6.2 応用例

以下では回帰分析の例とともに，この分析結果に対してチョウテストを実施するケースをとりあげる。チョウテストを実行するためのオプションとしては，regopt がある。このオプションのパラメータの設定は，目的に応じて細かな設定をすることができる。しかし本書では，これらのすべてを利用するものではないので，検定の対象となるすべてのデータを出力する all を指定して，プログラムを実行し，その結果から必要なものだけを抽出する方法をとる。

以下で示す例題では，被説明変数を 1976 年から 2002 年までの米国における情報セクターの出荷額 (iprod) をとり，説明変数として同時期の情報財への支出 (iexp)，エネルギー需要 (energy)，情報セクターの労働者数 (swork)，研究開発費 (randd) をとる。なおこれらの変数は，すべてもとのデータの対数値をとったものであり，プログラムではそれぞれ，lprod, lexp, lwork, lenerg, lrandd として示している。このように，対数をとったものについて回帰モデルがあてはまるであろうと推定する根拠として，生産関数の理論がある。生産関数の理論とは，P を生産額，K, L をそれぞれ投入された資本と労働とした場合に，$P = K^\alpha L^{1-\alpha}, 0 < \alpha < 1$，したがって $\log P = \alpha \log K + (1-\alpha) \log L$ となる関係が近似的に成立することを指している。いまの例題の場合には，説明変数は複数であるが，投入された資源を複数まで拡張したと仮定すればよいであろう。

図 4.8 にはプログラムを示している。すでに説明したように，オプションである regopt においてキーワードの all を指定し，すべての分析結果を出力している。図 4.9 には解析の結果を示している。まず結果において，Hendry の予測テストにおいては帰無仮説が棄却されており，パラメータは同一ではないことが分かる。次にチョウテストについても，帰無仮説が棄却されており，パラメータは同一ではないことが分かる。これらに関連して示されているテストにおいても，帰無仮説が棄却されており，パラメータは同一ではないことが分かる。

一方，CUSUM, CUSUMSQ について見ると，CUSUM は帰無仮説は採択されておりパラメータの同一性は保たれているが，CUSUMSQ においては帰無仮説が棄却されており，パラメータは同一ではないことが分かる。これらを CUSUM と CUSUMSQ とのプロットから確認してみる。2 つのプロットから分かるように，CUSUM については全期間を通じて変動の範囲の上限と下限の中に収まっているが，CSUMSQ については時系列の後半において下方に大きくずれている。これは時期的には，1992 年の場所でおこっている。CUSUM についても，やや詳し

く見ると，この時期すなわち 1992 年においてやや大きな変動が見られる。以上のことから，ここでとりあげた回帰モデルは，1992 年を境界として構造変化を発生していることが分かる。

```
option crt;
freq a;
smpl 1976 2002;
load year iprod iexp energy swork randd;
1976  88524   162 61601809  57477  179375
1977 105224   179 62051547  59620  193568
1978 121624   204 63137182  62670  210499
1979 142273   225 65947815  64935  231537
1980 164797   249 67232462  66265  257358
1981 182867   274 67014317  67172  287942
1982 200069   301 66622827  67127  321455
1983 216737   350 64179584  68171  358041
1984 253950   378 68923560  71095  400487
1985 263351   422 67799039  73926  447957
1986 263431   461 67177860  76156  494302
1987 278208   497 67659271  78618  538204
1988 303443   530 69029713  81436  582905
1989 310679   561 69476160  83969  628598
1990 320821   590 70870319  85764  676974
1991 323779   635 70531943  85787  726735
1992 345960   679 70127403  86631  772928
1993 361683   731 68495254  88625  812435
1994 397298   769 70892727  91517  849332
1995 441485   812 71318887  94142  893137
1996 473168   870 72640776  96299  943028
1997 517989   936 72634019  98890  999364
1998 561226  1002 73040801 101576 1060105
1999 607160  1083 71907284 104528 1128526
2000 706072  1173 71490138 107136 1207664
2001 727160  1195 71891553 107952 1281162
2002 650735  1231 70935468 107784 1344780;
genr lprod=log(iprod);genr lexp=log(iexp);
genr lenerg=log(energy);genr lwork=log(swork);
genr lrandd=log(randd);
regopt all;
olsq lprod c lexp lenerg lwork lrandd;
end;
```

図 4.8　チョウテストのプログラム

```
                    Equation   1
                    ============

             Method of estimation = Ordinary Least Squares


Dependent variable: IPROD
Current sample:  1976 to 2002
Number of observations:  27

           Mean of dep. var. = 5.47370
      Std. dev. of dep. var. = .251281
     Sum of squared residuals = .941103E-02
        Variance of residuals = .427774E-03
     Std. error of regression = .020683
                   R-squared = .994267
          Adjusted R-squared = .993225
                LM het. test = 2.47324 [.116]
               Durbin-Watson = 1.11389 [.000,.061]
Wald nonlin. AR1 vs. lags = 10.9502 [.027]
                   ARCH test = .056180 [.813]
                  CuSum test = .466505 [.731]
                CuSumSq test = .518995 [.001]
                   Chow test = 7.71395 [.001]
          Chow het. rob. test = 7.26617 [.001]
        LR het. test (w/ Chow) = 25.7970 [.000]
                White het. test = 16.5774 [.279]
              Jarque-Bera test = 2.74558 [.253]
             Shapiro-Wilk test = .928376 [.063]
              Ramsey's RESET2 = .246279 [.625]
              F (zero slopes) = 953.937 [.000]
                 Schwarz B.I.C. = -60.9321
   Akaike Information Crit. = -64.1717
              Log likelihood = 69.1717

CUSUM PLOT
```

第 4 章 時系列解析手法の応用

```
***** ****
CUSUM PLOTTED WITH C
UPPER BOUND (5%) PLOTTED WITH U
LOWER BOUND (5%) PLOTTED WITH L
         MINIMUM                        MAXIMUM
         -13.33813                      13.33813
         |-+---------------------0----------------------+-|
    1981 |            L       C|       U                 |
    1982 |           L        C|       U                 |
    1983 |          L         C|       U                 |
    1984 |          L          C        U                |
    1985 |         L         C          U                |
    1986 |        L          C          U                |
    1987 |        L         C           U                |
    1988 |       L          C           U                |
    1989 |       L          C            U               |
    1990 |      L           C            U               |
    1991 |     L          C              U               |
    1992 |     L         C               U               |
    1993 |    L         C                U               |
    1994 |   L         C                 U               |
    1995 |   L        C                   U              |
    1996 |  L        C                    U              |
    1997 |  L       C                     U              |
    1998 | L       C                      U              |
    1999 | L     C                        U              |
    2000 | L         C|                   U              |
    2001 | L                 |       C    U              |
    2002 | L-----------------|------C-----U--------------|
         |-+---------------------0----------------------+-|
         -13.33813                      13.33813
         MINIMUM                        MAXIMUM

CUSUMSQ PLOT
******* ****
CUSUMSQ PLOTTED WITH C
MEAN PLOTTED WITH M
UPPER BOUND (5%) PLOTTED WITH U
LOWER BOUND (5%) PLOTTED WITH L
         MINIMUM                        MAXIMUM
         0.00000                        1.00000
         |-+---------------------------------------------+-|
    1981 | LCM         U                                   |
    1982 | LC    M          U                              |
    1983 | LC        M          U                          |
    1984 | L C      M            U                         |
    1985 | L  C       M               U                    |
    1986 | L   C          M               U                |
    1987 | L    C            M                U            |
    1988 |  L    C              M                 U        |
    1989 |   L  C                M                  U      |
    1990 |      2             M                U        |CL
    1991 |      L C          M                   U         |
    1992 |       L C         M           M       U         |
    1993 |         CL              M                U      |
    1994 |          C L              M               U     |
    1995 |           C L                M             U    |
    1996 |            C   L              M            U    |
    1997 |             C    L             M           U    |
    1998 |              C      L           M          U    |
    1999 |              C        L              M    U     |
    2000 |                       2           M      U     |CL
    2001 |                          L              MCU     |
    2002 |                             L             3 |CMU
         |-+---------------------------------------------+-|
         0.00000                        1.00000
         MINIMUM                        MAXIMUM
```

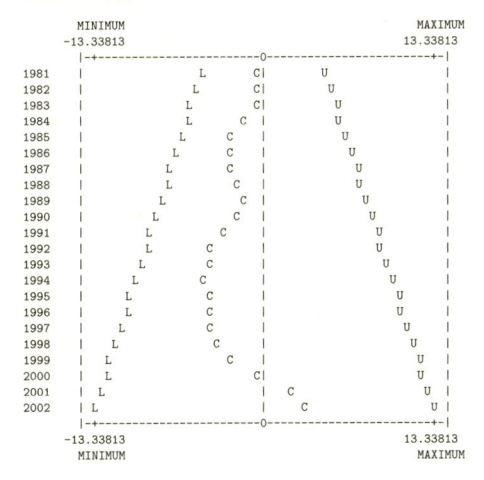

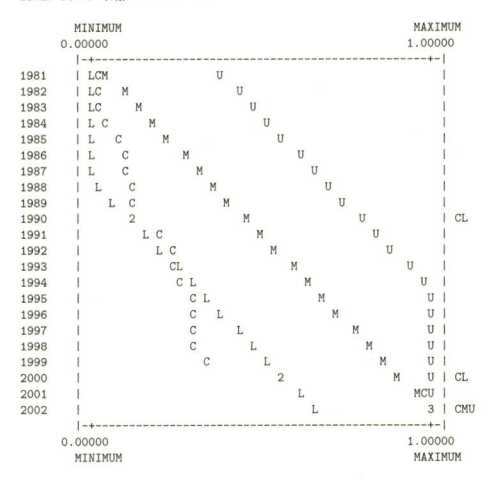

図 4.9 チョウテストの結果

4.7 単位根検定 (unit root test)

4.7.1 単位根検定の原理

単位根 (unit root) とは簡単に言えば, 1 次の回帰モデル $y_t = a_0 + a_1 y_{t-1} + \varepsilon_t$ において, $a_1 = 1$ となる場合を指しており, 確率過程が非定常であるかどうかを検証する方法である。時系列が非定常であることが確認されれば, この時系列データに対して, そのまま線形の回帰モ

デルを適用することはできない。このように単位根検定の問題とは, 非定常時系列に対してそのまま回帰分析を適用する問題点を指摘したものである。

非定常時系列の顕著な性質は, 時系列の平均と分散が時間的に一定ではなく, ある定数から時間とともに乖離していくことを指している。時系列解析では平均と分散が時間的に変化しない, いわゆる定常時系列を対象とする分析のほかに, これらが時間的に変化する, いわゆる非定常時系列を取り扱うことがある。この平均や分散が時間的に一定の傾向を持つことを, 時系列にトレンド (trend) が含まれると呼んでいる。最初の例として, 時系列が時間 t の線形項を含んでいると仮定できる, 次のようなケースを考える。

$$y_t = \gamma_0 + \gamma_1 t + v_t \tag{4.52}$$

このモデルは, トレンド定常 (trend stationary:TS) モデルと呼ばれている。なお, このモデルにおいて変数 v_t は ARMA などの定常な過程にしたがうと仮定している。この場合には, 時間に直接関連する項を除去することにより, 定常な時系列を得ることが可能である。

次に, 時刻における変数の値で関連づけられた以下のようなモデルを仮定する。

$$y_t = \gamma_1 + y_{t-1} + v_t \tag{4.53}$$

TS モデルの場合と同様に, 変数 v_t は ARMA などの定常な過程にしたがうと仮定している。このモデルは階差定常 (Difference Stationary:DS) モデルと呼ばれている。モデルにおいては時間が t と $t-1$ とが直接的な関係で結ばれており, この DS モデルが成立する場合には, 経済変動が持続するなどの問題を含んでいる。すなわち, 単位根検定の問題は時系列の長期的な変動に関連している。

例えば時系列を次のように表現した場合に, 時系列に加えられたショックがいつまでも持続することを意味している。

$$y_t = y_{t-1} + \varepsilon_t \tag{4.54}$$

乱数に相当する項目 ε_t に 1 つのジャンプが加わった場合に, この影響は倍化される形で時間的に継続することになる。これは, いわゆる長期的なトレンドの存在に対応している。このように回帰係数の値が 1 になる場合, すなわち単位根の存在を調べることは, 時系列の定常性に直接関連している。一方, 次のモデルを考える。

$$y_t = \alpha y_{t-1} + \varepsilon_t, \alpha < 1 \tag{4.55}$$

この場合には, 単位根ではない (単位根は存在しない)。もし単位根が存在しない場合には, ε_t に含まれるジャンプ状の変動 (ショック) の影響は時間とともに極めて小さくなり, やがて消滅する。

なお, 単位根という呼び方は特性多項式を用いてシステムの安定性を調べる方法の別の呼び方であり, 例えば ARMA 過程により生成される時系列が定常であるかどうかは, ARMA 過程の式から導出される多項式の根を調べることにより判断できる。もし, すべての根が単位円の外側にあるならば, 時系列は定常である。反対にもし 1 つの根でも単位円の内側に存在するならば, 時系列へ非定常である。このような根の中で, 単位円の上にあるものを単位根と呼ぶ。こ

のような単位根が内側に存在することを1次の和分過程が存在するとよび，記号により $I(1)$ として示す．これに対して，根が単位円の外側にある場合を $I(0)$ として示す．

単位根検定の方法をやや一般化するため，式 (4.53) に加えて TS である要素 $v_t = \alpha v_{t-1} + u_t$ を含むような，次のモデルを仮定することが行われる．

$$y_t = \gamma_0 + \gamma_1 t + \alpha](y_{t-1} - \gamma_0 - \gamma_1(t-1)] + u_t \tag{4.56}$$

この式を書き直すと，次の表現を得る．

$$y_t = \beta_0 + \beta_1 t + \alpha y_{t-1} + u_t, \beta_0 = \gamma_0(1-\alpha), \beta_1 = \gamma_1(1-\alpha) \tag{4.57}$$

このようなモデルに基づいて時系列データの非定常性，すなわち単位根を検定する方法としてディッキーとフラー (Dickey-Fuller) による検定がある [Dic]．次のようなモデルを考え，係数がゼロである帰無仮説が棄却されなければ，非定常時系列であると考えられる．また，モデルに定数項やトレンドが含まれている可能性もある．

$$\Delta y_t = \mu + \beta t - \phi y_{t-1} + u_t \tag{4.58}$$

ここで，変数 u_t は ARMA などの定常な過程にしたがうと仮定している．この検定において帰無仮説 $H_0 : \phi = 0$ が棄却できない場合には，もとの時系列は非定常時系列であると結論づけられる．

4.7.2 応用事例

単位根検定の基本手法はディッキーとフラーにより行われている．観測された時点に対する時刻 t と時刻 $t-1$ におけるデータの回帰式を仮定し，係数が 1 であるとする帰無仮説を検定する方法を提案している [Dic]．

ディッキーらはその論文の中で，1次の自己回帰モデルを用いて，単位根検定の原理を説明し，これまでのルービン (Rubin)，ホワイト (White) あるいはボックス・ジェンキンスの研究を基礎としたものであることを述べている．具体的には，回帰係数の推定値の極限に対する検定レベルを，表として与えることができること，また定数項をもつモデルや一般の時系列モデルにも，拡張できることを示している．応用例として，ゴールドら (Gould and Nelson) により提起されていた 1869 年から 1960 年までの金利に関する構造，すなわち velocity of money の対数値に関して 1 次の自己回帰係数は 1 であるという結論を解析し，10%の有意水準で仮説が成立することを説明している [Gou]．

4.7.3 情報財支出とエネルギー需要時系列への応用例

以下では，米国の 1960 年から 2006 年までの情報財への支出 (iexp) とエネルギー需要 (energy) の時系列に対する単位根検定を行ってみる．2つの時系列に対する解析を，同時に示している．プログラムではデータの入力を行ったのちに，差分 $\Delta y_t = y(t) - y(t-1)$ である di=inexp-inexp(-1); de=energy-energy(-1) を求め，これを被説明変数とし，説明変数をトレンド t と変

数 iexp あるいは energy とする回帰分析を指示している. なお, cdf は cdf 関数と呼ばれ, 確率分布に関する検定を指示する関数である. この関数を用いて正規分布, カイ 2 乗分布や F 分布に関する検定なども実施できるが, 以下ではディッキー・フラー検定だけに限定して話を進める. 解析のプログラムを図 4.10 に示している. 関数の括弧のなかにはディッキー・フラー検定を指定するキーワードである deckeyf を書く. また関数 deckeyf(...) のあとに書いている

    @t(3)

は, 解析結果の中で用いる統計量を指示している. この場合には直前の olsq 解析により得られた結果を引き継いでおり, 第 3 番目の変数である energy(–1) の t 統計量を検定の基準として用いることを指示している. TSP では, ここに示すように, コマンドによる解析結果は

    @

のついた変数に格納され, 次のステップで利用することができる (変数の名前や種類は一般にコマンドにより異なっている). また検定の結果を, 図 4.11 に示している. 注目する結果は, 最後の検定結果の部分である. 通常の帰無仮説の検定の場合と同様に, 有意確率が表示されている. この 2 つの解析例では確率が, それぞれ, 100%, 54% となっており, どちらの場合においても帰無仮説 $\phi = 0$ が棄却できないので, 2 つの時系列は非定常であることが分かる.

```
option crt;
freq a;
smpl 1960 2006;
load year inexp energy;
1960   36.4 42803762 1961   38.5 43280220 1962   40.8 44876994
1963   43.6 47173724 1964   47.7 49056406 1965   52.6 50676101
1966   58.9 53534199 1967   64.1 56379387 1968   70.3 58225261
1969   77.6 60541041 1970   85.1 63501275 1971   92   62722834
1972  102.8 63920065 1973  114.2 63584788 1974  127.4 62372236
1975  146.8 61356565 1976  162   61601809 1977  179.3 62051547
1978  204.1 63137182 1979  225.4 65947815 1980  249.4 67232462
1981  273.6 67014317 1982  301.2 66622827 1983  349.9 64179584
1984  378.3 68923560 1985  422.2 67799039 1986  461   67177860
1987  496.5 67659271 1988  530   69029713 1989  560.9 69476160
1990  589.8 70870319 1991  635.3 70531943 1992  678.9 70127403
1993  731.2 68495254 1994  768.9 70892727 1995  811.8 71318887
1996  869.9 72640776 1997  936   72634019 1998 1002.4 73040801
1999 1083.4 71907284 2000 1173.2 71490138 2001 1195.3 71891553
2002 1231.3 70935468 2003 1271.8 70270043 2004 1361.2 70394033
2005 1447.5 69640185 2006 1534.2 71034406;
smpl 1961 2006;
di=inexp-inexp(-1);
de=energy-energy(-1);
olsq di c year inexp(-1);
cdf(dickeyf) @t(3);
olsq de c year energy(-1);
cdf(dickeyf) @t(3);
end;
```

図 4.10 情報支出とエネルギー需要の時系列に対する単位根検定

```
                           Equation   1
                           ============

                  Method of estimation = Ordinary Least Squares


Dependent variable: DI
Current sample:   1961 to 2006
Number of observations:  46

         Mean of dep. var. = 32.5609      LM het. test = 16.8433 [.000]
    Std. dev. of dep. var. = 25.7262      Durbin-Watson = 1.42137 [.009,.044]
Sum of squared residuals = 6801.23        Jarque-Bera test = 21.2121 [.000]
     Variance of residuals = 158.168      Ramsey's RESET2 = 2.45498 [.125]
 Std. error of regression = 12.5765       F (zero slopes) = 72.6488 [.000]
               R-squared = .771638        Schwarz B.I.C. = 185.927
      Adjusted R-squared = .761017        Log likelihood = -180.184

             Estimated    Standard
Variable     Coefficient  Error       t-statistic   P-value
C            -2367.36     895.946     -2.64230      [.011]
YEAR         1.20627      .454914     2.65164       [.011]
INEXP(-1)    .015390      .014161     1.08675       [.283]
DICKEY-FULLER(CT,ASY.,0)  Test Statistic: 1.086751, Lower tail area: 1.0000

                           Equation   2
                           ============

                  Method of estimation = Ordinary Least Squares


Dependent variable: DE
Current sample:   1961 to 2006
Number of observations:  46

         Mean of dep. var. = 613710.      LM het. test = .054198 [.816]
    Std. dev. of dep. var. = .146972E+07  Durbin-Watson = 2.03188 [.416,.666]
Sum of squared residuals = .752261E+14    Jarque-Bera test = 4.46448 [.107]
     Variance of residuals = .174944E+13  Ramsey's RESET2 = 7.82978 [.008]
 Std. error of regression = .132267E+07   F (zero slopes) = 6.28122 [.004]
               R-squared = .226096        Schwarz B.I.C. = 717.840
      Adjusted R-squared = .190100        Log likelihood = -712.097

             Estimated    Standard
Variable     Coefficient  Error        t-statistic   P-value
C            -.207518E+08 .593428E+08  -.349694      [.728]
YEAR         14105.7      31348.6      .449961       [.655]
ENERGY(-1)   -.103156     .050446      -2.04490      [.047]
DICKEY-FULLER(CT,ASY.,0)  Test Statistic: -2.044896, Lower tail area: .57678
```

図 4.11 情報支出とエネルギー需要の時系列に対する単位根検定結果

4.8 共和分検定

4.8.1 共和分検定と時系列の階差

非定常時系列を組み合わせることにより非定常性が失われてしまい, 誤った判断に導かれる場合があり, これを共和分 (コインテグレーション:co-integration) 関係と呼んでいる. 例えば, x_t と y_t との2つの時系列があり, これらのどちらもが $I(1)$ である, すなわち単位根検定で定義するところの階差定常の性質をもつ非定常時系列であるとする. この場合に, これらに適当

な係数をかけて引き算をした結果である時系列 $z_t = x_t - y_t$ は, x_t, y_t が非定常時系列であるにもかかわらず, 定常時系列 ($I(0)$) になる場合があることが知られている. すなわち, 合成された時系列に対する単位根検定の結果について帰無仮説が成立してしまうことが知られている. この場合, 2つの時系列 x_t と y_t とは共和分の関係にあると呼ばれる.

すなわち, 同じような動きをする時系列 x_t, y_t の間での引き算であるので, x_t と y_t との間にあるショックが与えられても, 時間が経過してしまうとキャンセルされて, もとの関係に戻ることを意味している. もし2つの時系列が共和分されているなら, それらの時系列は短期では均衡からかなり乖離した位置関係にあっても, 必ず長期的には均衡関係が成立することになる. 例としては, それぞれの国の商品価格の関係, 可処分所得と消費の関係などがある.

共和分の検定にはエングルとグランジャー (Engle and Granger) により提案された方法が有効であり, この方法は回帰分析に基づく分析方法である [Eng-1]. この共和分の検定においても, TSP 関数 DF を用いる方法が有効である. すでに述べたように, 2つ以上の時系列はそれぞれは $I(1)$ であっても, これらを線形結合したものが定常 ($I(0)$) であるならば, 共和分されていると言える. したがって, 2つの時系列のそれぞれは, $I(1)$ にしたがって変動していると仮定する.

最も単純な方法は, 被説明変数を y_t とし, 説明変数を x_t とする回帰分析を行い, この残差 ν_t に対して単位根検定する方法である. すなわち次のような回帰モデルを仮定する.

$$\nu_t = y_t \eta - x_t \beta \tag{4.59}$$

このような検定方法をエングル・グランジャー (Engle-Granger:EG) テストとよぶ. 残差 ν_t に対して, 次のモデルを仮定し単位根検定を行う.

$$\Delta \nu_t = (\alpha - 1)\nu_{t-1} + e_t \tag{4.60}$$

この結果に対して, ディッキー・フラーテストを実施する.

なお, TSP の解析コマンドにはこのような単位根検定を経ないで, 直接的に共和分検定を行うコマンド coint が準備されているので, 以下では, これを利用する. コマンド coint の解析手順のなかには, 別の章で説明する系列相関を回避する工夫がなされている. 具体的には $\Delta \nu_t$ を推定する場合に, 時間遅れであるラグの間隔を 1 から 11 まで順次調査し, このなかで最も適切なラグを求める手順が含まれている.

4.8.2 応用事例

共和分検定の具体的方法の提案は, エングルとグランジャーの研究によりなされている. この論文の中では, 共和分という概念の説明がなされ, 差分階差の導入による時系列処理の特性が示されている [Eng-1]. また, この理論はもともと 1983 年にグランジャーにより提案された自己回帰や移動平均, あるいは誤差修正モデル (Error Collection Model) などに関する表現定理 (representation theorem) に基づいていることを説明している. 共和分の検定のための7つの統計量の導入を提案し, その判定のためのデータをモンテカルロ・シミュレーションによる収集している. また同時に, 実際の経済データに適用して有効性を確認している. その結果, 消費

第4章 時系列解析手法の応用

と所得には共和分の関係があり，賃金と価格との間にはこれが存在しないことが検証され，更に短期金利と長期金利および名目との間には共和分の関係があるなどの発見をしている。

共和分検定の手法は経済モデル分析のさまざまな分野に多く用いられており，事例を見出すのも難しくはない。身近な事例として，平成10年度および9年度の経済白書では，M2+CDと支出の長期的関係において共和分の関係があること，および日本において消費と所得の共和分関係が認められることを掲載している [Kei]。また経常収支と為替レートとの間に共和分関係があることや，常収支以外では見られないことなどが示されている。共和分検定により，名目為替レートと二国間の相対価格比率との関係に定常性，すなわち長期的に安定的な線形関係 (購買力平価説) が成立しているかを検定する手段としても考えられている。

小林は翌日物金利の役割に注目し，1995年以降には金融政策の柱として翌日物金利を利用した市場金利のコントロールが行われていることを実証し，これが部分的には成立することを述べている [Kob-1]。すなわち，翌日物金利は1年物金利とは共和分の関係にあると言えるが，これより長期の金利との間には成立しないこと，このことは，長期の金利と説明変数として加えても大きな違いはないことが示されている。また，1995年以前のデータに関しては，翌日物金利と他の市場金利との間には共和分関係が見られないことから，翌日物金利による市場金利コントロールは，1995年以降に顕著であることを説明している。この論文の中では，最近のゼロ金利政策のもとで金利変動がブラウン運動にしたがうとする仮定が成立しないため，外生変数存在下での単位根分析の手法を導入した経緯が説明されている。

4.8.3　情報財支出とエネルギー需要時系列への応用例

以下では，米国の1960年から2006年までの情報支出 (iexp) とエネルギー需要 (energy) の時系列に対する共和分検定を行ってみる。プログラムでは，これらの2つの変数のすべての組み合わせについての共和分検定を，並行して実施している。図4.12には解析のプログラムを示している。すでに述べたように，共和分検定を直接的に実施するコマンドであるcointを用いている。なお，オプションでnounitを指定しているが，これは共和分検定において，あらためてそれぞれの時系列の単位根検定は行わないことを指定している。

```
coint prodtvt sworker;
coint sworker itexp;
coint prodtvt itexp;
```

共和分検定では，解析の対象となる時系列は非定常である，すなわち単位根検定では係数がゼロとなる帰無仮説が成立することが前提となっている。しかし前の節で解析したように，ここで解析の対象となっている2つの時系列は，いずれも非定常時系列である。

図4.13には，情報財支出とエネルギー需要時系列に対する共和分検定の結果を示している。第2番目と第3番目の解析結果においては，最適なラグを求めた部分の結果を省略している。これらの結果から分かるように，3つのケースについて共和分の関係にある，すなわち $\alpha - 1 = 0$ である仮説は，それぞれ94%，50%，80%の有意確率をもっており，いずれのケースにおいても共和分の関係にあると言える。

```
option crt;
freq a;
smpl 1987 2006;
load year prodtvt sworker itexp;
1987 89      78618  496.5  1988 90.9    81436 530      1989 91.8  83969 560.9
1990 93.9    85764  589.8  1991 96.3    85787 635.3    1992 100   86631 678.9
1993 102.5   88625  731.2  1994 106.1   91517 768.9    1995 110.9 94142 811.8
1996 114.9   96299  869.9  1997 121.3   98890 936      1998 127.9 101576 1002.4
1999 133.5  104528 1083.4  2000 138.9  107136 1173.2   2001 141.1 107952 1195.3
2002 150.8  107784 1231.3  2003 160.1  108182 1271.8   2004 163.5 109553 1361.2
2005 171.3  111513 1447.5  2006 178.2  113605 1534.2;
coint prodtvt sworker;
coint sworker itexp;
coint prodtvt itexp;
end;
```

図 4.12　情報財支出とエネルギー需要の時系列に対する共和分検定プログラム

```
Engle-Granger (tau) cointegration tests
=======================================

Variables: PRODTVT SWORKER


                      Dependent variable: PRODTVT

Num lags              0           1           2           3           4
alpha           0.82979     0.82518     0.83373     0.72982     0.76709
TestStat       -1.02088    -0.98613    -0.88511    -1.55806    -1.08486
P-valAsy        0.97643     0.97849     0.98351     0.90908     0.97213
Const         148.03800   148.03800   148.03800   148.03800   148.03800
t(Const)        2.44039     2.44039     2.44039     2.44039     2.44039
Trend           6.63804     6.63804     6.63804     6.63804     6.63804
t(Trend)        4.45600     4.45600     4.45600     4.45600     4.45600
Num obs        12.00000    12.00000    12.00000    12.00000    12.00000
LogLike       -26.75330   -26.73946   -26.67452   -24.39486   -24.29864
AIC            27.75330    28.73946    29.67452    28.39486    29.29864
Var res         5.51801     6.05583     6.65626     5.12125     5.75974


Num lags              5           6           7        Opt:2
alpha           0.67706     0.79419     0.44159     0.80636
TestStat       -1.36375    -0.35746    -0.89135    -1.37167
P-valAsy        0.94307     0.99557     0.98324     0.94194
Const         148.03800   148.03800   148.03800   148.03800
t(Const)        2.44039     2.44039     2.44039     2.44039
Trend           6.63804     6.63804     6.63804     6.63804
t(Trend)        4.45600     4.45600     4.45600     4.45600
Num obs        12.00000    12.00000    12.00000    17.00000
LogLike       -23.47586   -23.41404   -21.58275   -36.98054
AIC            29.47586    30.41404    29.58275    39.98054
Var res         5.85862     6.95827     6.41001     5.51202

                       Cointegrating vector

                    1
PRODTVT       1.00000
SWORKER       0.00096313


             Summary of Engle-Granger (tau) cointegration tests

           TestStat     P-value     Num.lags
     1    -1.37167     0.94194      2.00000
Engle-Granger (tau) cointegration tests
=======================================

Variables: SWORKER ITEXP
```

　　　最適なラグを推定する部分は省略している

第 4 章 時系列解析手法の応用

```
                    Cointegrating vector

                            1
SWORKER             1.00000
ITEXP              -2.18129


            Summary of Engle-Granger (tau) cointegration tests

                TestStat       P-value        Num.lags
        1       -2.51921       0.50965        5.00000


Engle-Granger (tau) cointegration tests
=======================================

Variables: PRODTVT ITEXP
```
最適なラグを推定する部分は省略している
```
                    Cointegrating vector

                            1
PRODTVT             1.00000
ITEXP              -0.11975


            Summary of Engle-Granger (tau) cointegration tests

                TestStat       P-value        Num.lags
        1       -1.91469       0.80534        3.00000
```

図 4.13　情報財支出とエネルギー需要の時系列に対する共和分検定結果

4.9 ARCH モデル

4.9.1 ARCH モデルと時系列の定常性

　経済社会で観測される時系列の中でも，金融に関連する時系列の影響範囲は広く，その分散 (ボラティリティともよばれる) の性質の分析は資産運用や投資決定における危険性 (リスク) を評価する上で大きな役割を果たしている。不確実性を誤差項や分散でとらえる場合これらが時間的に変化しないとするのが従来のモデルであった。しかし実際の為替レート変動や株価収益のデータにおいてはこれらのパラメータは時間的に変動することが多い。このため時系列の分散も時間的に変化するモデルの必要性が認識されてきた。このようなモデル化の手法として，エングルにより提案された，条件付分散不均一のもとでの自己回帰モデルがある [Eng-2]。このモデルでは，無条件分散は一定であるが，条件付分散は時間に対して一定ではないと仮定している (Autoregressive Conditional Heteroscedasticity:ARCH モデルと呼ばれる)。あるいは，過去のボラティリティに依存するものとして，現在の特性が決まるものとして一般化した GARCH (Generalized ARCH) モデルが，ボラスレフ (Bollerslev) らにより定式化されたのち，実際に用いられ，有効性が確認されている [Bol]。

　このモデルの意味するところは，現在の時刻の誤差項の分散は，過去の誤差項が大きいほど大きくなることを示している。すなわち，ある時期の大きな誤差項が現れると，しばらくはこの影響が残り，大きな誤差が持続することに対応している。

4.9.2　ARCH モデルの定式化

エングルにより提案された ARCH モデルでは，推定に利用できる情報に依存した分散を導入することに特徴がある [Eng-2]。条件付分布の正規性を仮定すると，モデルにより生成される時系列 x_t は，一般に次のように表現することができる。

$$x_t = \epsilon_t, \epsilon_t \sim N[g_t, h_t] \tag{4.61}$$

$$g_t = \alpha_1 x_{t-1} + \alpha_2 x_{t-2} + ... + \alpha_1 x_{t-p} \tag{4.62}$$

$$h_t = \beta_0 + \beta_1 \epsilon_{t-1}^2 + \beta_2 \epsilon_{t-2}^2 + ... + \beta_q \epsilon_{t-q}^2 \tag{4.63}$$

ここで，g_t は過去のデータ x_{t-i} の関数であり，h_t はこのデータに関する過去の予測誤差 ϵ_{t-i} の関数である。これを次数を明示的に示す意味で，ARCH(p, q) モデルと呼んでいる。このモデルを分かりやすく説明すれば，時系列は正規乱数として生成されるが，その平均は過去の時系列に依存して時間的に変化し，その分散は過去の予測誤差，すなわち分散に依存して時間的に変化するモデルである。

更に，時系列を生成する乱数の分散が過去の分散にも依存するように一般化した，次のようなモデルへと拡張されている。

$$h_t = \beta_0 + \beta_1 \epsilon_{t-1} + \beta_2 \epsilon_{t-2} + \beta_q \epsilon_{t-q} + \gamma_1 h_{t-1} + \gamma_2 h_{t-2} + ... + \gamma_r h_{t-r} \tag{4.64}$$

これを，次数を明示的に示す意味で GARCH(p, q, r) と呼ぶ。

4.9.3　応用事例

エングルは最初の論文の中で，これまでの時系列予測において分散が一定である仮定がなされている制限を，実際的なモデルに適合させるため，過去の観測データに依存する，いわゆる条件付き分散にする必要性を述べている [Eng-2]。また理解を助けるため，1 次の回帰モデルの形式で観測データの分散が過去の観測データにより与えられる式を示し，その意味を説明し，更に一般の p 次の回帰モデルへの拡張を述べている。これにより，ARCH モデルという用語を導入している。同様に，1 次の回帰モデルにおけるパラメータ推定を示し，p 次へと拡張できることを述べている。応用例として，1958 年から 1977 年におけるイギリスにおける価格 (消費者物価の対数) のインフレ率予測を示し，労賃の対数との関係式を導出したのち，ARCH 解析の妥当性を検証している [Eng-2]。

海外および日本におけるモデルの適用事例は多数およんでいるが，その多くが株価に関するものである。実際に株価のオプション価格は，その時系列分散に大きく左右されるので，その値を正確に見積もることは重要である。また，同様に為替レート変動などのモデル化にも応用されている。これらのモデル化においては，分散変動の回帰モデルを推定すると同時に，その将来の数値を予測することも大きなテーマとなっている。

4.9.4 ARCH 分析のコマンド

ARCH 分析のコマンドはそれほど複雑ではないので,例を用いて説明する。一般的な GARCH(p, q) モデルを仮定した場合に,時系列の解析をするコマンドは次のようになる (p=3,q=2)。

```
arch(nar=3,nma=2) y;
```

4.9.5 個別銘柄に対する ARCH モデル当てはめ

以下では本章の最初の部分の ARMA モデル推定で用いた株価に対する ARCH モデル当てはめの応用例を示す。図 4.14 には解析のためのプログラムを示している。このプログラムでは,最初にものと株価を入力し,変数変換 $\log(p_t/p_{t-1})$ により対数収益率の時系列 pl_t を生成し,これを ARCH モデル当てはめの対象としている。プログラムにおいては,最低限想定される ARCH モデルの次数を指定すればよい。この場合の次数は,モデルの当てはまりの指標を参考にしながら,試行錯誤的に変更し最適な次数を推定することになる。図 4.15 にはプログラムの実行結果を示している。ただしこの結果は,次数に対する 1 つの組み合わせについての結果である。これらの結果から分かるように,関数 $h(t)$ および $g(t)$ の係数は,関数 $g(t)$ の定数項を除いては統計的に有意ではないので,対数収益率の時系列は ARCH モデルにより記述されるには適切ではなく,通常の正規乱数の過程に近いことが分かる。

```
option crt;
freq n;
smpl 1 66;
load p;
7600 7620 7470 7540 7500 7510 7570 7690 7730 7730 7740 7720
7700 7660 7680 7550 7620 7800 7800 7830 7850 7840 7780 7830
7790 7660 7630 7680 7560 7460 7540 7560 7470 7510 7410 7380
7260 7270 7200 7100 7070 7080 7180 7250 7310 7270 7090 7070
7060 6850 6670 6190 6450 6580 6550 6680 6660 6700 6660 6530
6520 6760 6740 6740 6670 6630;
smpl 2 66;
genr pl=log(p/p(-1));
arch(nar=2,nma=2) pl ;
end;
```

図 4.14 個別銘柄に対する ARCH モデル当てはめのプログラム

```
                    Equation   1
                    ============

                    GARCH ESTIMATION


                 OPTIONS FOR THIS ROUTINE
                 ========================

    E2INIT  = HINIT       GT    =            HEXP   = 0.50000
    HINIT   = SSR         MEAN  = FALSE      NAR    = 2
    NMA     = 2           RELAX = FALSE      UNCOND = FALSE
    ZERO    = TRUE
Working space used: 1503
                        STARTING VALUES

              ALPHA0      ALPHA1      ALPHA2       BETA1       BETA2
VALUE      0.00025336     0.00000     0.00000     0.00000     0.00000

F= -176.89109140  FNEW= -176.91980336  ISQZ=  7 STEP= .781E-02 CRIT= 18.328
F= -176.91980336  FNEW= -179.13443878  ISQZ=  3 STEP= .125     CRIT= 20.704
F= -179.13443878  FNEW= -180.59058292  ISQZ=  3 STEP= .125     CRIT= 31.127
F= -180.59058292  FNEW= -182.95325322  ISQZ=  2 STEP= .250     CRIT= 2682.7
F= -182.95325322  FNEW= -183.53559728  ISQZ=  0 STEP= 1.       CRIT= 3.6673
F= -183.53559728  FNEW= -185.54770178  ISQZ=  0 STEP= 1.       CRIT= 3.0983
F= -185.54770178  FNEW= -186.71952607  ISQZ=  0 STEP= 1.       CRIT= 1.7200
```

```
F= -186.71952607  FNEW= -187.06602887  ISQZ=  0 STEP= 1.    CRIT= 1.1715
F= -187.06602887  FNEW= -187.26533229  ISQZ=  0 STEP= 1.    CRIT= .35750
F= -187.26533229  FNEW= -187.27545949  ISQZ=  0 STEP= 1.    CRIT= .01931
F= -187.27545949  FNEW= -187.27552586  ISQZ=  0 STEP= 1.    CRIT= .13209E-03
F= -187.27552586  FNEW= -187.27552586  ISQZ=  0 STEP= 1.    CRIT= .74813E-08

CONVERGENCE ACHIEVED AFTER  12 ITERATIONS

     39 FUNCTION EVALUATIONS.

Dependent variable: PL
Current sample:   2 to 66
Number of observations:  65

(Statistics based on transformed data)
         Mean of dep. var. = -.285925E-02
         Std. dev. of dep. var. = .012019
Sum of squared residuals = .977690E-02
    Variance of residuals = .150414E-03
Std. error of regression = .012264
             R-squared = 0.
           Durbin-Watson = 1.58096 [<1.00]
          Jarque-Bera test = 1.91528 [.384]
(Statistics based on original data)
         Mean of dep. var. = -.210067E-02
         Std. dev. of dep. var. = .015901
Sum of squared residuals = .016469
    Variance of residuals = .253365E-03
Std. error of regression = .015917
             R-squared = 0.
           Durbin-Watson = 1.89519
           Schwarz B.I.C. = -176.840
           Log likelihood = 187.276
       Number of observations in LogL =        65
         Initial observations dropped =         0
        Est. initial values for H(t) =         0
            Initial values for H(t) =   0.25336E-03

                       Standard
Parameter  Estimate    Error        t-statistic   P-value
ALPHA0     .639414E-04 .370273E-04  1.72687       [.084]
ALPHA1     .088722     .092990      .954101       [.340]
ALPHA2     .633573     .411139      1.54102       [.123]
BETA1      .141871     .151701      .935204       [.350]
BETA2      0.          0.           0.            [1.00]

*** WARNING in command 7 Procedure ARCH: At least one coefficient in the
    table above has a standard error set to zero because it is on the
    boundary of its constraint.
```

図 4.15　個別銘柄に対する ARCH モデル当てはめの結果

4.10　カルマンフィルタによる状態推定

4.10.1　時系列生成モデルの状態方程式表示

　時系列データには一般に，ランダムに変動する成分 (雑音あるいはノイズ:noise と呼ばれる) が含まれていたり，これにより観測データが乱され真の値からずれる場合がある。フィルタリング (filtering) とは，このようなランダムな成分を除去して，本来の時系列のデータを再現する方法をさしている。時系列が定常時系列である場合に対するフィルタリング問題は，1940 年代にコルモゴロフとウィナー (Kolmogorov and Wiener) によって同時的に提案された理論により基本が示され，観測された時系列から雑音を除去した時系列を再現することが可能であることが示された [Wie]。特に，ウィナーは実際に雑音を含む観測時系列データから真の値を再現する最適なシステム構成 (これをウィナーフィルタとよぶ) を実際に設計する方法を示した。

　しかしながら，これらの理論においては，時系列は定常であることと，観測時間が無限に長くとれることを条件としており，現実の応用には制限があった。1960 年代になりカルマンら (Kalman and Bucy) により，これらの制限を取り除く方法が提案され，これらの理論に基づくフィルタ (現在ではカルマンフィルタと呼ばれている) により定式化されている [Kal-1][Kal-2]。

第4章 時系列解析手法の応用

更に,現在では,この方法をさまざまに拡張する手法が提案されている。この方法論の基本は,線形の状態空間表示と直交射影の理論であり,このフィルタは線形システムに対する最適制御理論とともに,現代制御理論の基本をなすものとなっている。

カルマンフィルタを定式化する場合には,次のようなことが仮定されている。

(1) 時系列生成を記述するシステム方程式は線形である。
(2) システムにおける雑音および観測雑音は白色である。
(3) 雑音はガウス分布である。
(4) 最小2乗推定を用いる。

白色雑音とは時間的に相関がない時系列であり,その周波数は極めて大きな広がりをもっていると仮定されている。またカルマンフィルタの応用範囲は,次のような分野がある。

(1) 雑音に乱された観測データ時系列から真の値を推定する。
(2) 時系列の過去の値から将来を予測する。
(3) 時系列の生成メカニズムを推定する。
(4) 外乱が存在する場合にその影響を最小にする制御方法を与える。

カルマンフィルタはこれまで米国のアポロ計画における信号処理や制御,あるいは電子工学や土木工学などの広い分野で応用されている。特に,カルマンフィルタは経済学では時系列予測への応用と同時に,状態推定への適用が注目されている。

線形離散時間確率システムは,線形の方程式体系で表現することができる。これを,状態変数モデル (state space models),あるいはこの表現方法を状態方程式 (state space equations) とよんでいる。この表現方法は,一般の線形常微分方程式を行列形式で表示するのに便利である。よく知られている1927年にユール (Yule) によって示された太陽黒点の動き (黒点の数) を近似する方程式について,状態変数表示を示してみる。黒点の動きを示す1つの方程式は,次のようになる。

$$y_t = 1.34254 y_{t-1} - 0.65504 y_{t-2} + w_t + 13.854 \tag{4.65}$$

ただし w_t は,平均がゼロで分散が $(15.41)^2$ である白色雑音である。

ここで,$y_t - 44.333$ をあらためて y_t とおき,時間遅れ要素 y_{t-2} に対して新しい変数 x_t を導入することにより,次のように表現することができる。

$$x_{t+1} = \begin{bmatrix} 0 & -0.65504 \\ 1 & 1.34254 \end{bmatrix} x_t + \begin{bmatrix} -0.65504 \\ 1.34254 \end{bmatrix} w_t \tag{4.66}$$

$$y_t = [0, 1] x_t + w_t \tag{4.67}$$

このように,差分方程式 (等価なものとして微分方程式が対応する) で記述されたシステムの動きは,状態変数表示により統一的に表すことができる。ここで導入された変数 x_t を状態変数 (state variables) とよび,変数 y_t はもともと存在していた観測データに対応するので,観測変数 (observed variabels) とも呼ばれる。

カルマンフィルタが適用されるシステムの状態変数表示の一般形は,次のように示される。

$$x_{t+1} = F_t x_t + G_t w_t \tag{4.68}$$

$$y_t = H_t x_t + v_t \tag{4.69}$$

ここで, x_t は n 次元状態変数ベクトル, y_t は p 次元観測ベクトル, F_t, G_t, H_t は, それぞれ $n \times n, n \times r, p \times n$ の大きさの行列である。これらの行列はそれぞれ, F_t:状態遷移行列, G_t:駆動行列, H_t:観測行列とよばれる。また, w_t, v_t は r 次元および p 次元の白色雑音ベクトルである。係数行列 H_t, G_t, H_t は, 一般には時間に依存するように設定することもできるが, 実際に応用する場合には, 時間的に変化しない一定の値をもつ行列であると仮定することが多い。

なお観測系の誤差である v_t の共分散行列は, 記号として $R(n \times n)$ により表現される。また状態遷移の式に含まれるノイズである w_t の共分散行列は, 行列 $Q(p \times p)$ として表現される。

4.10.2 カルマンフィルタによる状態推定

線形離散確率システムの状態変数表示の一般形を与えておいて, 観測データから内部状態を推定する方法を与えるものがカルマンフィルタである。その方法 (アルゴリズム) を導出する過程では, ベイズ推定の基本や, 直交射影の基礎的な知識が必要となり, またこのような方法論を理解することは重要である。しかし, カルマンフィルタはもはや一般的な状態推定の方法として定着していることや, アルゴリズムと並んで, 後で述べるような推定値の改善方法などがより重要と思われる。したがって以下では, カルマンフィルタによる状態推定の基本を述べるにとどめ, その理路や導出は省略する。

カルマンフィルタは観測データを与えて, 状態の推定値 $\hat{x}_{t|t}$ あるいは $\hat{x}_{t+1|t}$ を与えるシステムである。ここで, $\hat{x}_{t+1|t}$ および $\hat{x}_{t|t}$ は, それぞれ時刻 $t, t-1$ までの観測データを利用した時刻 $t+1, t$ における状態の推定値である。このシステムは, 次のような構成要素からなる。

(1) フィルタ方程式

$$\hat{x}_{t+1|t} = F_t \hat{x}_{t|t} \tag{4.70}$$

$$\hat{x}_{t|t} = \hat{x}_{t|t-1} + K_t[y_t - H_t \hat{x}_{t|t-1}], t = 0, 1, ... \tag{4.71}$$

(2) カルマン・ゲイン

$$K_t = P_{t|t-1} H_t^T [H_t P_{t|t-1} H_t^T + R_t]^{-1} \tag{4.72}$$

状態の推定値を改善する場合に, 推定の誤差に相当する共分散行列の大きさが大きくなるときには, 修正する値を小さくする必要があり, これを調整する係数に相当する。

(3) 推定誤差共分散行列

$$P_{t+1|t} = F_t P_{t|t} F_t^T + G_t Q_t G_t^T \tag{4.73}$$

$$P_{t|t} = P_{t|t-1} - K_t H_t P_{t|t-1}, t = 0, .1, ... \tag{4.74}$$

$P_{t+1|t}$ および $P_{t|t}$ は, それぞれ時刻 $t, t-1$ までの観測データを利用した時刻 $t+1, t$ における共分散行列の推定値である。

(4) 初期条件

$$\hat{x}_{0|-1} = \bar{x}_0, P_{0|-1} = \Sigma_0 \tag{4.75}$$

計算の手順は,以下のようになる。最初に状態の初期値 $\bar{x}_0$ と共分散行列の初期値 Σ_0 を適当に与えておく。$t=0$ において y_0 を観測し,これにより $\hat{x}_{0|0}, P_{0|0}$ が求まる。同時に,カルマン・ゲイン K_0 が計算される。次に,$\hat{x}_{1|0}, P_{1|0}$ を計算し,これにより K_1 が求まる。時刻 $t=1$ において新しい観測データを入力し,これにより $\hat{x}_{1|1}, P_{1|1}$ が求められる。このような手順を繰り返すことにより,状態の推定値を求めると同時に,共分散行列の更新値が,つぎつぎに求められていく。このような新しい観測データが得られるたびに,状態の推定値が改善される方法を,オンライン推定と呼んでいる。オンライン推定では,原則として過去の結果を多く保存する必要がないので,コンピュータで計算を進める場合に便利である。

4.10.3 スムージングによる状態推定の改善

これまでの議論では観測データを入力したあと,直ちに状態推定を行うことが前提となる,いわゆるオンライン推定を取り上げた。しかし実際には,ある程度の時間遅れが許される場合や,経済データ解析などのように,時間の制約がほとんどない場合もある。このような場合には,現在までの観測データを用いて,過去の状態推定を改善する方法が有効である。過去の推定データを,現在までの観測データを用いて改善する方法を,一般に,スムージング (smoothing) あるいは平滑化と呼ぶ。スムージングにより,状態の推定値が大幅に改善されるケースも少なくない。またスムージングのアルゴリズムは,もともとのカルマンフィルタのアルゴリズムに似ているので,コンピュータで処理する場合にも大きな問題はない。TSP においても通常のカルマンフィルタによる状態推定と同時に,スムージングによる推定改善が行えるようになっている。

スムージングには次に示すような 3 つの方法が可能である。
(1) 固定点 (fixed-point) スムージング
(2) 固定ラグ (fixed-lag) スムージング
(3) 固定区間 (fixed-interval) スムージング

最初の固定点スムージングは,k をある固定された時刻と考え,$y_t, t=k+1, k+2, ...$,に基づいて状態の推定値を改善する方法である。時刻 k 以降の推定値 $\hat{x}_{k|t}$ を,逐次的に改善するフィルタを固定点スムーザと呼ぶ。このように固定点スムーザは,最初の推定値 x_0 から逐次適用可能である。

次の固定ラグ固定区間スムージングは,ある与えられた $L \geq 1$ に対して,観測データに基づいて,x_{t-L} の推定値を改善する方法である。逐次的に $\hat{x}_{t-L|t}, t=L+1, L+2, ...$ を改善するフィルタを固定ラグスムーザという。このフィルタは,有限の時間遅れを許すようなシステムにおける推定の改善に適用できる。

最後の固定区間スムージングは,時間区間 $[0, T]$ の観測データを用いて,$[0, T]$ におけるすべての状態の推定値 $\hat{x}_t, t \in [0, T]$ を改善する方法である。このように,全部の観測データを用いてすべての推定値を改善するフィルタを固定区間スムーザと呼ぶ。このフィルタは,極めて大きな時間遅れを許すようなシステムで,時間にかかわらずデータの正確な再現を重視する場合に適用される。人工衛星軌道の推定などに応用されている。

以下では,固定点スムージングのアルゴリズムをまとめておくが,これ以外のケースについてのアルゴリズムおよびこれらの導出の詳細は省略する。

(1) 平滑推定値

$$\hat{x}_{k|t} = \hat{x}_{k|t-1} + A_t(k)[y_t - H_t\hat{x}_{t|t-1}], t = k, k+1, ... \quad (4.76)$$

(2) 平滑ゲイン行列

$$A_t(k) = \Omega_{t|t-1} H_t^T [H_t P_{t|t-1} H_t^T + R_t]^{-1} \quad (4.77)$$

(3) 推定誤差共分散行列

$$\Omega_{t+1|t} = \Omega_{t|t-1}[I - K_t H_t]^T F_t^T \quad (4.78)$$

$$P_{k|t} = P_{k|t-1} - \Omega_{t|t-1} H_t^T [H_t P_{t|t-1} H_t^T + R_t]^{-1} H_t \Omega_{t|t-1}^T, t = k, k+1, ... \quad (4.79)$$

(4) 境界条件

$$\Omega_{k|k-1} = P_{k|k-1} \quad (4.80)$$

なお,$\hat{x}_{t|t-1}, P_{t|t-1}, K_t$ は,通常のカルマンフィルタにおける推定値,推定共分散行列およびカルマン・ゲインである。

4.10.4 カルマンフィルタによる解析コマンド

以下では TSP におけるカルマンフィルタによる解析コマンドについて説明する。ただしコマンドの形式はほぼ決まっているので,例を示して説明する。

`kalman(xfixed=xf,btrans=t,bprior=bp,vbprior=vbp,print,smooth) y;`

ここで xfixed=xf, btrans=t はそれぞれ観測行列と遷移行列を指定する項目であり,等号の右辺にプログラムで与える行列の名前を指定する。この例では,それぞれ,xf, t となっているが名前のつけ方は任意である。次に bprior=bp, vbprior=vbp は,それぞれ x についての初期値,および遷移行列の分散の初期値 P_0 を与える。等号の右辺にプログラムで与える行列の名前を指定する。print, smooth は結果の出力をすることの指定と,平滑化を実施することの指定である。なおキーワード btrans, bprior, vbprior, は bt, bp, vbp といった短縮形も使用可能である。

観測系のノイズである v_t の共分散行列 R が既知である場合には,この行列をキーワード vmeas=により与える。例えば p 次元の v_t が相互に無相関である場合には,行列 R は対角行列で与えられる。これをプログラムの中で rd として定義した場合には,vmeas=rd のように指定する。一方,このような観測系のノイズが存在しないと仮定する場合には,キーワードとして noemeas を指定する。キーワードの vmeas および noevmeas のどちらも省略した場合,すなわちデフォルトの場合には,動的に行列 R は単位行列に設定される。

第4章 時系列解析手法の応用

同様に遷移系のノイズである w_t の共分散行列 Q が既知である場合には，この行列をキーワード vtrans= により与える．例えば n 次元の w_t が相互に無相関である場合には，行列 Q は対角行列で与えられる．これをプログラムの中で qd として定義した場合には，vtrans=qd のように指定する．一方，このような遷移系のノイズが存在しないと仮定する場合には，キーワードとして noetrans を指定する．キーワードの vtrans および noeetrans のどちらも省略した場合，すなわちデフォルトの場合には，自動的に行列 Q は単位行列に設定される．

4.10.5 カルマンフィルタによる人工衛星軌道推定

以下ではラウフら (Rauch, Tung and Striebel) により与えられた状態推定問題に，カルマンフィルタとスムージングを適用した分かりやすい例題をとりあげる [Rau]．人工衛星の軌道は，次に示す4次元のシステムで記述される．

$$x_{t+1} = \begin{bmatrix} 1 & 1 & 0.5 & 0.5 \\ 0 & 1 & 1 & 1 \\ 0 & 0 & 1 & 0 \\ 0 & 0 & 0 & 0.606 \end{bmatrix} x_t + \begin{bmatrix} 0 \\ 0 \\ 0 \\ 1 \end{bmatrix} w_t \quad (4.81)$$

$$y_t = \begin{bmatrix} 1 & 0 & 0 & 0 \end{bmatrix} x_t + v_t \quad (4.82)$$

ここで，w_t, v_t は白色雑音のスカラーであり，これらの分散を $Q = 0.64 \times 10^{-10}, R = 1$ としておく．また状態変数 $x_t^1, x_t^2, x_t^3, x_4^t$ は，それぞれ，人工衛星の位置 (角度)，角速度，速度の平均値，加速度のランダム成分である．これらの状態変数の初期値は，$x_0 = (1.25, 0.06, 0.01, -0.003)^T$ である．いまシステムが分かっているので，カルマンフィルタによる状態推定が，どれくらい正しいかを確認する例となっている．いま時刻 $t = 1, 2, ..., 25$ について上に与えた式により軌道を計算しておき，観測データとして y_t だけが与えられていると仮定する．

状態変数と推定共分散行列の初期値を，$\hat{x}_{0|-1} = (0, 0, 0, 0)^T$ および $P_{0|-1} = diag(1, 1, 1, 0.01)$ としておく．図4.16にはプログラムを示す．オプションでは，システム記述に必要な行列を与えることと，平滑化された結果を出力することだけを指定している．プログラムでは行列を与えているが，2つの方法を用いている．

最初と2番目3番目の

```
read(nrow=1,ncol=4,type=gen) xf;
read(nrow=4,ncol=4,type=gen) t;
```

などは，このコマンドの下に直接行列を書き下す方法である．なおコマンド read は，コマンド load と同じ意味である．このコマンドのなかで nrow=1, ncol=4 などは，それぞれ行列の行数と列数を指定している．キーワードの type は行列の型を示し，type のあとには例えば一般の行列の場合には type=gen, 対称行列の場合には type=sym, 対角行列の場合には type=diag などと指定する．なおこのプログラムでは，R と Q とを対称行列として入力するので，行列要素を全部書き下しているという意味でキーワードの full を指定している．対称行列や対角行列には少し簡略化した入力の方法もあるが，ここでの説明は省略する．

図 4.17 にはカルマンフィルタだけで推定した場合の状態変数と，これに加えてスムージングを適用した場合の推定を比較を示している。この結果のなかで Evolving state vectors, Prediction errors, Recursive residuals は，それぞれものとカルマンフィルタによる状態推定と推定誤差 $\hat{x}_{t|t}, \hat{x}_{t|t+1}$ を示し，Smoothed state vectors, Direct residuals は，それぞれ平滑化を実施したあとの状態推定と，その推定誤差示している。これらの結果より分かるように，スムージングを適用することにより，推定誤差を極めて小さなレベルに抑えることが可能となっている。

```
option crt;
freq n;
smpl 1 25;
load y;
 1.81226110 1.41243815 0.918278337 2.09205556 0.21294963 2.92487288
 1.19237804 0.71823167 0.264968038 2.69758415 2.92601085 2.14470387
 3.88012075 1.91859031 3.60951090 3.50700760 2.91515207 4.18027306
 4.20066166 4.18426991 3.12256718  4.93201542 5.71377134 5.62924719
 6.64099407;
read(nrow=1,ncol=4,type=gen) xf;
1 0 0 0;
read(nrow=4,ncol=4,type=gen) t;
1 1 0.5 0.5
0 1 1 1
0 0 1 0
0 0 0 0.606;
read(nrow=4,ncol=1,type=gen) bp;
0 0 0 0;
load(nrow=4,type=sym,full) vbp;
1 0 0 0
0 1 0 0
0 0 1 0
0 0 0 0.01;
set ht=1.0;
load(nrow=4,type=sym,full) vt;
0 0 0 0
0 0 0 0
0 0 0 0
0 0 0 0.0065;
kalman(etrans,xfixed=xf,btrans=t,bp=bp,vbp=vbp,vt=vt,print,smooth) y;
end;
```

図 4.16　カルマンフィルタによる推定プログラム

第4章 時系列解析手法の応用

```
Number of observations:   25

Sum of squared residuals = 16.3572   Schwarz B.I.C. = 48.1305
   Variance of residuals = .654287   Log likelihood = -41.6927

           Estimated    Standard
Variable  Coefficient    Error      t-statistic    P-value
1          6.27194      .556868     11.2629        [.000]
2          .514180      .243384      2.11263       [.035]
3          .017258      .036171      .477125       [.633]
4          .874926E-02  .081401      .107484       [.914]
                                   BPRIOR

               1          2          3          4
Value       0.00000    0.00000    0.00000    0.00000

                    Evolving state vectors
               1          2          3          4
1           1.25507    0.83857    0.27860    0.0016883
2           1.57372    0.54516    0.055430   2.59692D-06
3           1.13572   -0.19301   -0.22053   -0.0012685
4           1.83076    0.27703   -0.010322   0.00060934
5           0.67998   -0.60814   -0.24265   -0.0022091
6           2.07021    0.31563    0.029293   0.0038941
7           1.58610   -0.057858  -0.054125  -0.00033891
8           1.00035   -0.34028   -0.095546  -0.0023575
9           0.40056   -0.52688   -0.10988   -0.0025677
10          1.49118    0.021169  -0.014678   0.0094751
11          2.30023    0.31190    0.023465   0.011897
12          2.36823    0.25327    0.012601   0.0048715
13          3.28525    0.49891    0.036349   0.0094994
14          2.83984    0.21540    0.0053144  -0.0048110
15          3.33420    0.30926    0.013333   0.00034863
16          3.57920    0.29941    0.011476  -0.00066716
17          3.40833    0.15417    0.000072740 -0.0065274
18          3.86172    0.24626    0.0067936  0.000061731
19          4.15461    0.26711    0.0076908  0.00062535
20          4.30952    0.23790    0.0054171  -0.0012353
21          3.86512    0.022314  -0.0072327  -0.010393
22          4.38209    0.16575    0.0016050  0.00089002
23          5.10403    0.34515    0.010885   0.0085527
24          5.53984    0.39031    0.012178   0.0063634
25          6.27194    0.51418    0.017258   0.0087493

                    Prediction errors
                Y
1           1.81226
2          -0.82135
3          -1.22832
4           1.26025
5          -1.88998
6           2.97546
7          -1.21006
8          -0.78277
9          -0.34616
10          2.88013
11          1.41626
12         -0.48510
13          1.24989
14         -1.88849
15          0.55402
16         -0.14329
17         -0.96886
18          0.62100
19          0.089256
20         -0.24160
21         -1.42694
22          1.05339
23          1.16469
24          0.17034
25          0.70157

                    Recursive residuals
                Y
1           1.00488
2          -0.36396
3          -0.51680
4           0.57385
5          -0.93951
6           1.59468
7          -0.69023
8          -0.46993
9          -0.21664
10          1.86403
11          0.94142
12         -0.32929
13          0.86228
14         -1.31900
15          0.39055
16         -0.10171
17         -0.69125
18          0.44477
19          0.064115
20         -0.17395
21         -1.02936
22          0.76111
23          0.84271
24          0.12341
25          0.50884

                    Smoothed state vectors
               1          2          3          4
1           1.01498    0.082132   0.017258  -0.020772
2           1.09536    0.078619   0.017258  -0.022118
3           1.17155    0.073759   0.017258  -0.019466
4           1.24420    0.071551   0.017258  -0.012713
5           1.31803    0.076097   0.017258  -0.0038918
6           1.40081    0.089463   0.017258   0.0068712
7           1.50234    0.11359    0.017258   0.017701
8           1.63341    0.14855    0.017258   0.020230
9           1.80071    0.18604    0.017258   0.010533
10          2.00064    0.21383    0.017258  -0.0053038
11          2.22045    0.22579    0.017258  -0.018266
12          2.44573    0.22478    0.017258  -0.026125
13          2.66608    0.21591    0.017258  -0.027516
14          2.87686    0.20565    0.017258  -0.024313
15          3.07898    0.19860    0.017258  -0.018584
16          3.27692    0.19727    0.017258  -0.0094573
17          3.47809    0.20507    0.017258   0.00073026
18          3.69216    0.22306    0.017258   0.011699
19          3.92970    0.25202    0.017258   0.023771
20          4.20223    0.29305    0.017258   0.033479
21          4.52065    0.34379    0.017258   0.035394
22          4.89076    0.39644    0.017258   0.029685
23          5.31067    0.44338    0.017258   0.021845
24          5.77360    0.48248    0.017258   0.014438
25          6.27194    0.51418    0.017258   0.0087493

                    Direct residuals
                Y
1           0.79728
2           0.31708
3          -0.25327
4           0.84785
5          -1.10508
6           1.52406
7          -0.30996
8          -0.91518
9          -1.53574
10          0.69694
11          0.70556
12         -0.30103
13          1.21404
14         -0.95827
15          0.53053
16          0.23009
17         -0.56294
18          0.48811
19          0.27096
20         -0.017964
21         -1.39808
22          0.041254
23          0.40310
24         -0.14436
25          0.36906
```

図 4.17　カルマンフィルタによる推定結果

4.10.6 情報セクターの出荷額の予測

次に，情報経済に関連した例題として，米国における情報セクターの出荷額をカルマンフィルタにより予測する問題を考える。観測データを 1976 年から 2002 年までの情報セクターの出荷額 (iprod) とし，状態変数として情報財への支出 (itexp)，情報セクターの労働者数 (swork)，研究開発費 (randd) としておく。経済分析におけるカルマンフィルタのモデルは，プラントなどのように物理的なモデルがないので，人為的にモデルを構築する必要がある。具体的には，情報セクターの出荷額が，他の変数により記述されるとするモデルを回帰分析により導出することと，状態変数の状態遷移について基準線 (ノミナル:nominal) となる傾向線を指数関数で与えて，遷移行列を作成することである。これらのモデル構築のためのデータは，表 4.4 のように与えられている。なお計算を簡単にするために初年度の数値が 1 になるように規格化されている。

表 4.4 米国における情報セクターの出荷額とその他の変数

	iprod	itexp	swork	randd
1976	1	1	1	1
1977	1.188649406	1.106790123	1.037284479	1.079125924
1978	1.3739099	1.259876543	1.090349183	1.173516512
1979	1.607168677	1.391358025	1.12975625	1.290798256
1980	1.861608151	1.539506173	1.152895941	1.434749266
1981	2.065733566	1.688888889	1.168676166	1.6052549
1982	2.260053771	1.859259259	1.167893244	1.792087193
1983	2.448341693	2.159876543	1.186057032	1.996050037
1984	2.868713569	2.335185185	1.236929554	2.23268209
1985	2.974910759	2.60617284	1.286184039	2.497321507
1986	2.975814468	2.845679012	1.324982167	2.755691231
1987	3.142740952	3.064814815	1.367816692	3.000441092
1988	3.427804889	3.271604938	1.416844999	3.249644437
1989	3.509545434	3.462345679	1.460914801	3.50438259
1990	3.624113235	3.640740741	1.492144684	3.774074376
1991	3.657527902	3.921604938	1.492544844	4.051488538
1992	3.908092721	4.190740741	1.507228979	4.309005473
1993	4.085705571	4.513580247	1.541921116	4.529257428
1994	4.488025846	4.746296296	1.592236895	4.73495556
1995	4.987178618	5.011111111	1.637907337	4.979163776
1996	5.34508156	5.369753086	1.675435392	5.257298866
1997	5.851396232	5.777777778	1.720514293	5.571367887
1998	6.339817451	6.187654321	1.767246029	5.909994093
1999	6.858704984	6.687654321	1.818605703	6.291439237
2000	7.976051692	7.241975309	1.863980375	6.732626401
2001	8.214269577	7.378395062	1.878177358	7.142367649
2002	7.350944377	7.600617284	1.87525445	7.497036424

年度 t における 4 つの変数を，$x_{1,t}, x_{3,t}, x_{3,t}, x_{4,t}$ としておく。まず，基準線を第 2 番目から第 4 番目の状態変数について作成する。$t+1$ 年度における状態変数の値 $x_{2,t} x_{3,t} x_{4,t}$ について，次の式により指数関数的な傾向線を当てはめる。

$$x_{2,t} = \exp[a_2(t-1976)], x_{3,t} = \exp[a_3(t-1976)], x_{4,t} = \exp[a_4(t-1976)] \tag{4.83}$$

表 4.4 に与えたデータから未知の係数 a_2, a_3, a_4 を推定すると，次のようになる。

$$a_2 = 0.087, a_3 = 0.027, a_4 = 0.085 \tag{4.84}$$

したがって，これらの変数の状態遷移は，例えば $x_{2,t+1}/x_{2,t} = \exp(a_2)$ となる関係より，それぞれの変数について次のようになる。

$$x_{2,t+1} = 1.0908 x_{2,t}, x_{3,t+1} = 1.0273 x_{3,t}, x_{4,t+1} = 1.0887 x_{4,t} \tag{4.85}$$

第4章 時系列解析手法の応用

次に，観測変数は第1番目の状態変数である情報セクターの出荷額に同じであると仮定し，この変数は自己の1期前の値と，その他の状態変数の時刻 t における値による自己回帰モデルにより近似されると仮定する。すなわち次のような式を仮定する。

$$x_{1,t+1} = \beta_0 + \beta_1 x_{1,t} + \beta_2 x_{2,t} + \beta_3 x_{3,t} + \beta_4 x_{4,t} \tag{4.86}$$

自己回帰モデルを推定することにより，これらの回帰係数が以下のように求められる。

$$\beta_1 = 0.3678, \beta_2 = 2.1117, \beta_3 = 0.2370, \beta_4 = -1.5610 \tag{4.87}$$

以上の関係から遷移行列は，次のようになる。なお観測行列は，$H_t = [1 \ \ 0 \ \ 0 \ \ 0]$ である。

$$\begin{bmatrix} 0.3678 & 2.1117 & 0.2370 & -1.5610 \\ 0 & 1.0908 & 0 & 0 \\ 0 & 0 & 1.0273 & 0 \\ 0 & 0 & 0 & 1.0887 \end{bmatrix} \tag{4.88}$$

解析のためのプログラムを図4.18に示す。観測系と遷移系の雑音レベルは明示されないが，以下では分散が1の場合を仮定している。したがってこれらはデフォルトである，キーワードとして指定されてはいない。カルマンフィルタによる推定の結果を図4.19に示す。ただし，平滑化したあとの結果だけを示している。この結果から分かるように，カルマンフィルタによる予測は正確である。

```
option crt;
freq n;
smpl 1 26;
load iprod;
1.188649406 1.3739099   1.607168677 1.861608151 2.065733586 2.260053771
2.448341693 2.868713569 2.974910759 2.975814468 3.142740952 3.427804889
3.509545434 3.624113235 3.657527902 3.908092721 4.085705571 4.488025846
4.987178618 5.34508156  5.851396232 6.339817451 6.858704984 7.976051692
8.214269577 7.350944377;
read(nrow=1,ncol=4,type=gen) xf;
1 0 0 0;
read(nrow=4,ncol=4,type=gen) t;
0.3678 2.1117 0.2370 -1.5610
0 1.0908 0 0
0 0 1.0273 0
0 0 0 1.0887;
read(nrow=4,ncol=1,type=gen) bp;
1 1 1 1;
mform(nrow=4,type=diag) vbp=1;
kalman(xfixed=xf,btrans=t,bp=bp,vbp=vbp,print,smooth) iprod;
end;
```

図4.18 カルマンフィルタによる推定のプログラム

```
                 Kalman Filter estimation
                 ========================

Dependent variable: IPROD
WARNING (DEFAULT IDENTITY MATRICES USED):
NO VARIANCE SPECIFIED FOR MEAS OR TRANS EQN
Number of observations:   26

Sum of squared residuals = .290803  Schwarz B.I.C. = 16.7708
    Variance of residuals = .011185  Log likelihood = -10.2546

          Estimated    Standard
Variable  Coefficient  Error        t-statistic   P-value
```

1	7.48678	.101115	74.0423	[.000]
2	8.99258	1.46728	6.12873	[.000]
3	2.13395	.812003	2.62801	[.009]
4	9.24566	1.97620	4.67852	[.000]

Smoothed state vectors

	1	2	3	4
1	1.19024	1.11458	1.04369	1.06042
2	1.37885	1.23785	1.08139	1.13362
3	1.60872	1.36876	1.11967	1.21629
4	1.85547	1.49715	1.15723	1.31727
5	2.06334	1.63425	1.19532	1.42971
6	2.25862	1.78918	1.23493	1.54841
7	2.47293	1.98013	1.27812	1.66165
8	2.83532	2.11779	1.31409	1.83745
9	2.96320	2.26166	1.34986	2.03379
10	2.99290	2.45765	1.39078	2.21888
11	3.15381	2.67751	1.43333	2.41608
12	3.40493	2.87375	1.47171	2.66322
13	3.51173	3.09290	1.51129	2.92874
14	3.61358	3.32713	1.55097	3.22156
15	3.67669	3.61945	1.59571	3.51327
16	3.89530	3.92777	1.64026	3.83877
17	4.10455	4.30225	1.69034	4.16501
18	4.49377	4.70924	1.74164	4.52135
19	4.96788	5.12152	1.79060	4.93280
20	5.35665	5.59173	1.84315	5.36568
21	5.84370	6.09556	1.89600	5.84373
22	6.33982	6.66245	1.95225	6.35143
23	6.92512	7.32590	2.01543	6.87081
24	7.88518	7.82074	2.05338	7.60573
25	8.09682	8.24403	2.07724	8.49239
26	7.48678	8.99258	2.13395	9.24566

Direct residuals

	IPROD
1	-0.0015947
2	-0.0049448
3	-0.0015508
4	0.0061421
5	0.0023954
6	0.0014369
7	-0.024584
8	0.033397
9	0.011712
10	-0.017084
11	-0.011070
12	0.022879
13	-0.0021839
14	0.010537
15	-0.019166
16	0.012789
17	-0.018842
18	-0.0057442
19	0.019295
20	-0.011566
21	0.0076940
22	7.23841D-08
23	-0.066417
24	0.090873
25	0.11745
26	-0.13583

図 4.19 カルマンフィルタによる推定結果

第5章 質的データの解析

5.1 TSPと質的データの解析

5.1.1 TSPにおける質的データの解析

TSPは基本的に計量経済分野の問題解決のための方法が，パッケージとして格納されたシステムである。しかし一方では，本章でとりあげるような質的データの解析についても，分析方法が整備されている。これらの手法は，アンケートの結果分析や調査データの整理に便利な機能であり，一般にはマクロモデル解析というよりは，ミクロモデル解析に属する方法論である。したがってテキストによっては，ミクロモデル解析の手法として説明しているものもある。本章では，以下のような解析手法を適用する応用例を与える。

(1) ロジットモデルとプロビットモデル

質的データの解析あるいは質的選択モデルとは，被説明変数の値が2つなど離散的な値に限定されるモデルであり，応用する場合には変数が1となる確率を与える方法が取られる。この確率分布の形状に応じて，ロジットモデルとプロビットモデルに分けられる。この方法は最初1948年に疫学研究の分野で提案された手法であり，リスクファクターとよばれる共通の危険因子を数量化し，患者が発病する確率を推定する方法である。その方法として，被説明変数を直接推定するのではなく，「被説明変数が1になる確率」を推定することを利用し，これによりモデルの適合度を高めるという手順を用いている。見かけ上では重回帰分析の式に類似しているためロジット回帰分析あるいはロジスティック回帰分析という呼び方がなされる。

(2) トービットモデル

現実の調査データを解析する問題で，例えば消費者が車を購入する場合に，購入された商品の価格と消費者の収入との関係をモデルで記述するには，購入しない消費者の購入価格はゼロとすることになり変数に制約が加わる。したがってそのまま回帰分析を行うと，支出がゼロの家計が大半を占めるため正しい結果を与えない危険性がある。このような場合に，できるだけ多くの調査を行い，購入しないケースも含めて分析することができれば，精度が向上することが期待できる。トービットモデルは，経済学の分野において効用関数の選択などにおいて，適用除外とされるケースも含めて解析する手段として導入されている。最初の分析方法はトービン (Tobin) により，耐久消費財に対する支出分析に応用されている [Tob]。上の例において，商品を購入しなかった消費者のデータは検閲データ (censored data) と呼ばれ，このデータの確率分布を切断分布と呼ぶ。このような切断分布を仮定したモデル分析を行う方法として，トービットモデルがある。

(3) サンプル・セレクションモデル

サンプル・セレクションモデルというのは、トービットモデルを拡張したものであり、見かけ上は調査から除外される対象ではあるが、このような除外されたサンプルを含ませることにより、事象をより分かりやすく把握することができる方法である。例えば、子育て期間にあり、たまたま職にはついてはいないが、機会があれば職に復帰したい女性のグループを、女性の賃金とキャリアとの関係を分析する場合にも含ませるなどのケースに相当する。最初の段階はトービットモデルと同様にデータが切断されているかどうかをモデル化し、次の段階では、切断されていないデータに対して回帰分析を適用する。これにより、トービットモデルとはやや異なる特性を分析することができる。

5.1.2 本章で用いているデータ

本章で示す TSP による質的データの解析に用いるデータは、以下のようなものである。これらはわれわれがアンケートとして収集したものや、企業の公表データを整理しなおしたものである。

(1) ロジットモデル

ロジットモデルの適用事例として、企業の倒産確率を推定する問題を考察する。最初のデータは、われわれが収集した戦後の日本における企業の倒産データを簡単にまとめたものである [Tok-1][Tok-3][Tok-4]。倒産企業と同じような業種で、同じような企業規模である健全企業を対として収集する必要がある。また三値のロジットモデル分析においては債券の格付問題をとりあげる。企業の発行する債券に対して、ランクに相当する格付け (Bond Rating) を公表することは 1990 年代から実施されている。格付けは、Aa, A, Ba, B などの表現で、数段階のランクで示される。具体的には 3 つの格付けのグループを構成する。このための格付情報を、Moody's Japan が 2000 年に公表したデータを用いる。2000 年度における 89 社の決算データ (26 財務指標へ集約) と格付けデータを用いて、本章の手法による格付けの性能評価を行う。

(2) トービットモデル

トービットモデルによる分析を適用する応用例として、知識マネジメントへの企業の取り組み分析をとりあげる。知識マネジメント (知識経営, 知的資産管理) に関する研究は、1990 年代前半頃から欧米を中心に展開されてきており、今日では実際に知識マネジメントに取り組む企業も多く見られるようになってきている。しかしながら、製品開発活動とインターネットや知識マネジメントとの関係を意識したものは見られない。以下では知識マネジメントに関してわれわれが行ったアンケートの結果分析に、トービットモデルを応用してみる [Tok-5][Tok-6][Mat-1]Mat-6]。

(3) サンプル・セレクションモデル

サンプル・セレクションモデルによる分析の適用例として本章では、モジュール生産方式導入と企業の情報化投資に関連して分析を行う [Ohg][Tok-5][Mat-2][Mat-3][Mat-4][Mat-5]。近年、電気機器産業や半導体産業などの分野を中心に、生産システムの基調がモジュール化あるいはモジュラー化へと移行してきている。以下では、われわれが実施した企業アンケート調査の分析結果をあらためてサンプル・セレクションモデルによる分析してみる。アンケート調査をあらためてサンプル・セレクションモデルにより分析することにより電子商取引 (Electronic

Commerce, Business to Business:B2B) と電子データ交換 (Electronic Data Interchange:EDI) の現状について考察する。これにより，われわれが実施したアンケート調査の分析結果を手がかりに，モジュール化の進展と企業間における情報共有との関係について新しい結果が見出せる。

5.2 ロジットモデルによる分析

5.2.1 二値選択モデルと多値選択モデル

経済モデル分析をする場合に，DGP や産業の産出高などのような連続的な数値をとるデータだけではなく，ある商品を購買するかしないかなどの消費者の行動をモデル化する必要性も発生する。このような離散的な経済主体の行動モデルを，質的選択モデル (Quantitative Response model:QR model) や質的応答モデルと呼んでいる。このようなモデルを回帰モデルの形式で記述した場合には，被説明変数である左辺には連続的な値ではなく，1か0かなどの離散的な値がとられる。したがって，通常の回帰モデル分析の手法は適用できない。

質的選択モデルには，被説明変数の値が2つに限定される二値選択モデル (binary QR model) と，3以上の離散区分を取ることができる多値選択モデルとがある。これらは二項ロジット分析，二項プロビット分析および多項ロジット分析，多項プロビット分析とも呼ばれる。

また，二値選択モデルの場合には，原理的には被説明変数は1か0かの離散的な値をとるが，応用する場合には変数が1となる確率を与える方法が取られる。この確率分布の形状に応じて，ロジットモデルとプロビットモデルに分けられる。これらの分析手法は被説明変数が質的データの場合に利用されるという点では同じだが，ロジット分析はロジスティック分布に従うことを前提としている。これに対してプロビット分析では，誤差項が正規分布に従うことを仮定している。このような背景からロジットモデルは計算が比較的容易であるのに対し，プロビットモデル，特に多項プロビットモデルでは計算が非常に煩雑である。これらの2つの方法では当てはめる分布曲線が違うので，同じデータを用いて計算しても結果が違うが，ロジスティック曲線も正規分布曲線 (正規分布の累積分布関数) も非常によく似ている (ロジスティック曲線のほうが広がりが大きい) ので，実際に解析する場合には大きな差異はないとされている。

5.2.2 ロジットモデル適用の原理

ロジットモデル (あるいはロジスティックモデルとも呼ばれる) は最初1948年に疫学研究の分野で提案された手法であり，リスクファクターとよばれる共通の危険因子を数量化し，患者が発病する確率を推定する方法である。病気の中でも感染症は原因と結果の関係が対応しているが，例えば成人病は複数のリスクにより説明でき，しかも確率的な様相を呈しているので，統計処理が必要である。

話を分かりやすくするために，最初は被説明変数の値が2つの場合，すなわち二値選択モデルを仮定し，説明変数は連続変数でありカテゴリ変数を含まない場合を考察する。上の例で言えば，患者が発病する確率 y が被説明変数 (目的変数とも呼ばれる) であり，喫煙の本数などのリスクファクターが説明変数 $x_1, x_2, ..., x_n$ である。具体的なモデルのパラメータの推定の方法

として，目的変数を直接推定するのではなく，「目的変数が1になる確率」を推定することを利用し，これによりモデルの適合度を高めるという手順を用いている。ロジスティック回帰分析の基本となるモデルは，次に示す式で表される。

$$Prob(y=1) = F(Z) = \exp(Z)/(1+\exp(Z)) = 1/(1+\exp(-Z)) \tag{5.1}$$

$$Z = \beta_0 + \beta_1 x_1 + \beta_2 x_2 + ... + \beta_n x_n \tag{5.2}$$

すなわち，説明変数 x の合成関数である $Z(x)$ は，これを範囲が $(0,1)$ にある発生確率に変換する方法である。これは，見かけ上では重回帰分析の式に類似しているためロジット回帰分析という呼び方がなされる。また，式 (5.1) の左辺をロジット (logit) と呼ぶため，ロジット回帰分析との名称がある (関数を形成する関数の曲線がロジスティック曲線とも呼ばれるため，ロジスティック回帰分析とも呼ばれる)。ロジットモデル分析では，すでに結果が判明している学習データを用いて，式においてリスクファクター x_i にかかっている係数 β_i を推定する。

なお二値ロジットモデルの場合には，$y=1$ と $y=0$ との確率の和は 1 であるので，係数の推定は $Prob(y=1)$ に対してだけ行えばよい。なお，この解析手法が提案された初期の段階の分析では，リスクファクターの分布が正規分布であることが制限条件として存在したが，その後ウォーカーとダンカン (Walker and Dankan) により，最尤推定法を用いて係数を推定する方法が提案され，この制限はなくなっている [Wal]。

二値ロジットモデルを用いた解析を行う場合の重要な指標として，オッズ比がある。式 (5.2) を変形して求めた次の量を，オッズ比と呼んでいる。

$$p(x)/(1-p(x)) = \exp(\beta_0 + \beta_1 x_1 + \beta_2 x_2 + ... + \beta_n x_n) \tag{5.3}$$

この式の分子は，ある事象が発生する確率 $p(x)$ であり，分母は発生しない確率である。通常は事象の発生確率 $p(x)$ だけを議論するが，このような割り算をすることにより，事象が起こる危険性を起こらないケースと相対的に比較することができる。例えば，確率 $p(x)$ を企業が倒産する確率とすると，確率 $1-p(x)$ は健全である確率であるので，オッズ比は倒産する危険性が，健全である企業と比較して，どれだけ大きいかを示す量となっている。

ロジットモデルにおいては，オッズ比とよばれる数値の性質が特徴的である。指数関数の性質から，オッズ比は，あるリスクファクター以外を 2 つのサンプル (あるいはグループ) について同じにした場合の，リスクファクターの影響の大きさを示している。いま，2 つの対象 A, B に関するデータが収集されており，変数 x_1 の値だけが異なっており (これらを x_1^A, x_1^B とする)，これ以外の変数の値は同じであると仮定する。例えば，$x_1^A = 200, x_1^B = 150$ である場合に，これらの 2 つの対象の，オッズ比の比率を求める。この場合, 2 つのサンプルのオッズ比は，次の式で定義される。

$$p(x_A)/(1-p(x_A)) = p(\beta_0 + \beta_1 x_1^A + \beta_2 x_2 + ... + \beta_n x_n) \tag{5.4}$$

$$p(x_B)/(1-p(x_B)) = p(\beta_0 + \beta_1 x_1^B + \beta_2 x_2 + ... + \beta_n x_n) \tag{5.5}$$

また更にこれらの比を取ると，次のようになる。

$$p(x_A)/(1-p(x_A))[p(x_B)/(1-p(x_B))]^{-1} = \exp[(x_1^A - x_1^B)\beta_1] = \exp(50\beta_1) \tag{5.6}$$

第 5 章 質的データの解析

これにより,事象 A, B が, x_1 を原因として発生する割合の,増加の程度を表すことが分かる。この式の値は,x_1 以外の変数には無関係となることが分かる。また式の中には,変数の差である $x_1^A - x_1^B$ だけが含まれるので,このオッズ比に関しては,変数 x_1 の差が同じである企業間のオッズは,その数のレベルにかかわらず一定となることが分かる。例えば,変数 x_1 の値が 4 と 6 である企業のオッズ比と,変数 x_1 が 6 と 8 である企業のオッズ比は同じである。

5.2.3 プロビットモデルの適用

プロビットモデルは質的選択モデルの 1 つであるが,ロジットモデルのように指数関数を含んだ表現ではなく,直接的に標準正規分布関数によりモデル化を行っている。

$$Prob(y = 1) = \Phi(\beta_0 + \beta_1 x_1 + \beta_2 x_2 + ... + \beta_n x_n) \tag{5.7}$$

ここで関数 $\Phi(.)$ は,標準正規分布関数である。分布関数の性質からこの関数は 1 を超えることはない。すでに述べたように,このプロビットモデルにより与えられる確率の推定値と,ロジットモデルにより推定される値との差は極めて小さい。

推定の良さをはかるものとして,逆ミルズ比 (inverse Mills ratio) が定義される。その理由としては,プロビットモデルは一見すると通常の回帰分析のような形式をとっているが,被説明変数の値が $y > 0$ であるとき 1 であると見なし,$y \leq 0$ であるときは 0 とみなす離散的な処理をしていることによる。このため一種の推定の歪が発生するが,この大きさをサンプルごとに計算したものが逆ミルズ比である。これは本章の後半で取り扱うトービットモデルや,サンプル・セレクションモデルなどの,いわゆる切断分布の場合と同様なことがらである。

この値は,潜在変数 y^* を導入して式を書きなおして,次のようなモデルを仮定した場合の $y^* > 0$ あるいは $y^* \leq 0$ における残差 ε の期待値として定義される。

$$y^* = X\beta + \varepsilon, \varepsilon \sim N(0, \sigma^2) \tag{5.8}$$

変数 x_i が 1 つの簡単な場合を仮定し,すなわち $y^* = \beta_0 + \beta x_1 + \varepsilon N(0, \sigma^2)$ において $y^* > 0 \to y = 1$,および $y^* \leq 0 \to y = 0$ とする。このとき次のように計算できる。

$$Prob(y = 1) = Prob(y^* > 0) = Prob(\beta_0 + \beta_1 x_1 + \varepsilon > 0) = Prob(\varepsilon > -(\beta_0 + \beta_1 x_1)) \tag{5.9}$$

この式を用いると,次のような関係を得ることができる。

$$Prob(y = 1) = \Phi[(\beta_0 + \beta_1 x_1)/\sigma] \tag{5.10}$$

$$Prob(y = 0) = 1 - \Phi[(\beta_0 + \beta_1 x_1)/\sigma] \tag{5.11}$$

このような関係を用いて,$y = 0$ を境界として 1 あるいは 0 と見なす判断をした場合の,y の期待値を次のように記述できる。

$$E(y|y > 0) = \mu + \frac{\sigma \phi((\beta_0 + \beta_1 x_1)/\sigma)}{\Phi((\beta_0 + \beta_1 x_1)/\sigma)} \tag{5.12}$$

ここで μ は y の平均値である。この第 2 項である $\phi(.)/\Phi(.)$ の値を,逆ミルズ比と呼んでいる。すなわち,切断分布を仮定した場合の歪に相当する。

5.2.4　ロジット・プロビット分析のコマンド

以下では，二値ロジット・プロビット分析のコマンドを説明する。すでに述べたように説明変数は連続変数だけであると仮定している。ロジット分析のコマンドは次の形式をとる。

logit(nchoice=2) 被説明変数　説明変数リスト；

プロビット分析のコマンドは次のようになる。

probit(nchoice=2,その他のオプション) 被説明変数　説明変数リスト；

その他のオプションとしては，逆ミルズ比を格納する変数を mills=a などとして指定することがある。

なおオプションとして nchoice=2 を指定した場合においても，システムはあらためてデータの選択肢が何個であるかを確認し，ここに記述されている選択肢の個数と比較して妥当性を検査する。

5.2.5　倒産確率の推定問題

ロジットモデルの適用事例として，企業の倒産確率を推定する問題を考察する。企業の倒産を予測する問題は銀行などが企業に資金を貸し付けるかどうかを判断する問題に関連して古くから研究が行われている。企業が倒産するかあるいは経営を持続できるかを推定する場合において，企業は健全であるということを判断する材料にはさまざまなものがあるが，ここでは話を簡単にするために，企業が公表した決算書から計算した財務指標を用いる [Alt][Tok-1][Tok-3][Tok-4]。

表 5.1 は戦後の日本における企業の倒産データを簡単にまとめたものであり，倒産した企業と健全である企業とが，それぞれ 13 社あると仮定している。倒産企業のデータは比較的容易に収集できるが，健全企業はこのような倒産企業と同時期の存在し，しかも倒産企業と同じような業種で，同じような企業規模であることが解析する上では都合がよい。このようなデータを，2 つが対になって存在するという意味で，ペアサンプルと呼んでいる。実際には，倒産企業に対応するこのような健全企業をペアサンプルとして見出すことは，それほど簡単ではない。

表 5.1 において，変数 ih は企業が倒産したか (ih=0)，健全であるか (ih=1) を示しており，変数 x1 から x5 まではこの企業の財務指標である。

以上示した企業の倒産予測問題に対する二値ロジットモデルによる解析のプログラムは，次のようになる。プログラムでは，最初に倒産か健全かのカテゴリ変数である ih を書き，続けて説明変数のリスト x1 x2 ... x5 を記述している。

第 5 章 質的データの解析

表 5.1 倒産企業と健全企業のデータ

ih	x1	x2	x3	x4	x5
0	-0.2989	-0.2189	-0.1343	0.0837	1.0716
0	-0.0188	0.0362	0.0966	0.1807	0.9958
0	0.1476	0.0493	0.0959	0.0577	1.1084
0	0.0067	-0.3204	0.2224	0.2757	0.6686
0	0.0537	0.0022	0.0503	0.2008	1.2533
0	0.0258	0.0343	0.0583	0.0824	1.7806
0	0.0399	-0.0393	-0.0015	0.1573	0.3491
0	-0.108	0.0027	0.1656	0.0602	0.8989
0	-0.0684	-0.1524	0.0061	0.1007	1.9966
0	-0.042	0.0155	0.0728	0.0564	1.2495
0	-0.0308	0.0093	0.0711	0.0274	1.2863
0	0.1231	0.0177	0.0794	0.0784	1.2864
0	-0.2997	-0.0939	0.1796	0.0782	1.3145
1	0.1474	0.0082	0.0455	0.1224	1.572
1	0.1826	0.0397	0.0958	0.1226	1.3751
1	0.2114	0.0643	0.0837	0.2315	0.972
1	0.3021	0.0522	0.0569	0.1185	0.9131
1	0.1775	0.0412	0.1007	0.1295	0.9731
1	0.1334	0.0548	0.1031	0.0884	2.2424
1	0.0806	-0.0186	0.0281	0.1627	0.7066
1	0.165	0.0972	0.1888	0.2308	1.0467
1	0.1428	0.0292	0.0001	0.0898	1.0255
1	0.1035	0.0296	0.0545	0.1341	1.1771
1	0.0584	0.0227	0.074	0.0469	1.7636
1	0.2448	0.0838	0.186	0.0909	1.1964
1	0.3104	0.116	0.0573	0.1189	1.031

```
option crt;
freq n;
smpl 1 26;
load ih x1 x2 x3 x4 x5;
```

　　ここに表 5.1 のデータが入る

```
logit(nchoice=2) ih c x1 x2 x3 x4 x5;
end;
```

図 5.1 には, この倒産予測問題に対するロジットモデルの係数推定の結果を示している。ここで注意することは, 回帰係数は健全企業に対する回帰モデルの係数だけが出力されていることである。すなわち, 倒産企業に対する回帰モデルの係数は, 擬似的にゼロであると仮定されており, 健全企業 (ih=1) に対するモデルの係数だけが推定される。図 5.1 の結果の中で, 定数項に対する変数 C1, および変数 $x_1, x_2, ..., x_5$ に対応する変数名である X11, X21, ..., X51 として表示されている変数の右にある数値が, これらの係数である。これらの結果の中で重要なものは係数の有意検定の結果である。回帰モデルなどと同様に係数がゼロと見なせるかどうかを, 係数の有意検定のための確率を見て判断する。この解析の結果から二項ロジットモデルにより, 約 81% の確率で倒産予測ができることが分かる。

同じ問題をプロビットモデルで解析するには, コマンドの部分を次のように書き換える。

```
probit(mills=a) ih c x1 x2 x3 x4 x5;
print a;
```

図 5.2 にはプロビットモデルで解析した場合の結果を示している。二項ロジットモデルにより解析した場合と同様に, 約 81% の確率で倒産予測ができることが分かる。また逆ミルズ比を変数 a として格納し出力しているので, それぞれのサンプルの特徴を検査できる。このように

```
Choice    Frequency  Fraction
0            13      0.5000   (coefficients normalized to zero)
1            13      0.5000
Working space used: 637
                             STARTING VALUES
                 C1         X11        X21        X31
VALUE        0.00000     0.00000    0.00000    0.00000


                 X41        X51
VALUE        0.00000     0.00000

F= 18.021826695  FNEW= 10.029677041  ISQZ= 0 STEP= 1.     CRIT= 13.553
F= 10.029677041  FNEW=  7.6449435523 ISQZ= 0 STEP= 1.     CRIT= 3.7082
F=  7.6449435523 FNEW=  6.5957054253 ISQZ= 0 STEP= 1.     CRIT= 1.6496
F=  6.5957054253 FNEW=  6.2113057351 ISQZ= 0 STEP= 1.     CRIT= .62445
F=  6.2113057351 FNEW=  6.1185671928 ISQZ= 0 STEP= 1.     CRIT= .15716
F=  6.1185671928 FNEW=  6.1066461136 ISQZ= 0 STEP= 1.     CRIT= .02171
F=  6.1066461136 FNEW=  6.1063065141 ISQZ= 0 STEP= 1.     CRIT= .66333E-03
F=  6.1063065141 FNEW=  6.1063060268 ISQZ= 0 STEP= 1.     CRIT= .97369E-06
F=  6.1063060268 FNEW=  6.1063060268 ISQZ= 0 STEP= 1.     CRIT= .26936E-11

CONVERGENCE ACHIEVED AFTER   9 ITERATIONS


 18 FUNCTION EVALUATIONS.

    Dependent variable: IH

   Number of observations =   26      Scaled R-squared  = .776944
   Number of positive obs. = 13       LR (zero slopes)  = 23.8310 [.000]
        Mean of dep. var. = .500000   Schwarz B.I.C.    = 15.8806
Sum of squared residuals = 2.14167    Log likelihood    = -6.10631
              R-squared  = .670859
       Number of Choices =       52
Fraction of Correct Predictions =    0.807692

                      Standard
Parameter  Estimate    Error     t-statistic   P-value
C1         -8.53800    6.34555    -1.34551     [.178]
X11        43.1550    26.3237      1.63940     [.101]
X21         7.77779   42.3498       .183656    [.854]
X31       -30.5914    34.7739      -.879723    [.379]
X41        20.1706    16.7558      1.20380     [.229]
X51         3.34022    3.18366     1.04918     [.294]
```

図 5.1　企業倒産についてのロジットモデル推定の結果

逆ミルズ比はサンプルの特徴を与えるので，これを説明変数に追加して，更に解析を進める場合がある。

　また推定された係数をどのように利用するかに関しては，まだ倒産するかどうかが未知である企業について，その将来を推定する場合に用いる。いま倒産か健全かが未知である企業に関する財務指標の数値が変数 $x_1, x_2, \ldots$ に対する値として得られていると仮定する。これらの変数の数値をである選択肢 ih=1 に対するロジットモデルの確率の式に代入し，この数値により健全である確率であるとして推定する。この場合，選択肢 ih=0 に対する確率は，1 から ih=1 に対する確率を引いた数値で求められる。

第 5 章 質的データの解析   163

```
                        Equation    1
                        ============
 18 FUNCTION EVALUATIONS.

    Dependent variable: IH

   Number of observations = 26      Scaled R-squared = .783811
   Number of positive obs. = 13     LR (zero slopes) = 24.1034 [.000]
         Mean of dep. var. = .500000   Schwarz B.I.C. = 15.7444
 Sum of squared residuals = 2.12795   Log likelihood = -5.97011
                 R-squared = .673221
 Fraction of Correct Predictions =   0.807692

                        Standard
 Parameter  Estimate      Error      t-statistic    P-value
 C          -5.06684      3.67602    -1.37835       [.168]
 X1          25.4760     15.2695      1.66842       [.095]
 X2          4.19830     24.0770       .174370      [.862]
 X3         -17.1506     19.6095      -.874607      [.382]
 X4          11.8446      9.76761     1.21264       [.225]
 X5          1.97540      1.83234     1.07808       [.281]

                 A
  1         0.017749
  2         0.030185
  3         0.00027540
  4         9.93070D-07
  5         0.17403
  6         0.030679
  7         0.96394
  8         0.24929
  9         0.084793
 10         0.42435
 11         1.30084
 12         0.086370
 13         2.09354D-08
 14        -1.09360D-15
 15        -0.0052562
 16        -0.88153
 17        -1.27463D-07
 18        -0.99952
 19        -0.37967
 20        -0.11010
 21        -1.40598D-15
 22        -0.021666
 23        -0.000063027
 24        -0.000067850
 25        -0.96464
 26         0.00000
```

図 5.2　企業倒産についてのプロビットモデル推定の結果

5.3 多値選択モデル

5.3.1 多値選択モデルの概要

　経済主体の行動によっては，二値選択モデルを拡張して選択肢が 3 つ以上あるようなモデル，すなわち多値選択モデルを適用することが有用である場合も存在する．原理的には，ロジットモデルとプロビットモデルのどちらにも多値選択モデルを作成することはできるが，プロビットモデルに対してはモデルが複雑となる問題がある．そこで一般には，多値ロジットモデル (多項ロジットモデル) が適用される．いま話を簡単化するため，被説明変数が 3 つの値をとる場

合を仮定する。多値ロジットモデルにおいては二値ロジットモデルとは異なり次のように確率を定義する。

$$Prob(y=0) = \exp(Z_\alpha)/Z_{sum}, Z_\alpha = \alpha_0 + \alpha_1 x_1 + \alpha_2 x_2 + ... + \alpha_n x_n \quad (5.13)$$

$$Prob(y=1) = \exp(Z_\beta)/Z_{sum}, Z_\beta = \beta_0 + \beta_1 x_1 + \beta_2 x_2 + ... + \beta_n x_n \quad (5.14)$$

$$Prob(y=2) = \exp(Z_\gamma)/Z_{sum}, Z_\gamma = \gamma_0 + \gamma_1 x_1 + \gamma_2 x_2 + ... + \gamma_n x_n \quad (5.15)$$

$$Z_{sum} = \exp(Z_\alpha) + \exp(Z_\beta) + \exp(Z_\gamma) \quad (5.16)$$

ここで3つの選択肢の確率の合計は1であるので、自由度を考慮すると、$y=1,2$ に対する確率は次のように表現できる。

$$Prob(y=1) = \exp[(\beta_0-\alpha_0)+(\beta_1-\alpha_1)x_1+(\beta_2-\alpha_2)x_2+...+(\beta_n-\alpha_n)x_n]/[\exp(Z_\beta)+\exp(Z_\gamma)] \quad (5.17)$$

$$Prob(y=2) = \exp[(\gamma_0-\alpha_0)+(\gamma_1-\alpha_1)x_1+(\gamma_2-\alpha_2)x_2+...+(\gamma_n-\alpha_n)x_n]/[\exp(Z_\beta)+\exp(Z_\gamma)] \quad (5.18)$$

したがって、$Prob(y=0)$ に対する係数 α_i を基準と考え、これをゼロ ($\alpha_i=0$) とおいた場合の他の2つの確率 $Prob(y=1), Prob(y=2)$ に対する係数、β_i, γ_i だけが推定される。

多項ロジットモデルを適用する場合には、1つの注意点がある。それは、選択肢どうしの間の相関が存在しないことを仮定する点である。すなわち、任意の2つの選択肢の間における選択確率は、第3番目の選択肢の存在に影響されないと仮定している。したがって、選択肢の間に相関が存在することが予測される場合には、あらかじめこれを仮定して解析する必要がある。そのための方法として、入れ子型ロジットモデル (nested Logit model) などが提案されているが、ここでは詳細は省略する。

5.3.2　3つの種類のロジットモデル

係数を推定する最尤推定法によりパラメータの値の推定を行うが、この場合、どの変数を採用するかについては、重回帰分析と同様に、係数の有意性の検定、およびモデル全体の適合度を評価をしながら、あてはまり度の高いものを探す必要がある。具体的には、強制投入法 (すべての変数をモデルに投入する)、ステップワイズ法 (あてはまり具合を計算しながら変数の投入、除去を繰り返す) などの方法がとられる。

二値ロジットモデルの説明では省略していたが、二値と多値ロジットモデルのどちらにおいても、もう1つ考慮すべきことがある。これは一般には変数が連続変数 (数値型変数) の場合に加えて、条件付き変数 (conditional variable) も含む場合が可能であることである。条件付き変数とは、行動主体が選択肢をとる場合ごとに異なる数値を割り当てる場合に、その数値を格納する変数である。例えば、もし主体が y=0 を選択した場合には z=10 の値をとり、y=1 を選択した場合には z=20 の値をとる場合などに相当する。この条件付き変数に対する回帰係数は、選択肢にかかわらず同じ値をとると仮定している。

第 5 章 質的データの解析

したがって理論的には変数について，次の 3 つの組み合わせが可能となる．
連続変数だけのモデル (これまで述べた二値，多値モデルを意味する)
条件付き変数だけのモデル (条件付ロジットモデルと呼ぶ)
連続変数と条件付き変数が混在するモデル (混合ロジットモデルと呼ぶ)

5.3.3 多値ロジットモデルのコマンドの一般型

以上のような多値ロジットモデルであり，しかも連続変数と条件付き変数の導入の組み合わせが一般的である場合のロジットモデル解析コマンドは，次のようになる．まず条件付変数がない場合には，次のようになる．

    logit(nchoice=選択肢の数, その他のオプション) 被説明変数 説明変数リスト;

次に条件付き変数がある場合には，次のようになる．

    logit(nchoice=選択肢の数, その他のオプション) 被説明変数 条件付き変数リスト|
                                                              説明変数リスト;

オプションは以下のように説明される．まず，nchoice=選択肢の数は二値ロジットモデルの場合と同じ意味である．その他のオプションでは，cond をキーワードとして記入すると，条件付き変数を含むことを指定する．デフォルトは条件付き変数はない (キーワードは nocond) ことを意味する．このほかにオプションとして case= および nrec= があるが，説明は省略する．また，上に示した 2 つのコマンド形式において，選択肢を与える変数を別に与える方法もあるが，説明は省略する．

5.3.4 応用事例

経済分野におけるロジットモデルおよびプロビットモデルの応用事例は，企業の発行する債券の格付けに多く見られる．キャプランら (Kaplan and Urwitz) の研究では，企業の財務指標を説明変数とする債券格付けへの応用が示されている [Kap]．

このようなロジットモデル，プロビットモデルにおいては，順序ロジットあるいはプロビットと呼ばれる順序関係を前提にした確率モデルが用いられている．すなわち，債券の格付けを AA 以上，A，および BBB 以下などの 3 ランクとした場合に，被説明変数を連続変数と考え，この数値をからまで 3 つに等分に分割することにより，3 つのクラスタを与える方法を用いている．しかしこれは，多変量解析における判別分析の手法，すなわち，クラスタごとに判別関数を作成する方法とも対応してない問題がある．判別の性能は別問題としても，このように安易に 1 つの関数で複数のクラスタを判別する方法は，問題がある．

この点を指摘した論文に，小林の結果がある [Kob-2]．すなわち，債券の格付けの問題を解くには，面倒でも多項ロジットあるいはプロビットモデルを用いるべきであり，いわゆる順序ロジットモデルやプロビットモデルをそのまま無批判に適用することは，問題であることが指摘されている．この論文では 1997 年の日本における 302 社の製造業について日本格付投資情報

センターの与えた格付けデータと公表されている企業の決算データから計算したキャッシュフローと利益などに関する 6 つの指標を用いて格付けの精度の分析を行っている. その結果, 多項ロジットモデルやプロビットモデルでは順序ロジットモデルやプロビットモデルに対して若干の性能向上が見られるが顕著なものではない, すなわち通常は順序モデルでもカバーできる範囲が広いことを証明している.

5.3.5 債券格付問題への適用-多値(順序)ロジットモデル

企業の発行する債券に対して, ランクに相当する格付け (Bond Rating) を公表することは 1990 年代から実施されている. 毎年新規に発行される債券に関して, Moody's や Standard & Poor などの格付機関が, 投資家が投資対象とするに値するかどうかを判断する材料としてデータ提供を行っている. この格付けを用いることにより, 投資家は投資した資金を回収できるか, あるいは損失をこうむるかの予測をすることができる. 格付けは, Aa, A, Ba, B などの表現で, 数段階のランクで示される. 以下では, 本章で述べているロジットモデルによる日本の企業における格付問題をとりあげる [Tok-1][Tok-3][Tok-4].

最初に, 日本企業の中から 3 つのグループ, 具体的には 3 つの格付けのグループを構成する. このための格付情報を, Moody's Japan が 2000 年に公表したデータを用いる. この Moody's Japan による格付けは, AAA から CCC までの広い数段階の格付けとして公表されているが実際には極めて低い格付けである C や CCC などは現れない. これは, 日本企業が, 少なくとも格付けの対象となる企業の中には, 極端に経営状況が悪い企業は存在しないことを意味している.

更に, 本論文での分析手法の性質から, あまり多いランクを判別するのは適切ではないので, 以下のように複数の格付けのランクを 1 つにまとめ, 企業を選択しておく.
(1) ランク A1, A2, A3, A a1, A a2 など 30 社をカテゴリ A としてまとめる
(2) ランク Baa1, Baa2, Baa3 など 32 社をカテゴリ B としてまとめる
(3) ランク Ba2, B2, B1, B2, Caa1 など 27 社をカテゴリ C としてまとめる

2000 年度における 89 社の決算データ (26 財務指標へ集約) と格付けデータを用いて, 本章の手法による格付けの性能評価を行う. すなわち, 外的基準として格付けの値 (A, B, C の 3 つに集約) を与える.

なお, 用いる財務指標に関しては, 当初の 26 指標は簡潔な例題を示すには多過ぎるので, 入力変数の縮約を行う. 多変量解析による因子分析の手法を用いて重要な財務指標だけを選択している. この結果, 26 個の入力から, 結果的には次に示す主要 14 個のデータだけを入力変数として残している.

x_1:株主資本営業利益率, x_2:使用総資本事業利益率, x_3:投資収益率, x_4:売上高事業利益率
x_5:売上高営業利益率, x_6:売上高経常利益率, x_7:流動比率, x_8:負債比率
x_9:増収率 (5 年間平均), x_{10}:営業キャッシュフロー対流動負債比率
x_{11}:株主資本利益率, x_{12}:財務レバレッジ, x_{13}:株主資本利益率, x_{14}:1 株当り売上高

第 5 章 質的データの解析

表 5.2 日本企業の債券格付データ

ih	x1	x2	x3	x4	x5	x6	x7	x8	x9	x10	x11	x12	x13	x14
1	14.94	7.01	8.85	7.1	6.71	5.95	169.54	98.69	6.29	32.21	5.96	2.68	2.25	4.44
1	7.49	4.86	6.21	7.61	6.42	6.98	243.51	78.03	-0.67	25.6	2.75	2.35	1.83	2.74
1	15.8	6.62	7.98	6.56	6.22	7.19	152.52	144.85	0.68	17.21	4.36	1.72	2.52	4.44
1	10.17	5.8	9.19	6.68	6.15	7.59	214.71	77.18	-0.99	17.78	1.84	1.11	1.9	2.89
1	17.28	5.99	6.54	6.56	6.14	4.86	131.67	176.44	7.24	21.64	8.15	2.9	3.08	11.13
1	9.98	5.29	6.73	5.36	4.98	4.66	147.19	102.11	1.98	0	4.77	2.38	2.03	4.96
1	12.97	5.65	7.19	3.9	3.68	3.59	162.72	139.58	4.49	0	4.87	1.38	2.44	4.99
1	8.25	4.44	4.86	4.33	3.98	4.97	139.3	93.54	2.71	31.89	4.41	2.13	2.02	5.62
1	10.47	6.06	12	3.69	3.52	3.19	198.18	99.28	4.53	50.86	3.45	1.16	1.81	3.84
1	7.93	5.03	7.44	6.37	6.24	6.34	284.93	57.71	-0.34	0	4.23	3.33	1.61	4.24
1	18.28	0	0	0	5.62	5.28	156.05	81.2	2.29	42.77	4.81	1.48	2.1	5.04
1	8.8	2.35	2.52	1.47	0.62	0.9	114.19	755.06	0	1.12	0.6	0.04	8.88	1.67
1	9.27	2.24	2.45	1.11	0.47	0.4	124.94	877.31	-4.97	1.51	5.38	0.27	9.84	-1.26
1	23.08	0	0	0	6.99	6.82	111.51	153.76	8.99	18.23	14.21	4.3	2.69	14
1	11.96	5.44	6.5	6.59	6.02	6.19	141.87	137.43	3.53	10.37	6.27	3.16	2.41	6.25
1	14.39	8.7	12.15	14.3	12.88	12.44	181.13	75.88	5.36	32.03	7.94	7.1	1.83	8.08
1	21.4	13.45	15.17	11.92	11.71	11.57	160.54	56.72	1.23	76.98	11.25	6.16	1.62	12.23
1	11.37	5.1	5.55	6.2	5.78	5.63	140.87	120.45	0	17.7	5.92	3.01	2.39	5.88
1	16.1	4.46	4.31	6.05	5.84	4.35	90.49	270.24	-1.25	23.61	4.23	1.53	3.74	3.63
1	20.71	2.51	2.24	6.4	6.08	1.53	85.89	731.38	3.64	13.82	2.55	0.75	8.67	2.35
1	42.13	4.71	4.37	13.73	13.66	5.26	45.38	750.36	0.45	42.97	8.25	2.68	8.99	8.08
1	16.23	12.56	19.7	23.43	22.15	22.66	399.47	32.9	2.44	64.12	9.66	13.18	1.37	9.69
1	10.28	6.33	11.61	6.73	6.35	6.64	243.63	72.48	1.85	13.67	5.21	3.21	1.72	5.14
1	14.14	7.94	11.03	11.41	11	11.35	237.32	87.62	-2.6	24.83	2.83	2.2	1.85	2.91
1	18.61	9.92	16.29	15.88	15.33	14.8	343.71	87.28	4.88	43.57	5.44	4.48	1.94	5.52
1	13.8	8.35	12.85	12.7	12.05	12.34	303.79	64.81	0.35	63.17	9.07	7.92	1.74	9.47
1	7.83	4.23	5.12	4.57	4.01	3.17	143.6	106.06	2.77	27.51	2.96	1.52	2.11	3.19
1	10	2.12	3	2	2.06	1.08	147.47	421	0.39	16.67	0.81	0.17	5	1.01
1	6.03	2.21	2.84	2.7	2.18	0.99	150.64	215.19	1.05	11.74	0.59	0.21	3.38	0.33
1	9.62	6.39	9.55	6.91	6.2	6.16	227.12	59.94	6.77	42.7	5.11	3.29	1.68	5.16
2	13.61	2.99	3.05	4.83	4.49	2.41	84.74	362.48	-1.43	24.97	1.26	0.42	4.9	0.98
2	12.74	2.3	2.75	3.95	3.57	2.07	102.97	594.01	1.82	35.32	3.53	0.99	6.14	3.78
2	20.19	2.51	2.45	4	3.67	1.21	89.72	813.18	-1.33	10.42	-14.98	-2.73	8.77	-13.62
2	8.85	3.19	4.14	4.9	4.35	3.35	123.46	217.68	1.29	20.03	2.38	1.17	3.12	1.31
2	7.12	2.46	2.65	3.61	3.26	2.52	110.85	243.35	1.92	11.45	-14.47	-6.63	3.21	-14.77
2	12.82	5.34	5.27	6.27	6.05	5.37	103.62	138.52	-0.58	22.77	5.19	2.45	2.49	5.45
2	6.57	1.43	1.22	1.03	0.96	0.89	72.09	391.25	-2.06	0	0.92	0.13	4.95	0.89
2	11.26	3.99	5.55	5.24	4.96	3.04	139.49	201.61	5.21	16.75	4.75	2.09	2.98	4.89
2	15.83	6.09	10.8	7.59	7.03	4.85	178.79	180.87	11.2	28.08	0.98	0.43	2.81	1.02
2	17.03	4.48	4.56	2.51	2.44	2.31	84.39	302.64	2.51	11.84	-3.49	-0.5	3.92	-3.22
2	18.79	0	0	0	4.84	3.73	130.06	160.42	3.06	16.18	6.67	1.72	2.67	10.74
2	10.2	5.54	7.17	2.82	2.69	2.74	182.83	92.37	0.8	30.37	5.14	1.36	1.93	5.17
2	9.58	2.94	2.9	2.42	2.19	1.77	94.87	226.38	0.73	17.57	2.45	0.56	3.59	2.5
2	9.7	2.09	2.21	0.99	0.53	0.73	128.94	691.69	-7.94	4.38	4.43	0.24	8.59	4.1
2	7.56	1.43	1.24	1.61	1.38	-0.03	94.75	597.39	0.49	8.59	-62.67	-11.45	6.16	-82.32
2	9.01	1.65	1.66	3.01	2.54	2.42	97.48	525.57	-4.46	5.45	1.79	0.5	6.46	1.78
2	21.6	2.21	2.19	3.1	2.83	2.24	97.93	808.38	-5.55	6.31	4.8	0.63	10.71	4.65
2	29.44	2.44	2.47	3.4	2.99	1.62	101.15	1265.79	-3.74	5.42	5.14	0.52	13.76	4.89
2	16.77	6.16	6.88	5.75	5.59	4.39	124.34	167.21	3.8	16.08	6.77	2.26	2.8	7.35
2	8.16	3.28	3.88	4.49	3.61	2.35	146.89	193.7	-0.53	15.88	3.76	1.66	3.09	7.7
2	3.51	0	0	0	1.64	1.84	149.31	180.41	2.81	6.01	2.72	1.27	2.94	0.25
2	1.69	1.01	1.02	0.98	0.74	0.65	104.68	130.52	-2.1	19.54	-6.76	-2.95	2.22	-6.7
2	16.51	4.71	5.04	6.51	6.3	6.32	103.06	253.08	19.6	13.22	4.75	1.81	3.62	5.13
2	17.42	3.94	4.33	4.72	4.28	2.41	110.07	394.81	4.5	15.31	-5.89	-1.44	4.88	-4.24
2	20.94	5.7	6.09	7.89	7.38	7.21	118.92	263.11	0.48	23.97	5.5	1.94	3.93	4.01
2	14.21	1.71	1.7	2.67	2.43	0.76	71.5	939.32	4.36	5.94	-2.33	-0.4	9.1	-1.34
2	34.25	2.58	2.35	6.34	6.07	3.14	71.5	1320.62	16.21	10.09	1	0.18	13.86	-0.54
2	27.65	5.55	5.4	7.35	6.43	3.55	76.23	440.82	4.9	23.28	6.16	1.43	5.7	6.38
2	11.6	0	0	0	2.21	0.6	110.09	365.22	5.78	22.69	1.09	0.21	5.07	5.35
2	2.66	0.9	0.96	1.02	0.49	-0.11	115.61	487.22	-0.1	0.2	-4.77	-0.87	6.2	-3.65
2	13.94	0	0	0	2.1	1.07	120.23	548.93	3.03	20.89	4.37	0.66	7.12	11.21
2	9.94	2.09	2.15	2.14	1.76	-0.78	109.32	480.6	3.72	14.86	-2.76	-0.49	5.77	-5.29
3	2.2	0.65	0.72	1.25	0.65	-4.48	98.63	698.14	1.38	4.81	-34.4	-10.19	6.51	-31.6
3	27.64	4	3.79	7.02	6.6	1.1	98.53	678.76	-1.28	23.33	-17.74	-4.24	7.34	-19.55
3	17.65	3.2	3.11	4.3	3.83	1.83	84.76	596.12	-3.87	8	-13.08	-2.84	6.19	-13.62
3	9.08	1.49	1.42	1.19	1.05	0.66	93.33	606.39	-0.04	-6.71	2.64	0.31	6.88	2.5
3	23.35	1.94	2.12	1.75	1.39	0.57	93.34	1530.66	0.77	5.11	-36.63	-2.18	15.16	-24.84
3	30.86	13.01	13.72	11.59	11.35	9.63	131.6	136.51	5.51	0	11.56	4.25	2.42	12.15
3	24.15	5.2	5.32	4.47	4.2	1.77	105.91	389.83	7.67	7.64	3.75	0.65	4.95	2.38
3	3.79	1.6	1.79	1.28	1	1.23	129.62	185.29	-0.47	8.96	2.72	0.72	3.05	2.5
3	1.41	0.64	0.56	0.35	0.23	0.14	62.03	274.31	-2.56	0	-14.96	-2.4	3.43	-16.21
3	55.46	2.15	1.59	1.46	1.22	-1.16	38.05	2987.77	-2.45	0	-34.96	-0.77	30.72	-17.36
3	4.36	0.67	0.62	0.65	0.51	0.01	64.3	767.47	4.54	0	-2.72	-0.32	8.36	-1.85
3	15.23	1.9	1.86	1	0.37	-0.77	114.42	2056.62	-2.02	6.96	-30.08	-0.73	21.81	-6.62
3	16.02	2.64	2.75	1.65	0.72	0.82	113.59	1204.54	-12.51	5.26	2.29	0.1	13.96	2.89
3	4.81	1.81	1.8	1.07	0.16	0.05	113.69	1621.97	-4.5	5.79	0.61	0.02	17.83	-6.64
3	234.95	2.44	2.02	1.85	1.03	0.18	91.45	7512.84	-23.99	3.11	-201.55	-0.88	172.37	0
3	28.11	3.18	3.2	1.91	0.67	0.44	99.65	2111.85	-6.19	2.37	5.85	0.14	25.01	6.66
3	6.41	1.36	1.06	1.19	0.67	-0.11	70.07	696.14	-0.47	11.79	-6.66	-0.7	8.34	-9.13
3	8.05	1.97	1.83	1.35	1.16	0.29	78.56	493.33	-0.39	14.22	8.39	1.21	4.73	9.41
3	69.85	2.36	2.56	5.11	4.58	1.65	81.48	5813.64	-5.16	3.35	-3.47	-0.23	32.98	-1.86
3	18.63	1.91	1.64	2.86	2.6	1.9	89	1111.81	-3.4	6.75	-22.54	-3.14	10.74	-20.86
3	1.36	1.34	1.73	3.06	2.56	-3.77	535.91	14.12	4.32	-2.67	-1.83	-3.44	1.22	-1.86
3	24.14	2.97	2.67	5.03	4.37	1.81	85.38	813.22	-3.45	13.96	11.28	2.04	9.33	10.23
3	19.74	2.57	2.57	3.1	2.81	1.4	103.08	693.43	3.46	15.56	8.68	1.23	8.5	9.43
3	30.09	0	0	0	2.61	0.12	88.88	1471.67	5.76	17.49	-14.49	-1.26	13.97	-19.17
3	41.93	5.55	5.13	7.46	6.95	3.25	58.12	681.98	6.78	20.42	5.69	0.94	8.11	5.69
3	17.98	5.09	6.05	4.65	4.36	3.33	138.21	278.31	6.47	16.39	-15.52	-3.77	3.76	-11.81
3	4.54	2.77	3.54	2.97	2.18	2.99	172.93	104.72	0.99	18.86	2.85	1.37	2.23	-1

以上示した債券の格付問題に対する多値ロジットモデルによる解析のプログラムは，次のようになる．プログラムでは，最初に格付けのカテゴリ変数である ih を書き，続けて説明変数のリスト x1 x2 ... x14 を記述している．

```
option crt;
freq n;
smpl 1 89;
load ih x1 x2 x3 x4 x5 x6 x7 x8 x9 x10 x11 x12 x13 x14;
```

ここに表 5.2 のデータが入る

```
logit(nchoice=3) ih c x1 x2 x3 x4 x5 x6 x7 x8 x9 x10 x11 x12 x13 x14;
end;
```

図 5.3 においては，このプログラムの実行結果を示す．結果においては，C2 X12 X22... などは選択肢 ih=2 に対する定数項および変数 $x_1, x_2, ...$ の係数を示し，C3 X13 X23... などは選択肢 ih=3 に対する定数項および変数 $x_1, x_2, ...$ の係数を意味している．推定された係数をどのように利用するかに関しては，まだ格付けが未定である債券について，その格付けを推定する場合に用いる．いま格付けが未知である債券に関する情報，すなわちこの債券を発行している企業の財務指標の数値が変数 $x_1, x_2, ...$ に対する値として得られていると仮定する．これらの変数の数値を 2 つの選択肢に対するロジットモデルの確率の式に代入し，この数値の大きな方に所属すると推定する．この場合，選択肢 ih=1 に対する確率は，他の 2 つの選択肢に対する確率を 1 から引いた数値で求められる．

```
F= 97.776493691   FNEW= 66.281630464   ISQZ=  0 STEP= 1.      CRIT= 57.481
F= 66.281630464   FNEW= 58.232219507   ISQZ=  0 STEP= 1.      CRIT= 12.512
F= 58.232219507   FNEW= 54.484806981   ISQZ=  0 STEP= 1.      CRIT= 5.9076
F= 54.484806981   FNEW= 52.964314155   ISQZ=  0 STEP= 1.      CRIT= 2.4947
F= 52.964314155   FNEW= 52.711654064   ISQZ=  0 STEP= 1.      CRIT= .45748
F= 52.711654064   FNEW= 52.696643190   ISQZ=  0 STEP= 1.      CRIT= .02441
F= 52.696643190   FNEW= 52.691646736   ISQZ=  0 STEP= 1.      CRIT= .99425E-02
F= 52.691646736   FNEW= 52.691643476   ISQZ=  0 STEP= 1.      CRIT= .65153E-05
F= 52.691643476   FNEW= 52.691643476   ISQZ=  0 STEP= 1.      CRIT= .66007E-11

CONVERGENCE ACHIEVED AFTER   9 ITERATIONS

    18 FUNCTION EVALUATIONS.

    Dependent variable: IH

Number of observations = 89            Schwarz B.I.C. = 120.021
       Scaled R-squared = .740908      Log likelihood = -52.6916
       LR (zero slopes) = 89.7399 [.000]
       Number of Choices =       267

                     Standard
Parameter  Estimate    Error      t-statistic   P-value
C2         6.19413     3.04415     2.03477      [.042]
X12         .146930     .158268     .928363     [.353]
X22        -.383376     .864358    -.443539     [.657]
X32         .086447     .525685     .164446     [.869]
X42         .441672     .557350     .792451     [.428]
X52       -1.08452      .864011   -1.25521      [.209]
X62         .311941     .452151     .689903     [.490]
X72        -.028404     .018772   -1.51311      [.130]
X82        -.291096E-02 .011288    -.257890     [.796]
X92         .101480     .111045     .913866     [.361]
```

X102	.244300E-02	.037750	.064715	[.948]
X112	-.043601	.290102	-.150294	[.881]
X122	-.715920	.969780	-.738230	[.460]
X132	.791070E-02	1.07718	.734392E-02	[.994]
X142	.065536	.188947	.346848	[.729]
C3	1.31205	2.63179	.498538	[.618]
X13	.117823	.148635	.792704	[.428]
X23	4.49874	1.98328	2.26834	[.023]
X33	-3.34929	1.72293	-1.94395	[.052]
X43	.029318	.805239	.036410	[.971]
X53	-.983495	1.14238	-.860917	[.389]
X63	-.456121	.639300	-.713469	[.476]
X73	.316001E-02	.015737	.200807	[.841]
X83	.588262E-02	.011756	.500392	[.617]
X93	.092798	.132569	.699999	[.484]
X103	-.036083	.056356	-.640263	[.522]
X113	-.307492	.320594	-.959133	[.337]
X123	-.151150	1.11457	-.135612	[.892]
X133	-.624181	1.10658	-.564063	[.573]
X143	.209547	.205323	1.02058	[.307]

図 5.3 債券格付についての多値ロジットモデル推定の結果

5.4 切断分布をともなう解析

5.4.1 切断分布について

　通常の回帰モデルでは，被説明変数は連続的な値をとることが仮定されているので，モデルを推定する場合には，特に変数のとる値についての制約を考慮する必要はない．しかし消費者の行動などをモデル化する場合には，被説明変数が負にはならないなどの制約が必要となる．例えば消費者が車を購入する場合に，収入と購入された商品の価格との関係をモデルで記述するには，購入しない消費者の購入価格はゼロとすることになり，変数に制約が加わる．このデータを用いてそのまま回帰分析を行うと，支出がゼロの家計が大半を占めるため，正しい結果を与えないであろう．また一方では，自動車を購入した消費者のデータだけを用い，商品を購入した消費者についての解析をする場合には，この商品を購入しなかった消費者の情報は，一般には利用されない．

　しかし，できるだけ多くの調査を行い購入しないケースも含めて分析することができれば，精度が向上することが期待できる．このように，データを収集したのに，最終的に利用されない可能性にあるデータを切断データと呼び，このような変数の分布を切断分布と呼んでいる．

　切断データに対する回帰モデル適用の方法として，購入するかどうかを決定する変数を導入し，この変数に対してあるしきい値をもうけて，しきい値以上のデータに対してだけ回帰分析を適用する手順を用いる．このような前提のもとで定式化されたものとして，トービットモデル (Tobit model)，およびこれを拡張したサンプル・セレクションモデル (Sample Selection model) がある．

5.4.2 トービットモデルの適用

トービットモデルは,経済学の分野において効用関数の選択などにおいて,適用除外とされるケースも含めて解析する手段として導入されている。最初の分析方法はトービン (Tobin) により,耐久消費財に対する支出分析に応用されている [Tob]。このため,トービットモデルという呼び方が定着している。トービットモデルは,このような消費者の行動分析や労働市場分析に多く用いられてきているが,最近では金融資産への投資行動の分析などへと応用されている。

上の例において,商品を購入しなかった消費者のデータ検閲データ (censored data) とよばれ,このような切断分布を仮定したモデル分析を行う方法として,トービットモデルがある。このモデルにおいては,被説明変数を通常のデータと検閲データとに分けて,上に示した式のように作成する。

トービットモデルは,通常の回帰モデルとは異なり,適用される状況が被説明変数が,ある条件を満足した場合にだけに限定されているモデルである。上記のような問題で消費者が N 人であるモデルは,次のように書くことができる。なお,サンプルを区別する必要があるので, y_i などのように添え字としてサンプルの番号を付けた式にしている。

$$y_i^* = x_j^T \beta + u_i, i = 1, 2, ..., N \tag{5.19}$$

$$y_i = \begin{cases} y_i^* & \text{if } y_i > 0; \\ 0 & \text{if } y_i^* \leq 0, i = 1, 2, ..., N \end{cases} \tag{5.20}$$

ただし,被説明変数 y_i は家計の支出などを仮定しているので,負の値は取らないとする制約がある。また, y_i^* が負である場合にはその数値は観測されないで符号だけが観測される。

このようなモデルに対して,通常の最小 2 乗法による回帰分析の手法を適用すると,推定量にバイアスが生じて,正しい結果を与えない。そこで尤度を計算して,これを最大化する,いわゆる最尤法を用いて係数の推定を行う。

このモデルにおいて,残差 u_i は平均がゼロで分散が σ である正規分布にしたがうと仮定する。また, $\phi(.), \Phi(.)$ を,それぞれ,正規分布の密度関数および分布関数としておく。 $y_i = 0$ となる確率は,次のように計算される。

$$Prob(y_i = 0) = Prob(x^T \beta + u_i \leq 0) = Prob(u_i \leq -x^T \beta) = \Phi(-x^T \beta/\sigma) \tag{5.21}$$

同様に, $y_i^* > 0, y_i = y_i^*$ となる確率 (尤度) は,次のように計算される。

$$f(y_i = y_i^* | y_i^* > 0) = Prob(y_i^* > 0) = f(y_i = y_i^*) = \phi[(y_i - x^T \beta)/\sigma]/\sigma \tag{5.22}$$

これらの関係を用いると,トービットモデルに対する尤度は次のように定義される。

$$L(\beta, \sigma) = \Pi_{y_i=0}[1 - \Phi(x^T \beta/\sigma)]\Pi_{y_i>0}\sigma^{-1}\Phi((y_i - x^T \beta)/\sigma] \tag{5.23}$$

なお,ここで記号である $\Pi_{y_i=0}, \Pi_{y_i>0}$ は,それぞれ, $y_i = 0$ および $y_i > 0$ のケースについて,被説明変数 y_i をかけあわせることを意味している。

次に,この対数尤度を求めると次のようになる。

$$\ln L(\beta, \sigma) = \sum_{i \in (y_i=0)} \ln \Phi(-x^T \beta/\sigma) + \sum_{i \in (y_i=y_i^*)} [\ln \phi[(y_i - x^T \beta)/\sigma] - \ln \sigma] \tag{5.24}$$

第 5 章 質的データの解析

モデルの係数は，この対数尤度を最大にするように決定されるので，微分を実施し，これをゼロとおくことにより求めることができる。なお，これらの方程式は非線形方程式であり，そのままでは直接解くことができない。そのため，ニュートン法などの数値計算手法を適用する必要がある。しかしこの解法は一般的なものであり，TSP においてはシステムに組み込まれているので，ここでは詳細は省略する。

5.4.3 応用事例

トービンはその論文の中で，支出における，いわゆるエンゲルカーブに見られるように，収入が十分ではない家計では支出がゼロになることもあり，支出を収入に応じて滑らかに描くことはできないと指摘している [Tob]。同時に，論文要旨の中で，支出ゼロとか数値ゼロには意味がないとする従来の考えに対する疑問も述べている。具体的な応用例として，1950 年代初頭におけるアメリカの耐久消費財への家計支出のアンケート結果のデータをとりあげ，提案するモデルで分析するための繰り返し計算のアルゴリズムと，切断分布を用いた場合の精度の向上を証明している。

縄田は，消費者の金融資産の保有状況を分析する方法として，トービットモデルを利用している雨宮，橘木ら，牧らの先行研究をまとめる形で有効性を論じている [Ame][Naw][Tac-2][Mak]。最近の消費者による金融資産への関心の増大にともない，どのような行動が推定されるかは，興味あるところである。これらの論文では，トービットモデルによって金融資産を購入しない消費者のデータも取り入れることにより，精度の向上をはかっている。先行研究においては，消費者の資産の保有額を，銀行預金，債券およびキャピタルゲイン指向資産などに分類し，これを被説明変数とし，説明変数には収入，年齢，居住地域，扶養家族数 (一部はカテゴリ化している) を用いている。これらの手法の性能を確認するため，通常の回帰分析最小 2 乗法による分析との予測誤差の比較分析が行われ，いずれもトービットモデルが優れていることを結論としている。

5.4.4 トービットモデルのコマンド

以下では，トービットモデルによる分析のコマンドについて説明する。コマンドの形式は回帰モデルにおける分析と同じような形をしており，コマンドの名前に続いて被説明変数を書き，その後ろに説明変数のリストを記述する。一般形は次のようになる。

`tobit`(オプション)　被説明変数　説明変数リスト；

オプションとしては，逆ミルズ比を代入する変数を指定することができる。プロビットモデルによる分析の場合と同様に，逆ミルズ比を代入する変数を mills=a のように指定することができる。

5.4.5 知識マネジメントへの企業の取り組み分析

　知識マネジメント(知識経営,知的資産管理)に関する研究は,1990年代前半頃から欧米を中心に展開されてきており,今日では実際に知識マネジメントに取り組む企業も多く見られるようになってきている。郵政省郵政研究所(2000)の調査によれば,調査対象企業の約半数が知識マネジメントを「企業戦略上の重要テーマ」としてとらえている[Yuu][Non]。また,内閣府経済社会総合研究所(2000)の調査では,14.0%の企業が知識マネジメントを「すでに導入済み」であり,「今後3年間で導入を予定」している企業も55.4%存在していることが示されている[Nai]。今後,多くの企業に知識マネジメントの導入が急速に進んでいくことが予想される。

　日本企業における研究開発や製品開発活動の実態把握をテーマとした調査研究は官公庁,民間を問わず数多く行われているが,製品開発活動とインターネットや知識マネジメントとの関係を意識したものは見られない。以下では知識マネジメントに関してわれわれが行ったアンケートの結果分析にトービットモデルを応用してみる[Tok-5][Tok-6][Mat-1][Mat-6]。アンケートは次のように実施された。企業を無作為に500社抽出し,質問票郵送方式により行い実施時期は2002年3月～4月であり,回答対象者は製品開発部門の管理者とした。有効回答数は83件であり有効回答率は16.6%であった。アンケートの設問項目を以下のようなものであり,設問の多くは5点尺度のリッカート・スケールで設計されている。表5.3には,アンケートにおいて設定した項目の要約を示している。

表5.3　アンケートの設定項目の要約(括弧内は選択肢の数)

項目分類	設定内容
製品開発の基本方針と体制	製品市場の特性(5),製品開発の方針(5),製品開発の評価方法(6),製品開発の成功要因(7),製品開発の成功率(数値 各2),製品開発体制(7),製品開発組織の特徴(6)
製品開発におけるインターネットの活用	情報共有の範囲(11),製品開発の基盤整備でのインターネット利用(5),製品開発のための組織活動におけるインターネット利用(5),マーケティングリサーチにおけるインターネット利用(7),ブランドマネジメントにおけるインターネット利用(7)
知識マネジメントへの取り組み	知識・知的財産の源泉(11),知識マネジメントの効果(7),知識マネジメントの実施(4),知識マネジメントを実施しない理由(9),知識マネジメント実施条件(8),CKOの設置(5),インセンティブシステム(11)
知識マネジメントにおける情報インフラの活用と組織改革	情報インフラの活用(13),情報インフラ整備と組織改革(11),知識マネジメント実施と組織改革(3),知識マネジメントと人的資源管理(11),知識マネジメント実践の内容(6)

　本書ではこのアンケートを詳細に分析することが目的ではないが,表5.4～表5.8においてアンケートについての興味ある分析結果について説明をしておく。なおこれらの表において項目に数値に*印があるものは,統計的に5%水準で有意な差が存在することを意味している。まず表5.4において知識マネジメントの実施状況について見てみると,「すでに実施している」企業が約23%,「今後実施の予定」企業を含めると6割以上に達する。この数値はこれまで公表された各種調査結果に照らし合わせても,信頼に足るものであるといえよう。日本においても知識マネジメントへの注目とともに,実際に導入・実施する企業が増えていくものと考えられる。

第5章 質的データの解析

　表5.5には，知識マネジメントの具体的な実践内容を問うた結果が整理されている。約33％の企業が「知識やノウハウ，成功事例をデータベース化して共有・再利用」しており，「他部門・部署の知識や開発された技術の応用を推奨」したり，「実践的・経験的な暗黙知をドキュメントやマニュアルとして形式知化」する取り組みも，それぞれ3割弱見られる。とくに中小企業（従業員数1,000人未満）では暗黙知の共有や利用を重視した知識マネジメントへの取り組みがなされているのに対して，大企業ではデータベース化など情報インフラを活用した知識やノウハウの再利用が進んでいる傾向の存在が注目されよう。

　つぎに，知識マネジメントの実施と情報インフラの活用との関係について表5.6から言えるのは，知識マネジメント実施企業では総じて情報インフラの活用度も高い傾向にあり，とくに「グループウェア」や「イントラネット」といった情報共有系システムを有効に利用していることである。これらの項目はいずれも5％有意水準で平均値の差がある。つまり，郵政省郵政研究所（2000）の調査においても指摘され，また一般的にも広く認識されているように，知識マネジメントの導入・実施に情報インフラの活用が，密接に関係している実態が確認されたといえる。

　このような情報インフラの支援のもとに実現される知識マネジメントが，製品開発活動にどのような影響を与えるものかについて分析する。表5.7に示すように，知識マネジメント実施企業では，製品開発の基盤的活動のパフォーマンスが改善・向上している傾向が観察される。ここでとくに注目すべきは，知識マネジメント実施企業ではインターネットなど情報インフラの活用によって「情報伝達・共有のスピードアップ」や「製品開発期間の短縮化」を実現している傾向が存在することである（いずれも5％有意水準）。このことは，製品開発活動にたいする知識マネジメント導入・実施の効果として理解することが可能である。また，同表に示されている「開発のプロセスで得られたノウハウや成果あるいは問題点を体系的に蓄積するためのシステムがある」傾向（5％有意水準）は，情報インフラの支援にもとづいた知識マネジメントの実践を裏づけるものである。

　更に表5.8においては，知識マネジメントと製品開発マーケティングリサーチ，およびブランドマネジメントとの関係を整理している。アンケート結果から指摘できるのは，製品開発の基盤的活動，それらに関連する周辺活動，そしてマーケティング・リサーチやブランド・マネジメントについても，インターネットの利用によって直ちに，そしてドラスティックにそれらのパフォーマンスが改善・向上しているわけではないことである。ただし，技術調査や特許・技術開発情報等の検索活動などにインターネットが比較的有効に活用されている実態が明らかとなった。つまり，一般的に結論づけるならば，製品開発活動におけるインターネットの活用による効果は，各種調査や情報検索活動などが中心となっている。この理由としては，たとえば，近年インターネットを活用してユーザーの声を起点とする商品化を実現するビジネスモデルを採用する企業が登場している一方で，それはある特定少数派ニーズを充足する小規模生産を前提としたニッチ産業にとどまっているとの主張や，オープン性に優れたインターネット技術の導入は各企業に同様の恩恵をもたらすため，製品開発活動においても各企業に対してはその効果は中立であるとの見方の存在などを指摘することができるだろう。しかし，インターネットのみならずデータウェアハウスやパソコン，電子メールなど情報インフラ全般の総合的な活用度の高い企業，すなわち情報化先進グループ（5点尺度の平均値が4.0以上：Ａグ

ループ) においては，それ以外の企業（B グループ）よりも製品開発活動のパフォーマンスが全体的に改善・向上している傾向が見られることに注意すべきである．これらのことから，インターネットや情報インフラを有効に活用している企業と，活用していない企業との間で製品開発パフォーマンスに格差が生じてくる可能性について指摘できる．

表5.4 知識マネジメントの実施状況と担当マネージャー (複数回答, 単位:%)

実施状況	中小企業	大企業	全体	担当マネージャー	中小企業	大企業	全体
すでに実施	25.0	19.4	22.9	CKOを設置	0.0	4.8	1.8
今後実施の予定	40.4	48.4	43.4	他の役員が兼務	23.5	23.8	23.6
実施の予定無し	34.6	32.3	33.7	幹部レベルで設置	20.6	19.0	20.0
				設置していない	26.5	23.8	25.5

表5.5 知識マネジメントの具体的な実践内容 (複数回答, 単位:%)

項目	中小企業	大企業	全体
従業員間の直接的な対話や議論を通じた暗黙知の共有	29.4	19.0	25.5
他部門・部署の知識や開発された技術の応用を推奨	29.4	23.8	27.3
実践的・経験的な暗黙知をドキュメントやマニュアルとして形式知化	35.3	14.3	32.7
知識やノウハウ・成功事例をデータベース化して共有再利用	29.4	381.	32.7
特定分野のエキスパートのイエローページ (ノウハウ) を蓄積・共有	8.8	9.5	9.1
その他	0.0	4.8	1.8

表5.6 知識マネジメント実施の有無と情報インフラの利用状況 (単位:5点尺度平均値)

項目	実施	未実施	項目	実施	未実施
データウェアハウス・OLAP	2.79	2.56	パソコン	4.58	4.39
PDA 携帯情報端末	2.16	2.59	電子メール	4.53	4.28
電子掲示板・チャット	3.89	3.16	ワークフロー	3.37	2.38
グループウェア	3.62	2.92	イントラネット	4.37	3.59
エクストラネット	2.53	2.25	インターネット	4.16	3.91
ERP(統合業務パッケージ)	2.84	2.16	ポータル/プッシュ技術	2.00	1.69
データ/テキストマイニング	2.16	1.73			

表5.7 知識マネジメント実施の有無と研究・製品開発活動 (単位:5点尺度平均値)

項目	実施	未実施
研究者や技術者どうしの社内外の人的ネットワークの活用	3.30	3.11
他社や海外の研究所等との共同研究の推進	2.58	2.52
研究開発や他社との共同開発等における情報伝達・共有のスピードアップ	3.10*	2.69*
製品開発期間の短縮化	3.11*	2.47*
研究・技術関連情報の検索	3.78	3.73
特許関連情報の検索	4.01	3.89
市場ニーズの把握と製品開発への反映	3.42	3.29
開発した製品を適切なターゲットに売り込む	2.95	2.63
開発した製品の知的所有権を確保する	3.16	2.84
開発したプロセスで得られたノウハウ, 成果, 問題点を蓄積するシステムがある	3.32*	2.84*

表5.8 情報インフラ活用と製品開発活動全般の改善・向上 (単位：5点尺度平均値)

アンケート項目	細目	A	B
製品開発の基盤的活動	市場ニーズの把握と製品開発への反映	3.47	3.04
	企画に基づいた素早い試作・製品開発	3.32*	2.49*
	開発した製品を適切なタイミングで市場に投入	3.08*	2.36*
	開発した製品を適切なターゲットに売り込む	3.08*	2.38*
	開発した製品の知的所有権を確保する	3.32*	2.58*
	技術調査	3.50	3.40
	特許および研究・技術関連情報の検索	4.16*	3.38*
	研究者や技術者間の社内外人的ネットワーク活用	3.53*	3.02*
マーケティングリサーチ	消費者モニターの募集・管理	2.32	2.04
	製品開発の進捗状況や試作品の公開	2.71*	2.04*
	サンプル試供品の提供やダイレクトメール	2.58	2.38
	BBSやMLなど仮想コミュニティの構築	1.97	1.62
ブランドマネジメント	新規ブランドの形成と認知度の浸透	3.08*	2.58*
	既存ブランドの維持, ブランドロイヤリティ向上	3.00	2.71
	販売・流通チャネルの多様化	2.92	2.53
	CRMなど顧客との結びつきの強化	3.08	2.64

5.4.6 トービットモデルによる分析

　以上のようなアンケートそのものの分析を前提として, 以下では, 知識マネジメントを本格的に実施している企業において, その深化の度合いをトービットモデルにより解析を行う. すなわち, 表5.4に与えた知識マネジメント実施の現状を数値化することにより, 知識マネジメント実施と未実施企業とを分離し, 知識マネジメント実施企業における情報インフラの活用の度合い, 情報共有やインターネットによる研究開発活動の改善, あるいは知識マネジメントへの期待の度合いなどを説明変数とする回帰モデルを推定する.

　アンケートのすべての項目をトービットモデルに用いるのは適当ではないので, 以下では, 表5.9に示すような項目だけを使用することにする. この表の中で項目のQ1とQ2とを用いて, 知識マネジメント実施に熱心である企業であるか, そうでないかを判断し, 熱心でない企業については新しい変数qにゼロを与え, 熱心である企業にはこのQ1とQ2から計算された数値を, そのままの値とする. 説明変数には変数z1, z2として示している企業の資本金と従業員数のほかに, x1からx6までのアンケート項目を数値化したものを用いる. これらの項目の数値化においては, 基本的に回答において該当する事項が多いほど数値が大きくなるという, やや単純な整理のしかたをしている. 企業アンケートをこのような手法によりトービットモデル分析にあわせて再編したデータを, 表5.10に示している.

　表5.10には, 整理されたデータを示している. 図5.2には, 解析の結果を示している. この結果については, 得られる回帰式の回帰係数の検定を行う確率も同時に出力されている.

表 5.9 トービットモデルに用いるアンケート項目概要

項目	選択肢
資本金 (z1), 従業員数 (z2)	数値を記入
Q1:知識マネジメントへの取り組み	実施, 実施予定, 未実施
Q2:知識マネジメント実施体制	CKO を設置, 他の役員が兼務, 幹部レベルで設置, 設置していない
x1:製品開発での企業間情報共有範囲	提示価格, 設計仕様, 詳細仕様, 設計図面, 開発・技術情報, 受注情報, 需要予測, 生産計画, 顧客情報, 決済・相殺情報
x2:インターネットによる研究開発活動改善・向上	研究者や技術者同士の社内外の人的ネットワークの活用・充実化, 他社や海外の研究所等との共同研究の推進, 他社との共同開発等における情報伝達共有のスピードアップ, 製品開発期間の短縮化, 研究・技術関連情報の検索, 特許関連情報の検索
x3:知識マネジメントに期待する効果	売上高の増加, 利益率の向上, 在庫・調達・人件費などのコスト削減, 業務および意思決定のスピードアップ, 営業・販売力の強化, 新製品・サービス等の研究開発力の強化, 顧客サービス・サポートの充実
x4:情報インフラの活用度	データウェアハウス・OLAP, パソコン, PDA (携帯情報端末), 電子メール, 電子掲示板・チャット, ワークフロー, グループウェア, イントラネット, エクストラネット, インターネット, ERP (統合業務) パッケージ, ポータル技術・プッシュ技術, データマイニング・テキストマイニング
x5:知識マネジメントの実施による組織改革	行なった, 今後行なう予定, 行なう予定なし
x6:知識マネジメントの具体的な実践内容	従業員間の直接的な対話や議論を通じた暗黙知の共有, 他部門・部署の知識や開発された技術の応用を推奨, 実践的・経験的な暗黙知をドキュメントやマニュアルとして形式知化, 知識やノウハウ, 成功事例等をデータベース化して共有・再利用, 特定分野のエキスパートの Know-Who を蓄積・共有

トービットモデルによる解析プログラムは次のようになる. tobit コマンドに続いて被説明変数を書き, 次に 6 個の説明変数のリストを並べている.

```
option crt;
freq n;
smpl 1 83;
load i z1 z2 x1 x2 x3 x4 x5 x6;

ここに表 5.10 のデータが入る

tobit i c z1 z2 x1 x2 x3 x4 x5 x6;
end;
```

第 5 章 質的データの解析

表 5.10 トービットモデルに用いるアンケートデータ

q	z1	z2	x1	x2	x3	x4	x5	x6
0	1000	281	2	4	4	10	0	0
0	1000	893	0	4	5	8	0	0
0	549	583	1	4	6	8	0	0
0	550	510	1	3	5	8	1	1
0	3208	646	9	4	5	11	1	2
0	597	404	4	4	5	7	0	0
0	440	206	1	1	5	7	0	0
0	1059	341	2	3	4	5	0	0
5	720	2476	1	4	5	9	0	0
5	3125	357	5	4	4	9	2	3
0	800	761	0	4	4	6	0	0
0	2007	463	3	3	6	8	0	0
0	5000	243	0	2	4	0	0	0
4	48	248	2	2	7	8	1	2
0	100	671	5	5	4	7	0	0
0	494	402	2	4	4	4	0	0
6	750	473	4	4	7	11	1	5
4	72	717	7	4	5	9	3	2
6	67	274	3	3	4	9	1	1
0	540	368	0	3	4	6	0	0
0	300	336	0	3	2	5	0	0
6	5912	1031	2	4	5	7	0	0
0	100	2196	0	2	4	6	0	0
4	500	1205	3	4	5	9	2	1
5	400	584	4	5	5	10	1	4
0	135	504	4	4	4	9	0	0
5	500	826	2	5	6	9	3	3
0	96	594	1	2	5	4	2	2
5	310	523	6	2	5	8	0	0
0	4364	2949	0	5	7	11	0	0
0	1331	315	0	2	4	5	1	0
5	95	445	3	4	4	9	2	1
6	280	1070	1	4	5	5	2	1
0	48	1375	2	4	5	8	0	0
0	23100	4339	4	4	6	7	0	0
0	100	367	4	3	5	10	0	2
0	8707	821	0	5	6	10	0	0
6	12000	1951	0	3	4	11	2	1
0	10	388	4	4	7	7	0	0
5	300	667	1	3	4	7	0	0
0	375	144	4	3	5	10	0	0
4	608	1727	3	5	4	8	2	3
5	1000	278	3	3	4	7	2	1
0	301	646	4	3	3	6	0	0
4	11380	1505	7	2	5	7	1	1
0	20	730	4	2	4	8	0	0
0	700	684	5	5	6	11	1	3
0	200	884	1	2	4	6	0	0
0	316	760	1	3	4	7	0	0
0	681	858	3	4	5	6	0	0
0	220	491	3	3	5	9	2	0
0	34002	1020	5	4	5	8	0	0
0	31117	2474	1	4	5	8	0	0
0	21704	3403	7	3	5	7	2	0
0	34002	1020	0	3	5	8	2	1
5	6566	863	0	3	4	7	1	0
0	26071	2778	0	3	4	9	0	0
0	23798	1387	2	4	5	7	0	0
4	22040	2005	5	4	5	10	2	2
0	5400	575	5	4	5	0	0	0
5	4917	264	7	0	5	8	3	2
0	26820	1117	2	4	5	0	0	0
4	3949	483	5	3	3	7	1	2
0	2889	287	3	4	4	6	0	0
5	12114	1609	6	5	6	10	3	4
0	35123	1882	1	2	4	0	0	0
5	4249	375	1	3	4	6	1	2
0	87583	1579	3	4	4	8	0	0
0	2146	203	1	4	5	7	0	0
0	25016	2711	1	3	4	8	0	0
0	1938	741	5	3	3	8	2	3
0	53075	3124	4	5	5	10	0	0
0	6568	2544	4	2	5	6	0	0
5	33788	4875	4	4	6	10	2	2
5	14628	486	1	4	5	11	3	1
5	9325	852	0	0	5	0	0	0
0	2272	1411	1	4	4	9	0	0
5	11829	649	4	4	5	9	3	3
0	22913	4058	5	4	4	8	0	0
4	3665	1475	2	4	5	7	2	2
0	1753	615	2	4	4	7	0	0
6	6591	1081	3	4	5	9	1	4
0	6666	1170	4	3	5	5	0	0

解析の結果を図 5.4 に示している。結果においては回帰分析と同様に，回帰係数が有意であるかどうかを検証する確率が表示されている。この他に被説明変数が正であるケースの割合が，Fraction of positive obs. = 0.361446 として表示されている。

```
                        Equation   1
                        ============
                       TOBIT ESTIMATION

Working space used: 2349
                         STARTING VALUES
                    C           Z1           Z2           X1           X2
       VALUE    3.25881  -0.000035898   0.00037764     -0.33312     -0.61318

                   X3           X4           X5           X6       SIGINV
       VALUE   0.061828     0.094429      2.30505      1.79939      0.91392

F= 851.22077384  FNEW= 113.18143142  ISQZ=  0 STEP= 1.      CRIT= 1485.3
F= 113.18143142  FNEW= 104.47659270  ISQZ=  0 STEP= 1.      CRIT= 15.279
F= 104.47659270  FNEW= 103.73711829  ISQZ=  0 STEP= 1.      CRIT= 1.3803
F= 103.73711829  FNEW= 103.72762550  ISQZ=  0 STEP= 1.      CRIT= .01882
F= 103.72762550  FNEW= 103.72762390  ISQZ=  0 STEP= 1.      CRIT= .32094E-05

CONVERGENCE ACHIEVED AFTER   5 ITERATIONS

   10 FUNCTION EVALUATIONS.

     Dependent variable: I

 Number of observations = 83  Schwarz B.I.C. = 123.612
 Number of positive obs. = 30  Log likelihood = -103.728
 Fraction of positive obs. =    0.361446

                      Standard
Parameter   Estimate    Error       t-statistic    P-value
C           -.978854   3.35157       -.292059      [.770]
Z1         -.121083E-03 .857419E-04  -1.41218      [.158]
Z2         .944364E-03  .803046E-03   1.17598      [.240]
X1          -.352741    .281691      -1.25222      [.210]
X2          -1.04311    .607417      -1.71728      [.086]
X3          -.019873    .653851       -.030393     [.976]
X4          .183897     .312014        .589385     [.556]
X5          2.18047     .687971       3.16943      [.002]
X6          1.49731     .583406       2.56649      [.010]
SIGMA       3.82160     .568741       6.71940      [.000]
```

図5.4　知識マネジメントについてのトービットモデル推定の結果

5.5 サンプル・セレクションモデル

5.5.1 サンプル・セレクションモデルの基本

　サンプル・セレクションモデルというのは，トービットモデルを拡張したものであり，見かけ上は調査から除外される対象ではあるが，このような除外されたサンプルを含ませることにより，事象をより分かりやすく把握することができる方法である。例えば，子育て期間にあり，たまたま職にはついてはいないが，機会があれば職に復帰したい女性のグループを，女性の賃金とキャリアとの関係を分析する場合にも含ませるなどのケースに相当する。

　サンプル・セレクションモデルは数式により，次のように記述することができる。

$$y_{1i}^* = x_{1i}^T \beta_1 + u_{1i}, i = 1, 2, ..., N \tag{5.25}$$

$$y_{2i}^* = x_{2i}^T \beta_2 + u_{2i}, i = 1, 2, ..., N \tag{5.26}$$

第 5 章 質的データの解析

$$y_{2i} = \begin{cases} y_{2i}^* & \text{if } y_{1i} > 0, i = 1, 2, ..., N; \\ 0 & \text{if } y_{1i}^* \leq 0 \end{cases} \quad (5.27)$$

なおトービットモデルの場合と同様に，サンプル i を区別する必要があるので $y1i$ のように，変数に添え字を付けている。ここで x_{1i}, x_{2i} は説明変数のベクトルであり，y_{1i}^* はその符号以外は観測される必要のない変数，y_{2i}^* は y_{1i}^* の値が正の場合についてのみ観測され，もし y_{1i}^* が負の場合には観測される必要のない変数である。また，x_{2i} の値は，y_{1i}^* が負の場合には観測される必要はない。すなわちモデルにおいて，観測可能な変数は，y_{i1} の符号と，$y_{1i} > 0$ となる場合に観測される，y_{2i} と x_{i2} との対である。ここで，(u_{1i}, u_{2i}) は期待値がそれぞれゼロで，共分散が次のような形式にしたがう，2 変数の正規乱数である。

$$V(u_{1i}, u_{2i}) = \begin{bmatrix} \sigma_{11} & \sigma_{12} \\ \sigma_{21} & \sigma_{22} \end{bmatrix} \quad (5.27)$$

このモデルにおいて，最初の式をプロビットモデルとよび，第 2 番目の式を回帰方程式とよぶ。サンプル・セレクションモデルによる分析をする場合の TSP コマンドにおいても，これらの 2 つの部分に対するモデルを指定する必要があり，プロビットモデル部分および回帰モデル部分として区別されている。

このモデルは 2 段階の決定をする行動を記述しており，例えば消費者がある商品を購入するかどうかをまず決定し (y_{1i}^* に対応する)，次にこの商品の購入額を決定する (y_{2i}^* に対応する) モデルとなっている。この場合，購入の決定とその購入額との間に相関があると予想されるので，変数 u_{1i}, u_{2i} に相関を導入している。

$y_{1i}^* \leq 0$ となる確率は，次のように計算される。

$$Prob(y_{1i}^* \leq 0) = Prob(x_{1i}^T \beta_1 + u_{1i} \leq 0) = Prob(u_{1i} \leq -x_{1i}^T \beta_1) = \Phi(-x_{1i}^T \beta_1/\sigma) \quad (5.28)$$

$y_{1i}^* > 0$ において $y_{i2} = y_{i2}^*$ となる尤度は，次のように計算される。

$$f(y_{1i}^* > 0 | y_{2i} = y_{2i}^*) = \int f(u_{1i}, y_{2i} - x_{2i}^T \beta_2) du_{1i} \quad (5.29)$$

ここで $\Phi(.)$ は標準正規分布関数であり，$f(.)$ は平均が $(0,0)$ で共分散行列が V により与えられる二変量正規分布の密度関数である。もとのサンプル・セレクションモデルにおいて，第 1 式を定数倍してもモデルの意味するところは同じであるので，一般性を失うことなくの分散を 1 として仮定しておく。この場合の対数尤度関数は，次のように与えられる。

$$\ln L = \sum_{i \in (y_i = 0)} \ln \Phi(-x_{1i}^T \beta_1) + \sum_{i \in (y_i = y_i^*)} \ln \int u_{1i} f(u_{1i}, y_{2i} - x_{2i}^T \beta_2) du_{1i} \quad (5.30)$$

単独のトービットモデルの場合と同様に，この対数尤度関数を最大にするように係数および分散を決めていけばよい。しかしながら，この結果として得られる方程式は，極めて非線形性の強いものになるので，解析解を得ることはもちろん，逐次近似による数値計算を適用することも容易ではない。そこで，ヘックマン (Heckman) により提案された 2 段階推定量 (two-step estimator) を用いて計算することが多い [Hec-1][Hec-2]。なお，この計算手順も TSP に組み込まれているので，ここでは詳細は省略する。

5.5.2 応用事例

サンプル・セレクションモデルの応用事例はこれまでにも多数あるが，主要な応用分野は各種のアンケート調査の結果整理にある。車の購入の例をとりあげるまでもなく，予想されるようにアンケートの回答には必ずしも設定した通りに数値が得られない場合もある。収集したデータをいかに有効に利用するかが大きな課題となるので，サンプル・セレクションモデルを適用して推定の精度をあげる必要がある。以下では応用事例を述べるが，詳しい解析のためのデータは省略する。

マデン (Madden) はイギリスにおける女性の喫煙と飲酒のモデル分析を行い，その決定要因となっているものを説明している [Mad]。マデンの論文では，ここに取り上げているサンプル・セレクションモデルと，Two-part model とよばれる新しい解析手法の適用可能性を比較することが主要な目的となっている。イギリスの女性 1,260 人から収集した喫煙 (一日に何本喫煙するか) および飲酒 (どのくらいの頻度で飲むか) を調査し，これに付随する説明変数として年齢，既婚未婚，寡婦か，離婚歴，仕事，学歴，子供の数を用いている。解析の結果についての論評は，回帰係数などを用いて説明されているが，研究の主要なテーマである2つの分析手法の優劣については，ケースバイケースであり，特に結論とはされていない。

また和合らは TSP のテキストの中で，アメリカの女性の賃金をサンプル・セレクションモデルで分析する意義を説明している [Wag]。賃金は，当然のことながら職業を持っている女性にしか観測されないが，家庭で主婦として活動している女性も，働く機会があれば働きたいと思っているであろう。被説明変数は賃金であり，説明変数には学歴や子供の数，経験年齢，年齢が取られる。

5.5.3 サンプル・セレクションモデルのコマンド

以下では，サンプル・セレクションモデルによる分析のコマンドについて説明する。

sample(オプション)　プロビット被説明変数　プロビット説明変数リスト|
　　　　　　　　　　　　　　　　回帰被説明変数　回帰説明変数リスト

このようにコマンドの最初の部分では切断された条件のためのプロビットモデルの記述を行い，これに続いて縦棒をはさんで，回帰モデルの記述を行う。

5.5.4 モジュール生産方式導入と企業の情報化投資

近年，電気機器産業や半導体産業などの分野を中心に，生産システムの基調がモジュール化あるいはモジュラー化へと移行してきている。そこでは，企業間情報ネットワークの形成と発展に支えられたモジュール化の進行によって，アウトソーシングやコラボレーションといった一企業の枠を超えたビジネス・プロセスの再構築，すなわち分業と協業のパターンの見直しが迫られている。以下では，われわれが実施した企業アンケート調査の分析結果をあらためてサンプルセレクションモデルにより分析してみる。

第5章 質的データの解析

　われわれが2001年8月に実施した国内製造業500社へのアンケート調査(有効回答率26.8%)によると，単純集計の結果では13〜15%の企業が他社とのモジュール生産による連係協力を実施もしくは部分的に実施している[Ohg][Tok-5][Mat-2][Mat-3] [Mat-4][Mat-5]。自社の製品や業務プロセスが元来モジュール化に適していないとする企業を除いて算出した数値では，その実施割合は調達側，納入側いずれも3割前後と推計される。もともとのアンケート調査の主要な目的は電子商取引(B2B)と電子データ交換(EDI)の現状についてであるが，われわれが実施したアンケート調査の分析結果を手がかりに，モジュール化の進展と企業間における情報共有との関係について若干の考察を加えてみたい。表5.11には分析の対象となるアンケートの設定項目の要約と，これらの選択肢の数を示している。

表5.11　アンケートの設定項目の要約(括弧内は選択肢の数)

項目分類	設定内容
企業内，企業間の連係・ネットワーク形成	社内ネットワークの形成(8)，企業間オンライン体制(4)，情報交換の分野(6)，JIT生産(調達)(4)，JIT生産(納入)(4)，顧客間情報共有(2)，モジュール生産(調達・納入)(それぞれ4)，情報共有の範囲(7)，情報共有時の取り決め(4)，企業間連係における重視項目(5)
インターネットによる販売・調達	消費者向け商品販売(4)，企業向け販売の割合(数値)，消費者向け販売の割合(数値)，企業向け製品販売(4)，企業向け販売の割合(数値)，企業向けインターネット販売のメリット(6)，インターネット調達(5)，調達の割合(数値)，インターネット調達のメリット(5)，eMPの実施(3)，eMP調達品目(6)
電子データ交換	EDIの実施(物流・商流・金融のそれぞれについて4項目)，EDI通信回線(6)，EDIプロトコル(6)，受注と発注の割合(それぞれ数値)，EDIデータの二次利用(6)，EDI未実施の理由(8)，EDIに適さない理由(6)，EDI実施計画(4)
インターネットEDI	インターネットEDIの実施(4)，インターネットEDIの方式(5)，インターネットEDIのコスト評価(数値，各2)，インターネットEDIのメリット(5)，インターネットEDIの課題(6)，インターネットEDI拡大条件(7)
決済システム	決済手段(4)，決済システムの変化(4)，相殺処理の実施(3)，相殺処理の相手先(4)，相殺相手先数(数値)，相殺処理実施の課題(6)，インターネット銀行の利用計画(3)，銀行経由決済の理由(6)
データの電子化	電子化の割合(数値)，帳簿電子化計画(4)，実施しない理由(4)

　本書ではこのアンケートを詳細に分析することが目的ではないが，興味ある分析結果について表5.11〜5.18としてまとめ，説明を加えておく。まず表5.12にはモジュール生産の実施の状況を整理している。表から分かるように，モジュール生産を実施している企業に対して，提示価格や設計仕様など必要な情報をどの範囲まで相手先企業と共有しているかを尋ねた設問への回答では，部分的な詳細仕様が29%，設計図面が27%，全体の仕様が25%など，集約的な結論を導くことはできない。そこで，モジュール化への取り組み度合いにしたがって，回答企業を相対的にモジュール化に積極的な「実施A」グループと消極的な「実施B」グループとに分け，いくつかの設問項目に関して統計的に有意な差異が見られるか母比率の差の検定をおこなった。その結果，まず情報交換分野については表5.12に示すように，モジュール化に積極的な企業ほど，受発注状況情報ならびに設計図面・仕様等の情報をオンラインにより他社に伝達・交換していることがわかる。他社と共有される情報の範囲についても，モジュール化へ

積極性による有意な差が認められた。すなわち，モジュール生産の実施拡大にともなって，より詳細な仕様情報や設計図面等が企業間で交換・共有されるという関係の存在が把握できるだろう。ただし，後述するように，モジュール化が企業間での情報の伝達や共有を省略可能する効果を持つことに鑑みれば，これらの結果の解釈には慎重さが求められるといえる。しかしながら，企業の分類を中小企業と大企業とに分けてクロス表を作成している表5.13においては，両者の統計には有意な差が見られない。このことは，企業の規模よりも，モジュール生産に積極的かどうかが，情報の活用に作用していることを反映している。

それでは，企業間における情報共有に際して一般に当事者間でどのような取り決めがなされているのだろうか。この分析のデータを表5.14に示している。モジュール化への取り組み度合いによる差異を分析したところ，モジュール化に積極的な企業ほど情報共有に関して，その全部について契約を交わすと回答した企業が有意に多いことが分かる。また企業規模で見た場合には，重要な部分についてのみ契約を交わすと回答した企業が25%と最も多く，全部について契約を交わす企業も13%存在する。しかし，慣習的に信頼していると答えた企業の割合は15%で，それよりも多い。総じていえば，企業間での連係協力関係において情報共有の問題をどのように処理するかについて当事者間で具体的・詳細な契約を交わすことで対応解決しようとする明確な態度が必ずしも見えてこない。しかし，本アンケート調査の結果から，モジュール化の進行によって具体的な契約や協定の締結による企業間連係の定式化や形式化が今後進んでいく可能性を読み取ることができる。

表5.12 モジュール化への取り組みと情報交換および情報共有範囲のクロス表
(複数回答, 単位:%)

情報交換分野	実施A	実施B	情報共有範囲	実施A	実施B
生産・在庫管理情報	22	6	提示価格	22	6
受発注状況の情報	74*	42*	全体の仕様	39**	6**
在庫状況の情報	13	23	部分の詳細仕様	48**	6**
請求・支払情報	13	23	進行計画	26*	6*
設計図面・仕様等の情報	43*	16*	設計図面	52**	3**
研究開発情報	9	6	施工条件	35**	3**

表5.13 企業間連携における情報共有のレベル (N=52, 複数回答, 単位:%)

項目	中小企業	大企業	全体	項目	中小企業	大企業	全体
提示価格	17	9	15	全体の仕様	24	27	29
部分の詳細仕様	32	18	29	進行計画	20	18	19
設計図面	24	36	27	施工条件	22	18	21
その他	7	9	8				

表5.14 企業間における情報共有時の取り決め (N=52, 単位:%)

項目	実施A	実施B	中小企業	大企業	全体
全体について契約を交わす	26*	3*	15	9	13
重要な部分について契約を交わす	35	13	24	27	25
特に契約は交わさない	4	0	2	9	4
慣習的に信頼している	22	20	15	18	15

次に視点を少し変えて，企業のオンライン実施の現状とその項目，およびこれに関連する情報の2次的な利用との関係を見てみる。表5.15は企業間でのオンライン体制の実施状況についてまとめている。生産や在庫納入指示など他社との連携のほとんど，もしくは多くをオンラインで実施していると回答した企業は約2割であるが，限定された少数分野での利用を含めると，企業間オンライン実施率は約5割である。この数値に企業規模の相違による有意な差は見られない。

次に，オンライン処理によって他社と交換される情報の項目について見てみる。表5.16に示すように，84%の企業が受発注状況の情報をあげており，ついで，請求支払情報が55%となっている。また，少数だが研究開発に関する情報を実際に企業間で交換・共有している企業の存在も明らかとなった。更にEDIデータの二次利用状況について分析する。表5.17に示すように，4割を超える企業が在庫管理を中心にEDIデータを自社内部の情報システムと連動させて活用しており，生産管理や物流管理にも展開している。また，1割にも満たないが，経営意思決定支援とも有機的な連携を実現している企業も見られた。EDIデータの二次利用状況については企業規模の相違による有意な差はなく，大企業と中小企業ともに一般的に認められる結果となっている。また数量化された観測変数から，物流EDI, 商流EDI, 金融EDIの3者間には1%水準の相関がありEDI実施企業では，これら3分野の業務に関するシステム的な連動や総合的な運用が進んでいると理解できる。しかも，EDIの実施とEDIデータの二次利用とのあいだに1%水準で有意な相関が見られる。つまり，EDI実施企業ではフロントエンドのみならず，フロントエンドとバックヤードとの連動，そしてEDIデータの二次利用も進行している現状が明らかとなった。EDIデータの二次利用の進行については，EDIの実施率と企業内情報ネットワークの形成との関係からも間接的に裏づけることが可能だろう。EDI実施の有無と企業内情報ネットワークの形成とのクロス表として作成した表5.18を見ると，1%水準で有意な差が検出された。すなわち，EDIを導入・実施している企業では，社内の情報化が進んでいるといえ，そこではEDIとの連動をめざしたバックヤードの整備ならびにモジュール生産との連係が図られているとして理解することができる。

表5.15 企業間オンライン実施状況 (N=134, 単位:%)

項目	中小企業	大企業	全体
ほとんどの連係・指示はオンラインで実施	3	4	3
全部ではないが多くの部分をオンラインで実施	13	25	16
限定された小数の分野でオンラインにより実施	38	25	36
特にオンラインで指示を行っていない	46	38	44
オンライン実施割合	53	54	53

表5.16 企業間オンライン実施項目 (N=69, 複数回答, 単位:%)

項目	中小企業	大企業	全体	項目	中小企業	大企業	全体
生産・在庫管理情報	20	31	22	受発注状況の情報	89	62	84
在庫状況の情報	29	23	28	請求・支払情報	55	54	55
設計図面・仕様等の情報	34	46	36	研究開発情報	5	25	7

表5.17 EDIデータの二次利用状況 (N=73, 複数回答, 単位:%)

項目	中小企業	大企業	全体	項目	中小企業	大企業	全体
在庫管理	43	40	42	生産管理	28	27	27
物流管理	29	20	27	財務管理	19	20	19
顧客管理	14	13	14	経営意思決定	7	13	8

表 5.18 EDI 実施と企業内情報ネットワーク形成とのクロス (複数回答, 単位:実数)

項目	実施	未実施	項目	実施	未実施
生産モニタリングと生産計画との調整	14	6	受発注データのオンライン処理	57	16
製品販売情報の検索	43	8	顧客情報の検索	37	15
電子メールによる社内連絡	69	53	ワークフロー管理システムの導入	18	10
在庫情報のオンライン把握	45	13	事業進行のオンライン把握	13	8

5.5.5 サンプル・セレクションモデルによる解析

次に, ここに示したモジュール生産に関するアンケート結果を用いて, サンプル・セレクションモデルによる解析を行う. すなわち, 表 5.14 に与えたモジュール生産への積極度を数値化することにより, 実施 A と実施 B 企業とを分離する. 更に, これまでの分析で明らかになったように, モジュール生産に積極的な企業は同時に EDI データの二次利用に積極的であることに注目し, EDI データの二次利用の度合いを数値化し, これを被説明変数とする回帰モデルを推定する.

アンケートのすべての項目をサンプル・セレクションモデルに用いるのは適当ではないので, 以下では, 表 5.19 に示すような項目だけを使用することにする. この表の中で項目の Q1 と Q2 とを用いて, モジュール生産の実施に熱心である企業であるか, そうでないかを判断し, 熱心でない企業については新しい変数 q にゼロを与え, 熱心である企業にはこの Q1 と Q2 から計算された数値を, そのままの値とする. 説明変数には変数 z1, z2 として示している企業の資本金と従業員数のほかに, x1 から x8 までのアンケート項目を数値化したものを用いる. これらの項目の数値化においては, 基本的に回答において該当する事項が多いほど数値が大きくなるという, やや単純な整理の方法をとっている. 企業アンケートをこのような手法によりサンプル・セレクションモデル分析にあわせて再編したデータを, 表 5.20 に示している. 表 5.19 には, アンケートを用いて項目を整理しなおしたデータが示されている.

サンプルセレクション・モデルによる解析プログラムは次のようになる. sampsel コマンドに続いて被説明変数を書き, 次に 3 個の説明変数のリストを並べている. 縦棒をはさんで次に求めるべき回帰モデルの被説明変数 x7 を書き, 次に定数項の指示 c と, 説明変数のリスト x4, x5, x6, x8 を記述している.

```
option crt;
freq n;
smpl 1 129;
load i z1 z2 x1 x2 x3 x4 x5 x6 x7 x8;

ここに表 5.19 のデータが入る

sampsel(maxit=100) i c x1 x2 x3 | x7 c x4 x5 x6 x8;
end;
```

第5章 質的データの解析

表 5.19 サンプル・セレクションモデルに用いる企業アンケート項目概要

項目	選択肢
資本金 (z_1), 従業員数 (z_2)	数値を記入
Q1:モジュール生産の実施状況 (調達側)	実施, 部分的に実施, ほとんどない, 元来, 適用業種ではない
Q2:モジュール生産の実施状況（納入側）	実施, 部分的に実施, ほとんどない, 元来, 適用業種ではない
x_1:企業間オンライン体制	ほとんどの連係・指示はオンラインで実施, 全部ではないが多くの部分をオンラインで実施, 限定された少数の分野でオンラインにより実施, 特にオンラインで指示を行っていない
x_2:オンライン処理される情報分野	生産・在庫管理情報, 受発注状況の情報, 在庫状況の情報, 請求・支払情報, 設計図面・仕様等の情報, 研究開発情報
x_3:企業間の情報共有の範囲	提示価格, 全体の仕様, 部分の詳細仕様, 進行計画, 設計図面, 施工条件
x_4:情報共有時の取り決め	全部について契約を交わす, 重要な部分について契約を交わす, 特に契約は交わさない, 慣習的に信頼している
x_5:EDI による情報交換の実施状況 (物流)	ほぼ全部で実施, 一部で実施, 実施していない, 該当業務なし
x_6:EDI による情報交換の実施状況 (商流)	ほぼ全部で実施, 一部で実施, 実施していない, 該当業務なし
x_7:EDI データの二次利用状況	在庫管理, 生産管理, 物流管理, 財務管理, 顧客管理, 経営意思決定
x_8:インターネット EDI 実施状況	大部分がインターネット EDI である, 一部導入している, 従来システムであるがインターネットに移行予定, 今後しばらくは従来システムのまま

表 5.20 サンプルセレクションモデルに用いるアンケートデータ

q	z1	z2	x1	x2	x3	x4	x5	x6	x7	x8
0	24	786	1	0	0	0	3	3	6	3
0	1889	786	3	0	0	0	4	1	0	0
0	90	561	2	3	0	0	1	3	2	1
0	100000	33506	1	1	0	0	0	0	0	3
6	2660	604	3	2	3	1	4	4	2	1
4	30	581	2	2	5	4	0	0	0	0
0	478	502	1	0	0	0	2	3	0	2
4	90	509	2	6	3	3	3	3	0	1
0	300	520	2	1	0	0	0	0	0	0
5	1090	712	1	1	1	3	2	3	1	0
6	600	826	1	1	4	1	0	0	0	4
4	20704	977	4	0	0	0	2	3	0	3
0	57752	11261	2	1	0	0	1	3	0	3
5	3779	599	1	2	1	1	2	4	4	3
0	310	517	3	2	0	0	2	3	3	0
6	300	533	4	2	4	3	2	4	1	4
6	435	520	3	3	2	4	2	3	2	2
4	100	527	3	2	0	0	0	0	0	0
4	3895	638	1	0	0	0	0	0	0	0
5	20	637	2	2	1	3	2	3	2	3
6	7012	650	2	1	2	3	0	3	1	4
0	20	1700	1	0	0	0	0	0	0	0
0	6779	762	1	0	0	0	0	0	0	1
0	2251	604	2	2	5	4	3	2	2	1
0	34141	15486	1	0	0	0	1	1	0	0
0	35	841	1	4	0	0	4	0	4	0
0	300	552	2	2	0	0	3	3	3	3
4	2866	1229	3	3	1	3	0	3	1	2
0	1290	919	1	1	0	0	0	0	0	0

q	z1	z2	x1	x2	x3	x4	x5	x6	x7	x8
0	1500	755	1	0	0	0	0	0	0	0
0	88	569	0	0	0	0	0	0	0	0
6	30	618	2	2	0	0	2	2	0	0
0	264	606	1	0	0	0	2	3	0	1
4	559	526	2	2	0	0	2	2	0	2
4	200	500	1	0	0	0	0	0	0	0
0	450	830	2	1	0	0	1	1	0	1
0	400	547	2	1	0	0	3	3	2	0
8	1027	551	1	1	4	4	0	0	0	4
0	450	1020	2	2	0	0	0	4	2	1
0	1275	654	1	0	0	0	2	3	2	3
0	6119	1460	2	0	0	0	0	0	0	4
4	4353	617	1	0	0	0	2	3	1	1
0	100	826	2	3	0	0	2	3	1	3
4	1630	595	1	2	0	0	1	3	1	4
4	170	650	2	0	0	0	3	3	2	1
4	1200	540	2	0	0	0	0	0	0	0
8	37	534	2	3	3	4	0	3	0	4
0	455	576	1	0	0	0	0	0	0	0
6	6066	657	2	1	3	3	3	3	3	2
4	49	563	1	0	0	0	0	0	0	0
8	7873	2006	1	0	1	1	3	3	1	1
5	2509	589	1	2	1	3	0	3	1	3
4	901	788	4	3	1	3	0	3	2	1
0	2420	950	1	0	0	0	0	0	0	0
4	174	1942	2	0	0	0	0	0	0	0
0	48	640	1	1	0	0	0	0	0	0
4	2985	1464	1	0	0	0	0	0	0	0
4	50	523	2	1	0	0	0	0	0	3
0	390	951	1	1	0	0	4	4	1	1
0	6063	566	2	2	5	3	0	0	0	0
0	200	520	1	0	0	0	0	0	0	0
4	30	800	2	3	1	1	0	0	0	0
0	292	1236	0	0	0	0	0	0	0	0
0	13200	509	2	2	4	3	3	3	1	3
0	5000	588	1	1	0	0	0	0	0	1
0	96	905	2	2	0	0	1	2	1	4
6	28375	2898	3	4	4	3	3	3	5	2
4	20	780	3	2	0	0	0	0	0	0
4	1737	696	2	1	2	1	0	3	2	1
0	828	715	1	0	0	0	3	3	2	1
4	2160	585	3	1	0	0	1	4	4	4
0	120	510	2	3	0	0	3	4	3	2
0	2056	651	1	3	0	0	1	1	3	1
0	5251	553	1	0	0	0	0	0	0	0
0	147	625	1	0	0	0	1	3	0	3
4	440	534	2	1	0	0	0	0	0	0
0	50	644	3	3	0	0	0	0	0	0
0	1141	858	3	4	0	0	0	0	0	0
0	1210258	3697	1	1	0	0	0	0	0	0
0	100	727	1	0	0	0	3	3	0	1
0	4848	1223	0	0	0	0	0	0	0	0
0	192	510	1	2	0	0	2	4	0	2
6	1273	1060	1	0	1	3	0	0	0	0
6	13669	960	3	6	0	0	3	3	0	0
0	6580	630	1	2	0	0	1	3	1	0
0	240	1061	3	2	0	0	2	4	5	1
0	75	727	1	0	0	0	0	3	0	4
6	730	1625	2	1	4	3	0	0	0	0
4	320	528	1	0	0	0	3	3	1	3
6	106	590	1	2	2	4	0	0	0	0
0	1374	843	2	2	0	0	0	0	0	0
4	2101	594	2	1	0	0	1	3	0	3
4	1950	766	1	0	0	0	0	0	0	0
4	3000	1252	2	2	0	0	3	3	0	2
0	400	640	2	2	0	1	3	3	2	3
0	555	866	2	2	0	0	0	0	0	0
0	480	640	2	1	0	0	1	1	0	0
0	600	710	2	2	0	0	0	0	0	0
0	6055	607	1	0	0	0	0	0	0	0
4	715	680	2	1	0	0	0	0	0	0
5	1500	1003	3	4	1	1	2	3	1	1
0	99	516	1	0	0	0	0	0	0	0
5	5022	1047	3	2	2	2	0	3	3	1
0	600	531	1	0	0	0	0	0	0	0
0	98	520	3	2	0	0	0	0	0	0
0	21600	691	3	1	0	0	4	0	1	3
4	12	600	1	0	0	0	0	0	0	0
4	1000	511	2	0	0	0	3	3	1	2
4	20000	1022	1	0	0	0	3	3	1	1
0	2000	676	3	3	0	0	4	3	3	0
0	38	600	2	2	0	0	2	3	2	3
0	150	522	1	0	0	2	0	0	0	0
0	23507	1650	1	0	0	0	0	0	0	0
0	1300	1492	3	1	0	0	3	0	1	1
0	478	502	1	0	0	0	0	0	0	0
0	90	509	1	0	0	0	0	0	0	0
0	300	520	2	2	0	0	3	3	2	2
0	1090	712	1	0	0	0	0	0	0	0
0	600	826	1	0	0	0	0	0	0	0
0	20704	977	2	0	0	0	0	3	2	4
0	57752	11261	4	6	0	0	0	0	0	1
0	3779	599	2	1	0	0	1	1	0	0
0	310	517	1	0	0	0	0	0	0	0
0	300	533	1	0	0	0	0	0	0	0
0	435	520	2	2	0	0	0	0	0	0
0	100	527	1	0	0	0	0	0	0	0
0	3895	638	1	0	0	0	0	0	0	0
0	7012	650	2	1	0	0	0	0	0	1
4	20	637	2	2	0	0	3	3	1	3

第 5 章 質的データの解析

解析の結果を図 5.5 に示している。結果においては回帰分析と同様に回帰係数が有意であるかどうかを検証する確率が表示されている。この他に被説明変数が正であるケースの割合が，Fraction of positive obs. = 0.403101 として表示されている。

```
Working space used: 4511
F= 133.45408080  FNEW= 133.45401510  ISQZ= 22 STEP= .238E-06 CRIT= 275.58
F= 133.45401510  FNEW= 133.45401304  ISQZ= 27 STEP= .745E-08 CRIT= 275.58
F= 133.45401304  FNEW= 133.45400413  ISQZ= 25 STEP= .298E-07 CRIT= 299.10
F= 133.45400413  FNEW= 133.45400190  ISQZ= 27 STEP= .745E-08 CRIT= 299.10
F= 133.45400190  FNEW= 133.45399668  ISQZ= 24 STEP= .596E-07 CRIT= 87.546
F= 133.45399668  FNEW= 133.45399538  ISQZ= 26 STEP= .149E-07 CRIT= 87.194
F= 133.45399538  FNEW= 133.45398986  ISQZ= 22 STEP= .238E-06 CRIT= 23.174
F= 133.45398986  FNEW= 133.45398484  ISQZ= 21 STEP= .477E-06 CRIT= 10.524
F= 133.45398484  FNEW= 133.45398242  ISQZ= 22 STEP= .238E-06 CRIT= 10.170
F= 133.45398242  FNEW= 133.45398120  ISQZ= 23 STEP= .119E-06 CRIT= 10.167
F= 133.45398120  FNEW= 133.45398036  ISQZ= 18 STEP= .381E-05 CRIT= .22108
F= 133.45398036  FNEW= 133.45398016  ISQZ= 20 STEP= .954E-06 CRIT= .20969
F= 133.45398016  FNEW= 133.45398006  ISQZ= 21 STEP= .477E-06 CRIT= .20952
F= 133.45398006  FNEW= 133.45398004  ISQZ= 23 STEP= .119E-06 CRIT= .20945
F= 133.45398004  FNEW= 133.45397973  ISQZ= 13 STEP= .122E-03 CRIT= .25194E-02
F= 133.45397973  FNEW= 104431.48113  ISQZ=  1 STEP= .500     CRIT= .99762E-04

CONVERGENCE ACHIEVED AFTER  16 ITERATIONS


  1721 FUNCTION EVALUATIONS.

NOTE: multiple local minima for objective function
   #      RHO         -LogL
   1  -1.0000000     139.5374
   2  -0.7209427     143.8372
   3   1.0000000     133.4540

    Probit Dependent variable: I

Regression Dependent variable: X7

 Number of observations = 129   Schwarz B.I.C. = 161.219
 Number of positive obs. = 52   Log likelihood = -133.454
 Fraction of positive obs. =    0.403101

                   Standard
Parameter  Estimate    Error     t-statistic   P-value
C          -.778733   .321286    -2.42380     [.015]
X1          .248938   .220231     1.13035     [.258]
X2         -.024735   .071358    -.346633     [.729]
X3          .245653   .101586     2.41817     [.016]
C         -1.14831    .344529    -3.33298     [.001]
X4          .249909   .092413     2.70426     [.007]
X5         -.069951   .030009    -2.33101     [.020]
X6          .368402   .019831    18.5767      [.000]
X8         -.105206   .059459    -1.76938     [.077]
SIGMA      1.40276    .234305     5.98689     [.000]
RHO        1.000000   0.          0.          [1.00]
```

図 5.5 モジュール生産についてのサンプル・セレクションモデル推定の結果

第6章 回帰モデルと方程式シミュレーション

6.1 TSPと回帰分析・構造方程式

6.1.1 TSPによる分析の対象

　TSPにおいては基本的に計量経済学の分野の解析手法が整備されており,本章で述べる回帰モデルと方程式シミュレーションは,いわばこの集大成とも言えるものである.本章では,以下のような項目をとりあげる.

(1) 回帰分析と系列相関・不均一分散

　回帰分析は多変量解析のなかでも最も経済分野で良く利用される解析手法であり,その基礎的な部分はよく知られている.本書では,このような回帰分析の一般論に加えて,解析手法の妥当性を検証する方法を適用する.具体的には系列相関と不均一分散である.これは主として,最小2乗法などにより推定された回帰分析の結果を受け入れる,妥当性についての検証方法である.回帰分析のモデルにおける仮定として,誤差項(残差)にはお互いに相関がないとしている.もし誤差項に系列相関が存在する場合には,最小2乗推定量は線形不偏推定量ではあるが,最小分散推定量にはならないことが証明されている.同様に,誤差項の分散は時間的に変化しない,いわゆる均一な分散であることが必要であるが,実際には,時間とともに分散が変化することが起こる場合がある.このような問題は,不均一分散(heteroscedasticity)の発生とよばれている.この不均一分散の発生による影響も,誤差項の系列相関と同じような係数推定への悪影響を与える.

(2) 分布ラグモデルの推定

　分布ラグモデルとは回帰モデルの1つではあるが,説明変数が1種類であり,その時刻遅れ要素(ラグ付き変数)であるケースを指している.これは,経済現象などにおいて,特定の時刻での影響ではなく,ある程度の時間を隔てて影響が現れる場合を取り扱うように,拡張したものである.問題点として,データ数が限定されている場合には,あまりラグを大きく取りすぎると推定できないこと,また一般の回帰分析と同様に,ラグ付き変数の間の相関が強い場合には,いわゆる共線性の問題が発生して,推定ができなくなる可能性がありこれを避けながら解析を進める.

(3) 経済マクロモデルと構造方程式

　各国での経済の長期的な傾向や政策を分析する手段として,経済マクロモデルの解析が行われ,国の経済の相互関係式を方程式の形で表して,現在までの経済の動きから方程式を推定すると同時に,将来の動向を予測するシミュレーションを行う.国の経済を一連の方程式で記述す

る試みは，1950年ごろから米国のクライン (Klein) らにより行われるようになり，現在では日本でも大型のマクロモデルが経済予測などに利用されている [Kle]。経済マクロモデルは1組の連立方程式の形で記述されることから，これを構造方程式 (structured form) とよぶ。TSP解析では与えられたデータからこの構造方程式を導出して，各国やこれらの間の関係を方程式で表現する。これにより，相互の影響を推定することができる。更に各国の間の経済関係を将来的に見るために，TSPにおけるシミュレーションを実施する機能を用いる。

6.1.2　TSP解析で用いるデータ

本章で用いるデータの多くは本書の第4章で示したデータと同じである。あらためて入手した機関を示す。
(1) US Bureau of Economic Analysis(http://www.bea.gov/)
(2) U.S. Department of Labor(http://stats.bls.gov/)
(3) US Census Bureau(http://www.census.gov/)
(4) US Department of Energy(http://www.energy.gov/)
(5) IMF:International Monetary Fund (http://www.imf.org/)

これらの機関から収集し整理したデータは，次のようなものである。カッコの中は，解析プログラムで用いている変数名である。
(1) 米国における研究開発投資 (randd)
(2) 米国における生産性 (prodtvt)
(3) 米国における情報セクターの出荷額 (iprod)
(4) 米国における情報サービス労働者数 (swork)
(5) 米国におけるエネルギー需要 (energy)
(6) 米国における情報財への消費支出 (iexp)
(7) 各国のDGP(ug など)
(8) 各国の輸出入額 (ce など)

6.2　回帰分析

6.2.1　回帰分析の基礎

回帰分析 (regression analysis) は多変量解析のなかでも最も経済分野で良く利用される解析手法であり，その基本的な性質について知っておくことは有用である。本書では，第4章において変数が自分自身との間で回帰モデルを形成する自己回帰モデルを取り上げたが，回帰モデルはこの変数の組み合わせを一般化したものであると言える。したがって，解析の手法にもさまざまな工夫が行われており，ここの章であらためて独立して論じている。

回帰分析の定式化にはさまざまな方法があり，変量の呼び方も異なっている。ここでは，経済分野の方法に従って記述していく。

いま，ある現象についていくつかの統計量が観測され，これらを $y, x_1, x_2, ..., x_n$ としておく。

第6章 回帰モデルと方程式シミュレーション

観測は N 組について行われていると仮定する。変量 y が他の変量によりどのように説明できるかを求めるのが回帰分析である。関係式は次のように書かれる。

$$y = \beta_0 + \beta_1 x_1 + \beta_2 x_2 + ... + \beta_n x_n + \varepsilon \tag{6.1}$$

ここで, y を被説明変数 (あるいは従属変数) とよび, $x_1, x_2, ..., x_n$ を説明変数 (あるいは独立変数) とよぶ。a_0 は切片 (intercept) に対応する量であり, 解析する対象によっては項として入れない場合もある。$a_0, a_1, ..., a_n$ は回帰係数と呼ばれ, 式の中で, それぞれの項が意味をもつかどうかを図る量として利用される。最後の項 ε はモデルでは説明できないバラツキであり, 予測誤差とか残差とよんでいる。なお, 説明変数が 1 個の場合を単回帰分析, 2 個以上の場合には特に重回帰分析とよぶことがある。

N 組の $(y, x_1, x_2, ..., x_n)$ から式 (6.1) の $a_0, a_1, ..., a_n$ を求めるには, 一般的には左辺の y の値と, 右辺により計算される y の予測値とができるだけ近くなるように修正していけばよいが, これらの量の 2 乗平均を最小にする場合には, 最終的には線形の連立方程式を解く問題に帰着される。その詳細については省略する。左辺の観測値と右辺の予測値との差を最小にする係数の組み合わせを, 最小 2 乗推定量と呼ぶ。

さて, N 組のデータから回帰係数が得られれば, 式 (6.1) の右辺により計算される量は, y に対する予測を与えることになる。これを $\hat{y}$ と表すと, $y - \hat{y}$ が予測の誤差 (残差) を表し, この量が平均的に小さいほど, 式 (6.1) の当てはまりが良好であることを意味する。また, 回帰係数が求められても非常に小さい場合には, その項はもともと含まれていない, あるいはその項を含ませるとかえって回帰式の精度が悪くなることも予想される。以上のような 2 つの点に注目して, 回帰式の当てはまりの良さを検討する必要がある。

なお本章の大部分では, 時系列データに対する回帰モデルを議論するので, 式 (6.1) に示すモデルを, 時系列に適合するように変更しておく。すなわち, 被説明変数と説明変数は時刻 t について観測されており, 回帰モデルにおける残差も, 時刻 t ごとに求められるとする。このように時刻 t を明示したモデルを, 次のように表現する。

$$y_t = \beta_0 + \beta_1 x_{1t} + \beta_2 x_{2t} + ... + \beta_n x_{K2} + \varepsilon_t, t = 1, 2, ..., N \tag{6.2}$$

ここで $y_t, x_{it}, \varepsilon_t$ はそれぞれ, 時刻 t における被説明変数の観測値, 第 i 番目の変数に関する観測値, および回帰モデルの当てはめによる残差である。この回帰モデルに対してモデルの良さを検証する次のような統計量が定義される。

(1) 回帰係数の検定

回帰係数は N 組のサンプルから計算されるが, 一般的にサンプル数が多い場合には計算の精度が向上し, 少ない場合には可能性のある回帰係数の中でたまたま 1 つを選択したにすぎないと見なされるケースもあるだろう。もちろん, サンプル自体が回帰式を成立させるために整っているかどうかは大きな要因である。このように, 計算された回帰係数は, いくつかの可能性の中の 1 組を示しているにすぎないとして, 改めて統計的検定を実施するのが通例である。具体的には, 次のような仮定を置いて, 回帰係数について t 値を計算して t 検定を実施する。ある有意水準を設定することにより, 回帰係数の帰無仮説, すなわち係数値 $\beta_i = 0$ とするべきかど

うかが判断できる。いま，残差 ε が平均ゼロの正規分布をしていると仮定した場合には

$$t = \beta_i / err(\beta_i) \tag{6.3}$$

は自由度が $N-1-n$ の t 分布に従うことが知られている。ここで，$err(\beta_i)$ は a_i の標準誤差であり，変数 x_{it} の分散と平均を用いて計算できる。従って，この t 値を用いて，係数 $\beta_i = 0$ という帰無仮説を検定することにより，β_i がゼロとできるかどうかを判断できる。

(2) R-2 乗値

予測値である $\hat{y}_t$ と観測値 y_t を統計的に整理した量を R-2 乗値とよんでいる。正確には，被説明変数 y_t と予測値 $\hat{y}_t$ との相関係数の 2 乗として定義される。この数値が 1 に近いほど回帰式は良く当てはまり誤差が小さいといえる。対象とする問題にもよるが 0.7 より大きい数値であれば，回帰式として利用可能であるケースが多い。説明変数の数が増えるほど大きくなる。

(3) ダービン・ワトソン比

計量経済学などで良く利用される量であり，R-2 乗値とはやや異なり，残差の系列の符号がプラス，マイナスといったように交互に現れている場合には，当てはまりが良好であり，逆に，同じ符号が連続する場合には残差に傾向的な変化が含まれているので，当てはまりが良くないとの判断をする。このために，残差の系列の符号に対応したある統計量を定義し，ダービン・ワトソン比とよんでいる [Dur]。残差の間に，$\varepsilon_t = \varepsilon_{t-1} + v_t$ の関係が成立し，この残差の間の相関係数 ρ について $0 < \rho < 1 (-1 < \rho < 0)$ の関係があるとき，1 階の正の (負の) 系列相関があると呼ぶ。系列相関の発生原因としては経済行動などの偏りショックが加わったときの持続性，あるいは説明変数の選択の不適切さなどがある。

(4) 外れ値

回帰分析では，少数の観測データが他のデータとは異なり，大きな値をもっている場合などには，これらに影響されて回帰式の当てはまりが悪くなる場合がある。このようなデータを外れ値とよんでいる。外れ値は回帰分析には限らず現れるが，発見して除去することが必要である。そのために，後で述べるように残差をグラフとしてプロットしておくことが重要である。

(5) 共線性

説明変数に強い相関性がある場合には，回帰分析は正確ではなくなることが知られており，これを共線性 (colinearity) とよんでいる。共線性をもっているデータが発見された場合には，これらをまとめて 1 つのデータにすることは必要である。

6.2.2 回帰分析における統計量

以上のような回帰分析に直接関連する統計量を，以下に定義としてまとめて示しておく。

(1) 残差平方和 SSR (Sum of Squared Residual)

$$SSR = \sum_{t=1}^{T} \hat{u}_t^2 \tag{6.4}$$

時系列データについて残差 u_t を集計した量であり，回帰式の当てはまりの目安を示す。
(2) 標準誤差 SER(Standard Error of the Regression)

$$SER = \sqrt{SSR/(T-K)} \tag{6.5}$$

残差平方和を正規化した量である。
(3) 決定係数 R^2(R-squared)

$$R^2 = \sum_{t=1}^{T}(\hat{y}_t - \bar{y})^2 / \sum_{t=1}^{T}(y_t - \bar{y})^2 \tag{6.6}$$

被説明変数 y_t と予測値 $\hat{y}_t$ の相関係数の 2 乗であり，この数値が 1 に近いほど回帰式は良く当てはまり誤差が小さいといえる。
(4) F 統計量 (F-statistics)

$$F_{K-1,T-K} = (\frac{R^2/(K-1)}{(1-R^2)/(T-K)} \tag{6.7}$$

決定係数を統計的に検定するための量であり，帰無仮説 $\beta_0 = \beta_1 = ... = \beta_K = 0$ のもとで，$F_{K-1,T-K}$ は自由度が $(K-1, T-K)$ の F 分布にしたがうことを利用する。
(5) t 統計量 (t-statistics)

$$t_{T-K} = \hat{\beta}_i / SE(\hat{\beta}_i) \tag{6.8}$$

回帰係数 β_i を検定するための量であり，t_{T-K} が自由度が $T-K$ の t 分布にしたがうことを利用する。ここで $SE(\hat{\beta}_i)$ は，回帰係数 β_i に対する標準誤差の推定値である。
(6) 対数尤度 (log likelihood function)

$$\ln L = -0.5 * (1 + \ln 2\pi + \ln(SSR/T)) \tag{6.9}$$

残差平方和が小さいほどモデルの当てはまりが良好であると判断されるので，残差分布を正規分布とみなした場合の尤度の対数値をとった，この量で判断する。
(7) 赤池の情報量基準 AIC(Akaike Information Criterion)

$$AIC = T \log \hat{\sigma}_K^2 + 2K \tag{6.10}$$

モデルにどの程度一致するかを表す基準であり，モデルに含まれるパラメータ数が多くなればなるほど，あてはめ誤差 (残差平方和) はいくらでも小さくなる性質を考慮し，単に残差平方和の大小を比較するだけでなく，パラメータ数も考慮した基準である。ここで σ_K^2 は，回帰モデルの次数を K とした場合の残差の分散である。この統計量が最小となるモデルを，最もよいと判断する。
(8) シュバルツのベイズ情報量基準 BIC(Schwarz Bayes Information Criterion)

$$BIC = T \log \hat{\sigma}_K^2 + K \log T \tag{6.11}$$

赤池の情報量基準と同様に, 残差だけでなくパラメータ数も考慮した基準である. この統計量が最小となるモデルを, 最良のモデルと判断する.

(9) ダービン・ワトソン比 DW(Durbin-Watson ratio)

$$DW = \sum_{t=2}^{T}(\hat{u}_t - \hat{u}_{t-1})^2/SSR \tag{6.12}$$

1 階の系列相関があるかどうかを検定する量であり, 誤差項 u_t の自己相関 r が, $-1 \leq r \leq 1$ であることを用いると, ダービン・ワトソン比は 0 から 4 までの範囲にあることが分かる. DW が数値 2 を中心として $dU \leq DW \leq 4 - dU$ の範囲にあるなら系列相関がないと判断し, $0 < DW < dL$ なら ($DW > 4 - dL$ なら) 正の (負の) 系列相関があると判断する. この中間は判別不能の領域である. なお, 上限と下限 d_U, d_L は数表として与えられている.

6.2.3 最小 2 乗推定以外のさまざまな回帰分析手法

回帰モデル分析においては, 多くの場合, 残差の 2 乗合計を最小にする, いわゆる最小 2 乗誤差基準による方法 (ols: 単純最小 2 乗法) が用いられる. TSP においてはこの分析コマンドは olsq であり, これに関連してさまざまなオプションを用いて多面的な分析が行えることをこれまでの章において説明してきた. すでに述べたように, この方法では, 回帰係数の推定問題は連立方程式を解く問題に帰着される. しかしながら, モデル化する対象のデータによっては, この最小 2 乗誤差基準では適切ではない場合があり, これに対応してさまざまな回帰分析手法, すなわち回帰係数の推定方法が提案されている.

TSP においては, 次に示すような最小 2 乗推定以外のさまざまな回帰分析手法が用意されている.

2sls:2 段階最小 2 乗法
inst:統合一般化最小 2 乗法
liml:制限情報最尤度推定法

これらの詳細を述べるスペースはないので, 以下ではこれらの推定方法の目的と, その考え方の概要を述べるにとどめておく. なお TSP においては, 2lsl と inst とは同じコマンドであるとされる.

2 段階最小 2 乗法:2sls

通常の回帰モデルでは説明変数と誤差項とは独立であることが, 正しい推定が得られるための条件となっている. しかし経済モデル解析でよく出現する, いわゆる外生変数を含んだモデルにおいては, モデルの外側から別の要因が加わるため, 通常の回帰モデル分析による結果は正しい解を与えない [Johns]. 2 つの事例を考えてみる. どちらも, 説明変数の定式化に問題がある事例である. 説明変数 x_t に観測誤差 v_t が含まれ, これが被説明変数 y_t に対して説明変数 z_t として働いている例は, 次のように書くことができる.

$$y_t = \alpha + \beta z_t + u_t \tag{6.13}$$

$$z_t = x_t + v_t \tag{6.14}$$

この場合,変数 x_t の代わりに変数 z_t を使用して,直接的に最小2乗法によるモデル推定を行うと,その推定量は不偏推定量に一致しない可能性があることが示されている。

次に,本章の後半で述べる構造方程式とよばれる国の経済の動きを複数の方程式回帰モデルにより表現する場合にも,類似した現象が起こる。いまケインズモデルと呼ばれる,次のような構造方程式を考える。

$$CP_t = \alpha_0 + \alpha_1 Y_t + u_t \tag{6.15}$$

$$Y_t = CP_t + IV_t \tag{6.16}$$

ここで,変数 CP_t, Y_t, IV_t はそれぞれ時刻 t における消費支出,国民所得,投資であり,変数 IV_t は外から与えられるが,変数 Y_t は構造方程式により決まる変数である。したがって,上に述べた事例と同様に,変数 Y_t を用いて回帰モデルを推定すると,その推定量は不偏推定量には一致しない可能性がある。

このような問題を解決する方法として,2段階最小2乗法が提案されている。この方法の基本は,説明変数から誤差項にともなう確率的な変動を削減することである。まず,説明変数による外生変数への回帰モデルを推定しておき,この関係式,すなわち外生変数で表現された説明変数を,最初の回帰モデルに代入することにより影響をなくし,あらためて回帰分析を行う。

最終的に得られる回帰モデルにおいては,説明変数と誤差項との間には相関が存在しないので,推定された結果は正しいものとなる。

制限情報最尤法:liml

この推定方法は最小分散比推定法とも呼ばれ,2つの分散の比率として定義される量を最小化することにより,誤差の系列相関を回避する方法であり,手法としては2段階最小2乗法に似ている。通常の回帰モデルでは,説明変数と誤差項とは独立であることが正しい推定が得られるための条件となっている。しかし説明変数が確定的ではなく,ある種の誤差を含んでいる場合には,この独立性の条件は満足されない。また,経済モデル解析でよく出現する,いわゆる外生変数を含んだモデルにおいては,モデルの外側から別の要因が加わるため,通常の回帰モデル分析による結果は正しい解を与えない。

制限情報最尤法は,$g+1$ 個の内生変数についての尤度関数を,ある制約条件のもとで最大化する方法であるとして定義されている。このの概要だけを述べておく。まず,適切に選択された外生変数を用いて回帰分析を行った場合の残差平方和を S_1 とし,内生変数を用いて回帰分析を行った残差平方和を S_2 とする。この比率 S_1/S_2 を最小にするように,パラメータを決定する問題に帰着させる。

6.2.4　操作変数を導入した推定:2sls

このような誤差項に関連して発生する推定誤差の発生の問題を解決する方法として,操作変数と呼ばれる変数を導入した回帰モデル分析が提案されている。具体的には前に説明した2段階最小2乗法 (2sls) である [Johns]。説明変数と誤差項との間に相関がある場合に用いられる方法は,以下のように示される。まず,次のような時刻 $t=1$ から N までのデータから構成さ

れるモデルを仮定する。

$$y = Y\beta + X_1\gamma + u \tag{6.17}$$

ここで説明を簡潔にするため変数の添え字の時刻 t ははずして表現されており，y は被説明変数からなる大きさが N のベクトルであり，また変数 X_1 は直接観測される外部から与えられる次元が G である変数 (これを外生変数と呼ぶ) のデータを集めたものである。X_1 は大きさが $N \times G$ である行列である。次に Y はこの方程式に含まれる次元数が K の当期の変数の観測データを集めたものであり，外部から与えられる変数である外生変数により規定される変数である (これを内生変数と呼ぶ) と仮定する。Y はこのような内生変数のデータを集めた行列であり，大きさが $N \times K$ である行列として記述される。変数 u は誤差項からなる大きさ N のベクトルであり，この誤差項は変数 Y とは独立ではなく，変数 X_1 とは独立であると仮定する。前にあげた例では，消費支出 C_t と所得 Y_t は行列 Y であり，政府支出 G_t は行列 X_1 である。いま，誤差項と独立であり次のような性質をもつ変数 $Z = (z_1, z_2, ..., z_G)$ を，操作変数として導入する。

$$\lim_{N \to \infty} T^{-1} Z^T u = 0 \tag{6.18}$$

この変数 Z を変数 X_1 に追加した変数を，あらためて X とする。

$$X = [X_1 Z] \tag{6.19}$$

2 段階最小 2 乗法とよばれる理由は，最初に拡張された行列 X により，変数 Y の回帰分析をすることで，誤差項の影響を除くことである。すなわち変数の推定値 $\hat{Y}$ を次により求める。

$$\hat{Y} = X(X^T X)^{-1} X^T Y \tag{6.20}$$

次に第 2 段階の回帰分析として，変数 y を変数 X_1 および $\hat{Y}$ により回帰分析する (これらを説明変数とする)。この場合の推定式は，次のようになる。

$$\begin{bmatrix} Y^T X (X^T X)^{-1} X^T Y & Y^T X_1 \\ X_1^T Y & X_1^T X_1 \end{bmatrix} \begin{bmatrix} b \\ c \end{bmatrix} = \begin{bmatrix} Y^T X (X^T X)^{-1} X^T y \\ X_1^T y \end{bmatrix} \tag{6.21}$$

なお，b, c は係数 β, γ の推定値である。操作変数を用いてもとのモデルは，次のように書き直される。

$$y = W\delta + u, W = [Y \quad X_1], \delta = [\beta \quad \gamma]^T \tag{6.22}$$

式 (6.22) の両辺に操作変数のベクトル Z^T をかけると，式は次のように変換される。

$$Z^T y = Z^T W \delta + Z^T u \tag{6.22}$$

この式を用いて，β, γ の推定値 b, c が一致推定量であることが証明できる (ここでは省略する)。この性質により，このモデルを用いた推定による結果は，正しい推定を与えていることが分かる。

このようなモデルを適用するには，どのような変数を操作変数として選択するかが問題となる。これについては，以下のような 2 つの方法が採用される。

推定式に含まれているが誤差項であるとは独立である変数 K 個
推定式に含まれないで誤差項とは独立した変数 G 個

第6章 回帰モデルと方程式シミュレーション

一般的な方法によりこのような変数を見つけるのは難しいので，通常よく用いられる方法として，操作変数 Z にすべての外性変数を用いることがなされる．すなわち，現在注目している回帰分析のモデルには含まれていない外生変数を，他の回帰モデルの外生変数から操作変数として導入することで解決している．

なお，この結果として出力される統計量は，最小2乗法の場合の出力と基本的に同じである．しかし，通常の仮説検定をする場合に用いる F 値や t 値は正確な意味では F 分布や t 分布にしたがわないので，これを直接的に用いることは適切ではない．

6.2.5　非線形回帰モデルの推定方法

これまでの回帰モデルの推定方法においては回帰式が線形であることを仮定している．しかしこの線形の制約をなくすことによりより一般的な回帰分析が行える可能性がある．そのため TSP ではこのほかに，線形の回帰モデルを拡張して非線形モデルを適用する次のような方法も準備されている．

lsq:非線形最小2乗法
sur:操作変数のない lsq として分類される
3sls:3段階最小2乗法，操作変数のある場合の lsq として分類される
fiml:完全情報最尤度推定法

なお，lsq および 3sls は単に非線形モデルへの当てはめを行うだけではなく，単独の方程式ではない，いわゆる構造方程式系を同時的に推定する方法である．これに対して前に述べた 2sls, liml は，単独の方程式を独立して推定する場合に用いる．これらの非線形モデル推定の方法も重要ではあるが，しかし，本書ではやや範囲を超えると判断するので，以下では 2sls 法の拡張であると言える 3sls だけを使用する．

6.3　系列相関と不均一分散

6.3.1　回帰分析と系列相関

一般的には最小2乗法により推定された回帰分析の結果は，そのままを受け入れることは危険である．結果を受け入れるための条件はいくつか存在しており，これらの条件を満足しない推定結果が得られた場合には，このような制約を持つことを断っておくか，あるいは条件を満足するような解析方法の修正を行う必要がある．TSP ではこのような条件が満足されているかを検証する手段と，もし満足されない場合には，これを改善する手段が準備されている．ここで述べる系列相関と不均一分散は，回帰モデルにおける残差に関する統計的性質の検証に関することがらである．

まず，回帰分析のモデルにおける仮定として，誤差項(残差)にはお互いに相関があってはならないことがある．これを，誤差項に関する系列相関と呼んだりしている．もし誤差項に系列相関が存在する場合には，最小2乗推定量は線形不偏推定量ではあるが，最小分散推定量にはならないことが証明されている．この結果，もし系列相関が存在すれば，推定された係数より

改善の余地がある係数が存在することになると同時に, モデルの誤差項の分散が過小評価されるため, 係数の検定を行う t 統計量が実際より大きく見積もられる問題がある。

同様に, 誤差項の分散は時間的に変化しない, いわゆる均一な分散でなければならない。しかしながら実際には, 時間とともに分散が変化することが起こる場合がある。このような問題は, 不均一分散 (heteroscedasticity) の発生とよばれている。この不均一分散の発生による影響も, 誤差項の系列相関と同じような係数推定への悪影響を与える。

誤差項の系列相関を調べるためのモデルとして, 次のようなものが用いられる。

$$y_t = a_0 + a_1 x_{1t} + a_2 x_{2t} + ... + a_p x_{pt} + u_t \tag{6.24}$$

$$u_t = \rho u_{t-1} + \varepsilon_t \tag{6.25}$$

このモデルでは, 観測データ y_t の回帰モデルのほかに, 誤差項 u_t についても 1 次の自己回帰の存在を仮定し, この係数も推定の対象となる。ここで, 誤差項の 1 次回帰モデルの残差である ε_t は, 平均がゼロで分散が σ^2 であり, 相互には無相関であることを仮定している。

このように系列相関を分析するには, 回帰モデルのパラメータのほかに, 誤差項の回帰係数を推定する必要がある。

6.3.2 系列相関テストのための統計量

これまで述べたように, 回帰分析においては回帰モデルのパラメータのほかに, 誤差項の回帰係数を推定する方法が必要となるが, TSP においてはオプションを指定することにより容易に実施することができる。以下ではまず, TSP で用いられる系列相関の分析手法の概要を, 以下にまとめておく。

ダービン・ワトソン (Durbin-Watson) テスト

この統計量についてはすでに説明している [Dur]。

ブリューシュ・ゴッドフレイ (Breusch-Godfrey) テスト

誤差項の系列相関の構造を p 次の自己回帰モデルにまで拡張した方法であり, 自己回帰モデルに含まれる回帰係数 a_i がすべてゼロであるかどうかの仮説検定を行う [Bre]。誤差項のモデルを次のように仮定する。

$$u_t = \rho_1 u_{t-1} + \rho_2 u_{t-2} + ... + \rho_p u_{t-p} \tag{6.26}$$

同様のモデルについても仮定することができる。ブリューシュ・ゴッドフレイテストにおいては, 観測データと回帰モデルにより得られる残差の系列から計算される統計量が, ある漸近的にカイ 2 乗 (χ^2 乗) 分布にしたがうことを用いて, この数値の大小により検定を行っている [Bre]。

ボックス・ピアース (Box-Pierce) テスト, リュング・ボックス (Ljung-Box) テスト

これらの手法はデータ個数が N である時系列データから自己相関を計算したコレログラムの上の, 最初の m 個 (自己相関係数) の真の値がゼロであるかどうか, すなわち自己相関が存在しないことを帰無仮説として検定をする方法である [Box-2][Lju]。いま, コレログラムにおい

第6章 回帰モデルと方程式シミュレーション

て見出される i 番目の自己相関係数を r_i とすると, i 次の系列相関が存在しないとする帰無仮説のもとでは, この r_i は近似的に平均がゼロで標準偏差が $N-1$ である正規分布にしたがうことが示されている。これを確認するためテストにおいては, 次のような量を計算する。

$$Q = N \sum_{i=1}^{m} r_i^2 \tag{6.27}$$

サンプル数が十分に大きい場合には, この統計量は自由度が m であるカイ2乗 ($\chi2$乗) 分布にしたがう。しかしサンプル数が少ない場合には, カイ2乗分布による近似が良好ではないのでリュング・ボックステストにおいては, これを以下のように修正して適用している。

$$Q^* = N(N+2) \sum_{i=1}^{m} \frac{1}{T-i} r_i^2 \tag{6.28}$$

この統計量も Q と同様に, 自由度が m であるカイ2乗分布にしたがう。

これらの違いは, 主として第1期目のデータを用いるかいなかに依存しており, 多くの場合には, この1期目のデータも用いる最尤推定法が用いられている。

6.4 不均一分散モデルの推定法

6.4.1 残差と不均一分散モデル

回帰分析の結果として得られる残差の分散が一定ではないとする不均一分散モデルの推定法としては, 回帰モデルに基づくいくつかの方法が可能であろう。例えば, データをいくつかのグループに分けて, それぞれのグループに回帰モデルを適用し残差を求めた場合に, これらの残差の分散に差があるかどうかを判断することができる。あるいは, 特定の変数 (外生変数) の関数として分散を定義し, この関数の形を推定する方法である。しかし, このような個別の条件を仮定した不均一分散モデルの推定法ではなく, それほど前提条件を必要としない検定の方法が準備されている。

TSP における不均一分散モデルの推定法については, 3つの代表的な検証方法がある。以下ではこれらの概要について説明する。

ゴールドフェルト・クァント (Goldfeld-Quandt) テスト

この検定方法においては, 次のようなデータの並び替えを行う [Gol]。

(1) データの並び替え

データに関する回帰モデルの場合には説明変数の値によって観測値を並び替える。時系列データの場合には時間にそって並び替える。

(2) 中央のデータ削除

中央の P 個の観測データを削除する

(3) 両方のグループの回帰分析

これにより得られる両側のグループごとに OLS により回帰分析を行う。ここでデータ数と回帰モデルの次数との間には, $(N-P)/2 > K$ の関係があることを必要とする。

2 つのグループの残差平方和 SSR_1, SSR_2 を求め,これらの比から得られる統計量 $F = SSR_2/SSR_1$ を計算する。ただし,SSR_1, SSR_2 における大きな方を SSR_2 としておく。この 2 つの残差平方和から計算された統計量は,自由度が $[(T-P-2K/2, (T-P-2k)/2]$ である F 分布にしたがうことが示される。この場合の P の選択方法として,$P = T/3$ 程度の値が推奨されている。

ブリューシュ・パーゲン (Breusch-Pagen) テスト

このテストでは最小 2 乗法による推定で得られる残差平方和と残差 (誤差項) を,さまざまな説明変数を用いて記述される回帰分析し,そのときに得られる回帰平方和がカイ 2 乗分布するという性質を用いている [Bre-3]。具体的には,誤差項の分散が時間とともに変化すると仮定し,このモデルにおいて観測データなどを外生変数として用いて,分散を修正する線形の関数を仮定している。この関数の係数がすべてゼロならば分散は均一であり,もし 1 つでも係数がゼロでないなら分散は不均一であると結論づける。

回帰分析のモデルを次のように記述する。

$$y_t = x_t^T \beta + u_t, u_t N \sim (0, \sigma_t) \tag{6.29}$$

$$\sigma_t^2 = \sigma^2 h(z^T \alpha) \tag{6.30}$$

ここで関数 $h(.)$ は,ある外生変数 z の関数であり,線形, 2 次関数,指数関数などの形状が仮定されている。またクロス積もよく用いられる。この外生変数の係数がすべてゼロ,すなわち,$\alpha_0 = \alpha_1 = ... = \alpha_m = 0$ であるならば分散は均一であり,これらの係数の 1 個でもゼロでないなら,分散は不均一であると判断する。

ホワイト (White) テスト

ホワイトテストにおいては,分散がどのような構造をもっているかの仮定は行わないで,分散が発散しないことだけを条件としている [Whi]。したがって,誤差項の 2 乗を被説明変数とした回帰分析を行うが,説明変数には本来の回帰モデルの説明変数の 2 乗のほかに,これらの変数をかけあわせたもの (クロス積とよばれる) を用いることになる。以下ではホワイトによる提案手法の概要を述べるがこの説明においてはもともとの解析モデルが複雑であるため漸近的な手法として提案されている。いま誤差項の推定値 $\hat{u}_t$ の回帰モデルを,次のように仮定する。

$$u_t^2 = a_0 + a_1\phi_{1t} + a_2\phi_{2t} + ... + \alpha_m\phi_{mt} \tag{6.31}$$

ただし変数 ϕ_{it} は,すべての変数 x_{it} について定義され,次の式により与えられるクロス積である。

$$\phi_{it} = x_{it}x_{jt}, i \geq j, i, j = 1, 2, ..., m \tag{6.32}$$

分散が均一であるとする帰無仮説のもとでは,上にあげた統計量 TR は,自由度が m であるカイ 2 乗分布にしたがうことが示される。この性質を用いて不均一分散モデルの検定を行うことができる。

6.4.2 オプション regopt による統計量の検定実施

これまで述べてきた系列相関と不均一分散に関する統計的検定は，回帰モデルをあてはめて，その後で個別に統計量を計算し，従来の検定手法に当てはめることも可能である．しかし TSP においては，あらかじめこれらの検定を行うためのオプションが regopt として準備されている．第 4 章の時系列解析でも述べたように，regopt のキーワードに all を指定すると，すべての解析結果が出力されるので，以下の説明ではこのような方法を用いて，必要な箇所だけを説明するにとどめておく．

6.4.3 米国情報セクター出荷額の回帰分析への応用例

以下では回帰分析の例とともに，この分析結果に対して系列相関，および不均一分散を同時に検定するケースをとりあげる．系列相関および不均一分散を検定するためのオプションとしては，regopt がある．このオプションのパラメータの設定は，目的に応じて細かな設定をすることができる．しかし本書では，これらのすべてを利用するものではないので，検定の対象となるすべてのデータを出力する all を指定して，プログラムを実行し，その結果から必要なものだけを抽出する方法をとる．

以下で示す例題は，第 4 章でチョウテストを行った場合の例題と同じである．再度例題について説明する．例題では，被説明変数を 1976 年から 2002 年までの米国における情報セクターの出荷額 (iprod) をとり，説明変数として同時期の情報財への支出 (iexp)，エネルギー需要 (energy)，情報セクターの労働者数 (swork)，研究開発費 (randd) をとる．なおこれらの変数は，すべてもとのデータの対数値をとったものであり，プログラムではそれぞれ，lprod, lexp, lwork, lenerg, lrandd として示している．このように，対数をとったものについて回帰モデルを用いる根拠として，生産関数の理論がある．

図 6.1 にはプログラムを示している．すでに説明したように，オプションである regopt においてキーワードの all を指定し，すべての分析結果を出力している．図 6.2 には分析の結果を示している．この結果から分かるように，説明変数の回帰係数はほとんど有意であり，ゼロではないことが示されている．また定数項は含まれていないので，生産関数と極めて類似した関係が成立することが分かる．また決定係数は 0.9933 であり，回帰モデルの当てはまりも十分であると言える．またダービン・ワトソン比はほぼ 1.13 であり，4 よりはかなり小さい数値であるので，系列相関は含まれていないことが期待できる．系列相関が存在するかどうかを検定する 3 つの統計量の検定結果の中でブリューシュ・ゴッドフレイテストだけが示されている．この結果は

    LM het. test = 2.10190 [.147]

として示され，確率は 14.7% となっている．これにより回帰モデルの分析結果として，系列相関は存在しないことが保証されている．

また残差の不均一分散を検定する 3 つの統計量の検定結果について，ホワイトテストの結果だけが出力される．その結果は

White het. test = 17.4991 [.231]

となっており，確率が23.1%として示され帰無仮説は採択される，すなわち不均一分散は存在しないことが示される。

```
option crt;
freq a;
smpl 1976 2002;
load year iprod iexp energy swork randd;
1976  88524  162 61601809  57477  179375
1977 105224  179 62051547  59620  193568
1978 121624  204 63137182  62670  210499
1979 142273  225 65947815  64935  231537
1980 164797  249 67232462  66265  257358
1981 182867  274 67014317  67172  287942
1982 200069  301 66622827  67127  321455
1983 216737  350 64179584  68171  358041
1984 253950  378 68923560  71095  400487
1985 263351  422 67799039  73926  447957
1986 263431  461 67177860  76156  494302
1987 278208  497 67659271  78618  538204
1988 303443  530 69029713  81436  582905
1989 310679  561 69476160  83969  628598
1990 320821  590 70870319  85764  676974
1991 323779  635 70531943  85787  726735
1992 345960  679 70127403  86631  772928
1993 361683  731 68495254  88625  812435
1994 397298  769 70892727  91517  849332
1995 441485  812 71318887  94142  893137
1996 473168  870 72640776  96299  943028
1997 517989  936 72634019  98890  999364
1998 561226 1002 73040801 101576 1060105
1999 607160 1083 71907284 104528 1128526
2000 706072 1173 71490138 107136 1207664
2001 727160 1195 71891553 107952 1281162
2002 650735 1231 70935468 107784 1344780;
genr lprod=log(iprod);genr lexp=log(iexp);
genr lenerg=log(energy);genr lwork=log(swork);
genr lrandd=log(randd);
regopt all;
olsq lprod c lexp lenerg lwork lrandd;
end;
```

図6.1　回帰分析による系列相関と不均一分散検定のプログラム

```
                    Equation   1
                    ============

              Method of estimation = Ordinary Least Squares

Dependent variable: LPROD
Current sample:  1976 to 2002
Number of observations:   27

         Mean of dep. var. = 12.6038
    Std. dev. of dep. var. = .578624
  Sum of squared residuals = .048642
      Variance of residuals = .221100E-02
   Std. error of regression = .047021
                 R-squared = .994412
        Adjusted R-squared = .993396
              LM het. test = 2.10190 [.147]
             Durbin-Watson = 1.13568 [.000,.069]
   Wald nonlin. AR1 vs. lags = 12.4036 [.015]
                 ARCH test = .109070 [.741]
                CuSum test = .433529 [.823]
              CuSumSq test = .519967 [.001]
                 Chow test = 7.97388 [.001]
       Chow het. rob. test = 7.61317 [.001]
```

```
        LR het. test (w/ Chow) = 26.2083  [.000]
            White het. test = 17.4991  [.231]
          Jarque-Bera test = 2.87828  [.237]
         Shapiro-Wilk test = .919933  [.039]
          Ramsey's RESET2 = .315038  [.581]
           F (zero slopes) = 978.775  [.000]
              Schwarz B.I.C. = -38.7570
  Akaike Information Crit. = -41.9966
            Log likelihood = 46.9966

           Estimated    Standard
Variable   Coefficient   Error       t-statistic   P-value
C          -1.46200      8.93602     -.163607      [.872]
LEXP        2.87246      .336177      8.54448      [.000]
LENERG      1.51283      .485480      3.11615      [.005]
LWORK      -.605010      .412153     -1.46793      [.156]
LRANDD     -1.83958      .289382     -6.35693      [.000]
```

図 6.2　回帰分析による系列相関と不均一分散検定の結果

6.5 分布ラグモデルの推定

6.5.1 回帰分析と分布ラグモデル

分布ラグモデルとは回帰モデルの1つではあるが，説明変数が1種類であり，その時刻遅れ要素(ラグ付き変数)であるケースを指している。これは，経済現象などにおいて，特定の時刻での影響ではなく，ある程度の時間を隔てて影響が現れる場合を取り扱えるように拡張したものである。分布ラグモデルは，次のように書くことができる。

$$y_t = \alpha + \beta_0 x_t + \beta_1 x_{t-1} + \beta_2 x_{t-2} + ... + \beta_n x_{t-n} \tag{6.33}$$

ここで，係数 β_i は分布ラグ係数とよばれている。この分布ラグモデルを推定する場合の問題点として，データ数が限定されている場合には，あまりラグを大きく取りすぎると推定できないことがある。また一般の回帰分析と同様に，ラグ付き変数の間の相関が強い場合には，いわゆる共線性の問題が発生して，推定ができなくなる。特に，x_t が周期的な変動をするデータである場合には，この可能性が大きくなる。

そのため，回帰係数になんらかの制限を加えることにより，以上の2つの問題を回避する方法がとられている。この係数に課される条件により，コイックラグ (Koyck lag)，アーモンラグ (Almon lag) およびシラーラグ (Shiller lag) の3つに分類されている。

コイックラグ

コイックラグのモデルにおいては，分布ラグ係数が指数的に減少する仮定をおいている。

$$\beta_i = \beta_0 \lambda^i, i = 0, 1, 2, .., \infty \tag{6.34}$$

この分布ラグ係数を式に代入して整理すると，次のような式を得る。

$$y_t = \alpha(1-\lambda) + \beta_0 x_t + \lambda y_{t-1} + u_t + \lambda u_{t-1} \tag{6.35}$$

この回帰式においては，従属変数のラグ付きの値 y_{t-1} が加わることになる。

アーモンラグ

アーモンラグは多項式ラグともよばれ，次の式で示すように分布ラグ係数を次数 p の多項式により近似している。

$$\beta_i = \omega_0 + \omega_1 i + \omega_2 i^2 + ... + \omega_p i^p \tag{6.36}$$

この置き換えにより，もとの回帰モデルにおける係数 β_i の推定問題は，多項式の係数 ω_i の推定問題となる。

シラーラグ

シラーラグはアーモンラグで用いられる多項式の条件を一般化したモデルであり，やや滑らかな特性を持つ多項式で近似することに相当する。アーモンラグにおける分布ラグ係数の定義は，次のように書くことができる。

$$\Delta^{p+1}\beta_i = 0, \Delta\beta_i = \beta_i - \beta_{i-1} \tag{6.37}$$

これに対してシラーラグでは，次のように条件を緩和している。

$$\Delta^{p+1}\beta_i = v_t \tag{6.38}$$

ここで v_t は，平均がゼロで分散がである確率変数である。分散を大きくすると，分布ラグの特性はより滑らかになる。

分布ラグ係数に関する条件は，線形の関係式として整理できるので，これを行列 R により表現すると，回帰モデルは次のように書くことができる。

$$y = x\beta + u, R\beta = v \tag{6.39}$$

$$y = (y_t, y_{t-1}, ..., y_{t-p}), v = (v_t, v_{t-1}, ..., v_{tp}) \tag{6.40}$$

$$k = \sigma_u^2/\sigma_v^2 \tag{6.41}$$

ここで，k は制約条件の強さを示すパラメータである。このパラメータを ∞ にしたときには，アーモンラグに一致する。

6.5.2 分布ラグ係数推定のコマンド

以下ではアーモンラグおよびシラーラグの場合の分布ラグ係数を推定するためのコマンドについて説明する。コマンドは最小 2 乗推定のコマンドであるに次数などをオプションキーワードとして付け加えることにより記述できる。次の形式をしている。

`olsq(p+1,n+1,`制約条件, 事前情報`)`

ここで次数である n, p は式 (6.33), (6.36) における分布ラグ係数の個数 n およびウェイト ω の個数 p を意味する。制約条件では係数に対する制約をもうけることを指定し，次の 4 つがある。

none:制約条件なし

near:$\beta_{-1} = 0$
far:$\beta_{n+1} = 0$
both:$\beta_{-1} = 0, \beta_{n+1} = 0$

事前情報とは式 (6.37), (6.38) に示す p 次差分を記述するノイズの分散の値であり, アーモンラグの場合には 0 であり, シラーラグの場合にはゼロではない σ_t^2 の値を設定する. アーモンラグの場合には省略可能であり, 書かなくてもよい. コマンドの例を示す. シラーラグの場合には $\sigma_t^2 = 0.1$ に設定している.

```
olsq y x(3,4,far) time;    アーモンラグの場合;
olsq y x(3,4,far,0.1) time;    シラーラグの場合
```

6.5.3 応用例

以下では, 米国における 1975 年から 2006 年までの情報支出 (iexp) を被説明変数とし, ラグ付きの説明変数として情報セクターの出荷額 (iprod) およびタイムトレンド t をとった場合の例題を示す. この解析においては, 基本的にはどのようなラグを求めるかだけを指定するオプションが必要である. 前にも述べたような, アーモンラグおよびシラーラグを指定する.

図 6.3 には解析のプログラムを示す. 図 6.4 には解析結果を示している. これらの結果には, ラグ付き変数の係数の値とその有意確率が同時に示されているので, これをもとにしてどの時刻のラグが優勢かを判断することができる. 情報財への支出にタイムトレンドが強く働いているのは, デフレータなどによる調整をしていないことも原因となっている.

```
option crt;
freq a;
smpl 1975 2006;
trend t;
load year iexp iprod;
1975   146.8  76817 1976   162     88524
1977   179.3 105224 1978   204.1 121624
1979   225.4 142273 1980   249.4 164797
1981   273.6 182867 1982   301.2 200069
1983   349.9 216737 1984   378.3 253950
1985   422.2 263351 1986   461   263431
1987   496.5 278208 1988   530   303443
1989   560.9 310679 1990   589.8 320821
1991   635.3 323779 1992   678.9 345960
1993   731.2 361683 1994   768.9 397298
1995   811.8 441485 1996   869.9 473168
1997   936   517989 1998  1002.4 561226
1999  1083.4 607160 2000  1173.2 706072
2001  1195.3 727160 2002  1231.3 650735
2003  1271.8 637898 2004  1361.2 658746
2005  1447.5 683473 2006  1534.2 722083;
smpl 1979 2006;
olsq iexp c iprod(3,4,far) t;
olsq iexp c iprod(3,4,far,0.1) t;
end;
```

図 6.3 情報支出の分布ラグモデルの解析プログラム

Equation 1
============

Method of estimation = Ordinary Least Squares

Dependent variable: IEXP
Current sample: 1979 to 2006
Number of observations: 28

```
           Mean of dep. var. = 770.375     LM het. test = 7.46317 [.006]
     Std. dev. of dep. var. = 394.818    Durbin-Watson = .325244 [.000,.000]
   Sum of squared residuals = 51044.3  Jarque-Bera test = 15.9185 [.000]
       Variance of residuals = 2126.85  Ramsey's RESET2 = 168.268 [.000]
   Std. error of regression = 46.1177  F (zero slopes) = 651.630 [.000]
                  R-squared = .987872    Schwarz B.I.C. = 151.510
         Adjusted R-squared = .986356   Log likelihood = -144.846
```

```
             Estimated    Standard
Variable    Coefficient    Error       t-statistic   P-value
C            -86.1448     23.9771       -3.59280     [.001]
IPROD        .266804E-03  .192428E-03    1.38652     [.178]
IPROD(-1)    .268870E-03  .685124E-04    3.92440     [.001]
IPROD(-2)    .225092E-03  .107709E-03    2.08981     [.047]
IPROD(-3)    .135468E-03  .972142E-04    1.39350     [.176]
T             27.3079      5.26083       5.19079     [.000]
*** NOTE: Some of the coefficients above were estimated with a PDL
```

Distributed Lag Statistics for: IPROD

Almon lag
Degree of polynomial: 2
Number of terms: 3
Endpoint constraints: FAR

```
 Lag  Coeff      St'd Error   t-stat   Plot of lag dist(*) and error band(+)
                                        0
  0  0.0002668  0.0001924    1.3865   |         +             *                    +
  1  0.0002689  6.8512D-05   3.9244   |                     +  *  +
  2  0.0002251  0.0001077    2.0898   |         +         *       +
  3  0.0001355  9.7214D-05   1.3935   | +             *       +
    -----------------------------------------------------------------
      0.8962E-03 0.2284E-03  3.924    Sum of lag coefficients
         1.256      356.7    0.3520E-02 Mean lag (in periods)
```

Equation 2
============

Method of estimation = Ordinary Least Squares

Dependent variable: IEXP
Current sample: 1979 to 2006
Number of observations: 28

```
           Mean of dep. var. = 770.375     LM het. test = 6.10847 [.013]
     Std. dev. of dep. var. = 394.818    Durbin-Watson = .675364 [.000,.002]
   Sum of squared residuals = 39392.8  Jarque-Bera test = 32.6916 [.000]
       Variance of residuals = 1790.58  Ramsey's RESET2 = 132.900 [.000]
   Std. error of regression = 42.3153  F (zero slopes) = 465.703 [.000]
                  R-squared = .990640    Schwarz B.I.C. = 151.215
         Adjusted R-squared = .988513   Log likelihood = -141.218
```

```
             Estimated    Standard
Variable    Coefficient    Error       t-statistic   P-value
C            -74.3092     22.6378       -3.28253     [.003]
IPROD        .672522E-03  .364695E-03    1.84407     [.079]
IPROD(-1)   -.141198E-04  .598379E-03    -.023597    [.981]
```

```
IPROD(-2)  -.370732E-03  .599619E-03  -.618279      [.543]
IPROD(-3)  .829187E-03   .361832E-03   2.29163      [.032]
T          22.3363       5.21838       4.28031      [.000]
*** NOTE: Some of the coefficients above were estimated with a Shiller lag

Distributed Lag Statistics for: IPROD

Shiller lag
Degree of polynomial:  2
Degree of differencing:  3
Endpoint constraints:  FAR
Prior smoothness std.dev. (xi):    0.10000
Current smoothness std.dev.   :    0.18948E-02
Residual std.dev. used (sigma):    42.315

 Lag  Coeff      St'd Error   t-stat     Plot of lag dist(*) and error band(+)
                                                    0
  0  0.0006725   0.0003647    1.8441           |       +     *    +
  1 -1.4120D-05  0.0005984   -0.02360          +      *|     +
  2 -0.0003707   0.0005996   -0.6183    +       *     |    +
  3  0.0008292   0.0003618    2.2916           |       +     *      +
     ---------------------------------------------------------------
     0.1117E-02  0.2271E-03   4.917    Sum of lag coefficients
     1.551       282.1        0.5498E-02 Mean lag (in periods)
```

図 6.4　情報支出の分布ラグモデルの解析

6.6　経済マクロモデルの考え方

6.6.1　構造方程式

　各国での経済の長期的な傾向や政策を分析する手段として，経済マクロモデルの解析が行われる．経済マクロモデルでは，国の経済の相互関係式を方程式の形で表して，現在までの経済の動きから方程式を推定すると同時に，将来の動向を予測しようとするものである．経済マクロモデル解析には，さまざまな解決すべき問題があるが，ここでは簡単に TSP で実行できる範囲の問題を取り扱っていく．

　国の経済を一連の方程式で記述する試みは，1950 年ごろから米国のクラインらにより行われるようになり，現在では日本でも大型のマクロモデルが経済予測などに利用されている [Kle]．経済マクロモデルは 1 組の連立方程式の形で記述されることから，これを構造方程式 (structured form) とよぶ．構造方程式について簡単にまとめておく．

　構造方程式は経済現象を代表する変数の間の関係式をまとめたものであり，変数はその性質によって次のように呼ばれる．

　外生変数 (Exogenous variables)：いわば独立変数であり観測データとして外から与えられる．

　内生変数 (Endogenous variables)：外生変数などを用いて方程式から計算される変数である．

　このほかに，1 期間前 (例えば 1 年前) の内生変数は当該年ではすでに計算された既知のデータとして用いることができるので，先決変数とよばれる．また，時間遅れのデータという意味でラグ付き変数とも言う．タイムトレンドは基準年からの年数の隔たりに対応する変数である．

　構造方程式は，さまざまな国について定式化されているが，最初にクラインにより示され，現在でも例題としてよくとりあげられるクラインモデルを具体例にとりながら，説明する．いま，次のように変数を定義する．なお，変数の中には経済関係の方程式により決定される変数ばか

りではなく, 変数間の単純な定義 (計算式) により求められるものもあり, この計算式を定義式とよんでいる。

定義式
(外生変数)
　wp:政府と公企業の賃金所得, t:間接税, g:政府支出, yr:タイムトレンド
(内生変数)
　c:消費,i: 投資, w: 民間の賃金所得, p: 利潤, y:国民所得, k: 期末資本ストック
　ws:賃金所得総額
(先決変数)
　p(-1): 1 期前の利潤, k(-1):1 期前の期末資本ストック
(定義式)
　p=y-w, x=c+i+g, y=c+i+g-t, k=i+k(-1), wsum=wp+w

なお記号 p(-1), k(-1), x(-1) などは, 1 期前 1 年前の p, k, x の値であり, ラグ付き変数である。次に推定する必要のある関係式である構造方程式には, 次のようなものがある。

構造方程式
　　　c=a0+a1 p+a2 p(-1)+a3 ws
　　　i=b0+b1 p+b2 p(-1)+b3 k(-1)
　　　w=c0+c1 x+c2 x(-1)+c3 yr

この構造方程式の係数を, 観測データを用いて推定することになる。更に推定された構造方程式を用いてさまざまなパラメータ変更による影響を分析するシミュレーションを実施する。この場合, 以下の 2 つのことがらに注意する必要がある。まず最初は, 回帰モデルの推定において, これまで述べたような系列相関が存在するかもしれないため, 2 段階最小 2 乗法 (2sls) などの方法を用いる必要があることである。しかし 2sls は基本的に単独の回帰モデルの推定には有効であるが, 複数の回帰モデルを同時に推定する構造方程式のタイプには適さない。このため, 3 段階最小 2 乗法 (3sls) と呼ばれる方法が導入される。2 番目は, 推定された構造方程式を用いてパラメータが変更された場合の, データを収集する問題である。この場合, もとの構造方程式や定義式のシステムを用いることになるが, 定義式や構造方程式には外生変数, 内生変数が混じり合って入っているので, 方程式から直接内生変数の値を計算するには不都合である。そのため, 方程式を変形して (方程式相互間の和や差をとる), 左辺には内生変数, 右辺には外生変数, 先決変数がくる連立方程式を作成する。これを誘導型の方程式 (reduced form) とよんでいる。

　　　左辺の変数 (c,i,w,p,x,y,k,ws)=変数 wp,t,g,yr,p(-1),k(-1),x(-1) の方程式

このモデルは基本的に重回帰式であるので, すでに学習した回帰分析のプロシージャを利用して方程式の係数を決定できる。しかし, TSP ではこのような誘導型に変換する手順は, ニュートン法と呼ばれる直接的に連立方程式を解く方法を適用し内部で行われるので, ユーザは定義式と構造方程式だけを記述すればよい。

しかしながら, 使用するコマンドの概要については理解しておくことが必要であろう。TSP における構造方程式の解析においては, 3sls と siml との 2 つのコマンドを用いる。この概要を

説明する。
(1) 3sls:3段階最小2乗法
　すでに回帰モデルを分析するための2段階最小2乗法のコマンドである2slsについては説明しているが，この2slsは単独の回帰式に適用される制限がある。構造方程式は基本的に複数の回帰式を同時並行的に解析するので，このような1つの回帰式に適用可能な方法を繰り返し用いることは，正確な意味では適切ではない。そこで3slsにおいては，次のような逐次的な解析方法を用いている。まず，構造方程式を構成するそれぞれの回帰式を2slsにより解いておき，これらの残差を用いて分散・共分散行列を推定する。この分散・共分散行列は，構造方程式の近似問題において用いられる行列となっているので，この最適化問題を第3段階として解いている。
(2) siml
　このコマンドは，構造方程式を用いて将来の経済動向を予測する，シミュレーションを行う方法に相当している。構造方程式は回帰式の集まりであるが，見方を変えると，複数の変数を含む連立方程式である。ただし，回帰モデルにおいては被説明変数を左辺として右辺に説明変数を配置した1つの近似式であるので，残差が発生する。この残差を無視した場合には，単独の方程式と見なすことができる。この他に，定義式があるが，これは最初から両辺が常に等しい関係式を表している。したがって，このように定義式と回帰モデルにおける残差を無視して1つの方程式と見なした式を集めると，連立方程式の体系ができあがる。この連立方程式の体系において，外生変数は外部から規定の値を与える変数であるので，単なる数値と見なすことできる。一方，内生変数は，これらの外生変数により計算される変数であるので，連立方程式における変数(未知の値を持つ変数)であると見なすことができる。シミュレーションにおいては，外生変数はさまざまな経済政策の違い(これをシナリオと呼ぶことがある)に対応しているので，外生変数の値を設定して，上に述べた連立方程式を解くことにより，内生変数がどのように動くかを計算することができる。

6.6.2　シミュレーションの考え方

　経済マクロモデルの推定(係数値の確定)が行われたら，これから先の経済動向をこのモデルにもとづいて行うことができる。具体的には，これから5年間などの期間をきめて，外生変数の値をこの期間設定して，内生変数を求めていく操作を実行する。この結果をグラフなどで表示すると，より分かりやすいであろう。途中で求められるラグ付き内生変数の値は，確定した値として外生変数と同様に処理される。
　以上のように，将来の経済動向を予測することをシミュレーションとよぶ。正確には，ファイナルテスト(final test)とよばれ，外生変数のみを変化させた将来予測(内生変数の予測)のことを指している。外生変数の与え方にはユーザの考え方が反映される。例えば，貿易が拡大するであろうという見通しであるとか，政府の財政投資が拡大するであろうといった見通しである。このような政策の方向性を予測する(シナリオ分析)。
　通常はファイナルテストにより将来動向を予測することになるが，もともと推定した方程式がよく当てはまっていない場合には，いくら予測をしても真の値を与えない。そこで，モデル

の正確さ自体を検査する方法があり，これをトータルテスト (total test) とよんでいる．トータルテストでは，外生変数とラグ付き内生変数とを同時に既知の値としてシミュレーションを行い，結果として得られる内生変数が観測値とどの程度違っているかを検査している．この結果，誤差が小さければモデルは正確であることが保証される．

構造方程式から導出される誘導型の方程式体系では，左辺に内生変数がくるような線形変換が行われているので，右辺に外生変数と時間遅れの内生変数を代入することによりシミュレーションが実施される．しかしながらこの過程は，連立方程式から見れば，内生変数について方程式を解くことと等価である．連立方程式を解く方法として TSP ではニュートン法とガウス・ザイデル法の 2 つの方法があるが解を求める過程の安定性などの理由から，多くの場合ニュートン法が用いられる．以下ではニュートン法の原理を簡単に説明する．

話を簡単にするために，1 つの変数 x の方程式 $f(x) = 0$ の解を求める場合を仮定する．ニュートン法は解である x についての任意の初期値 x^0 から始めて，解を逐次的に改善する方法である．このような繰り返し計算の段階をステップと呼ぶ．いまステップ k における解を x^k とした場合に，次のステップにおける改善された解は次のように与えられる．

$$x^{k+1} = x^k - [df(x)/dx|_{x=x^k}]^{-1} f(x^k) \tag{6.42}$$

ここで $df(x)/dx|_{x=x^k}$ は，関数 $f(x)$ を変数 x で微分し，その微分の式に現在の変数の値を代入することを意味する．ただし，$f(x)$ が 1 つの方程式ではなく複数の変数 $X = (x, y, ...)$ を含む連立方程式 $f_1(X), f_2(X), ...,$ である場合には，それぞれの方程式 $f_i(X)$ を変数 $x, y, ...$ により偏微分した値から構成される行列 (これをヤコビアン行列関数と呼ぶ) を，偏微分に相当する部分に用いる必要がある．ステップ k とステップ $k+1$ との間における解の改善度が規定の値を下回ったら，逐次計算を終了する．

TSP ではニュートン法による解法に加えて，ガウス・ザイデル法による解法も準備されている．ガウス・ザイデル法は，あるステップでは 1 つの解を除いて他の解を前のステップにおける解と置き換える方法であり，単純な代入計算の繰り返しで計算ができる．ただし，ニュートン法のように方程式が陽に表現されていても，陰に表現されていても構わないとする制限がなくなり，方程式は陽に表現されている必要がある．いま複数の変数 $x_1, x_2, ..., x_n$ に関する方程式があるとき，ステップ k における解を $x_1^k, x_2^k, ..., x_n^k$ とすると，ステップの k 回目の繰り返しでは k 番目の解 x_k を求めるため，これ以降の変数 $x_{k+1}, x_{k+2}...$ は前の回 k の値を用いて，代入と割り算で近似する．すなわち，次のように式を繰り返す．

$$x_1^{k+1} = (b_1 - a_{12} x_2^k - .... - a_{1n} x_n^k)/a_{11} \tag{6.43}$$

$$x_2^{k+1} = (b_2 - a_{21} x_1^{k+1} - .... - a_{1n} x_n^k)/a_{22} \tag{6.44}$$

....

$$x_n^{k+1} = (b_n - a_{n1} x_1^{k+1} - .... - a_{nn-1} x_{n-1}^{k+1})/a_{nn} \tag{6.45}$$

解が求まったかどうかの収束判定は，ニュートン法と同様に，ステップ k と $k+1$ との間での解の改善度を用いる．

6.6.3 クラインモデルの構造方程式推定

以下ではクラインモデルについて,構造方程式の推定とシミュレーションを実行してみる。すでに説明したそれぞれの変数について,変数名を与えて入力する。あらためて変数の名前を示しておく。外生変数は wp:政府と公企業の賃金所得, t:間接税, g:政府支出, yr:タイムトレンドであり,内生変数は c:消費,i: 投資, w: 民間の賃金所得, p: 利潤, y:国民所得, k: 期末資本ストック, ws:賃金所得総額である。定義式と構造方程式は,次のようになっている。

(定義式)　　　p=y-w, x=c+i+g, y=c+i+g-t, k=i+k(-1), wsum=wp+w
(構造方程式) c=a0+a1 p+a2 p(-1)+a3, ws, i=b0+b1 p+b2 p(-1)+b3 k(-1),
　　　　　　w=c0+c1 x+c2 x(-1)+x3 yr

図 6.5 にはデータを含めて,構造方程式推定のプログラムを示している。構造方程式を推定する場合には定義式を記入する必要はない。特に注意する点は,構造方程式は 1 つの回帰モデルを推定することに相当するので,被説明変数から説明変数の線形結合の式を引いた量が,最小となるようにコマンドを書くことである。またこれらの回帰式は,あとで参照することができるように名前 (ラベルと呼ばれる) をつけておく。この書き方については例えば,

```
frml consume consum-a0-a1*p-a2*p(-1)-a3*wsum;
```

のように,最初に方程式を定義することを開始するコマンドに続いて,方程式のラベルとその式を記述する。推定すべき数値は回帰式の係数であるので,これらはパラメータとして

```
param a0 a1 a2 a3 b0 b1 b2 b3 c0 c1 c2 c3;
```

により名前を指定する。次に 3 段階最小 2 乗法の解法を指定するコマンドを書く。プログラムにおいて,

```
3sls(inst=(c,w,p,t))  consume invest labor;
```

と書かれている部分であり,コマンドの後半で推定したい回帰式をラベルで指定している。図 6.6 には解析結果を示している。推定された回帰モデルの係数と,これらの回帰式の当てはまりの良さなどの統計量が出力される (これらの結果以外にも出力されるが,図 6.6 では省略している)。

```
option crt;
freq a;
smpl 1920 1941;
load year consum p w i x wp g t k wsum y;
1920 42    15.1 25.3  1.2  47   2.4 3.8  6.6 182.5  27.7 40.4
1921 41.9  12.4 25.5 -0.2  45.6 2.7 3.9  7.7 182.6  28.2 37.9
1922 45.0  16.9 29.3  1.9  50.1 2.9 3.2  3.9 184.5  32.2 46.2
1923 49.2  18.4 34.1  5.2  57.2 2.9 2.8  4.7 189.7  37.0 52.5
1924 50.6  19.4 33.9  3.0  57.1 3.1 3.5  3.8 192.7  37.0 53.3
1925 52.6  20.1 35.4  5.1  61.0 3.2 3.3  5.5 197.8  38.6 55.5
1926 55.1  19.6 37.4  5.6  64.0 3.3 3.3  7.0 203.4  40.7 57
1927 56.2  19.8 37.9  4.2  64.4 3.6 4.0  6.7 207.6  41.5 57.7
1928 57.3  21.1 39.2  3.0  64.5 3.7 4.2  4.2 210.6  42.9 60.3
1929 57.8  21.7 41.3  5.1  67.0 4.0 4.1  4.0 215.7  45.3 63
1930 55.0  15.6 37.9  1.0  61.2 4.2 5.2  7.7 216.7  42.1 53.5
1931 50.9  11.4 34.5 -3.4  53.4 4.8 5.9  7.5 213.3  39.3 45.9
1932 45.6   7.0 29.0 -6.2  44.3 5.3 4.9  8.3 207.1  34.3 36
1933 46.5  11.2 28.5 -5.1  45.1 5.6 3.7  5.4 202.0  34.1 39.7
1934 48.7  12.3 30.6 -3.0  49.7 6.0 4.0  6.8 199.0  36.6 42.9
```

```
1935 51.3 14.0 33.2 -1.3  54.4 6.1  4.4  7.2 197.7  39.3 47.2
1936 57.7 17.6 36.8  2.1  62.7 7.4  2.9  8.3 199.8  44.2 54.4
1937 58.7 17.3 41.0  2.0  65.0 6.7  4.3  6.7 201.8  47.7 58.3
1938 57.5 15.3 38.2 -1.9  60.9 7.5  5.3  7.4 199.9  45.9 53.5
1939 61.6 19.0 41.6  1.3  69.5 7.8  6.6  8.9 201.2  49.4 60.6
1940 65.0 21.1 45.0  3.3  75.7 8.0  7.4  9.6 204.5  53.0 66.1
1941 69.7 23.5 53.3  4.9  88.4 8.5 13.8 11.6 209.4  61.8 76.8;
trend t;
yr=year-1931;
smpl 1921 1941;
param a0 a1 a2 a3 b0 b1 b2 b3 c0 c1 c2 c3;
frml consume consum-a0-a1*p-a2*p(-1)-a3*wsum;
frml invest  i-b0-b1*p-b2*p(-1)-b3*k(-1);
frml labor   w-c0-c1*x-c2*x(-1)-c3*yr;
3sls(inst=(c,w,p,t))  consume invest labor;
end;
```

図 6.5　構造方程式の推定プログラム

```
              THREE STAGE LEAST SQUARES
              =========================

EQUATIONS: CONSUME INVEST LABOR

INSTRUMENTS: C W P T

                    Standard
Parameter Estimate    Error     t-statistic   P-value
A0         16.6712    1.35230    12.3281      [.000]
A1          .309255    .101794    3.03805     [.002]
A2         -.098814    .114394    -.863809    [.388]
A3          .813146    .040101   20.2777      [.000]
B0         18.9231    8.57808     2.20599     [.027]
B1          .349938    .128422    2.72490     [.006]
B2          .500842    .145038    3.45317     [.001]
B3         -.158749    .042603   -3.72627     [.000]
C0         -.020768   1.42523     -.014572    [.988]
C1          .404759    .043877    9.22491     [.000]
C2          .207865    .054926    3.78444     [.000]
C3          .125722    .032592    3.85743     [.000]

Standard Errors computed from  quadratic form of analytic first
derivatives (Gauss)

Equation: CONSUME
Sum of squared residuals = 22.3670
    Variance of residuals = 1.06510
Std. error of regression = 1.03204
         Durbin-Watson = 1.23282 [.002,.141]

Equation: INVEST
Sum of squared residuals = 25.0538
    Variance of residuals = 1.19304
Std. error of regression = 1.09226
         Durbin-Watson = 1.65604 [.047,.498]

Equation: LABOR
Sum of squared residuals = 12.8555
    Variance of residuals = .612169
Std. error of regression = .782412
         Durbin-Watson = 1.99846 [.202,.796]
```

図 6.6　構造方程式の推定結果

6.6.4　クラインモデルにおけるシミュレーション

　次にクラインモデルについて，方程式のシミュレーションを実行してみる。政府の政策などモデルに対して，外部から数値を与える変数であるいわゆる外生変数は，連立方程式では既知の値として用いられる。これに対して外生変数の影響により値が決められるいわゆる内生変数は，連立方程式を解くことにより求められる。
トータルテスト

第6章 回帰モデルと方程式シミュレーション

シミュレーションを実行するにあたり，最初に構造方程式の妥当性について検証するトータルテストを実施する。このプログラムを図 6.7 に示す。前段で行った構造方程式の推定コマンドに続いて，コマンドを記述するだけでよい。しかし，シミュレーションでは，定義式を含めて連立方程式を解く操作を行うので，構造方程式の推定コマンドの前に，構造方程式とならんで定義式を記述しておく必要がある。プログラムにおいて，

```
ident product x=c+i+g;
```

などがこれらの定義式である。シミュレーションを実行するコマンド siml においては，推定すべき内生変数を

```
endog=(c,p,x,y,w,wsum,i,k);
```

として指定し，コマンドの後半で用いる構造方程式に，レベルと定義式のラベルを記述しておく。構造方程式が 3 個で定義式が 4 個であるので，7 個の連立方程式ができあがることになり，一方，内生変数の個数は 7 個であるので，これらの連立方程式の解として内生変数の値が計算される。シミュレーション実施のコマンド siml において，その他のキーワードである tol=0.0001 はニュートン法の収束条件を与え，tag=s は内生変数の推定値について，もとの名前の後ろに s を付けた形式により変数として保存することを示している。例えば内生変数 y に対しては，ys が推定された内生変数の名前となる。これらの推定値はデータとして出力されるので，観測された内生変数のデータとこれらの推定値を比較して，その差が小さい場合には，構造方程式は妥当であることが検証される。

図 6.8 にはトータルテストの結果を示している。この結果から分かるように，推定された内生変数の値は観測データに極めて近いので，推定された構造方程式は妥当であると言える。

```
smpl 1921 1941;
param a0 a1 a2 a3 b0 b1 b2 b3 c0 c1 c2 c3;
frml consume consum-a0-a1*p-a2*p(-1)-a3*wsum;
frml invest  i-b0-b1*p-b2*p(-1)-b3*k(-1);
frml labor   w-c0-c1*x-c2*x(-1)-c3*yr;
ident product x=c+i+g;
ident income  y=c+i+g-t;
ident profit  p=x-w-t;
ident stock   k=i+k(-1);
ident wage    wsum=w+wp;
3sls(inst=(c,w,p,t))  consume invest labor;
siml(tol=0.0001,tag=s,endog=(c,p,x,y,w,wsum,i,k)) consume invest labor
 product income profit stock wage;
end;
```

図 6.7　方程式のシミュレーション (トータルテスト) プログラム

```
                    MODEL SIMULATION
                    ================
            DYNAMIC SIMULATION

NOTE => The model is linear in the variables.
NOTE => The Jacobian is constant
    21 FUNCTION EVALUATIONS.
                       SIMULATION RESULTS

             C            P           X           Y
1921      34.44478     13.70843    40.65598    38.65598
1922      41.86472     18.20471    47.88548    44.88548
1923      47.75613     20.36981    55.93868    51.93868
1924      49.12294     18.56028    57.60216    52.60216
1925      54.32919     19.18988    61.13200    55.13200
```

1926	58.85678	20.06427	65.72483	58.72483
1927	60.10441	18.80422	67.10303	59.10303
1928	63.04176	18.54690	69.04322	60.04322
1929	64.51332	17.33488	69.57578	59.57578
1930	60.14406	12.74388	63.94013	52.94013
1931	55.01715	7.91208	55.74590	43.74590
1932	49.57764	2.59784	45.84771	32.84771
1933	53.92385	5.16915	48.60212	34.60212
1934	54.71645	5.89057	52.66718	37.66718
1935	57.40237	6.71519	57.36331	41.36331
1936	66.50869	10.61945	67.45358	50.45358
1937	65.73565	8.72321	69.68276	51.68276
1938	62.80995	4.59627	65.41919	46.41919
1939	69.87212	9.34801	73.80438	53.80438
1940	72.01556	10.04527	79.79519	58.79519
1941	72.29720	12.29129	87.55176	65.55176

	W	WSUM	I	K
1921	24.94755	27.64755	2.31120	184.81120
1922	26.68078	29.58078	2.82076	187.63197
1923	31.56887	34.46887	5.38255	193.01451
1924	34.04188	37.14188	4.97922	197.99373
1925	35.94211	39.14211	3.50281	201.49654
1926	38.66056	41.96056	3.56805	205.06459
1927	40.29881	43.89881	2.99862	208.06321
1928	41.49632	45.19632	1.80145	209.86466
1929	42.24090	46.24090	0.96246	210.82713
1930	40.19624	44.39624	-1.40392	209.42321
1931	35.83382	40.63382	-5.17124	204.25196
1932	30.24987	35.54987	-8.62994	195.62202
1933	29.43297	35.03297	-9.02173	186.60029
1934	31.77661	37.77661	-6.04927	180.55103
1935	34.64812	40.74812	-4.43906	176.11196
1936	39.83413	47.23413	-1.95511	174.15685
1937	42.95955	49.65955	-0.35289	173.80396
1938	41.82292	49.52292	-2.69076	171.11320
1939	44.45637	52.25637	-2.66774	168.44546
1940	48.74992	56.74992	0.37963	168.82509
1941	53.26047	61.76047	1.45455	170.27965

図 6.8 方程式のシミュレーション (トータルテスト) 結果

ファイナルテスト

次に同じ例題について, ファイナルテストを行うプログラムを図 6.9 に示す。ファイナルテストでは, 特定の外生変数の値を最初の値, すなわち観測値から変化させたときに, 内生変数が最初に与えたデータからどれくらい変化するかを推定する (いわゆるシナリオ分析)。ここで示す例では, wp:政府と公企業の賃金所得が毎年 0.5 だけ単純に増加した場合の所得 y の変化を調べている。プログラムにおいて g=g+3; と書いた部分が, この増加に相当する。出力するデータとして第 1 番目の siml においては y, p の推定値である ys, ps がある一方で, 第 2 番目の siml では対応する推定値として ya, pa がある。最初の解を標準解, 2 番目の解を実験解と呼ぶことがある。これらの相対変化, すなわち (ya–ys)/ys, (pa–ps)/ps をグラフとして出力している。解析の結果を図 6.10 に示している。この図 6.10 では, y の変化の相対値のグラフだけを示し, その他の出力は省略している。

```
smpl 1921 1941;
param a0 a1 a2 a3 b0 b1 b2 b3 c0 c1 c2 c3;
frml consume consum-a0-a1*p-a2*p(-1)-a3*wsum;
frml invest  i-b0-b1*p-b2*p(-1)-b3*k(-1);
frml labor   w-c0-c1*x-c2*x(-1)-c3*yr;
ident product x=c+i+g;
ident income  y=c+i+g-t;
ident profit  p=x-w-t;
ident stock   k=i+k(-1);
ident wage    wsum=w+wp;
3sls(inst=(c,w,p,t))   consume invest labor;
siml(tol=0.0001,tag=s,endog=(c,p,x,y,w,wsum,i,k)) consume invest labor
 product income profit stock wage;
wp=wp+0.5;
siml(tol=0.0001,tag=a,endog=(c,p,x,y,w,wsum,i,k)) consume invest labor
 product income profit stock wage;
```

第6章 回帰モデルと方程式シミュレーション

```
dify=(ya-ys)/ys;plot dify;
difp=(pa-ps)/ps;plot difp;
end;
```

図 6.9　方程式のシミュレーション (ファイナルテスト) プログラム

```
                    TIME SERIES PLOT
                    ================

DIFY PLOTTED WITH *

         MINIMUM                    MAXIMUM
         -0.021353                  -0.010700
        |-+---------------------------+-|
  1921  |    *                        |   -0.020494
  1922  |          *                  |   -0.016070
  1923  |                *            |   -0.013400
  1924  |                *            |   -0.013328
  1925  |                 *           |   -0.012726
  1926  |                    *        |   -0.011943
  1927  |                    *        |   -0.011867
  1928  |                    *        |   -0.011681
  1929  |                    *        |   -0.011773
  1930  |               *             |   -0.013249
  1931  |         *                   |   -0.016033
  1932  |*                            |   -0.021353
  1933  |   *                         |   -0.020270
  1934  |       *                     |   -0.018620
  1935  |          *                  |   -0.016957
  1936  |                *            |   -0.013902
  1937  |                 *           |   -0.013571
  1938  |              *              |   -0.015110
  1939  |                *            |   -0.013036
  1940  |                    *        |   -0.011929
  1941  |                          *  |   -0.010700
        |-+---------------------------+-|
         -0.021353                  -0.010700
         MINIMUM                    MAXIMUM


                    TIME SERIES PLOT
                    ================

DIFP PLOTTED WITH *

         MINIMUM                    MAXIMUM
         -0.10459                   -0.012976
        |-+---------------------------+-|
  1921  |                   *         |   -0.034399
  1922  |                        *    |   -0.014540
  1923  |                         *   |   -0.012976
  1924  |                        *    |   -0.014689
  1925  |                        *    |   -0.014169
  1926  |                         *   |   -0.013539
  1927  |                        *    |   -0.014449
  1928  |                        *    |   -0.014649
  1929  |                       *     |   -0.015674
  1930  |                   *         |   -0.021320
  1931  |                *            |   -0.034340
  1932  | *                           |   -0.10459
  1933  |         *                   |   -0.052562
  1934  |           *                 |   -0.046124
  1935  |              *              |   -0.040460
  1936  |                  *          |   -0.025585
  1937  |               *             |   -0.031147
  1938  |        *                    |   -0.059113
  1939  |              *              |   -0.029065
  1940  |              *              |   -0.027047
  1941  |                *            |   -0.022105
        |-+---------------------------+-|
         -0.10459                   -0.012976
         MINIMUM                    MAXIMUM
```

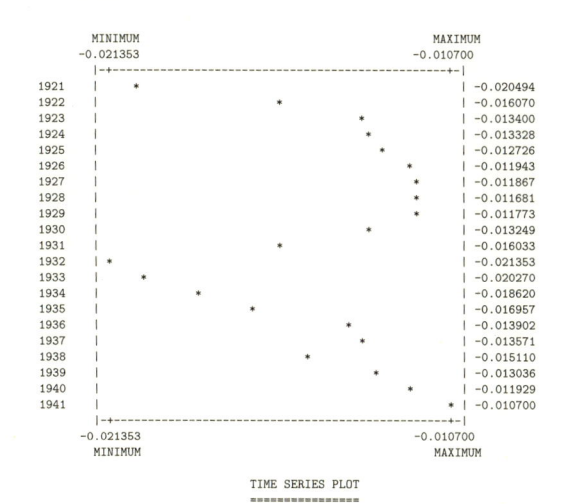

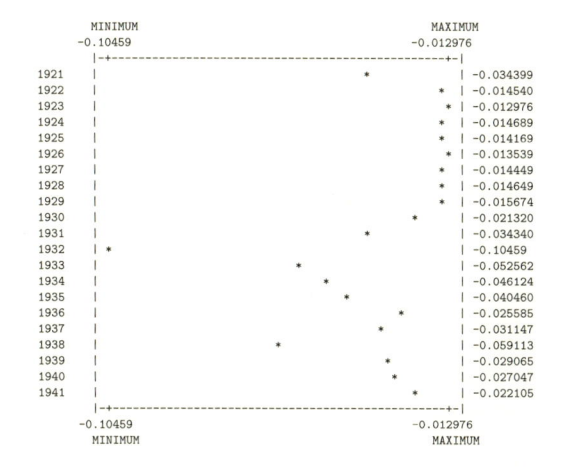

図 6.10　方程式のシミュレーション (ファイナルテスト) の結果

6.6.5　簡単な世界6地域経済モデルの推定とシミュレーション

　次にやや実際的なデータ解析の例として，簡単な世界6地域経済モデルの推定とシミュレーションを行ってみる。前にも VAR コマンドによる解析の応用例のところで述べたように，日米の GDP が NIES や ASEAN に輸出の拡大を誘発することと，その影響がやや長期にわたっ

て持続することを分析した。ここでは，このような日米などとASEANとの経済関係を構造方程式により記述し，相互の経済の関連性について分析する。しかしながら，このような世界経済の相互関連性についての分析は，日米を含めて多くの研究機関で行われていることや，これらの研究においては極めて多量なデータと，極めて多数の構造方程式のセットを用いていることから，本書でカバーできる範囲ではない。このようなことを考慮し，以下では小規模で，しかも簡単な世界6地域経済モデルの推定とシミュレーションに限定する。なお，解析の方法はすでに述べたクラインモデルにおける解析とほぼ同様であるので，以下ではデータや結果についての説明を主として行うことする。用いるデータは次のようなものである（カッコ内は変数名）。

米国のGDPの対数値 (ug)，日本のGDPの対数値 (jg)，EUのGDPの対数値 (eg)，ASEANの平均賃金 (aw)，NIESの平均賃金 (nw)，中国都市部の平均賃金 (cw)，日本の輸出額の対数値 (je)，ASEANの輸出額の対数値 (a)，NIESの輸出額の対数値 (ne)，中国の輸出額の対数値 (ce)，米国の輸入の対数値 (ui)，日本の輸入の対数値 (ji)，EUの輸出の対数値 (ei)。

なお，ここで定義するEUの範囲は英国，ドイツ，フランス，イタリアの主要4カ国とし，ASEANはタイ，インドネシア，シンガポール，フィリピンの4カ国，NIESは韓国，台湾，香港に限定している。GDPおよび輸出入の金額の単位は10億ドルとし，賃金は米ドルに換算したものである。

また外生変数と内生変数は，次のように区分している。

外生変数:ug, jg, eg, aw, nw, cw

内生変数:ui, ji, ei, je, ae, ne, ce

解析のためのプログラムを図6.11に示す。また構造方程式の推定結果を図6.12に示す。これらの推定結果から，本来なら更に有意でない係数を除去する必要があるが，ここでは話を簡単にするために，このような係数の除去作業をしないで，次の段階のシミュレーションに移ることにする。

```
option crt;
freq a;
smpl 1980 2005;
load year ug jg eg aw nw cw je ae ne ce ui ji ei;
1980 3.717 3.442 3.572  0.95  1.15  0.67 5.115 4.778 4.756 4.258 5.410 5.150 5.732
1981 3.727 3.454 3.574  1.01  1.30  0.76 5.180 4.803 4.817 4.343 5.437 5.155 5.683
1982 3.718 3.467 3.578  1.08  1.38  0.84 5.141 4.779 4.812 4.349 5.406 5.119 5.662
1983 3.737 3.477 3.587  1.14  1.45  0.94 5.167 4.792 4.854 4.347 5.431 5.102 5.643
1984 3.767 3.493 3.598  1.20  1.57  0.95 5.230 4.831 4.945 4.417 5.540 5.134 5.651
1985 3.784 3.512 3.609  1.23  1.62  0.98 5.248 4.788 4.960 4.437 5.547 5.116 5.667
1986 3.798 3.525 3.621  1.30  1.68  1.10 5.324 4.747 5.041 4.491 5.582 5.106 5.738
1987 3.812 3.544 3.633  1.59  1.98  1.20 5.364 4.842 5.175 4.596 5.628 5.179 5.824
1988 3.830 3.571 3.652  2.20  2.50  1.32 5.423 4.938 5.266 4.677 5.662 5.273 5.879
1989 3.845 3.593 3.665  3.16  3.21  1.37 5.438 4.998 5.305 4.720 5.693 5.322 5.911
1990 3.853 3.616 3.675  3.70  3.71  1.51 5.459 5.064 5.331 4.793 5.713 5.372 5.994
1991 3.850 3.629 3.679  4.61  4.33  1.70 5.498 5.118 5.392 4.857 5.706 5.375 6.006
1992 3.863 3.633 3.685  5.21  4.95  2.03 5.531 5.170 5.443 4.929 5.743 5.368 6.022
1993 3.875 3.635 3.684  5.63  5.22  2.58 5.559 5.228 5.480 4.963 5.781 5.383 5.956
1994 3.892 3.639 3.696  6.38  5.85  3.50 5.599 5.320 5.532 5.083 5.838 5.440 6.007
1995 3.902 3.646 3.705  7.28  6.62  4.28 5.647 5.407 5.613 5.173 5.887 5.526 6.085
1996 3.921 3.661 3.711  8.21  7.13  4.84 5.614 5.437 5.630 5.179 5.915 5.543 6.092
1997 3.940 3.669 3.720  7.85  7.03  5.16 5.624 5.455 5.649 5.262 5.954 5.530 6.091
1998 3.957 3.664 3.731  5.67  5.86  5.43 5.589 5.420 5.620 5.264 5.975 5.448 6.112
1999 3.974 3.664 3.741  7.36  6.55  5.85 5.623 5.458 5.643 5.290 6.025 5.493 6.116
2000 3.992 3.676 3.759  8.23  7.06  6.28 5.681 5.533 5.718 5.397 6.100 5.579 6.139
2001 3.995 3.677 3.767  7.72  6.82  6.86 5.606 5.477 5.665 5.425 6.072 5.543 6.129
2002 4.002 3.676 3.770  8.77  7.04  7.70 5.620 5.497 5.693 5.513 6.079 5.528 6.141
2003 4.014 3.682 3.774  9.69  7.49  8.47 5.674 5.536 5.749 5.642 6.115 5.583 6.218
2004 4.032 3.693 3.783 11.13  8.16  9.42 5.753 5.638 5.837 5.773 6.183 5.658 6.294
2005 4.047 3.704 3.788 13.56  9.28 10.49 5.774 5.697 5.887 5.882 6.239 5.712 6.329;
trend t;
```

第6章 回帰モデルと方程式シミュレーション

```
param a0 a1 a2 a3 a4 a5 b0 b1 b2 b3 b4 b5 b6 c0 c1 c2 c3 c4 c5
d0 d1 d2 d3 d4 d5 e0 e1 e2 e3 e4 e5 f0 f1 f2 f3 f4 f5
g0 g1 g2 g3 g4 g5;
frml jexp je-a0-a1*ug-a2*jg-a3*eg-a4*ne-a5*ce;
frml aexp ae-b0-b1*ug-b2*jg-b3*eg-b4*je-b5*ce-b6*ji;
frml nexp ne-c0-c1*ug-c2*jg-c3*eg-c4*je-c5*ji;
frml cexp ce-d0-d1*ug-d2*jg-d3*eg-d4*je-d5*ui;
frml uimpo ui-e0-e1*aw-e2*nw-e3*cw-e4*je-e5*ji;
frml jimpo ji-f0-f1*aw-f2*nw-f3*cw-f4*ui-f5*ei;
frml eimpo ei-g0-g1*aw-g2*nw-g3*cw-g4*ui-g5*ji;
3sls(inst=(c,ug,jg eg,aw,nw,cw,t)) jexp aexp nexp cexp uimpo jimpo eimpo;
end;
```

図6.11　世界6地域経済モデルの推定プログラム

```
                    THREE STAGE LEAST SQUARES
                    ========================

             Standard
Parameter  Estimate      Error       t-statistic   P-value
A0         5.54318       1.45387      3.81272      [.000]
A1         -.310412      .505645      -.613894     [.539]
A2         -.802328      .821385      -.976798     [.329]
A3         -.224989      .858209      -.262162     [.793]
A4         .945199       .240930      3.92314      [.000]
A5         -.045047      .061537      -.732023     [.464]
B0         1.76568       2.58650      .682650      [.495]
B1         1.66672       1.37638      1.21095      [.226]
B2         1.98692       1.57479      1.26170      [.207]
B3         -3.84603      2.42520      -1.58586     [.113]
B4         -.738213      .686486      -1.07535     [.282]
B5         .377901       .161455      2.34060      [.019]
B6         1.14071       .280745      4.06315      [.000]
C0         -6.52735      .652623      -10.0017     [.000]
C1         .584021       .478121      1.22149      [.222]
C2         .988589       .528402      1.87090      [.061]
C3         .125994       .833077      .151239      [.880]
C4         .909775       .236657      3.84428      [.000]
C5         .117115       .088135      1.32881      [.184]
D0         -5.52665      4.28205      -1.29066     [.197]
D1         -8.27001      3.77110      -2.19300     [.028]
D2         -2.57071      2.67166      -.962216     [.336]
D3         7.71289       2.61925      2.94469      [.003]
D4         .741576       1.14391      .648282      [.517]
D5         3.34020       1.57078      2.12646      [.033]
E0         -.199872      .729326      -.274051     [.784]
E1         -.034233      .972241E-02  -3.52105     [.000]
E2         -.569522E-02  .013397      -.425121     [.671]
E3         .062733       .563869E-02  11.1255      [.000]
E4         1.00483       .108530      9.25852      [.000]
E5         .085818       .155183      .553010      [.580]
F0         3.17522       .530016      5.99079      [.000]
F1         .628106E-03   .011460      .054809      [.956]
F2         .043884       .015152      2.89620      [.004]
F3         .797654E-02   .758774E-02  1.05124      [.293]
F4         -.283565      .107499      -2.63785     [.008]
F5         .604324       .067654      8.93258      [.000]
G0         -4.38504      .943129      -4.64945     [.000]
G1         -.905260E-03  .016804      -.053872     [.957]
G2         -.059707      .022954      -2.60116     [.009]
G3         -.013258      .010950      -1.21076     [.226]
G4         .457806       .146731      3.12004      [.002]
G5         1.49408       .148656      10.0506      [.000]

Standard Errors computed from   quadratic form of analytic first
derivatives (Gauss)

Equation: JEXP
Sum of squared residuals = .655334E-02
   Variance of residuals = .252052E-03
Std. error of regression = .015876
         Durbin-Watson = 1.45157 [.000,.651]

Equation: AEXP
Sum of squared residuals = .043178
   Variance of residuals = .166069E-02
Std. error of regression = .040752
         Durbin-Watson = .598412 [.000,.006]

Equation: NEXP
Sum of squared residuals = .601603E-02
   Variance of residuals = .231386E-03
Std. error of regression = .015211
         Durbin-Watson = 1.54191 [.000,.743]

Equation: CEXP
Sum of squared residuals = .096969
   Variance of residuals = .372960E-02
```

```
Std. error of regression = .061070
        Durbin-Watson = 1.26743 [.000,.436]

Equation: UIMPO
Sum of squared residuals = .015096
   Variance of residuals = .580626E-03
Std. error of regression = .024096
        Durbin-Watson = 1.47731 [.000,.679]

Equation: JIMPO
Sum of squared residuals = .016256
   Variance of residuals = .625247E-03
Std. error of regression = .025005
        Durbin-Watson = 1.57059 [.000,.769]

Equation: EIMPO
Sum of squared residuals = .039344
   Variance of residuals = .151322E-02
Std. error of regression = .038900
        Durbin-Watson = 1.57010 [.000,.769]
```

図 6.12 世界 6 地域経済モデルの推定結果

次にファイナルテストとして 1998 年から米国の GDP が 10% 減少した場合の日本と中国の輸出への影響を推定してみる。プログラムを図 6.13 に示している。このプログラムでは TSP における条件文を用いて 2 番目のに入る前に 1999 年以降の米国 GDP を観測データから 10% 減少させるプログラムを書いている。これは, ug=(year <= 1998)*ug+(year >= 1999)*(ug*0.9); として記述している部分であり, 最初のカッコの中に条件文 (year ¡= 1998) が書かれ, これが成立する場合の代入文 ug がこれに続いて書かれる。条件分岐は 2 つであるので, 2 つの条件文と実行文を記号でつないで記述する。

図 6.14 にはファイナルテストの結果として日本と中国の輸出の変化率を示している。同時に米国 GDP そのものの変化もプロットしている。なおこの例題の場合には日本と中国の輸出は米国の GDP の線形の関数になっており簡単な構造であるので予測されたとおりの結果が得られると言える。このほか中国の労働者の賃金を 50 上げた場合に日本の輸出がどのようになるかなどのシミュレーションも可能である。

```
option crt;
freq a;
smpl 1980 2005;
load year ug jg eg aw nw cw je ae ne ce ui ji ei;
1980 3.717 3.442 3.572  0.95  1.15 0.67 5.115 4.778 4.756 4.258 5.410 5.150 5.732
1981 3.727 3.454 3.574  1.01  1.30 0.76 5.180 4.803 4.817 4.343 5.437 5.155 5.683
1982 3.718 3.467 3.578  1.08  1.38 0.84 5.141 4.779 4.812 4.349 5.406 5.119 5.662
1983 3.737 3.477 3.587  1.14  1.45 0.94 5.167 4.792 4.854 4.347 5.431 5.102 5.643
1984 3.767 3.493 3.598  1.20  1.57 0.95 5.230 4.831 4.945 4.417 5.540 5.134 5.651
1985 3.784 3.512 3.609  1.23  1.62 0.98 5.248 4.788 4.960 4.437 5.547 5.116 5.667
1986 3.798 3.525 3.621  1.30  1.68 1.10 5.324 4.747 5.041 4.491 5.582 5.106 5.738
1987 3.812 3.544 3.633  1.59  1.98 1.20 5.364 4.842 5.175 4.596 5.628 5.179 5.824
1988 3.830 3.571 3.652  2.20  2.50 1.32 5.423 4.938 5.266 4.677 5.662 5.273 5.879
1989 3.845 3.593 3.665  3.16  3.21 1.37 5.438 4.998 5.305 4.720 5.693 5.322 5.911
1990 3.853 3.616 3.675  3.70  3.71 1.51 5.459 5.064 5.331 4.793 5.713 5.372 5.994
1991 3.850 3.629 3.679  4.61  4.33 1.70 5.498 5.118 5.392 4.857 5.706 5.375 6.006
1992 3.863 3.633 3.685  5.21  4.95 2.03 5.531 5.170 5.443 4.929 5.743 5.368 6.022
1993 3.875 3.635 3.684  5.63  5.22 2.58 5.559 5.228 5.480 4.963 5.781 5.383 5.956
1994 3.892 3.639 3.696  6.38  5.85 3.50 5.599 5.320 5.532 5.083 5.838 5.440 6.007
1995 3.902 3.646 3.705  7.28  6.62 4.28 5.647 5.407 5.613 5.173 5.887 5.526 6.085
1996 3.921 3.661 3.711  8.21  7.13 4.84 5.614 5.437 5.630 5.179 5.915 5.543 6.092
1997 3.940 3.669 3.720  7.85  7.03 5.16 5.624 5.455 5.649 5.262 5.954 5.530 6.091
1998 3.957 3.664 3.731  5.67  5.86 5.43 5.589 5.420 5.620 5.264 5.975 5.448 6.112
1999 3.974 3.664 3.741  7.36  6.55 5.85 5.623 5.458 5.643 5.290 6.025 5.493 6.116
2000 3.992 3.676 3.759  8.23  7.06 6.28 5.681 5.533 5.718 5.397 6.100 5.579 6.139
2001 3.995 3.677 3.767  7.72  6.82 6.86 5.606 5.477 5.665 5.425 6.072 5.543 6.129
2002 4.002 3.676 3.770  8.77  7.04 7.70 5.620 5.497 5.693 5.513 6.079 5.528 6.141
2003 4.014 3.682 3.774  9.69  7.49 8.47 5.674 5.536 5.749 5.642 6.115 5.583 6.218
2004 4.032 3.693 3.783 11.13  8.16 9.42 5.753 5.638 5.837 5.773 6.183 5.658 6.294
```

第6章 回帰モデルと方程式シミュレーション

```
2005 4.047 3.704 3.788 13.56  9.28 10.49 5.774 5.697 5.887 5.882 6.239 5.712 6.329;
trend t;
param a0 a1 a2 a3 a4 a5 b0 b1 b2 b3 b4 b5 b6 c0 c1 c2 c3 c4 c5
d0 d1 d2 d3 d4 d5 d6 e0 e1 e2 e3 e4 e5 f0 f1 f2 f3 f4 f5
g0 g1 g2 g3 g4 g5;
frml jexp je-a0-a1*ug-a2*jg-a3*eg-a4*ne-a5*ce;
frml aexp ae-b0-b1*ug-b2*jg-b3*eg-b4*je-b5*ce-b6*ji;
frml nexp ne-c0-c1*ug-c2*jg-c3*eg-c4*je-c5*ji;
frml cexp ce-d0-d1*ug-d2*jg-d3*eg-d4*je-d5*ae-d6*ji;
frml uimpo ui-e0-e1*aw-e2*nw-e3*cw-e4*je-e5*ji;
frml jimpo ji-f0-f1*aw-f2*nw-f3*cw-f4*ji-f5*ei;
frml eimpo ei-f0-g1*aw-g2*nw-g3*cw-g4*ui-g5*ji;
3sls(inst=(c,ug,jg eg,aw,nw,cw,t)) jexp aexp nexp cexp uimpo jimpo eimpo;
siml(tol=0.0001,tag=s,endog=(ui,ji,ei,je,ae,ne,ce)) jexp aexp nexp cexp uimpo jimpo eimpo;
ug=(year <= 1998)*ug+(year >= 1999)*(ug*0.9);
siml(tol=0.0001,tag=a,endog=(ui,ji,ei,je,ae,ne,ce)) jexp aexp nexp cexp uimpo jimpo eimpo;
difj=(jea-jes)/jes;difc=(cea-ces)/ces;plot difj;plot difc;
plot ug;
end;
```

図 6.13　世界6地域経済モデルのシミュレーション (ファイナルテスト) プログラム

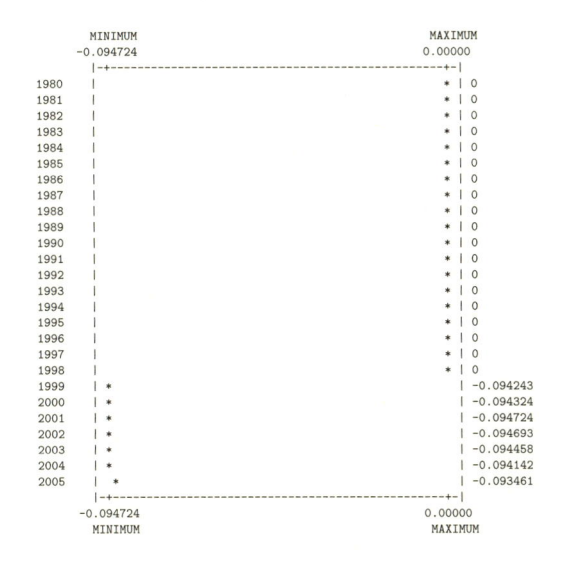

```
                         TIME SERIES PLOT
                         ================

DIFJ PLOTTED WITH *

        MINIMUM                       MAXIMUM
        -0.094724                     0.00000
        |-+----------------------------------+-|
1980    |                                  * | 0
1981    |                                  * | 0
1982    |                                  * | 0
1983    |                                  * | 0
1984    |                                  * | 0
1985    |                                  * | 0
1986    |                                  * | 0
1987    |                                  * | 0
1988    |                                  * | 0
1989    |                                  * | 0
1990    |                                  * | 0
1991    |                                  * | 0
1992    |                                  * | 0
1993    |                                  * | 0
1994    |                                  * | 0
1995    |                                  * | 0
1996    |                                  * | 0
1997    |                                  * | 0
1998    |                                  * | 0
1999    | *                                  | -0.094243
2000    | *                                  | -0.094324
2001    | *                                  | -0.094724
2002    | *                                  | -0.094693
2003    | *                                  | -0.094458
2004    | *                                  | -0.094142
2005    | *                                  | -0.093461
        |-+----------------------------------+-|
        -0.094724                     0.00000
        MINIMUM                       MAXIMUM
```

```
                              TIME SERIES PLOT
                              ================

DIFC PLOTTED WITH *


             MINIMUM                              MAXIMUM
             -0.17949                             0.00000
             |-+-------------------------------------+-|
     1980    |                                     * | 0
     1981    |                                     * | 0
     1982    |                                     * | 0
     1983    |                                     * | 0
     1984    |                                     * | 0
     1985    |                                     * | 0
     1986    |                                     * | 0
     1987    |                                     * | 0
     1988    |                                     * | 0
     1989    |                                     * | 0
     1990    |                                     * | 0
     1991    |                                     * | 0
     1992    |                                     * | 0
     1993    |                                     * | 0
     1994    |                                     * | 0
     1995    |                                     * | 0
     1996    |                                     * | 0
     1997    |                                     * | 0
     1998    |                                     * | 0
     1999    | *                                     | -0.17949
     2000    |  *                                    | -0.17663
     2001    |  *                                    | -0.17692
     2002    |  *                                    | -0.17521
     2003    |   *                                   | -0.17347
     2004    |   *                                   | -0.17076
     2005    |    *                                  | -0.16710
             |-+-------------------------------------+-|
             -0.17949                             0.00000
             MINIMUM                              MAXIMUM


                              TIME SERIES PLOT
                              ================

UG PLOTTED WITH *


             MINIMUM                              MAXIMUM
             3.57660                              3.95700
             |-+-------------------------------------+-|
     1980    |         *                             | 3.71700
     1981    |          *                            | 3.72700
     1982    |         *                             | 3.71800
     1983    |          *                            | 3.73700
     1984    |            *                          | 3.76700
     1985    |             *                         | 3.78400
     1986    |              *                        | 3.79800
     1987    |               *                       | 3.81200
     1988    |                *                      | 3.83000
     1989    |                 *                     | 3.84500
     1990    |                 *                     | 3.85300
     1991    |                 *                     | 3.85000
     1992    |                  *                    | 3.86300
     1993    |                   *                   | 3.87500
     1994    |                    *                  | 3.89200
     1995    |                     *                 | 3.90200
     1996    |                      *                | 3.92100
     1997    |                       *               | 3.94000
     1998    |                        *              | 3.95700
     1999    | *                                     | 3.57660
     2000    |  *                                    | 3.59280
     2001    |  *                                    | 3.59550
     2002    |   *                                   | 3.60180
     2003    |    *                                  | 3.61260
     2004    |    *                                  | 3.62880
     2005    |     *                                 | 3.64230
             |-+-------------------------------------+-|
             3.57660                              3.95700
             MINIMUM                              MAXIMUM
```

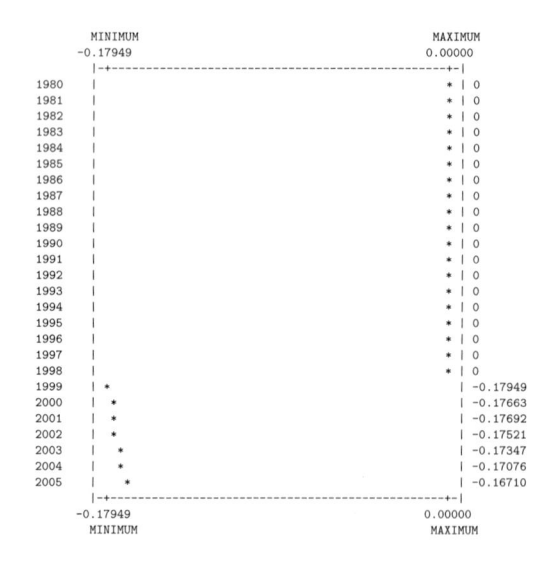

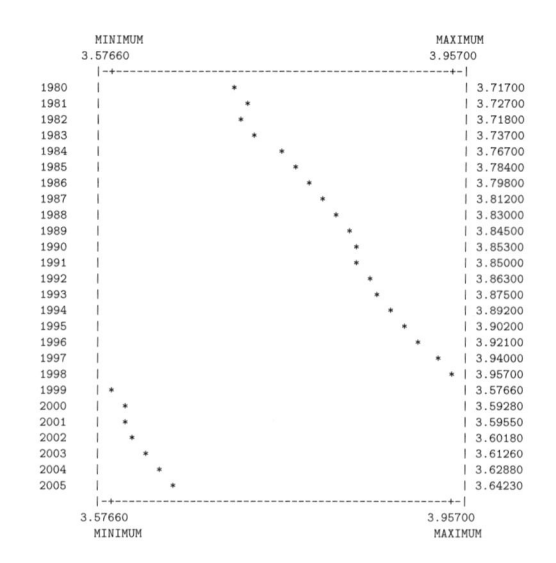

図 6.14　世界 6 地域経済モデルのシミュレーション (ファイナルテスト) 結果

参考文献

[Alt] E.I.Altman, *Corporate Bankruptcy in America*, D.C.Health and Company, 1971.

[Ame] T.Amemiya, " Multivariate regression and simultaneous equation models when dependent variables are truncated normal," Econometrica, vol.42, pp.999-1012,1974.

[Arr] K.J.Arrow and G.Debreu, " Existence of an equilibrium for a competitive economy," Econometrica, vol.22, pp.265-290, 1954.

[Balla] C.L.Ballard,D.fullerton,J.B.Shoven and J.Whalley, *A General Equilibrium Model for Tax Polocy Evaluation*, University of Chicago Press, Chicago, 1985.

[Balle] G.Ballentine and W.R.Thrisk, " The fiscal incidence of some community expreriments in fiscal frederalism, "Technical Report of Communty Service Analysis Division, Canada Mortgage and Housing Corp., Minister of Supply and Services, Ottawa,1979.

[Boa] R.W.Boadway and J.Treddenik, " A general equlibrium computaion of the effects of the Canadian Tariff structure, "Canadian Journal of Economics, vol.11, pp.424-426,1978.

[Bek] A.R.Bekin, " Approxiate triangulation of matrices in problems of ranking and processing of interbranch balances," Engineering Cybernetics, vol.19, no.1, pp.13-17,1981.

[Bol] T.Bollerslev, " Generalized autoregressive conditional heteroscedasticity," Journal of Econometrica,vol.31,pp.307-327, 1986.

[Box-1] G.P.E.Box and G.M.Jenkins,Time Series Analysis: Forecasting and Control, Holden-Day, 1976.

[Box-2] G.E.P.Box and D.R.Cox, " An Analysis of transformation," Journal of Royal Statistical Sociert, B,vol.26, pp.211-252, 1964.

[Bre] T.S.Breusch, " Testing for autocorrelations in dynamic linear models," Australian Economic Papers, vol.17, pp.334-355, 1978.

[Che-1] H.B.Chenery, " Process and production functions from engineering data, in W.Leontief et al.ed., *Studies in the Structure of the American Economy*, pp.297-325, Oxford University Press, New York, 1953.

[Che-2] H.B.Chenery and T.Watanabe, " Interenational comparison of the structure of production," Econometrica, vol.26, no.4, pp.487-521,1958.

[Cho] G.C.Chow, " Tests of equality between sets of coefficients in two linear regressions," Econometrica, vol.28, no.3, pp.591-605,1960.

[Dea] A.V.Deardof and M.Stern, " A disaggregated model of world production and trade," An estimation of the ipmact of the Tokyo Round," Journal of Polocy Modeling, vol.3,pp-127-152, 1981.

[Deb] G.Debreu,*Theory of Value*, Wiley, New York, 1959 (邦訳:丸山徹価格の理論, 東洋経済新報社,1977).

[Der] K.Dervis, J.de Mole and S.Robinson, *General Equilibrium Model for Development Policy*, Cambridge University Press, Cambridge, 1982.

[Dex] A.S.Dexter,D.Levi and B.R.Nault, " Sticky prices:The impact of regulation," Journal of Monetary Ecomomics, vol.49,pp.797-821, 2002.

[Dic] D.A Dickey and W.A Fuller, "Distribution of the estimators for autoregressive time sries with a unit root," Journal of the American Statistical Association, vol.74, pp.427-431, 1979.

[Dix] P.B.Dixson B.R.Parmenter J.Sutton and D.P.Vincent, ORANI:A Multisectoral Model of the Australian Economy, North-Holland , Amsterdam, 1982.

[Dur] J.Durbin and G.S.Watson,Testing for serialcorrelation in linear squared regression-I,"Biometrica, vol.37,pp.409-428, 1950.

[Eng-1] R.F.Engle and C.W.J Granger, "Co-integration and error corrections representation," estimation and testing, Econometrica,vol.55, pp.251-276, 1987.

[Eng-2] R.Engle, "Autoregressive conditional heterskedasticity with estimates of the variance of United Kingdom inflation," Econometrica, vol.50,no.4,pp.4987-1007,1982.

[Engb-1] H.Engelbrech, "The Japanese information economy:Its quantification and analysis in a macro-economic framework,Information Economics and Policy, vol.2,no.3,pp.277-306,1986.

[Engb-2] H.Engelbrech, "Analysis if the prinmary information sectors of Korea and Japan using computable general equilibrium models, Information Economics and Policy, vol.3,no.3,pp.219-239,1988.

[Engb-3] H.Engelbrech, "From newly industrialising to newly informatising country:The primary information sector of the Repblic of Korea 1975-1980,"Information Economics and Policy, vol.3,no.3,pp.169-194,1986.

[Fuk] 福井幸男,『産業連関構造分析の研究–生産技術とハイアラーキ』, 啓文社, 1989.

[Gal-1] D.Gale, "The law of supply and demand,"Methematica Scandinavia, vol.3, pp.155-169, 1955.

[Gal-2] D.Gale and H.Nikaido, "The Jacobian matrix and global univalence of mappings," Mathematische Annalen, vol.159,pp. 81-93, 1965.

[God] L.G.Godfrey,Testing for higher order serial correlation in regression equations when the regressions include lagged dependent variables,Econometrica, vol.46, pp.1303-1310, 1978.

[Gol] S.M.Goldfeld and R.E.Quandt,Some tests for homosecdasticity," Journal of the American Statistical Association,vol.60, pp.1291-1292, 1978.

[Gou] J.P Gould and C.R Nelson, "The stochastic structure of the velocity of money," American Economic Review, vol.64, pp.405-417, 1974.

[Gra] C.W.J.Granger, "Investigating causal relations by econometric models and cross-spectral methods," Econometrica, vol.37, pp.424-438, 1969.

[Gta-2] J.F.Francois,B.J.McDonald and N.Nordstrom, "Liberalization and capital accumulation in the GTAP models," GTAP Technical Paper, no.7, 1996.

[Gta-1] J.F.Francois, "Scale Economies and imperfect competition in the GTAP models," GTAP Technical Paper, no.14, 1998.

[Gun] J.W.Gunning,G.Carrin and J.Waelbroeck, "Growth and trade of developing countries," Discussion Paper, 8210, CEME, University Libre de Bruxelles, 1982.

[Har] A.C.Harberger,"The incedence of the corporation income tax" , Journal of Political Economy, vol,70, pp.215-240, 1962.

[Hay] Presie und Produktion, Wien, 1931.(邦訳:豊崎稔『価格と生産』, 高掲書院, 1939).

[Hec-1] J.J.Heckman, "The common structure of statistical models of truncation: Sample selection and limited dependent variables and a sample estimatitor for such models," Annals of Economic and Social Measurement, vol.5, pp.475-492, 1976.

参考文献

[Hec-2] J.J.Heckman, "Dummy endogenous variables in a simultaneous equation systems," Econometrica, vol.48, pp.931-959, 1978.

[Hel] E.Helmstadter,"Die Dreiecksform der Input-Output-Matrix und Ihre Maglichen Wandlungen im Wachstumsprozess," in F.Neumark ed., Strukturwandlungen einer Wachsenden Wirtschaft (Shriften des Vereins fur Socialpolotik, N.F.,Bd.30 (II)), pp.1005-1054, Dunker and Humbolt, Berlin, 1964.

[Her] T.W.Hertel,ed.,*Global Trade Analysis: Modeling and Applications*, Cambridge University Press, Cambridge, 1997.

[Ich] 市岡 修,『応用一般均衡分析』, 有斐閣, 1991.

[Joh] H.G.Johnson, "Factor endowments, international trade and factor prices," Manchester School, vol.25, pp.270-280, 1957.

[Johns] J.Johnston,*Econometric Methods*, McGraw-Hill, 1963 (:邦訳:竹内啓他『計量経済学の方法』, 東洋経済新報社,1976).

[Kal-1] R.E.Kalman, "A new approach to linear filtering and prediction problems, Transaction of ASME,J,Basic Enginneering, , vol.83D, no.1, pp.34-45,1960.

[Kal-2] R.E.Kalman and R.S.Bucy, "New results in linear filtering and prediction theory, Transaction of ASME,J,Basic Enginneering, , vol.83D,no.1,pp.95-108,1961.

[Kap] R.S.Kaplan and G.Urwitz,Statistical models of bond rating: A methodological inquiry," Journal of Business, vol.52, pp.231-261, 1986.

[Kar] N.D.Karunaratne, "Planning for the Australian information economy," Information Economics and Policy, vol.1, pp.345-367, 1984.

[Kel] W.J.Keller,*Tax Incidencs:A General Equilibrium Approach*, North-Holland, Amsterdam, 1980.

[Kit] 北川源四郎, 川崎能典, "時系列モデルによるインフレ率予測誤差の分析,"日本銀行調査局 Working Paper 01-13, 2001.

[Klein] L.Klein,*Economic Fluctuation in the United States 1921-1941*, Wiley, 1950.

[Kob] 小林正人, "外生変数存在下での単位根分析翌日物金利による市場金利コントロール,"日本銀行金融研究所「金融研究」2001.vol.1, no.12, pp.1-12, 2001.

[Kob] 小林正人, "順序プロビット・モデルのテストと社債格付データへの応用," 日本銀行金融研究所「金融研究」2001.vol.4, pp.1-18, 2001.

[Kor-1] B.Korte and W.Oberhofer, "Zwei Algorithmen zur Losung eines Komplexen Reihenfolgeproblems," Unternehmensforschung," vol.12, no.4, pp.217-231, 1969.

[Kor-2] B.Korte and W.Oberhofer, "Zur Triangulation von Input-Output-Matrizen, Jahrbucher fur Nationalokonomie und Statistik, vol.182, no.4-5, pp.398-433, 1969.

[Kor-3] B.Korte and W.Oberhofer, "Triangularizing input-output matrices and the sturcture of production, European Economic Review, vol.1, no.4, pp.482-511, 1970.

[Leo-1] W.W.Leontief,*The Structure of American Economy, 1919-1939, An Empirical Application of Equilibrium Analysis*, 2nd edition, Oxford University Press, New York, 1951. (邦訳:山田勇・家本秀太郎『アメリカの経済構造-産業連関分析の理論と実際』, 東洋経済新報社, 1959 年)

[Leo-2] W.W.Leontief,*The Input-Output Economics*, Oxford University Press, New York, 1966. (邦訳:飯田宏『産業連関分析の理論と実際』, 岩波書店, 1969) .

[Lju] G.M.Ljung and G.P.E.Box, "On a measure of lack of fit in time series models," Biometrica, vol.6, pp.297-303, 1978.

[Lit] R.B.Litterman, "A random walk markov model for the distribution of time series," Journal of Business, and Economic Statistics, 1983.

[Lu-1] 呂建軍, 時永祥三, "アジア国際産業連関表の三角化によるハイアラーキー性分析," 「経済学研究」, vol.67, no.3, 2008.

[Lu-2] 呂建軍, 時永祥三, "アジア国際産業連関表を基礎とした情報セクター分析," 「経済学研究」, vol.68, no.9, pp.22-22, 2007.

[Mac] F.Machlup, *Knowledge:Its creation, distribution, and economic significance, vol.1*, Knowledge and Knoweldge Production, Princeton University Press, 1980.

[Mad] D.Madden, "Sample selection versus two-part models revisited: The case of female smoking and drinking," HEDG working Paper 06/12, pp.1-32, University of York, 2006.

[Mae] Maeda, *The Theory of International Economic Polocy*, Oxford University Press, 1955.

[Mak] 牧厚志, 古川彰, 渡辺真一, 河信行, 伊藤潔, "家計における金融資産選択行動-Tobit Model における資産選択モデルの計測," 郵政研究レビュー, no.1, pp.55-118, 1992.

[Man] A.S.Mannes and P.Preckel, "A three-region intertemporal model of energy, international trade and capital flow," Operations Research, Stanford University, 1983.

[Mar] 丸谷冷史 "西ドイツ経済の構造変化について," 「国民経済雑誌」, vol.154, no.1, 1986.

[Mat-1] 松野成悟, 時永祥三, "インターネット時代の製品開発と知識マネジメント―企業アンケート調査から―," オフィス・オートメーション学会第 44 回全国大会予稿集, pp.131-134, 2002.

[Mat-2] 松野成悟, 時永祥三, "企業間連携における情報共有のモデル分析-企業間電子商取引と EDI アンケートを中心として," 「経営情報学会論文誌」, vol.11, no.4, pp.79-93, 2003.

[Mat-3] 松野成悟, "オープンネットワークと電子調達から見た企業間連係の現状と課題," 「経済論究」, vol.115, pp.119-135, 2003.

[Mat-4] 松野成悟, 時永祥三, "インターネットを基盤とする電子調達の実施と企業間連係の分析," 「生産管理学会論文誌」, vol.10, no.1, pp.89-94, 2003.

[Mat-5] 松野成悟, 時永祥三, "契約関係に注目したモジュール生産におけるトレーサビリティ分析の基本モデル," 「オフィス・オートメーション」vol.25, no.1, pp.75-81, 2004.

[Mer] O.H.Merrill, "Applications and extension of an algorithm that computes fixed points of certain upper semi-continous point to set mappings, Ph.D Theses, Department of Industrial Engineering, University of Michigan, 1972.

[Mil] M.H.Miller and J.E.Spencer "The static economic effects of the UK joining the EEC:A general equilibrium approach," Review of Econimic Studies, vol.44, pp.71-93, 1977.

[Miy] 宮沢健一, 『産業構造の連関分析』, 東洋経済新報社, 1963.

[Naw] 縄田和満, "トービット・モデルの金融資産分析への応用について," 大蔵省財政金融研究所「ファイナンシャルレビュー」June-1992 号, pp.1-19, 1992.

[Non] I.Nonaka and H.Takeuchi, *The Knowledge-Creating Company: How Japanese Companies Create the Dynamics of Innovation*, Oxford University Press, 1995 (邦訳:梅本勝博, 『知識創造企業』, 東洋経済新報社, 1996).

[Oh] W.Oh and K.Lee, "Causal relationship between energy consumption and GDP revisited:The case of Korea 1970-1999," Energy Ecomonmics,vol.26,pp.51-59,2004.

[Oog] 大串葉子, 時永祥三, "データ 2 次利用と企業間連係からみた EDI の現状と課題, 「経営情報学会論文誌」, vol.8, no.1, pp.29-45, 1999.

参考文献

[Pig-1]   J.R.Piggott "A general equlibrium evaluation of Australian tax policy,"Ph.D Dissertaion, University of London, 1980.

[Pig-2]   J.R.Piggott and J.Whalley U.K. Aax Policy and Applied General Equilibrium Analysis, Cambridge University Press, Cambrdige, 1985.

[Por]   M.U.Porat and M.R.Rubin,*The Information Economy*, Governmental Office, Washington DC, 1977. (邦訳:情報経済入門, コンピュータ・エージ社, 1982).

[Sca-1]   H.E.Scarf, "Some examples of global instability of the competitive equilibrium," International Economic Review, vol.1, pp.157-172, 1960.

[Sca-2]   H.E.Scarf, "The approximation of fixed points of a continuous mapping," SIAM Journal of Applied Mathematics, vol.15, pp.157-172, 1967.

[Sca-3]   H.E.Scarf,*The Computation of Economic Equlibria*, Yale University Press, New Haven, 1973.

[Ser]   J.Serra-Puche,A general equilibrium model for the Mexican economy, in H.Scarf andJ.B.Shoven(eds) *Applied General Equilibrium Analysis*, Cambridge Universitry Press, 1984.

[Sho-1]   J.B.Shoven and J.Whallry, *Applied General Equilibrium*, Cambridge University Press, England, 1992. (邦訳:小平裕訳『応用一般均衡分析』, 東洋経済新報社,1993).

[Sho-2]   J.B.Shoven and J.Whalley, " A general equilibrium calculation of the effects of differential taxation of income from capital in the U.S, Journal of Public Economics, vol.1, pp.281-322,1972.

[Sig]   茂木愛一郎, "日本産業構造の比較–産業連関分析による,"「調査」日本開発銀行, vol.72, 1984.

[Sime]   C.Simes, " Econometric and reality," Econometrica, vol.48, pp.1-48, 1980.

[Simp]   D.Simpson and J.Tsukui, " The fundamental structure of the input-output tables, An international comparison," Review of Economics and Statistics, vol.47, no.4, pp.434-446, 1965.

[Sle]   J.Slemrod, A general equilibrium model of taxation with endogenous financial behavior, in M.Feldstein (ed.) *Behaviroral Simulation in Tax Policy Analysis*, University of Chicago Press, Chicago, 1983.

[Tac-1]   橘木俊詔, 野口卓, " 1990 年代における銀行貸出金利の決定要因分析," 大蔵省財政金融研究所「ファイナンシャルレビュー」March-1998 号, pp.1-22, 1998.

[Tac-2]   橘木俊詔, 谷川寧彦, "家計の資産選択資産保有パターンの計量分析," ファイナンス研究,vol.12,pp.1-12,1990.

[Tob]   J.Tobin, " Estimation of relationship for limited dependent variables, Economietica, vol.26, pp.24-36, 1958.

[Tok-1]   時永祥三, 『SAS による経済分析入門』九州大学出版会, .

[Tok-2]   時永祥三譚康融, 『電子商取引と情報経済』, 九州大学出版会, 2001.

[Tok-3]   時永祥三譚康融, 『SAS による金融工学』, オーム社, 2002.

[Tok-4]   時永祥三編著, 『数理ファイナンスの新分野とその応用』, 2004.

[Tok-5]   時永祥三, 松野成悟, 『オープンネットワークと電子商取引『』, 白桃書房, 2004.

[Tok-6]   時永祥三編著, 『複雑系とシステムリスク分析』九州大学出版会, 2006.

[Tok-7]   時永祥三, 松野成悟, "企業間ネットワークにおけるとレーザビリティ・システム導入のアクター理論による分析,"日本情報経営学会論文誌, vol.28, no.2, pp97-104, 2007.

[Tov]   L.Tovissi, T.Spircu and AL. Tasnadi, " Economic system structure hierarchization," Economic Computation and Economic Cybernetics Studies and Reseach, vol.13, no.1, pp.45-61, 1978.

[Tsp-1]   ,*User's Guide, Version 4.5*, TSP International, 1999.

[Tsp-2]　*Reference Manual, Version 4.5,*, TSP International, 1999.

[Tsu]　塚井誠人,"地域の社会資本整備と人口分布の因果性に関する統計的検証,"応用地域学会 2005 年度全国大会予稿, 2005.

[Uci]　内田陽子,"産業連関表の三角化から捉える産業構造- アジア国際産業連関表への応用,中村純,荒川晋也編,『国際産業連関アジア産業連関シリーズ no.62』,アジア経済研究所, 2003.

[Yuu]　郵政省郵政研究所,『郵政事業経営に資するナレッジ・マネジメントに関する調査研究報告書』,p.57, p.93. 2000.

[Wag]　和合肇,伴金美,『TSP による経済データの分析』,東京大学出版会, 1988.

[Wie]　N.Wiener,*Interpolation, Exterpolation and Smoothing of Stationary Time Series*, Wiley, 1949.

[Wha-1]　J.Whalley, "A general equilibrium assessment of the 1973 United Kingdom tax reform," Economica, vol.42, pp.139-161, 1975.

[Wha-2]　J.Whalley, " An evaluation of the recent Tokyo Round trade agreement using general equilibrium computation methods," Journal of Policy Modeling, vol.4, pp.341-361,1982.

[Wha-3]　J.Whalley, *Trade Liberalization Among Major World Trading Area*, MIT Press, Cambridge, 1985.

[Whi]　H.White, " Heteroscedasticity-consistent covariance matrix estimatior and a direct test for heteroscadasticity," Econometrica, vol.48, pp.817-838, 1980.

索 引

あ 行

赤池情報量 (AIC)	108,112,193
アジア経済研究所	7,36
アジア国際産業連関表	7,8,16,17,36,37
ARCH モデル	104,141,142,143
ARMA	103,105,106,107,108,101,134,135
アーモンラグ	203,204,205
移転所得	77,79,88
移動平均	106,109
イノベーション	118,120
インパルス応答	42,78
ウィーナーフィルタ	144
ウォーリー	52,54,61,80
AR モデル	103,105,106,107
影響力係数	4,5,9
エネルギー	105,131,136,139,190,201
エネルギーブロック	26,27,35,42
MA モデル	106,109,118
エングル	138,141,142
エングル・グランジャーテスト	138
エンゲルブレヒト	7,14
応用一般均衡	51,52,57,85

か 行

回帰分析	126,128,189,190
階差	108,134
階差定常 (DS)	134
外生変数	207,208,211,212
ガウス・ザイデル法	210
ガウス分布	145
格付け	156,165,166
家計	78,79,86,87,92
家計需要関数	79,92
角谷不動点定理	56
カラブレーション	91,92
GARCH モデル	104,141,142
カルマンゲイン	146,148
カルマンフィルタ	104,144,146,148
環シフト置換	29
間接税	87
観測変数 (観測行列)	145,148
感応度係数	4,5,9
季節調整 (季節性)	109,101,115
逆ミルズ比	159,162
共和分	1104,137,138
均衡価格	52,66,77,80
金属ブロック	27,35,48
グランジャー	103,124,125,138
系列相関	189,198
決定係数	193
ゲール・二階堂	58
研究開発投資	105,131,190
コイックラグ	203,204,205
公共サービス	35,36
構造方程式	189,207,211,216
効用関数	61,66,80,92
固定スムージング	147
固定ラグスムージング	147
コブ・ダグラス関数	66
雇用	51,88
コルテ	27,28,29
ゴールドフェルト・クアントテスト	199

さ 行

債券	165
最終需要	1,17,19,20,62,79
最小2乗法	129,194
最尤法	116,130,216
三角化	125,26,28,29,34,41,43
産業連関表	1,3,6,12,25,34,43,78
残差平方和 (SSR)	127,128,192
3段階最小2乗法	197,209
サンプル・セレクション	155,159,176,180,184
GDP	105,120,190,216
自己回帰移動平均 (ARMA) モデル	103,106,115
自己回帰 (AR) モデル	103,106,154
自己相関関数	107,101,113
質的選択	157
資本所得	86,87
資本税	77,81,86,87
資本保有	61,62,79,89
出荷額	105,153,201
需要関数	54,80,92
状態変数	145,149,153,154
状態方程式	11,145
情報強度	13
情報財	105,131,136,139,145,153,190,201
情報サービス労働者数	105,131,153,190,201
情報セクター	6,11,13,15,17,20,21,51,76,86
情報セクター労働者数	105,131,153,190,201
情報量基準	108,112,193
初期値 (スタート)	69,71
初期保有	61,62,79,80,89
ショーブン	52,54,61,80
シラーラグ	203,204,205
シンプソン	26,27,29
スカーフ	52,59,61,68,70,83
スピアマンの順位相関	35,37
スムージング	147,149
政策シミュレーション	88
生産関数	66,80,90,92
生産性	105,190
政府	76,77,80,88
切断分布	169
遷移	149,154
操作変数	195,196

た 行

第2金属ブロック	35
多項選択モデル	163,164
多項ロジットモデル	163,164,166
ダービン・ワトソンテスト	198
ダービン・ワトソン比	192
単位根	104,134,135
弾性値 (弾力性)	61,77,91,92
単体	58,60,66,69
中間財 (中間投入)	1,23,25,46
超過需要	53,62,63,64,71,77,80
超過税収	77,80
チョウテスト	104,126,130,131,201
頂点	58,59,61,69,70,71
直接税	87
ディッキーフラー検定	135,138
倒産	160
投入係数表	2,19,34,37,38,39,41,42
取引額表	34,37,39,40,41
トービットモデル	155,169,170,171,172,175
トレンド定常 (TS)	134

な 行

内生変数	207,211,212
2財2要素	61,76
2段階最小2乗法	194
二値選択モデル	157
ニュートン法	58,59,69,210
ノイズ	144

索引

は行

ハイアラーキー性	25,34,37
白色雑音	145,146,149
VAR モデル	103,117,118,120,124
判別	113
非金属ブロック	35
非情報セクター	7,11,13,15,17,20,21,76,86
非線形最小2乗法	197
非定常性	134
付加価値	1,2,88,91
不動点	56,57,58
部門(セクター)	6,7,9,11,27,28,30
ブルーシュ・ゴッドフレイテスト	198,201
ブルーシュ・パーゲンテスト	200
ブロック	26,34,35,41,48
プロビットモデル	155,159,161,165
分散不均一(不均一分散)モデル	189,199
分布ラグ	189,203,204,205
ペアサンプル	108
平滑化(スムージング)	147,149
ベクトル自己回帰モデル	103,117,118,120,124
偏自己相関係数	107,113,115
方程式	103,189,207,211,216
補助金	87
ボックス・ジェンキンス法	105
ボックス・ピエールテスト	198
ホワイト(ホワイトテスト)	135,200
ポラト	6,7,14

ま行

マハルップ	6,7
民間サービスブロック	35,42
メリル・アルゴリズム	68,69,70,72,73,83

や行

尤度	170,177,193,194
誘発係数	3
誘発分析	3,20
輸出	2,3,79,105,120
輸入	3,79,105,190,216
要素価格	64,77,190
予測	110,101,112,113,154,161

ら行

ラベル	58,64,67,69,70,74,83
リュング・ボックステスト	198
レオンティエフ	26
連立方程式	210,213
労働税	77,81,87
労働所得	87
労働保有	61,62,79,89
ロジットモデル	155,157,158,165

わ行

ワルラス	51,52

〈著者略歴〉

時永　祥三（ときなが・しょうぞう）
1971年　九州大学工学部情報工学科卒業
1977年　九州大学大学院工学研究科博士課程情報工学専攻修了（工学博士）
1977年　北九州工業高等専門学校電気工学科講師
1979年　大分大学工学部組織工学科助教授
1986年　九州大学経済学部経済工学科助教授
1989～1990年　カリフォルニア大学テキサス大学客員研究員
現　在　九州大学大学院経済学研究院経済工学部門教授
専　攻　経営情報システム，情報管理，経済時系列解析
著　書　『複雑系とシステムリスク分析』（編著）九州大学出版会，2006年
　　　　『エージェント理論による企業行動分析』（共著）白桃書房，2005年
　　　　『オープンネットワークと電子商取引』（共著）白桃書房，2004年
　　　　『SASによる金融工学』（共著）九州大学出版会，2002年　など多数

呂　建軍（ろ・けんぐん　Lu Jianjun）
1997年　中国農業大学工学部　農業機械学科卒業
2002年　中国農業大学大学院修士課程農業機械自動化専攻
2007年　九州大学大学院経済学研究府経済工学専攻修了（博士（経済学））
現　在　中国農業大学経済管理学院信息管理与電子商務系講師
専　攻　情報管理，情報経済，時系列解析
論　文　「遺伝的プログラミングによるルール生成を用いたクラスタ特徴記述システムの構成とその応用」（共同執筆）電子情報通信学会論文誌，vol.J89-A, no.12, pp.1142-1152, 2006.
　　　　「遺伝的プログラミングによる時系列セグメント識別を用いたカテゴリ記号表現に基づく2階層認識手法とその予測への応用」（共同執筆）電子情報通信学会論文誌 vol.J88-A, no.11, pp.1258-1271, 2005.
　　　　「局所的な交互作用とGPによる学習を行うエージェントシステムのセル平面解析－企業間コラボレーションにおけるカオス性分析と制御への応用」（共同執筆）経営情報学会論文誌，vol.14, no.2, pp.59-78, 2005.　など多数

〈経済工学シリーズ・第2期〉
情報経済のマクロ分析
2008年3月15日　初版発行

著　者　時　永　祥　三
　　　　呂　　　建　軍

発行者　谷　　　隆　一　郎

発行所　㈶九州大学出版会
　　　　〒812-0053　福岡市東区箱崎7-1-146
　　　　　　　　　　九州大学構内
　　　　電話　092-641-0515（直通）
　　　　振替　01710-6-3677
　　　　印刷・製本／城島印刷株式会社

© 2008 Printed in Japan　　　ISBN978-4-87378-962-0

〈経済工学シリーズ・第2期〉

刊行の辞

　1987年から始まった経済工学シリーズはこれまで10冊余の公刊をみている。刊行された著作は大学の標準的なテキストとして，また，各分野の研究書として高い評価を得てきている。我々はこのシリーズの発刊によって先端的な分野での研究と「経済工学科」の認知に対して少なからず貢献できたものと思っている。九州大学経済学部の経済工学科ができてはや15年，ユニークな学科としての評価は定着し，経済工学科の名称についていちいち説明することは不要になっている。その間，この学科の創設に寄与された先生方は退官され，いまや「第二世代」の研究スタッフ陣がそろってきている。我々はこうした時期に装いも新たに第2期経済工学シリーズを刊行することにした。いうまでもなく，我々をとりまく経済社会は大きく変化し，市場経済のグローバル化，高度情報化社会の深化のスピードが一層加速している。このような時期にあらたなシリーズを企画することによって，来るべき21世紀への学問的貢献ができればこれにまさる幸せはない。経済工学という名称の特定の学問分野はないが，経済工学は経済学と数学および情報の三位一体の研究の総称といってよいであろう。その意味でこのシリーズは学部・学科の枠にとらわれず，他大学の研究者の貢献も期待している。

編集世話人　細 江 守 紀

投資関数の理論	朱　保　華　著	A5判・232頁　定価 3,500円
FortranとCによる経済分析	古川哲也　著	A5判・220頁　定価 3,000円
不完備情報の動的決定モデル	中井　達　著	A5判・244頁　定価 2,900円
複雑系による経済モデル分析	時永祥三　著	A5判・250頁　定価 3,000円
電子商取引と情報経済	時永祥三／譚　康融　著	A5判・220頁　定価 3,000円
経済成長分析の方法 －イノベーションと人的資本のマクロ動学分析－	大住圭介　著	B5判・332頁　定価 3,200円
情報技術と差別化経済	萩野　誠　著	A5判・292頁　定価 3,000円
公共契約の経済理論	三浦　功　著	A5判・268頁　定価 3,000円
情報とインセンティブの経済学	細江守紀　著	A5判・244頁　定価 2,800円
情報経済のマクロ分析	時永祥三／呂　建軍　著	B5判・240頁　定価 3,000円

（定価は税別）